국왕과 민의 소통 방식

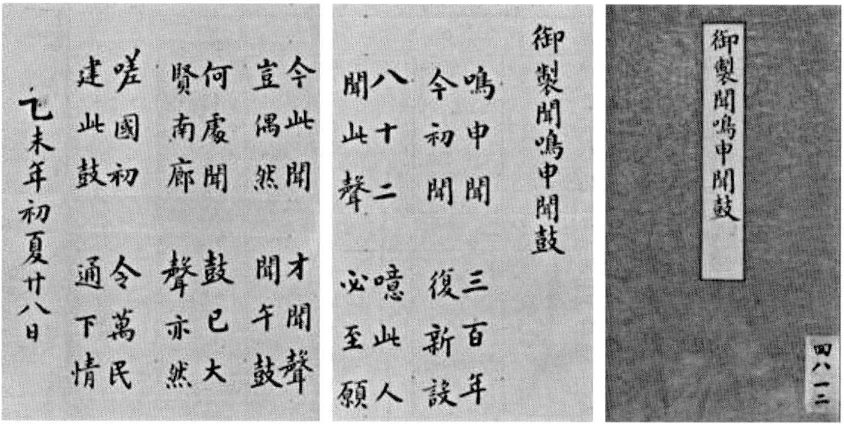

원창애 · 신명호 · 이왕무 · 정해은

도서출판
역사산책

목 차

서언

국왕의 리더십으로 여는 마음과 귀

서언

국왕의 리더십으로 여는 마음과 귀

1. 유학적 소통 방식, 하정상달(下情上達)

전임 대통령과 관료의 소통 부재로 어린 꿈나무들이 바다에 수장되는 참사가 있었다. 또한 대통령과 관료와의 소통 부재는 공적인 소통 체계를 마비시키고, 사적인 소통 통로를 즐겨 사용하여 국정 농단이라는 결과까지 초래하였다. 이 일련의 사건들은 국정 운영에 있어 소통 부재가 어떠한 결말에 이르게 되는지 우리에게 보여준 큰 교훈이 되었다.

소통은 대통령과 그의 협력자인 관료 사이에만 필요한 것은 아니다. 대통령은 국민 여론의 향방에도 관심을 가지고 소통해야 신뢰가 쌓여, 모두가 공생할 수 있는 길을 모색할 수 있다. 그러나 국민과의 소통이란 것이 선거철 시장에 몇 번 방문한다고 이루어지는 것은 아니기에 어려운 일이기도 하다. 소통이 비단 민주주의 사회에서만 중요한 것은 아니었다. 유학을 정치이념으로 내세웠던 전통사회에서도 소통이 국왕 통치 행위의 핵심 사안이었다. 민심이 천심이라는 말이 있듯이 군주는 하늘인 민인民人의 소리에 귀를 기울여 그들의 사정을 정치에 반영할 때 성군聖君이라 평가받았다. 그래서 국왕이 즉위하면서부터 신료들은 '하정상달下情上達'의 중요성을 역설하였다.

소통 정치는 이상적인 유교국가의 모델이었다. 중국에서는 소통 정치가 하·은·주 삼대에 시작되었다고 전한다. 군주가 조회를 열어 정기적으로 제후들을 만나고, 그들이 다스리는 지역 사정을 들었으며, 정전의 문 앞에 전좌殿座하여 형정刑政을 펼쳤다. 군주는 제후를 통해 듣는 민인의 이야기에 만족하지 않고, 직접 민인의 소리를 들을 수 있는 소통의 장을 마련하였다. 성리학을 정치 이념으로 하였던 조선에서도 국왕이 이상적인 유학 군주가 되기를 바랐다.

정치적 소통은 여러 경로를 통해서 이루어졌다. 첫째, 관서 행정 체계는 기본적이고 공식적인 소통 통로이다. 공식적인 소통은 주로 문서로 이루어졌다. 국왕에게 직접 보고할 수 있는 2품 이상의 아문과 그 이하의 아문에서는 상급 관서를 통해서 보고하였다. 국왕 역시도 2품 이상의 아문을 통해서 명령을 하달하였다. 이러한 행정 체계가 기본적인 소통 체계로서 기능하였다. 이 소통 체계로 하정下情을 수집하여 정치에 반영되게 하고, 국왕은 자신의 뜻을 교서, 윤음으로 백성에게까지 전달하였다. 둘째, 국왕이 관료를 대면해서 하정下情을 청취하는 경우인데, 경연·윤대 등이 그러하다. 경연은 국왕과 경연관이 학문을 논하면서 국정에 대해서도 언급하였기에 국정의 득실을 살필 수 있었다. 윤대는 서울 각 관서의 당하관을 면대하여 각 관서의 상황을 청취하였다. 윤대는 국왕과 면대하기 어려운 당하관을 만남으로써 당상관을 통해서 들을 수 없는 이야기를 청취하고자 하였다. 셋째, 구언求言이나 유소儒疏 등이 있었다. 기상 이변이나 재해가 있을 때에 정치를 바로 잡기 위해서 조언을 청하는 구언이나, 유생들이 올리는 상소 등이 있었다. 국왕은 관료들의 의견에만 귀를 기울인 것은 아니다. 전국에 흩어져있는 유생에게까지도 정치적 견해를 펼 수 있는 기회를 제공하였다. 조선의 정치적 소통 체계는 위로는 공경대신으로부터 아래로는 유생에 이르기까지 그들의 견해를 국왕에게 피력하고, 소통할 수 있었다.

정치적 소통 체계를 잘 활용한 조선의 대표적인 국왕은 세종이었다. 세종은 정치적 결정이 필요한 사안에 대해서 각 관서의 의견을 청취하고, 대신들과 논의하여 합리적 공론을 도출하였다. 당대에 획기적인 의견

수렴은 공법貢法 실시 과정에서 볼 수 있었다. 공법은 토지 1결당 일정하게 10두의 세금을 정하는 것을 골자로 하는 세법인데, 당시 실제 관원을 파견하여 농사 상황을 파악해서 세금을 정하는 방식인 '손실답험법損實踏驗法'이 많은 문제를 안고 있었기 때문이었다.

세종은 1427년(세종 9) 문과 책문에서 세법에 대한 문제의식을 다음과 같이 제시하고 답을 구했다.[1)]

> 전제田制는 해마다 조신朝臣을 뽑아서 여러 도에 나누어 보내어, 손실을 실지로 조사하여 적중適中을 얻기를 기하였다. 간혹 사자로 간 사람이 내 뜻에 부합되지 않고, 백성의 고통을 구휼하지 않아서 나는 매우 이를 못 마땅하게 여겼다. (중략) 손실을 실제 조사하는 일도 구차스러워서, 좋아하고 미워하는 감정 여하에 따라 올리고 내림이 자기 손에 달리게 되면, 백성이 그 해를 입는다. 이 폐단을 구제하고자 한다면 마땅히 공법貢法과 조법助法에서 찾아야 할 것이다. 조법은 반드시 정전井田을 행한 후에야 시행되므로, 역대의 중국에서도 오히려 시행되지 않았는데, 하물며 우리나라는 산천이 험준하고 고원과 습지가 꼬불꼬불하여 시행되지 못할 것이 명백하다. 공법은 하夏나라의 책에 기재되어 있고, 비록 주周나라에서도 조법助法이 있어서 향鄕과 수(遂)에는 공법(貢法)을 사용하였다고 하나, 다만 그것이 여러 해의 중간을 비교하여 일정한 것을 삼음으로써 좋지 못하였다고 이르는데, 공법을 사용하면서 이른바 좋지 못한 점을 고치려고 한다면, 그 방법은 어떠해야겠는가? 공부(貢賦)에 이르러서는 예전에 토지에 따라 공貢을 바치게 했으므로 일찍이 생산되지 않는 것을 책임 지우지는 않았다. 우리 왕조는 일찍이 도감을 두고 나라에서 사용할 경비의 수량을 참작하여 원근 지방의 적당한 토산물을 의논하게 하여 세밀히 정하지 않은 것은 아니지만 다만 국토가 한 쪽에 치우치고 작은데도 용도는 대단히 많으므로, 다 옛날 제도와 같이 할 수는 없다. 바닷가의 고을에서 산촌 고을에 나는 생산물을 부과하기도 하니, 바치는 것이 생산되는 물품이 아니므로, 백성들이 심히 고통스럽게 여겼다. (중략) 내가 비록 덕이 적은 사람이나 이에 간절히 뜻이 있다. 그대들은 경학에 통달하고 정치의 대체를 알아 평소에 이를 강론하여 익혔을

1) 『世宗實錄』 권35, 世宗 9년 3월 16일(甲辰).

것이니, 다 진술하여 숨김이 없게 하라. 내가 장차 채택하여 시행하겠다.

이 책문을 시작으로, 세제에 대한 논의가 시작되었고, 1430년(세종 12) 호조에서 전답 1결 당 조租 10두를 거두는 공법을 시행하자고 건의하니, 세종은 정부·육조와, 각 관사와 서울 안의 전함前銜 각 품관과, 각도의 감사·수령 및 품관으로부터 여염의 보잘 것 없는 백성에 이르기까지 모두에게 가부를 물어서 아뢰게 하였다. 이처럼 중앙 관원만이 아니라 실제 세금을 부담해야 하는 지방의 일반 민인에 이르기까지 가부를 묻게 하여, 17만 여명이 참여하여 자신의 의견을 개진하였다.[2)]

세종은 공법의 찬반 의견을 가지고 거듭 방법을 강구하였다. 1436년(세종 19)에 공법상정소를 두었으며, 1440년(세종 22) 7월에 경상도와 전라도에서 시범적으로 공법을 실시하였다. 하지만 공법의 문제점이 발견되자 다시 손실답험법으로 되돌아가기도 했다. 1444년(세종 26)에는 정인지를 충청·전라·경상도 순찰사에 제수하여 연분年分 9등, 전분田分 6등법을 상세히 설명하여 민인의 불만을 해소시키게 하였다. 그리고는 공법을 확정하였다.

세종은 1427년 세법에 대한 문제를 제기하고, 1430년 각계각층의 공법 찬반 의견을 수렴하고 공법상정소를 두어 공법을 연구하고 일부 지역에 시범 실시를 통해서 문제점을 보완하여 17년만인 1444년에 공법을 연분 9등, 전분 6등으로 확정하였다. 그는 17년 동안 수도 없이 관료와 민인의 의견을 수렴하여 세법을 도출하였다. 이것이야말로 소통 정치의 결실이라고 할 수 있다.

조선시대의 소통은 국정 문제에만 한정되지 않았으며, 소통 대상이 관료·유생으로 한정된 것도 아니었다. 소통의 주제는 정치·경제와 같은 나라의 문제에서 민民의 개인 문제에 이르기까지 다양하였다. 소통 대상

---

2) 『世宗實錄』 권49, 世宗 12년 8월 10일(戊寅).
이날 실록 기사에는 호조에서 공부에 대한 중앙과 지방의 가부 의견을 상세하게 보고하고 있는데, 각 지방의 찬반 인원과 이유까지도 기재되어 있다.

도 천인에서부터 사대부·종친에 이르기까지 모든 계층이 포함되었다. 국왕은 자신의 입장에서 교화敎化, 권농勸農, 절용節用 등을 위해서 민과 소통하기를 원하고, 또 소통을 통해서 민은民隱을 개선하려 하였다. 국왕은 민 개개인과도 소통 경로를 두어 소원訴冤, 간은干恩 등을 청취하고, 들어줄 수 있는 요구 사항을 해결해 주었다.

국왕과 민의 소통은 국왕이 민에게 다가가는 소통과 민이 국왕에게 다가가는 소통으로 나눌 수 있다. 국왕이 민에게 다가가는 소통은 국왕이 민을 대면하는 직접 소통과 문서나 관원을 파견하는 간접 소통이 있었다. 민이 국왕에게 다가가는 소통은 민 개개인이 국왕과의 소통을 원하기도 하고, 집단의 문제로 국왕과 소통하기를 원하기도 하였다. 민은 국왕과의 소통이 막혀서 갈길을 잃었을 때에 유리流離하거나, 반란과 같은 불법적인 행동으로 발전하기도 했다.

국왕과 민의 소통은 조선 후기로 갈수록 더욱 활발하였다. 특히 영조는 시민市民 즉 상인들에게 고충을 피력할 기회를 자주 주었다. 역대 국왕들이 궐밖에 거둥할 때에 으레 상언을 받았지만, 영조는 민원을 해결해 달라는 상언 이외에도 자신이 알고 싶은 민심의 동향을 알아보기 위해 상언을 받았다. 정조도 민의 상언을 많이 받았던 대표적인 국왕이었다. 당시 사대부의 상언은 산송山訟에 치우쳐 있었으나, 상인·장인匠人·군인 등과 같은 하층민의 상언이 급증하였다. 영조와 정조가 민과의 소통이 왕성했던 것은 민을 바라보는 시각이 그 이전과는 달라졌기 때문이다.

영조는 즉위 초부터 민이 자신과 한 핏줄이라고 강조하였고 통치 후반으로 갈수록 그러한 의식이 더욱 강화되었다. 여기서 말하는 '민'은 양반과 서민으로 구분되지 않는다. 영조는 만민을 동등하게 여겼기에 부세제도에 있어서도 양반과 서민 모두에게 부과하는 방식으로 수정하고자 하였다. 정조도 중앙과 지방을 균등하게 보여야 하고 윗사람의 것을 덜어내어 아랫사람에게 더해주어야 한다는 균등사회를 지향하였다.[3] 영조와

3) 박광용, 「조선의 18세기, 국정 운영 틀의 혁신」, 『정조와 18세기』, 푸른역사 학술총서 13, 푸른역사, 2013, 66~69쪽.

정조가 민인으로 인식하여 대동大同해야 하는 대상을 서민으로까지 확대하였기에 이들과의 소통이 활발하였으며, 19세기 이후 서민의 사회의식이 확장되는 계기가 되었다. 영조의 제시어御製詩에서도 소통에 대한 그의 열린 의식을 느낄 수 있다.[4)]

> "아! 국초에 이 신문고를 세웠으니, 만민萬民으로 하여금 그들의 실정을 나에게 통하게 하려는 것이다."

2. 국왕과 민의 소통 방식

1) 국왕이 다가가는 소통 방식

국왕이 관료·유생과 교류했던 소통 경로가 다양했던 것처럼 민과의 소통 방식도 여러 가지였다. 국왕이 주도한 민과의 소통 방식은 문서를 통한 간접 방식과 민과 접촉하는 직접 방식이 있었다. 국왕이 민과의 소통을 위해서 내리는 문서는 '윤음'이 대표적이다. 윤음은 선조 이후로 등장한 훈유문訓諭文인데, 영조와 정조 때에 윤음 반포가 급증하였다. 이 국왕들은 사족과 마찬가지로 서민을 대동大同해야할 민으로 인식하였기에, 자신의 정책을 민에게 알리고 설득시키기 위해서 윤음을 적극적으로 활용하였다. 그래서 국왕은 한문본 윤음을 한글로 번역한 언해본 윤음과 함께 내리기도 하였다.

현전하는 언해본 윤음은 선조 1건, 영조 3건, 정조 25건, 고종 3건 등이다.[5)] 이중에는 한글 윤음만을 반포한 것도 3건이 있다. 1593년(선조 26) 선조가 백성에게 내린 윤음, 1762년(영조 38)에 반포한 어제 경민음御製警民音, 1777년(정조 1)의 어제 윤음이 그것이다. 한글본 윤음이 한문

---

4) 『御製聞鳴申聞鼓』(장서각 4-2195).

5) 백두현, 「훈민정음을 활용한 조선시대의 인민 통치」, 『진단학보』 108, 2009, 286~287쪽.
위의 논문 윤음 31건에 1762년의 영조가 불러서 쓰게 한 『어제 경민음』을 포함시켜서 32건으로 하였다.

윤음과 병행해서 반포되었을 때에 그 대상에 서민이 포함된 경우가 32건 중 25건으로 78%에 달한다.

연중 행사나 나라와 왕실의 특별 행사 때에는 민에게 반포되는 윤음을 정기적으로 내렸다. 연중행사로서 매년 정월 초하루에 반포하는 윤음은 권농에 관한 것이다. 권농윤음은 대다수의 민이 농업에 종사하고 있기 때문에 국왕도 자연스럽게 농사에 관심을 가지고 풍년을 기원하면서 농사에 힘쓸 것을 당부하였다. 새로운 국왕의 즉위, 국왕이나 원자의 탄일 등 왕실에 경축할 만한 일이 있을 때에도 윤음을 내려서 국왕의 정책을 밝히기도 하고 민과 함께 기쁨을 나누기도 하였다.

이외에도 비정기적으로 내리는 윤음이 있었다. 임진왜란과 같은 국난을 당하였을 때의 위무慰撫, 재해 때의 진휼, 절용을 위한 계주戒酒·가체加髢 간소화, 서양 종교를 배척하는 척사斥邪 등 민인에게 당부하려는 일이 있을 때에 윤음을 반포하여 국왕의 뜻을 보였다.

특히 영조는 민과 접촉하여 소통하는 방식을 선호하였다. 그는 민과 접촉하기 위해서 궐문에 전좌殿座하였다. 원래 궐문 전좌는 형정을 듣기 위한 것이었으나, 형정과 상관없이 민을 직접 만난 것은 숙종이 처음이었다. 1714년(숙종 40) 숙종은 제주 공인貢人을 불러 그곳의 농사 상황을 물었다. 영조도 궐문에 전좌하여 민의 실정을 청취하였다. 그뿐만 아니라 1749년(영조 25) 영조는 궐문에 전좌하여 민에게 쌀을 나누어주는 진휼 의례까지 만들었다.[6)]

국왕은 궐밖에 거둥할 때, 가전 상언駕前上言이나 가전 격쟁駕前擊錚을 허용해서 민정을 살폈다. 국왕의 궐 밖 거둥은 행행幸行이라 하는데, 조선 후기 능행陵行이 부쩍 늘어나서 민의 상언이나 격쟁을 받을 기회가 많았다. 영조는 미리 상언을 받을 지점과 상언의 주제까지 정해주어서, 행행할 때 중구난방으로 상언을 올리는 폐단을 막고, 실제로 소통하기를 원하는 문제에만 집중하고자 했다.

---

6) 『英祖實錄』 권70, 英祖 25년 8월 6일(壬午).

국왕이 전좌, 행행 등으로 민을 직접 접촉하는 데에는 한계가 있었다. 서울 거주자들은 국왕과 접촉할 기회가 간혹 있었지만, 지방민들은 국왕에게 상언하겠다고 서울로 올라오기가 쉽지 않았다. 그러므로 국왕들은 지방의 민정을 살피기 위해서 암행어사를 파견하여 민의 사정을 파악하려 했다. 실록에 의하면 암행어사는 명종 때부터 파견되었지만, 암행어사의 파견이 특히 늘어나는 시기는 인조 때였다. 반정으로 왕위에 오른 인조는 지방의 민의를 파악할 필요가 있었다. 더구나 그는 여러 전란으로 피폐해진 지방민의 실정을 정확하게 알아서 조처를 취하고자 하였다. 지방에 파견되는 사신使臣 중에 암행어사는 국왕의 밀지를 받고 비밀리에 지방에 파견되었기 때문에, 사신 영송의 폐단도 적고, 국왕이 알고자하는 내용들을 집중적으로 파악할 수 있었다.

국왕이 암행어사가 파견할 때 봉서封書와 사목을 내리는데, 그 내용은 상황에 따라 다르다. 봉서와 사목의 내용은 대개 지방관의 업무가 원활하게 시행되고 있는지 그리고 고단한 민의 질고를 파악하기 위한 것이었다. 특히 봉서의 사목에는 암행어사가 해당 고을에 가서 파악해야 할 내용을 구체적으로 열거하였다. 암행어사는 국왕의 지시사항에 대해 탐문하고 조사한 내용을 바탕으로 서계書啓에서 지방관의 정치 득실을 논하고, 별단에서는 사목에서 지시했던 사항을 하나하나 보고하였다. 암행어사가 국왕의 눈과 귀가 되어주기는 하나, 그것만으로는 민과의 소통이 원활하게 이루어지기 어려웠다.

2) 민이 국왕에게 다가가는 소통 방식

국왕이 나서서 민과 소통하는 데는 한계가 있었다. 중국 고대에는 군주가 자신의 정치 득실에 대한 민의 소리를 들을 수 있는 자리를 마련하였다. 고대의 이상적 유학 정치를 본받고자 당 이후로는 등문고를 설치하여 민인의 급한 사정을 들을 수 있는 기회를 마련하였다. 조선의 태종은 이상적 유학정치를 표본으로 신문고를 설치하였다. 신문고 설치를 기화로 민인들은 상언, 가전상언, 격쟁, 가전 격쟁 등 여러가지 방식으로 자신들의 개인적 문제를 국왕에게 호소하였다.

성별로 보면, 사회적 약자인 여인의 소원訴冤도 점유율이 높았다. 계층별로 보면, 사족士族 이외에도 무관·군인·서리·환관·여관女官·공인貢人·상인 그리고 공·사노비 등 다양한 계층이 참여하였다. 민이 국왕에게 소원을 올리는 성별이나 계층은 시대에 따라 달랐다. 성별로 보면, 조선 전기에는 많은 소원을 올렸던 사족 여인들이 조선 후기에는 그 점유율이 줄어들었다. 사족 여인들은 대개 자신을 위한 소원을 올리기도 하지만, 대개는 아들과 남편을 위해 소원을 올렸다. 유학이 조선 사회에 깊숙이 침투하면서 '효'에 대한 이해가 깊어졌다. 따라서 사족 여인들이 나서기 보다는 자녀 특히 아들이 부친을 위해 올리는 소원 빈도가 높아지면서 사족 여인의 소원 빈도가 줄어들었다.

민이 올리는 소원의 내용은 다양해서 일률적으로 언급하기는 어렵다. 신문고 제도가 시행되자, 태종이 신문고 접수 조건을 제시하였다. 첫째 개인적인 문제로 소원할 경우는 1, 2차 소원 접수처에서 해결되지 못한 문제로 한정하였다. 둘째 역변의 고소와 같은 종묘사직에 관련된 문제는 직접 소원을 올리게 하였다. 개인적인 소원이 쏟아져서 행정이 마비될 정도였다. 그러므로 명종은 국왕에게 올릴 수 있는 개인적인 소원을 네 가지로 한정하였다. 그 내용은 형벌로 자신이 죽게 된 경우, 부자관계를 가리는 일, 처와 첩을 가리는 일, 양인인지 천인인지 가리는 일이었다.[7] 그러나 조선 후기에 네 가지 이외에 자손이 조부와 부친을 위해서, 처가 남편을 위해서, 동생이 형을 위해서 노비가 주인을 위해서 소원을 올릴 수 있는 네 조항을 새로 더 첨가하였다.[8] 새로 첨가된 네 조항은 내용에 대한 것이 아니라 소원을 올릴 수 있는 대상을 정한 것이다.

연대기 자료를 통해서 정리한 소원의 내용을 분류하면, 상전賞典이나 용서를 청할 일로 국왕에게 은전을 청하는 간은干恩, 민의 억울한 일을 대한 소원인 신원伸冤, 나라 제도나 체제와 관련된 공적인 일 등이 주류를

---

7) 『수교집록』 권5, 형전 고소조(告訴條).
8) 『신수교집록』 하, 형전 소원조(訴冤條).

이루었다. 소원의 내용 역시도 시대에 따라 변화되었다. 간은干恩의 내용에 있어서도 조선 전기에는 개국·정변·사화 등으로 공신 책봉이 빈번했기 때문에 공적功績을 인정 해달라거나, 나라에 죄를 입은 자들이 관대한 용서를 구하는 내용이 많았다. 반면 조선 후기의 간은 내용은 노직老職, 효행이나 열녀의 정려, 나라에 공이 있는 인물의 후손을 등용 등을 청하는 것이 주류를 이루고 있었다.

조선 전기의 신원 내용은 『수교집록』의 네 종류가 주류를 이루고 있다. 특히 양인과 천인, 처과 첩을 가리는 일 등이 많았으나, 조선 후기에는 산송山訟에 대한 신원이 너무 많았다. 영조는 열에 아홉은 산송이라고 하면서, 산송 사건을 소원으로 올리는 것을 제한하기도 하였다. 소원 내용의 변화 양상은 조선 사회에 유학적 교화가 이루어지는 정도와 비례하였다.

공적인 문제 역시도 시대적 조류를 반영하였다. 조선 전기에는 정착되지 못한 관서나 국가 제도의 문제점에 대한 소원을 올렸다면, 조선 후기에는 경제적인 문제가 주류를 이루고 있었다. 훈련도감 군병과 상인, 공인과 상인의 갈등 등이 첨예하게 대립되면서 각 계층의 이익을 위한 소원이 늘어가는 양상을 보였다. 조선 후기에는 농업에 종사하는 민만이 아니라 상인이나 공인工人 등 다양한 직업 종사자가 소원을 올렸다. 조선 후기에 다양한 민이 자신들의 이익을 위한 소원을 올리는 현상은 민의 성장세를 나타내는 지표이기도 하다.

조선 후기에는 신분적 변화가 뚜렷하였다. 민이 양반을 지향하는 사회적 추세가 본격화되어 유학의 비중이 커갔다. 유학의 비중이 커진 것은 문과 합격자 점유율에서 단적으로 확인할 수 있다. 유학으로 문과 합격 점유률이 급증한 것은 18세기이다. 17세기의 유학 문과 합격 점유률이 9.8%이었던 것이 18세기에는 31%로 급증하였고, 19세기에는 49.3%에 달하였다.[9] 유학의 문과 합격 점유률이 이처럼 급증했다는 사실에서 유학호가 그만큼 비중이 커갔음을 짐작할 수 있다. 19세기 초에는 49.8%,

9) 원창애, 「조선시대 문과급제자 연구」, 한국학중앙연구원 한국학대학원 박사학위 논문, 1996, 103쪽.

19세기 중엽 63.1%~79.1%로 유학호가 급증하였다.[10]

일반 민이 양반층으로 진입할 수 있는 통로는 좁지만 경제적인 부를 바탕으로 신분 상승을 꿈꾸는 중인·서민층이 두터워졌다. 17세기 중반에 들어서면서 국왕도 이들을 인식하기 시작하였다. 특히 18세기 영조와 정조는 이들과 소통할 수 있는 통로를 확대하였고, 민인들도 자신의 의사를 표현하고, 관철시키려고 노력하였다. 그러나 신문고, 상언, 격쟁 등을 통해서 민의 소원을 다 해결할 수 있는 것은 아니었다.

민이 국왕과의 소통이 제대로 이루어지지 않을 때는 상언이나 격쟁이 아닌 다른 방법으로 자신의 의사 표현을 하였다. 그들은 유언비어를 퍼뜨리고, 괘서들을 붙여서 민심을 동요하게 만들었다. 조선 후기에는 민간에서 불리었던 해학적인 노래, 난리설 등의 유언비어, 괘서 등이 등장하였다. 이러한 유언비어나 괘서 등은 누가 왜 했는지 밝히기는 쉽지 않지만, 사회 불안을 조성하여 이득을 보려는 사람들이 만들었을 것이다. 17세기 후반, 18세기에는 정치적으로 환국으로 인한 잦은 정권 교체, 왕위 계승 문제 등으로 당파 간의 갈등이 심하였으며, 특히 기상 대이변으로 기근이 심하여 민의 살림살이가 어려워졌다.

이러한 사회 분위기 속에서 유언비어나 괘서를 접한 민의 동요는 클 수밖에 없다. 숙종·영조·정조 때에 종종 있었던 전란 유언비어의 파장은 컸다. 도성만이 아니라 경기, 충청 이하까지 피난 행렬이 이어졌다는 이야기는 현전하는 개인 일기에서도 확인된다. 민심이 불안하기 때문에 『정감록』과 같은 책을 맹신하는 사람들이 생겨나고, 미륵신앙도 등장하였다.

다른 한편으로는 민의 생리를 아는 이들이 이러한 분위를 조장하고 선동해서 자신들이 원하는 것을 얻고자 하였다. 특히 정치에서 소외된 사람들이 자신들의 불만을 표출하거나 혹은 다시 정권을 잡고자 하는 의도로 유언비어를 유포하고, 괘서를 붙이기도 하였다. 유포의 주체 세력은 정치적으로 소외된 관원이나 지식인 등 몰락한 양반이었다. 이들은

---

10) 이헌창, 「근대 경제 성장의 기반 형성기로서 18세기 조선의 성취와 그 한계」, 『정조와 18세기』, 푸른 역사, 2014, 151~152쪽.

일반 민들이 많이 모이는 시장이나 역참 등지에 괘서를 붙이거나 유언비어를 유포해서 일반 민들을 와언을 확산시키는 도구로 활용하고, 신분제 사회에서 소외된 하층민을 자신의 편으로 끌어 들여 목적을 달성하고자 하였다. 예를 들면, 1692년(숙종 18)에는 조정을 경멸하는 언문 노래가 퍼져나가고 있다는 사간원의 보고가 있었다. 인현왕후가 폐비되고, 희빈 장씨가 중전으로 있을 때 남인과 서인의 갈등을 이러한 노래로 표출한 것이다. 언문 노래는 나무꾼의 입에서 기녀들의 입으로 펴져나갔다.

또한 1728년(영조 4) 이인좌의 난이 일어나기 전에 전라도 전주와 남원의 시장 그리고 서울 등지에 괘서가 붙었다. 이인좌는 영조의 왕위계승 정통성을 부인하고, 소현세자의 적손파인 밀풍군을 왕으로 옹립하려 하였다. 그러므로 괘서의 내용은 짐작컨대 영조에 대한 이야기였을 것이다. 현 국왕에 대한 이야기를 저자거리에 붙인 것은 그 이야기를 빨리 유포하여 동조하는 사람들을 모으려는 의도였을 것이다.

17세기 후반 18세기에 있었던 유언비어나 괘서 사건에 동참한 일반 민들은 사회적으로 소외되고, 경제적으로의 어렵다는 의사 표현을 한 정도에서 그쳤다. 그러나 19세기에는 민란의 시대라고 불릴 만큼 민의 저항이 지속적으로 전국에서 발생하였다. 그 이유는 국왕과 민의 소통 구조가 무너졌기 때문이다. 왕조국가임에도 19세기의 조선 국왕은 국왕으로서의 권위를 행사하지 못하고 정치 주도권은 세도가의 수중에 있었다. 이러한 상황에서 국왕과 민의 소통은 그 의미를 상실하였다. 19세기에는 국왕이 민의 소리를 들어도 주도적으로 국정을 반영할 수 없으므로, 국왕과 민이 소통해도 불통이다. 불통을 접한 민은 그들의 의견을 관철하기 위해서 무력을 사용하게 된 것이다. 왕조국가에서 국왕이 민과 건전한 소통을 하려면, 국왕이 국정을 주도하고 이끌어갈 수 있을 때라는 필요조건이 충족되어야 한다.

2019년 7월

집필책임 **원창애**

1부

국왕과 민의 공식 소통 방식

I

국왕 명령의 소통 단계와 절차

조선시대 국왕 명령은 교敎라고 하였다. 이 같은 국왕의 명령은 구두 또는 문서로 전달되었다. 이 중에서도 문서로 전달되는 국왕 명령은 공식적인 명령이었고 그래서 소통 단계와 절차가 중요하였다.

조선시대 국왕 명령을 전달하는 문서에는 교서敎書, 유서諭書, 비답批答과 더불어 윤음綸音 등이 있었다.[1] 이 같은 국왕의 명령문서는 조선시대 하향식 커뮤니케이션의 대표적인 사례라 할 수 있다.[2]

조선시대 국왕은 행정권, 입법권, 사법권, 군사권을 가진 최고 권력자였다. 국왕의 명령에 따라 행정조직, 사법조직, 군사조직이 가동되었고, 일반 백성들도 직접적인 영향을 받았다. 따라서 국왕 명령의 정확한 소통과 전달은 국정운영에서 그 무엇보다도 중요한 사안이었다.

조선시대 국왕의 명령은 공식적인 행정조직을 통하여 전국의 민에게까지 전달되었다. 국왕 본인으로부터 시작된 명령 즉 교敎는 승정원을 거쳐 8도의 방방곡곡 민들에게 전달되었다. 이렇게 전달된 국왕의 명령 결과는 다시 행정조직을 통하여 국왕에게 보고되었다. 따라서 조선시대 국왕

---

1) 심영환, 「조선시대 敎書의 淵源과 分類」, 『한문학논총』 34, 2012.
문보미, 『正祖의 御製統治文書 硏究』, 한국학중앙연구원 한국학대학원 박사학위논문, 2017.

2) 박정규, 「조선시대 敎書, 綸音에 관한 연구」, 『조선시대 커뮤니케이션 연구』, 한국학중앙연구원, 1995, 51쪽.

의 공식 소통 방식을 다루는 문제에서는 국왕의 명령이 어떤 소통 단계와 절차를 거쳐 방방곡곡의 민들에게까지 전달되고 다시 그 결과가 국왕에게 보고되는지를 밝히는 작업이 필요하다.

조선시대 국왕명령을 전달하는 문서 중에서도 왕의 훈유문인 윤음은[3] 영조 대부터 크게 중요시되어 교서와 함께 국왕의 명령 문서를 대표하게 되었는데, 이는 영조 대에 들어서면서 국왕의 대민 접촉이 중요시된 결과 나타난 현상이었다.[4] 이런 점에서 조선 후기 윤음은 상승하는 민의 위상에 부응하여 국왕이 어떤 방식으로 대민 접촉을 늘려나갔으며, 아울러 국왕의 정책을 어떤 방식으로 민에게 설득해 나갔는지를 보여주는 중요한 주제라 할 수 있다. 아울러 윤음은 국왕이 어떤 소통 단계와 절차를 거쳐 민과 공식적으로 소통하였는지를 보여주는 중요한 주제라 할 수 있다.

1. 윤음

본래 윤음綸音이란 용어는 『예기』 치의緇衣의 "子曰 王言如絲 其出如綸 王言如綸 其出如綍"란 문장에서 유래되었다. 위의 문장은 "공자께서 말씀하시기를, 왕언王言이 가느다란 실絲 같아도 입에서 나오면 그것은 굵은 실綸 처럼 되고, 왕언은 굵은 실綸 같아도 입에서 나오면 그것은 동아줄綍 처럼 된다."로 해석되어 왔다. 요컨대 윤음이란 "굵은 실綸 같은 소리" 즉 "왕언王言"이란 뜻으로서, 고대 중국인들이 당시 최고 권력자 왕의 말王言에서 나타나는 특징을 굵은 실綸이나 동아줄綍에서 파악한 결과 윤음이란 용어가 등장했다고 이해된다.

한편 윤발綸綍 중에서 윤綸의 뜻을 한나라 정현鄭玄은 "질색부秩嗇夫가 허리에 차는 것"[5]이라고 해설하였다. 한나라 때의 질색부는 지방의 옥송獄訟

3) 박정규, 「조선시대 敎書, 綸音에 관한 연구」, 『조선시대 커뮤니케이션 연구』, 한국학중앙연구원, 1995, 52쪽.
4) 김백철 「영조의 綸音과 王政傳統 만들기」, 『장서각』 26, 한국학중앙연구원, 2011, 12-46쪽.

을 담당하던 관리[6]로서, 그가 허리에 차는 것은 결국 포승줄이었다. 아울러 발紼은 관을 끌 때 사용하는 동아줄[7]이었다. 요컨대 고대 중국에서는 왕의 입에서 나오는 말을 근거로 지방의 질색부는 포승줄을 이용해 법을 집행하였고 일반 백성 역시 왕의 입에서 나오는 말을 근거로 동아줄을 이용해 장례를 치렀다는 뜻으로서, 윤음은 국가 관료의 법 집행과 일반 백성의 풍속 관행이 모두 왕의 말을 근거로 하였음을 강조하기 위한 용어라 할 수 있다.

그러므로 당나라 공영달은 "王言如絲 其出如綸"을 "왕언은 처음 왕의 입에서 나올 때는 마치 가느다란 실絲처럼 미세하지만, 한번 왕의 입 밖으로 나와 밖에서 시행되면 점점 더 확대되는 것이 마치 굵은 실綸과 같다는 뜻이고, 굵은 실綸은 가느다란 실絲보다 더 굵다는 뜻이다."[8]라고 해설하였고, "王言如綸 其出如綍"을 "또한 점점 커진다는 뜻이니, 왕의 입에서 나온 후 동아줄綍처럼 된다는 뜻이다. 동아줄綍은 또 굵은 실綸보다 더 굵다."[9]라고 해설하였다.

조선시대 윤음은 다양한 이유에서 작성되었는데, 대부분의 경우는 불특정 다수의 민을 훈유하기 위해 작성되었다. 이와 같은 윤음에 관해서는 이미 다양한 연구가 축적되었는데, 대체로 하향식 커뮤니케이션으로서의 윤음[10], 영조대의 윤음[11], 언해본 윤음[12] 등이 주목되었다. 반면 윤음이 어떤 절차를 거쳐 지방의 민에게 전달되는지에 대한 연구는 전무한 실정

---

5) "綸 今有秩嗇夫所佩也" (『禮記』 緇衣-鄭玄 注).
6) "秩嗇夫 掌獄訟" (『禮記』 緇衣-孔穎達 疏).
7) "綍 引棺索也" (『禮記』 緇衣-鄭玄 注).
8) "王言初出 微細如絲 及其出行於外 言更漸大 如似綸也 言綸麤於絲" (『禮記』 緇衣-孔穎達 疏).
9) "亦言漸大 出如綍也 綍又大於綸" (『禮記』 緇衣-孔穎達 疏).
10) 박정규, 「조선시대 敎書, 綸音에 관한 연구」, 『조선시대 커뮤니케이션 연구』, 한국학중앙연구원, 1995.
11) 김백철, 「영조의 綸音과 王政傳統 만들기」, 『장서각』 26, 한국학중앙연구원, 2011.
12) 윤혜영, 「조선시대 윤음 언해본에 나타난 인용구조 연구」, 『한말연구』 29호, 2011.

이다. 윤음 작성의 본래 목적이 불특정 다수의 민을 훈유하기 위한 것이라면 윤음의 문서형식이나 내용, 시기도 중요하지만 그 이상으로 불특정 다수의 민에게 윤음을 정확하게 전달하는 과정 역시 중요하다고 할 수 있다. 따라서 조선 후기 윤음을 보다 심층적으로 이해하기 위해서는 윤음의 작성배경, 종류, 서식 등에 대한 이해도 필요하지만, 윤음의 전달 과정에 대한 이해도 꼭 필요하다고 생각된다. 본서는 이와 같은 문제의식에서, 최초 왕언으로 시작되는 윤음이 최종적으로 조선팔도의 민에게 전달되는 각각의 과정을 해명하고자 하였다. 이를 통해 조선시대 하향식 커뮤니케이션의 구조와 절차를 해명하고자 하였다.

1) 왕의 명령(命令)과 승지의 유지(有旨)

조선 후기에 윤음을 전국의 민에게 전달하는 방법에는 크게 공식적 전달 과정과 비공식적 전달 과정이 있었다. 공식적 전달 과정은 국가 행정체제를 이용한 전달 과정이었다. 반면 비공식적 전달 과정은 양반들의 필사나 소문 또는 민의 소문 등을 통한 전달 과정이었다. 이 중에서도 더욱 중요한 것은 공식적인 전달 과정이었다. 조선 후기 윤음의 공식적인 전달 과정은 조선시대 하향식 커뮤니케이션이 어떤 방식으로 작동하는지를 구체적으로 보여준다는 점에서 특히 중요하다고 할 수 있다. 이하에서는 윤음이 공식적으로 어떤 과정을 거쳐 해당 도의 민에게 전달되는지를 검토하고자 한다.

윤음이 작성되면, 왕은 이 윤음의 선포에 관련하여 명령을 발표하는데, 이 명령은 원칙적으로 승정원에 내려졌다. 조선시대 왕명을 출납하는 관청이 원칙적으로 승정원이기 때문이었다. 그런데 승정원에서 윤음의 선포에 관한 왕의 명령을 받는 방법에는 크게 직접 전달받는 방법과 간접적으로 전달받는 방법 두 가지가 있었다.[13]

---

13) "御書下承政院曰 今後承傳內官所傳之言 若有錯誤 勿以爲予命而行之 須更取稟 且承傳內官 於政院進退言語 若有簡慢之狀, 可卽啓達" (『成宗實錄』 권239, 成宗 21년 4월 19일(辛丑)).

첫째 직접 전달받는 방법은 승지나 주서가 왕으로부터 직접 명령을 받는 방법이었다. 예컨대 경연이나 차대次對 등의 자리에 승지나 주서가 참석하여 왕으로부터 직접 명령을 받는 경우가 그것이라 할 수 있다. 이럴 경우 왕의 명령을 탑전하교榻前下敎라 하였고, 이 하교는 주서가 기록하였다. 조선시대 왕의 명령을 교라 하였기에[14] 탑전하교란 왕이 탑전에서 직접 내린 명령이라 이해할 수 있다. 담당 승지는 주서가 기록한 탑전하교를 근거로 왕명을 집행하였다.

둘째 간접적으로 전달받는 방법은 승지나 주서가 왕으로부터 직접 명령을 받는 것이 아니라 승전색 등을 통해 간접적으로 명령을 받는 방법이었다. 이럴 경우 승전색이 승정원에 왕명을 전달하는 방법은 말로 전달하는 경우와 문서로 전달하는 경우로 나누어 볼 수 있다. 승전색이 왕명을 말로 전달하는 경우는 구전하교口傳下敎 또는 전교傳敎였고, 문서로 전달하는 경우는 전지傳旨, 비망기備忘記 등의 문서를 이용해 전달했다. 따라서 윤음의 전달 과정이란 측면에서 볼 때, 윤음의 선포와 관련된 왕의 명령 즉 탑전하교, 구전하교, 전교, 전지, 비망기 등은 최초의 전달과정이자 가장 중요한 전달 과정이라 할 수 있다.

이와 같은 왕명 중에서도 윤음의 선포와 관련된 왕의 명령은 주로 탑전하교 또는 전교였다. 이와 관련된 사례를 하나 살펴보면 다음과 같다. 고종 3년(1866) 7월 30일 오전 입시에서 좌의정 김병학은, 요사이 양이洋夷들이 제멋대로 위협하며 날뛰는 것은 불순한 학문을 하는 무리들 때문이라며, 그것을 근절하기 위해 척사윤음斥邪綸音을 문임文任에게 지어 올리도록 하여 중외에 널리 반포하자고 건의하였고, 고종은 수락하였다.[15]

---

14) 최승희, 『한국고문서연구』, 한국정신문화연구원, 1981, 46쪽.

15) "丙寅七月三十日巳時 上御熙政堂 大臣政府堂上 引見入侍時 (중략) 炳學曰 春間邪獄 未始非大懲創 而漏網連藪 難保必無 蓋其潛滋暗煽 種下生種 彝倫之斁敗 習俗之詿誤 已無可言 而黃巾白蓮之憂 卽其必至之勢也 近日洋夷之敢肆恐動 職由此輩之潛通聲氣 異端邪術之害人家國 豈不誠懍然而寒心乎 到今事勢 尤不容不嚴加詗捉 一切鋤治 用寓生道殺人之義 另飭左右捕將 遍搜窮治 剿殄無遺 至於按節守土之臣 各自警惕 到底摘發 期於掃蕩乃已 而哀彼愚夫愚婦之迷惑沈溺 實非常情然也 不教而刑 亦係不忍 依己亥已例 斥邪綸音 令文任撰進 頒示中外 俾有丕變之效

이 자리에는 승지와 주서가 참석하였기에, 척사윤음을 문임으로 하여금 지어 올리게 하라는 왕명은 주서가 기록하였고, 이 기록을 근거로 담당 승지는 왕명을 집행하였다고 이해된다.

그런데 당시 현장에서는 척사윤음의 반포에 관한 왕명은 없었다. 이에 따라 8월 2일에 고종은 "척사윤음을 빨리 지어서 바치도록 하라. 이것을 만약 인쇄한다면 헛되이 시일만 끌게 될 것이니, 중앙에서는 한성부에서, 지방에서는 팔도와 사도四都에 정월 초하루에 내리는 윤음의 규례에 따라 일일이 반포하도록 하라. 한문과 언문으로 베껴 써서 방방곡곡에 붙이게 하여 다 같이 새로운 마음을 가지도록 할 것이며, 그릇된 풍습을 고치는 성과가 반드시 있게 하라"는 전교를 발하였다.[16] 이 전교가 『승정원일기에』에는 '전왈傳曰'로 기록되었지만, 『고종실록』에서는 '교왈敎曰'로 기록되었는데,[17] 이로 보면 '전교'란 '왕의 명령인 교를 전달'한다는 의미라고 이해된다. 이때의 전교는 물론 승전색이 담당 승지인 동부승지 김석진에게 전달하였고,[18] 동부승지 김석진은 이 전교를 근거로 후속 조치 즉 척사윤음을 지어 올리라는 왕명을 문임에게 전달하였을 것으로 이해된다.

그런데 위의 전교에서 고종이 언급한 "정월 초하루에 내리는 윤음의 규례"란 정월 초하루에 반포하는 권농윤음勸農綸音을 지칭한다. 『은대조례』에 의하면 권농윤음은 정월 초하루에 작성해 내리는데 그때 승정원에서 팔도八道와 사도四都에 유지有旨를 작성해 발급하도록 규정되어 있다.[19] 아

何如 上曰 依爲之 各別禁斷 可也"(『承政院日記』 高宗 3년 7월 30일(丙戌)).

16) "傳曰, 鋤治邪徒, 已有前飭, 曉諭愚民, 亦係急務, 斥邪綸音, 斯速撰進, 而此若刊印, 徒曠時日, 內而京兆, 外而八道四都, 依歲首綸音例, 一一頒布, 使之眞諺翻謄, 揭付坊曲, 咸與維新, 期有丕變之效事分付"(『承政院日記』 高宗 3년 8월 2일(戊子)).

17) "敎曰 斥邪綸音, 斯速撰進, 而此若刊印 徒曠時日 內而京兆 外而八道四都 依歲首綸音例 一一頒布 使之眞諺翻謄 揭付坊曲 咸與維新 期有丕變之效"(『高宗實錄』 권3, 高宗 3년 8월 2일(戊子)).

18) "今八月初六日同副承旨金奭鎭成貼有旨內斥邪綸音"(『咸京監營啓錄』 3, 이왕직실록편찬회 편).

19) "勸農綸音 每下於元朝 而成送有旨于八道四都 〈或命承旨閣臣儒臣 製進〉"(『銀臺條例』 故事, 戶考).

울러 권농윤음은 승지, 각신閣臣, 유신儒臣에게 명령하게 제진하게 명령한다고 규정되어 있는데, 이는 윤음이란 원칙적으로 왕이 직접 작성해야 하지만 신하들에게 대신 작성하게도 한다는 의미이다. 고종 3년(1866)의 척사윤음은 예문제학 신석희가 8월 3일에 지어 올렸다.

한편 권농윤음을 작성한 후, 승정원에서 작성해 발급한다고 하는 유지有旨는 담당 승지가 왕으로부터 명령을 받고 그 내용을 직접 써서 자신의 직함과 성을 쓰고 수결手決한 다음 명령을 받는 이에게 송부하여 주는 중요한 왕명서이다.[20] 이를 윤음과 관련해 이해하면, 왕은 윤음 반포와 관련하여 전교를 발표하고, 이 전교를 승전색이 담당 승지에게 전달하면, 담당 승지는 이를 접수하여 유지를 작성하는 것이라 할 수 있다. 고종 3년(1866) 8월 3일 예문제학 신석희가 지어 올린 척사윤음의 선포와 관련된 고종의 전교는 8월 2일에 내려진 "중앙에서는 한성부에서, 지방에서는 팔도와 사도四都에 정월 초하루에 내리는 윤음의 규례에 따라 일일이 반포하도록 하라. 한문과 언문으로 베껴 써서 방방곡곡에 붙이게 하여 다 같이 새로운 마음을 가지도록 할 것이며, 그릇된 풍습을 고치는 성과가 반드시 있게 하라"는 명령이 바로 전교였다. 이 전교에 따라 담당 승지인 동부승지 김석진이 유지를 작성하였는데, 그 유지는 8월 6일 작성되었다.[21] 이렇게 작성된 유지는 척사윤음과 함께 팔도 관찰사와 사도 유수에게 곧바로 전달되었다. 예컨대 함경도 관찰사는 함흥에서 8월 14일에 유지와 함께 척사윤음을 받았는데,[22] 이는 동부승지 김석진이 유지를 작성한 8월 6일부터 정확히 8일 후였다.

그런데 윤음 선포와 관련된 왕의 전교는 승정원 말고 비변사에 내려지기도 하였다. 사례를 하나 들어보면 다음과 같다. 정조 7년(1783) 9월 7일에 왕은 원자의 첫돌을 기념하여 경기, 충청, 전라, 경상, 강원, 함경의

20) 최승희, 『한국고문서연구』, 한국정신문화연구원, 1981, 54쪽.
21) "同治五年月日 承政院開坼 今八月初六日同副承旨金奭鎭成貼有旨內斥邪綸音" (『咸京監營啓錄』 3, 이왕직실록편찬회 편).
22) "同月十四日 臣在咸興府 祗受" (『咸京監營啓錄』 3, 이왕직실록편찬회 편).

백성들에게 특별세금 탕감윤음 즉 견휼蠲恤윤음을 발표하였다.[23] 이때 정조는 견휼윤음의 선포와 관련하여 다음과 같은 전교를 우승지 이재학에게 내렸다.

> "우승지 이재학에게 전교하기를, 이날 이 명령을 반포한 것은 마음을 함께하고 즐거움을 함께하고자 하는 마음과 정성에서 나온 것이다. 만약 한 명의 수령이라도 평범한 일이라 보고 자세하게 포고하지 않는다면, 이것이 어찌 조정에서 부지런히 훈유한 본래의 뜻이겠는가? 즉시 비변사로 하여금 다시 삼현령三懸鈴으로 하여 여러 도의 관찰사에게 엄히 신칙하여 관찰사가 직접 교정하여 여러 본을 등서하고, 아울러 수령으로 하여금 다시 한문본과 한글본을 등서하도록 하여 방방곡곡에서 한 명의 남자나 여자도 몰랐다거나 듣지 못했다는 탄식이 없도록 하라. 경상, 전라, 충청 그리고 함경에 이르러서는 즉시 인쇄하여 반포하도록 하라. 나중에 마땅히 널리 선포하였는지의 여부를 조사할 것이다. 이런 뜻으로 여러 도에 신칙하고, 거행한 상황을 보고하게 하라."[24]

위의 전교는 정조가 원자의 첫돌을 기념해 반포한 견휼윤음에 특별히 관심을 기울이고, 이 윤음을 해당 도에 널리 선포하기 위해 승정원이 아닌 비변사를 통해 알리도록 명령한 것이다. 승정원보다는 비변사의 위상이 훨씬 높았기 때문이다. 따라서 일반적인 경우 윤음은 승정원이 관찰사에게 전달하지만, 특별한 경우에는 비변사가 관찰사에게 전달했음을 알 수 있다.

한편 정조의 전교에 따라 우승지 이재학은 정조의 전교를 비변사에 알렸는데, 그 방법은 유지를 작성해 전달하는 것이 아니라, 비변사의 관

---

23) "上命書諭京畿洪忠全羅慶尙原春咸鏡等道綸音" (『承政院日記』 正祖 7년 9월 7일(乙未)).

24) "傳于李在學曰 是日頒是令 出於與心同樂之固心血誠也 萬有一守宰 看作循常 不卽詳細布告 是豈朝家勤諭之本意也 卽令廟堂 更爲三懸鈴 嚴飭諸道方伯 方伯親執較準 謄書諸本 仍令守宰 更謄眞諺各本 坊坊曲曲 無一夫一婦之不知不聞之歎 至如三南東北諸道 劃卽印頒 從後當探察廣布與否 以此意嚴飭諸道 擧行形止 使之狀聞" (『承政院日記』 正祖 7년 9월 7일(乙未)).

리가 직접 승정원으로 와서 전교를 받는 방식이었고, 이런 방식을 승전承傳이라고 하였다.[25] 이런 사실에서 볼 때, 승전이란 해당 관청의 관리가 직접 승정원으로 와서 전교를 받는 것이라 이해할 수 있다. 이 승전을 근거로 비변사에서는 해당 도의 관찰사들에게 관문關文을 보냈는데, 관문은 관청 상호간에 수수收受되는 관용문서로서 동등 이하의 관청에 쓰는 문서였다.[26] 즉 비변사에서는 관문과 더불어 정조의 견휼윤음을 해당 도에 보내 널리 윤음을 선포하도록 당부한 정조의 전교를 알렸던 것이다. 따라서 정조 7년(1783)과 고종 3년(1866)의 사례를 통해 조선 후기 윤음 선포와 관련해서는 일반적으로 승정원의 담당 승지가 유지有旨를 통해 관찰사에게 전달하지만, 특별한 경우에는 비변사가 관문關文을 통해 관찰사에게 전달하는 경우도 있음을 알 수 있다.

이처럼 윤음의 선포에 대한 왕의 명령은 우선 이 윤음을 관찰사에게 전달할 주체가 승정원인지 아니면 비변사인지를 지시하는 내용임을 알 수 있다. 아울러 왕의 명령은 해당 윤음을 어떤 방식으로 선포할지에 대한 구체적인 지시도 담고 있다. 이를 정조 7년(1783)의 견휼윤음과 고종 3년(1866)의 척사윤음을 통해 살펴보면 다음과 같다.

먼저 윤음의 인쇄 여부에 대하여 정조 7년에는 "경상, 전라, 충청 그리고 함경에 이르러서는 즉시 인쇄하여 반포"라고 하여 당시 견휼윤음의 대상이던 경기, 충청, 전라, 경상, 강원, 함경의 6도 중에서 경기와 강원을 제외한 경상, 전라, 충청 그리고 함경의 4도에서는 견휼윤음을 인쇄하여 반포하라고 지시하였다. 이는 6도 중에서도 특히 경상, 전라, 충청 그리고 함경이 그 당시 보다 절박한 상황이었기 때문에 특별히 이곳의 관찰사들로 하여금 견휼윤음을 인쇄하여 반포하도록 지시했다고 생각된다.

반면 고종 3년에는 "만약 인쇄한다면 헛되이 시일만 끌게 될 것이니, 중앙에서는 한성부에서, 지방에서는 팔도와 사도에 정월 초하루에 내리

25) "上曰 代言司掌宣傳 反就承命者 有違於理 非坐殿之時 則臺諫員就代言司承傳 以爲恒式" (『太宗實錄』 권6, 太宗 3년 윤11월 11일(甲寅)).
26) 최승희, 『한국고문서연구』, 한국정신문화연구원, 1981, 132-133쪽.

는 윤음의 규례에 따라 일일이 반포"라고 하여 인쇄는 하지 않도록 지시하였다. 요컨대 정조 7년과 고종 3년의 사례를 통해 볼 때, 윤음은 인쇄본을 만들어 반포하기도 하고, 그렇지 않기도 하였는데, 인쇄본을 만들어 반포하는 경우는 보다 특별한 경우라고 할 수 있다.

윤음의 선포에 대한 왕의 명령에서 중요한 지시 사항 중 하나는 한글본의 작성 여부였다. 이는 대부분의 경우 윤음의 선포 대상이 양반은 물론 평민도 해당되었기에 중요한 문제였다. 만약 한문본의 윤음만 반포하면 한문을 모르는 평민은 윤음을 볼 수 없기 때문이었다. 정조 7년의 경우, 왕은 "관찰사가 직접 교정하여 여러 본을 등서하고, 아울러 수령으로 하여금 다시 한문본과 한글본을 등서하도록 하여"라고 지시하여 한문본은 물론 한글본도 작성하도록 지시하였다. 이는 당시 비변사의 관문과 함께 관찰사에게 전달된 견휼윤음의 원문이 초서체이므로 이를 해서체의 한문으로 바꾸라는 지시임과 더불어 한글본 역시 작성하라는 지시였다. 특히 한글본의 경우, 한문으로 된 윤음을 번역해야 하는 것이므로 더더욱 신경을 써야 했다. 이와 관련하여 정조 7년의 견휼윤음을 접수한 경기도 관찰사는 "眞本則 必須楷正 諺譯則 務從纖悉"[27]이라고 승정원에 보고하였는데, 여기서 "眞本則 必須楷正"이란 견휼윤음을 한문본으로 작성할 때 반드시 해서로 반듯하게 썼다는 의미로서, 이는 물론 견휼윤음의 원본이 초서체 한문이므로 반듯한 해서로 바꾸어 보는 이들이 오해하지 않도록 한 것이었다. 아울러 "諺譯則 務從纖悉"이란 한문으로 된 견휼윤음의 한글 해석본이 따로 없는 상황에서 본래의 뜻을 한글로 정확하게 번역하기 위해 노력했다는 의미라고 하겠다.

고종 7년의 경우에도 왕은"한문과 언문으로 베껴 써서"라고 지시하였다. 이를 통해 보면, 조선 후기 왕의 윤음은 대부분 감영에서 해서체 한문본과 정확한 한글본으로 다시 작성하여 선포했음을 알 수 있다. 이는 물론 윤음의 대상이 양반은 물론 평민도 포함되기 때문이었다.

---

27) 『畿京監營啓錄』 권1, 경기감영, 正祖 7년 9월 7일(癸卯).

마지막으로 윤음의 선포에 대한 왕의 전교는 윤음 선포의 최종 대상이 누구인지에 대한 언급이다. 정조 7년의 경우 왕은 "방방곡곡에서 한명의 남자나 여자도 몰랐다거나 듣지 못했다는 탄식이 없도록 하라."고 지시하였는데, 이는 당시 견휼윤음의 선포대상이 방방곡곡의 모든 백성임을 강조한 것이라 할 수 있다. 고종 3년의 경우에도 왕은 "방방곡곡에 붙이게 하여 다 같이 새로운 마음을 가지도록 할 것이며, 그릇된 풍습을 고치는 성과가 반드시 있게 하라."고 지시하였는데, 이 역시 당시 척사윤음의 선포대상이 방방곡곡의 모든 백성임을 강조한 것이라 할 수 있다.

위의 내용을 정리하면 다음과 같다. 조선 후기 특정한 목적에서 다양한 윤음이 작성되었는데, 이 윤음은 초서체 한문본이었다. 이와 같은 윤음이 작성되면 왕은 윤음 선포와 관련된 명령을 내렸는데, 이 명령에서는 먼저 관찰사에게 윤음을 전달할 주체를 지시하였다. 아울러 윤음의 인쇄 여부 그리고 한문 해서체와 한글 번역본의 작성 여부 그리고 최종 대상에 대하여도 지시하였다. 이 같은 명령을 바탕으로 승정원에서는 유지를 작성해 윤음과 함께 비변사 또는 관찰사, 유수 등에게 전달하였다. 이렇게 비변사, 관찰사, 유수 등이 접수하는 승정원의 유지에는 윤음의 선포에 관한 전교 그리고 해당 윤음이 포함되었으며, 그 유지는 원칙적으로 초서체 한문으로 작성되었다. 이 유지와 윤음을 가지고 비변사, 관찰사, 유수 등은 왕의 명령에 따른 전달 임무를 수행하였던 것이다.

2) 관찰사의 관문과 지방관의 전령

앞에서 살펴본 것처럼 승정원 또는 비변사에서 관찰사에게 전달하는 유지와 윤음 또는 관문과 윤음은 기본적으로 담당 승지 또는 비변사 담당자의 친필로 작성되었다. 그것은 다음과 같은 이유 때문이었다. 우선 담당 승지는 승전색을 통해 전교나 전지 같은 왕명을 전달받는데, 전교는 말이고, 전지는 문서로 된 것이었다. 이런 전교나 전지를 전달받은 담당 승지는 그것을 일단 기록하거나 보관했을 것으로 이해되고, 그래서 전교나 전지의 원본은 하나라고 할 수 있다. 한편 문임 또는 왕이 작성한 윤음도 원본 하나만 담당 승지에게 전달되었을 것으로 이해된다. 비변사에서 승전하는 경우에도 마찬가지 상황이라 할 수 있다.

반면 담당 승지 또는 비변사 담당자가 작성하는 유지나 관문의 경우에는 10부 내외에 이르렀다. 예컨대 권농윤음의 경우 8도 관찰사와 4도 유수에게 각각 유지와 윤음을 전달해야 하였기에 적어도 12부를 작성해야 했다. 따라서 담당 승지나 비변사 담당자가 하나의 윤음과 왕명을 전달받으면, 필요한 수량만큼의 유지와 윤음 또는 관문과 윤음을 친필로 필사해야 했다. 10부 내외의 유지와 윤음 또는 관문과 윤음을 필사하다 보면 오자와 탈자가 발생할 가능성이 크다. 이런 이유에서 관찰사 또는 유수가 접수한 유지나 윤음에는 오자와 탈자가 들어있을 가능성이 적지 않았다. 그래서 왕은 "관찰사가 직접 교정하여 여러 본을 등서"하라는 명령을 내렸다고 이해된다.

유지와 윤음 또는 관문과 윤음을 전달받은 8도 관찰사 그리고 4도 유수는 자신의 관하에 있는 지방관의 숫자만큼 해당 윤음과 왕명을 필사해서 전달해야 했다. 조선시대 8도에는 각각 수십 개의 지방관이 존재했으므로, 관찰사는 수십 부의 윤음과 왕명을 필사해야 했다. 이와 관련하여 정조 7년의 견휼윤음을 비변사의 관문으로 전달받은 경기도 관찰사가 승정원에 보고한 내용을 통해, 관찰사가 윤음과 왕명을 어떤 방식으로 관하의 지방관에게 전달하는지 참고할 수 있다.

> "비변사의 관문이 도착한 즉시 근심스런 뜻으로 받들어 살펴보고, 먼저 도신道臣으로부터 직접 관문과 윤음을 집어 들고 교정하여, 한문본으로 필사하는 것은 반드시 해서체로 반듯하게 쓰고, 한글본으로 번역하는 것은 한글로 정확하게 번역하고자 힘썼습니다. 그 한문본과 한글본을 도내의 각 영營, 읍邑, 진鎭에 반포하였습니다. 아울러 도내의 각 영, 읍, 진의 관장官長으로 하여금 다시 필사하여, 하나하나 방방곡곡에 지위知委함으로써, 마치 집집마다 가서 효유하고 가정마다 가서 설득하는 것처럼 하도록 했습니다. 또한

서울과 시골의 다름과 산골의 궁벽함을 핑계대지 말라 하였으며, 정성껏 포고했는지 안 했는지를 조사할 방법이 있다는 뜻으로써 엄히 신칙하였습니다. 이와 함께 반포한 경과를 또한 즉시 장문狀聞할 것을 관문關文으로 발송하였습니다."[28]

비변사로부터 관문과 견휼윤음을 전달받은 경기도 관찰사는 '먼저 도신道臣으로부터 직접 관문과 윤음을 집어 들고 교정하여, 한문본으로 필사하는 것은 반드시 해서체로 반듯하게 쓰고 한글본으로 번역하는 것은 한글로 정확하게 번역하고자 힘썼습니다.'라고 하였는데, 이는 비변사의 관문과 견휼윤음을 경기도 관찰사는 물론 문서 담당자들이 함께 교정하였다는 의미라고 할 수 있다. 물론 이렇게 한 이유는 "여러 도의 관찰사에게 엄히 신칙하여 관찰사가 직접 교정하여 여러 본을 등서하고, 아울러 수령으로 하여금 다시 한문본과 한글본을 등서하도록 하여 방방곡곡에서 한 명의 남자나 여자도 몰랐다거나 듣지 못했다는 탄식이 없도록 하라."는 정조의 전교 때문이었다.

경기도 관찰사는 이렇게 자신과 문서 담당자들이 함께 교정하고 필사한 한문본 견휼윤음과 한글본 견휼윤음을 "도내의 각 영營, 읍邑, 진鎭에 반포"하였다. 이때 도내의 각 영, 읍, 진이란 경기도 관찰사 관하의 병영, 읍, 군진을 의미한다. 구체적으로 말한다면, 병영은 병마절도사영이고, 읍은 각 군현이고, 군진은 육군과 수군의 군진이다. 정조 당시 경기도 관찰사 관하의 병마절도사영, 군현, 군진은 수십 곳이 넘었고, 그곳에 각각 전달할 한문본 견휼윤음과 한글본 견휼윤음을 경기도 관찰사 책임하에 교정, 필사했던 것이다.

한편 경기도 관찰사는 한문본 견휼윤음과 한글본 견휼윤음에 더하여

---

28) "到關卽時 惕意奉審 先自道臣 親執較準 眞本則必須揩正 諺譯則務從纖悉 頒之于道內各營邑鎭 仍令官長 更爲傳謄 一一知委於坊坊曲曲 殆同家諭而戶說爲乎矣 莫曰京鄕之迴隔山峽之窮僻 布告之誠不誠 自有探察之道 竝以此意 另加嚴飭 擧行形止亦卽狀聞 宜當向事 關是白置有亦"(『畿京監營啓錄』 권1, 경기감영, 正祖 7년 9월 7일(癸卯)).

관문을 작성하였다. 앞에서 살펴본 것처럼 관문이란 동등 이하의 관청 사이에 사용하는 공문서로서, 경기도 관찰사가 자기 관하의 지방관에게 명령하기 위해 작성한 것이었다. 이 관문에는 크게 네 가지 내용이 포함되었다. 첫째는 "도내의 각 영, 읍, 진의 관장官長으로 하여금 다시 필사하여, 하나하나 방방곡곡에 알림으로써, 마치 집집마다 가서 효유하고 가정마다 가서 설득하는 것처럼 하도록" 신칙한 것인데, 이는 "수령으로 하여금 다시 한문본과 한글본을 등서하도록 하여 방방곡곡에서 한명의 남자나 여자도 몰랐다거나 듣지 못했다는 탄식이 없도록 하라."는 정조의 전교를 근거로 한 것이었다. 즉 경기도 관찰사의 관문에서 가장 중요한 내용은 왕의 전교를 전달하는 것이었던 셈이다.

둘째는 "서울과 시골의 다름과 산골의 궁벽함을 핑계대지 말라"고 한 내용으로, 이는 경기도 관찰사 관하의 각 지방관이 각 지방의 형편을 들어 윤음 선포의 어려움을 하소연할 가능성을 원천적으로 차단하는 내용이라 할 수 있다. 경기도 관찰사는 "방방곡곡에서 한 명의 남자나 여자도 몰랐다거나 듣지 못했다는 탄식이 없도록 하라."는 정조의 전교를 충실히 집행하기 위하여, 관하의 지방관이 어떤 핑계도 대지 말고 방방곡곡의 백성들에게 성실하게 반포할 것을 명령하는 내용을 관문에 실었던 것이다.

셋째는 "정성껏 포고했는지 안 했는지를 조사할 방법이 있다는 뜻으로 엄히 신칙"한 것으로서, 이는 관하의 지방관이 윤음을 성실하게 반포하지 않으면 조사해 처벌하겠다는 경고의 의미이다.

마지막으로 넷째는 "반포한 경과를 또한 즉시 장문狀聞할 것을" 명령하였는데, 이는 경기도 관찰사 관하의 지방관이 관찰사의 관문과 윤음을 받은 후, 관문의 내용에 따라 반포하고 그 결과를 보고하라는 명령이다.

이렇게 보면, 경기도 관찰사가 관하의 지방관에게 전달한 관문은 정조의 전교를 전달하면서 동시에 그 내용을 충실히 집행하고 그 결과를 보고하라는 내용으로 이루어졌음을 알 수 있다. 물론 이런 내용은 비변사에서 보낸 관문에 의거하였고, 비변사의 관문은 정조의 전교에 의거하였으므로, 경기도 관찰사의 관문은 근본적으로 정조의 전교에 근거하였다고 이해할 수 있다.

이렇게 경기도 관찰사가 작성한 관문은 한문본 윤음과 한글본 윤음처럼 관하의 모든 지방관에게 전달해야 했으므로 수십 부가 필요했다. 이렇게 작성된 관문 그리고 한문본 윤음과 한글본 윤음이 각각 관하의 지방관에게 발송되었을 것이다.

한편 정조 7년의 견휼윤음에 대하여 정조는 "경상, 전라, 충청 그리고 함경에 이르러서는 즉시 인쇄하여 반포"하라고 전교하였으므로 경상, 전라, 충청 그리고 함경의 관찰사는 관문, 한문본 윤음, 한글본 윤음에 더하여 인쇄본 윤음도 작성하였을 것이다. 이렇게 인쇄된 윤음 역시 관하의 지방관에게 전달되었을 것으로 이해된다.

관찰사의 관문과 윤음을 전달받은 지방관은 관문의 내용에 따라 또다시 자기 관하의 면面이나 리里 또는 동洞에 필요한 수량만큼의 한문본 윤음과 한글 본 윤음을 작성하였다. 조선후기에는 면에 면임面任이 있었고, 리에 리임里任이 있었으며, 동에는 동임洞任이 있었으므로, 지방관은 자기 관하의 면임과 리임 및 동임에게 한문본 윤음과 한글 본 윤음을 필사하여 전달하였다고 이해된다. 이때 지방관은 면임과 리임, 동임에게 알려서 윤음을 반포하게 하였는데, 보통 전령傳令으로 통보하였다. 지방관의 관하에 있는 면임, 리임, 동임 역시 적지 않은 수이므로 지방관이 작성해야 할 한문본 윤음, 한글본 윤음 그리고 전령 역시 필요한 수만큼 작성했을 것으로 이해된다.

그런데 조선시대의 전령은 관원이 관하의 관리, 면임, 민 등에게 내리는 명령서로서[29], 지방관이 관하의 면임, 리임, 동임에게 내래는 전령은 관문의 내용을 바탕으로 왕의 전교 및 왕의 전교를 충실히 집행하고 보고하라는 등의 내용이 들어갈 것으로 이해된다. 이렇게 보면 최초 왕의 전교나 전지 같은 명령은 승정원의 유지 또는 비변사의 관문에 실렸다가,

---

29) 최승희, 『한국고문서연구』, 한국정신문화연구원, 1981, 167쪽.

이것이 다시 관찰사의 관문에 실렸고, 최종적으로 지방관의 전령에 실리는 것으로 이해할 수 있다. 이와 같은 전령을 받은 면임, 리임, 동임은 전령에 실린 왕의 명령에 따라 촌리村里의 주민들에게 윤음을 선포하게 된다.

3) 촌리에서의 윤음 선포

조선후기 지방에 거주하는 백성이 어떻게 윤음을 전달받는지에 대하여 황윤석은 중요한 기록을 많이 남겼다. 예컨대 정조 7년의 견휼윤음이 반포되었을 때, 황윤석은 전라북도 흥덕현(현재의 고창)에 거주하고 있었다. 그는 10월 11일 흥덕에서 견휼윤음을 직접 복도伏覩하였는데, 그것은 인번반시印飜頒示[30]한 것이었다. 인번반시印飜頒示란 한번 새긴 책의 목판을 본보기로 다시 새겨서 반포했다는 뜻인데, 이것은 비변사의 관문과 함께 하사된 견휼윤음의 인쇄본을 본보기로 전라도 감영에서 다시 새겨서 보낸 것을 흥덕현에서 반포했다는 의미로 이해된다. 따라서 이때 황윤석이 본 것은 전라도 감영에서 다시 새겨서 흥덕현에 보낸 것을 흥덕 현감이 게시하였고, 그것을 황윤석이 보았다고 생각된다. 견휼윤음이 게시된 장소는 확실하지 않지만 조정의 법령이나 명령을 게시하는 장소에 게시되었을 것으로 이해된다.

황윤석은 견휼윤음을 복도伏覩한 지 15일 후인 26일에 다시 윤음을 인거印去[31]하였다고 기록하였다. 인거印去란 인쇄해서 가져갔다는 의미가 분명한데, 이는 황윤석이 흥덕현 관청에 가서 윤음을 인쇄해서 가져갔다는 뜻으로 이해된다. 그 이유는 당시 향촌에 거주하는 문신과 무신에게는 인쇄본 윤음을 반포했지만, 황윤석은 음관이라 받지 못했기 때문이었

---

30) "伏覩 前月二十二誕日 以京畿年災分等 蠲免一節 先降綸音 (중략) 竝印飜頒示耳" (『이재난고』 6책, 권35, 癸卯(正祖 7, 178) 10월 11일, 한국정신문화연구원, 2000).

31) "綸音 印去" (『이재난고』 6책, 권35, 癸卯(正祖 7, 178) 10월 26일, 한국정신문화연구원, 2000).

다.[32] 물론 향촌에 거주하는 문신과 무신에게 인쇄본 윤음을 반포한 이유는 "경상, 전라, 충청 그리고 함경에 이르러서는 즉시 인쇄하여 반포" 하라고 명령했던 정조의 전교 때문이었다.

그런데 "경상, 전라, 충청 그리고 함경에 이르러서는 즉시 인쇄하여 반포" 하라는 정조의 전교는 반포 대상이 애매모호하였다. 즉 누구에게까지 인쇄하여 반포할 지에 대하여 명확한 언급이 없었던 것이다. 이에 따라 비변사에서는 향촌에 거주하는 문신과 무신에게만 인쇄본 윤음을 반포하게 하였던 것이다.[33]

하지만 향촌에는 문신과 무신 말고 황윤석 같은 음관들도 있었다. 문신과 무신은 인쇄본 윤음을 받았는데, 자신들은 받지 못하자 음관들은 불만을 제기하였을 것이 분명하다. 그래서 이들의 불만을 무마하고자 감영에서는 향촌의 음관에게도 인쇄본 윤음을 반포하자고 건의하기에 이르렀던 것이다.[34]

이런 상황에서 황윤석은 음관이라 인쇄본 윤음을 받지 못했고, 그래서 직접 흥덕현청으로 가서 윤음을 인쇄하여 갔을 것으로 이해된다. 그렇다면 흥덕현청에서는 음관 등의 요구에 대비하여 윤음을 인쇄할 목판을 준비하였다가, 요구가 있을 때 인쇄해 가도록 조치했다고 생각된다. 이렇게 견휼윤음을 인쇄해 온 황윤석은 그날로 발문跋文을 지었다가 나중에 『이재난고』에 이 발문을 추록追錄하였는데, 이런 내용이었다.

"정조 7년 계묘에 흉년이 들었다. 평안도와 황해도를 제외한 6로가 모두 심하였는데 영남은 조금 괜찮았다, 주상께서 이를 슬퍼 여기시어 9월 7일

32) "本倅 爲奉綸音 諺解謄諭 而里而歷來相見 本倅言 綸音 自京分頒者 只及文武在鄕者 而不及蔭官 此必備局文書 不察之致" (『이재난고』 6책, 권35, 癸卯(正祖 7, 178) 10월 28, 한국정신문화연구원, 2000).

33) "本倅 爲奉綸音 諺解謄諭 而里而歷來相見 本倅言 綸音 自京分頒者 只及文武在鄕者 而不及蔭官 此必備局文書 不察之致" (『이재난고』 6책, 권35, 癸卯(正祖 7, 178) 10월 28일, 한국정신문화연구원, 2000).

34) "故營門料量事理 加給於蔭官 而因且具曲折回啓云" (『이재난고』 6책, 권35, 癸卯(正祖 7, 178) 10월 28일, 한국정신문화연구원, 2000).

원자 탄신의 첫 돌날과 9월 22일 대전 탄신일에 차례로 덕음德音을 선포하셨다. 처음 경기로부터 시작하여 6로에 두루 선포함으로써 언로諺路로 분등分等하고 장문狀聞하기를 기대하였다. 대개 이것은 미리 백성들에게 알리고자 한 것이었다. 이에 10월 8일 마침내 궁중에서 효유하여 백성의 세금을 경감함으로써 도탄에 빠진 백성들을 구제하고자 밤낮으로 애쓰는 뜻을 보이고자 하였다. 관찰사와 수령에게는 곧바로 궁중에서 윤음 인쇄본을 하사였는데 새로 주조한 규장지보를 찍었다. 전직 문신과 무신 그리고 음관으로서 향촌에 있는 사람들에게는 감영에서 번인飜印하여 나누어 주었다. 지방의 백성에게는 필사하여 전하고 나누어 알렸다. 오호! 능히 진실한 마음으로 만에 하나라도 받들어 행할 자가 있겠는가? 나는 또한 한 사람의 향촌의 신하로서 일명一命 이상으로 일찍이 일현一縣의 한 사람으로 시험을 보았고 죽지 않고 살아 엎드려 공경히 받들 뿐이다. 하물며 영조의 유교遺敎가 있으니, 더더욱 슬픔을 이기지 못하겠다. 손을 씻고 윤음 뒤에 글을 적어 이 세상에서 이 뜻을 함께 하는 자들을 서로 권면하고자 한다. 정조 7년 10월 26일 초토草土 신臣 황윤석 경서敬書."[35]

위에 의하면 정조 7년의 견휼윤음은 크게 세 가지 방법으로 반포되었다. 첫째는 관찰사와 수령에게는 궁중에서 직접 인쇄한 윤음을 하사하였고, 이 인쇄본에는 규장지보가 찍혔다. 이런 사실에서 정조 7년의 견휼윤음 인쇄본은 궁중에서 수백부가 인쇄되어 해당 도의 관찰사와 수령들에게 일일이 반포되었다고 이해된다.

둘째는 해당 도의 전직 문신과 무신으로서 향촌에 있는 사람에게는 감영에서 번인飜印한 인쇄본 윤음을 반포하였다. 당시 해당 도의 향촌에 얼마나 많은 전직 문신과 무신이 있었는지는 모르지만 이들 모두에게

---

35) "御製諭湖南民人綸音跋追錄 七年癸卯 歲大饑 自兩西外六路爲甚 而嶺南稍可 上哀惕 若 以九月七日元子誕辰之初度 及二十二日大殿誕節 次第宣德音 始京畿 偏六路 以待諺路分等狀聞 盖先庚先甲云爾 乃今月八日 竟中論用示 上下蠲減宵旰救拯之至誠 而道臣邑宰 則直自內賜 安新鑄奎章之寶 前銜文蔭武在鄕者 則巡營飜印以俵 而土民 則謄傳分告 嗚呼 有能實心奉行於萬一者乎 賤臣 亦鄕紳之一 一命已上曾試一縣之一 勿歿勿死 伏苄塊 祗受而已 矧伊有元陵遺敎 尤不勝戚戚焉爾 輒盥水識尾 庶世之同此志者 交勉云 是年十月二十六日 草土臣 黃胤錫敬書" (『이재난고』 6책, 권35, 癸卯(正祖 7, 178) 10월 28일, 한국정신문화연구원, 2000).

인쇄본 윤음을 반포하기 위해서는 적어도 수백 부의 인쇄본이 필요했을 것으로 이해된다. 아울러 처음에는 음관에게는 인쇄본 윤음이 반포되지 않았지만, 나중에 감영의 보고로 인해 음관 역시 인쇄본 윤음을 받았고, 그래서 황윤석은 위의 발문에서 "전직 문신과 무신 그리고 음관으로서 향촌에 있는 사람들에게는 감영에서 번인飜印하여 나누어 주었다."고 기록하였을 것이다.

마지막으로 셋째는 지방의 백성에게는 필사하여 전하고 나누어 알렸다고 하였는데, 이는 촌리에서 한글본으로 번역하여 게시하거나 아니면 면임, 리임, 동임이 직접 주민들에게 구두로 알리는 방법이었을 것으로 이해된다. 예컨대 정조 7년의 윤음을 마을 사람들에게 알리기 위해 흥덕 현령은 "한글로 번역하여 알렸으며 마을을 두루 돌아다녔다."[36]고 하였는데, 이는 현령이 면임, 리임, 동임을 독려하기 위해 마을을 두루 돌아다닌 것으로 이해된다.

이 같은 사실에서 보면 조선후기 윤음 전달에서 중요한 역할은 여전히 관료조직 및 양반층이 담당하였음을 알 수 있다. 예컨대 정조 7년의 경우, 정조는 관찰사, 수령, 전직 문신, 전직 무신 등에게는 인쇄본 윤음을 주게 하였는데, 당시 이들 양반들이 여론을 주도하였기에 이들로 하여금 윤음 반포 사실을 널리 알리도록 하자는 목적에서였다고 이해된다. 이와 관련하여 황윤석은 견휼윤음을 인쇄해 온 이후 "이 세상에서 이 뜻을 함께 하는 자들을 서로 권면하고자 한다."는 발문을 지었는데, 바로 이런 발문을 통해 양반들이 윤음을 널리 알리는 역할을 하였음을 확인할 수 있다. 아울러 한문본 윤음을 선포한 것 역시 양반들이 윤음 반포 사실을 널리 알리도록 하려는 목적에서였다고 할 수 있다.

하지만 윤음은 양반만 대상으로 하는 것이 아니라 농민과 노비 같은 신분층도 해당되므로 이들에게도 윤음의 내용을 널리 알릴 필요가 있었고, 그런 필요에서 한글본 윤음을 작성하여 촌리에 게시하였고, 나아가

---

36) "本倅 爲奉綸音 諺解謂論 而里而歷來" (『이재난고』 6책, 권35, 癸卯(正祖 7, 178) 10월 27일, 한국정신문화연구원, 2000).

면임, 리임, 동임이 직접 촌리의 주민들에게 알렸다고 할 수 있다. 이런 과정과 절차를 거쳐 조선 후기 윤음은 해당 도의 양반과 민에게까지 정확하게 전달되었다고 할 수 있다. 이상의 내용을 정리하면 다음과 같다.

〈도 1〉 **윤음의 전달과정**

왕
↓ (下教 또는 傳敎)
승지
↓ (有旨)
관찰사 및 유수
↓ (關文)
지방관
↓ (傳令 또는 게시)
면임, 리임, 동임
↓ (구두전달 또는 게시)
양반 또는 민
↓

왕
↓ (下教 또는 傳敎)
승지
↓ (承傳)
비변사
↓ (關文)
관찰사 및 유수
↓ (關文)
지방관
↓ (傳令 또는 게시)
면임, 리임, 동임
↓ (구두전달 또는 게시) ↑
양반 또는 민

Ⅱ

국왕과 민의 정기적 소통 방식

조선시대 국왕의 일상생활은 일 년을 주기로 반복되었다. 그것은 농업사회였던 조선시대의 일반적인 생활 형태이기도 했다. 일 년을 주기로 계절이 반복되기 때문에 봄에 씨 뿌리고, 여름에 김매고, 가을에 추수하여 겨울에 저장하는 것이 일반 농민들의 생활이었다.

국왕은 이들의 생활이 흐트러짐 없이 유지되도록 정책적으로 배려하고 격려해야 했다. 조선시대 국왕의 일 년 일정에는 농부들의 농사력에 맞추어 농업을 장려하는 행사가 적지 않게 들어 있다. 농사력과 관련된 국왕의 일 년 일정으로는 다음과 같은 것이 있었다.

국왕의 일 년 일정은 정월 초하루부터 시작된다. 정월 초하루는 새해가 시작되는 의미 깊은 날이다. 묵은 해를 보내며 풍요로운 한해를 기원하는 농부들의 바램은 간절하기만 하다. 이날 국왕은 조선팔도와 사도四都의 농민 및 관리들에게 새해에도 농업에 힘쓸 것을 당부하는 글을 반포한다. 이 글을 보통 권농윤음勸農綸音이라고 했다.

이외에도 새해 첫날은 국왕도 할 일이 많다. 우선 북경에 있는 중국천자를 향해 새해 인사를 해야 한다. 제후를 자처한 조선에서 황제에게 인사를 하는 것은 당연한 일이었다. 이미 정조사正朝使를 보냈지만 이것만으로는 부족하다. 이날 국왕은 조정의 신료들을 모아놓고 천자가 계시는 북쪽을 향해 절을 올린다. 먼 곳에서 천자가 계시는 곳을 바라보며 올리는 예라고 하여 망궐례望闕禮라고 했다.

망궐례 이후에는 조상신들과 공자에게 인사하기 위해 종묘와 성균관에 행차한다. 그리고 새해 인사를 드리기 위해 찾아오는 종친들과 신료들을 만나야 한다. 이렇게 해서 한 해의 일정이 시작된다.

봄은 만물이 소생하는 계절이다. 농부들이 밭을 갈고 씨를 뿌리는 계절도 봄이다. 봄의 한가운데인 음력 2월이 되면 이제 농부들은 농사 준비로 바빠진다. 이때 국왕은 농민들에게 농사의 모범을 보인다는 의미에서 친경례親耕禮를 행한다. 이 의식은 말 그대로 국왕이 직접 밭을 가는 의식이다. 친경은 선농단先農壇에서 왕이 친히 풍년을 기원하는 제사를 드린 후에 행한다.

숙종 이후에는 임진왜란 때 우리나라를 도와준 명나라의 은혜에 보답하기 위해 대궐 안에 황단皇壇을 설치했다. 이 단에 명나라의 태조·신종神宗·의종毅宗을 배향하고 춘삼월에 국왕이 직접 제사를 드렸다.

여름철은 만물이 무성해지는 계절이다. 하늘에는 뜨거운 태양이 작렬하고 땅에서는 봄에 심은 농작물이 무럭무럭 자라난다. 농민들은 가을의 풍년을 예상한다.

그러나 이 같은 기대를 무너뜨리는 것은 여름철의 가뭄과 홍수다. 가뭄과 홍수가 들었다 하면 봄에 애써서 심어놓은 농작물이 절단난다. 흉년은 농업 국가를 파탄으로 몰고 가는 지름길이다. 국가의 세입이 줄어들고 백성들은 굶주리니, 나라가 뿌리부터 흔들리게 된다. 따라서 무슨 수를 쓰든지 가뭄과 홍수가 나지 않도록 해야 한다.

조선시대에는 여름철의 가뭄과 홍수를 구제하기 위해 국가에서 수많은 제사를 행했다. 특히 하지가 지나고도 비가 오지 않으면 큰 가뭄으로 간주하여 대대적으로 기우제를 지냈다.

하지 이후에 지내는 기우제는 비가 올 때까지 이틀에 걸쳐 한 번씩 장소를 바꾸어가며 시행한다. 1차 기우제는 삼각산과 남산 그리고 한강에서 지낸다. 이틀이 지나도 비가 오지 않으면 용산강과 저자도에서 2차 기우제를 지낸다. 그래도 비가 오지 않으면, 3차는 남단南壇과 우사단雩祀壇

에서, 4차는 북교에서, 5차는 종묘에서 지내는 등 12차에 이를 때까지 지낸다. 가뭄이 심상치 않다 싶으면 국왕이 직접 나서서 하늘에 기우제를 지낸다. 반대로 홍수가 나면 기청제祈請祭를 지낸다. 기우제나 기청제의 결과 하늘의 감응이 있으면 보사제報謝祭를 지내 감사를 표시한다.

가을은 결실의 계절이다. 봄과 여름에 땀 흘려 지은 농산물을 수확하게 된다. 국왕도 봄에 친경을 하고 심은 농산물을 직접 수확하는 의식을 거행한다. 이를 친예례親刈禮라 했다. 국왕이 직접 낫을 들고 수확을 하는 것이다. 가을은 또 조락凋落의 계절이기도 하다. 서리가 한 번 내리면 나뭇잎은 맥없이 떨어지고 풀들은 시들어버린다. 대지를 뒤덮고 있던 생명들이 일시에 소멸된다. 국왕은 죽음이 내리는 가을에 맞추어 집행을 미루던 사형수들에게 형 집행을 명령한다. 살아 있는 사람을 죽이는 것은 차마 할 수 없는 일이다. 그러나 국가의 기강을 유지하기 위해 죽일 사람은 죽여야 한다. 어쩔 수 없이 인명을 죽여야 한다면 자연의 섭리에 맞추어 가을에 하겠다는 것이다.

겨울은 모든 생명이 땅속으로 숨어들고 다시 소생할 때를 기다리는 계절이다. 준비의 계절인 것이다. 이때 국왕은 도로를 수리하고 성벽을 증축하는 등의 토목공사를 명한다. 겨울에 내려야 할 눈이 오지 않으면 기설제祈雪祭를 지낸다.

이렇게 일 년이 지나면 다시 봄이 오고 여름이 온다. 국왕은 다시 그 전해의 일정대로 계절에 맞추어 자신의 임무를 수행하고, 그런 과정에서 국왕과 민 사이에 정기적 소통 방식이 형성되었다.

1. 연중행사를 통한 소통 방식

조선시대에는 대다수의 백성들이 농업에 종사했다. 국가의 경제정책도 농본農本을 공식적으로 채택하고 있었다. 농업사회였던 조선에서 토지와 곡식은 인간의 생명을 유지하고 영속시켜주는 원동력이었다. 땅을 파먹고 사는 농민들의 최대 꿈은 자신들 소유의 땅을 갈아서 풍년을 맞아보는 것이었다. 토지에 대한 집착과 풍년에 대한 소망은 농업사회를 살아가는 사람들의 숙명과도 같았다.

현실적으로 토지는 농사를 짓기 위한 생활의 터전으로서 경작지를 늘리려는 노력은 국가적 차원에서 경주되었고, 황무지를 개척하여 논밭을 일구는 일도 정책적으로 장려되었다. 예컨대 황무지를 개척하면 개척자에게 토지소유권을 주었다.

토지는 현실적 정책의 대상이 될 뿐만 아니라 신격화되어 제사의 대상이 되기도 했다. 이 땅에는 풀과 나무, 새와 짐승 등 무수한 생명체들이 살아가고 있다. 대지는 마치 어머니의 품속과 같이 이들 생명들을 품어서 기르는 신비한 작용을 한다. 토지가 숭배의 대상이 되는 이유가 여기에 있다.

이 땅에는 광활한 대지뿐만 아니라 산·호수·강·바다 등이 있으며 이들 하나하나가 제사의 대상이 된다. 토지는 토지의 신으로, 산은 산의 신으로, 호수는 호수의 신으로 하는 식으로 숭배된다. 이들은 모두 땅에 있는 신으로서 이들을 지기地祇라 했다.

과거의 인간들은 이 땅이 전체적으로 네모난 모양이라고 생각했다. 따라서 대지는 중앙과 각각의 방위에 따라 5방으로 구성되는 것으로 알았다. 대지의 색은 황색으로 상징되었는데, 이는 하늘의 색인 검은색이나 파란색에 대응하는 것이다. 땅에 제사를 드릴 때 예물로 드리는 옥을 황종黃琮이라 했다. 황종은 황색의 팔각형 옥이다. 황색은 당연히 땅을 상징하는 색이고, 팔각형도 사방팔방이라는 말처럼 땅을 상형한 것이다. 이는 파란색의 둥근 옥인 창벽蒼璧이 하늘을 상징하는 것에 대응한다.

유학자들은 땅과 하늘을 대응시켜 파악했다. 예컨대 하늘은 위에 있고 땅은 아래에 있으며, 하늘은 양이고 땅은 음이라는 설명이 그것이다. 땅은 음陰으로 인식되었으므로 땅에 드리는 제사는 음사陰祀라 했다. 하늘에 드리는 제사를 양사陽祀라 하는 것에 대응하는 것이다. 땅에 제사를 드릴 때는 향을 피우기에 앞서 희생물의 피와 털을 땅에 묻는 절차가 있다. 이는 땅속에 있는 토지의 신을 불러오기 위해 피를 사용하는 것이다.

이 의식은 제천행사에서 연기로 하늘에 있는 신에게 정성을 드리는 것에 대응한다고 하겠다.

조선시대에 사직단에 모신 땅의 귀신을 국사國社라 했다. 사社는 토지신을 일컫는 말인데, 이 앞에 국國의 글자를 덧붙인 것이다. 국사는 천자에 의해 제후로 봉해진 사람이 자기 봉국 내의 백성을 위해 설립한 사단社團이라는 의미다. 즉, 국사란 하늘 아래의 모든 땅귀신이 아니라 봉해진 영역 안의 땅귀신만 모시는 사단이라는 의미라고 하겠다. 이에 비해 천자가 하늘 아래의 모든 땅귀신을 모신 사단을 태사太社라고 했다. 고려시대와 조선 개국 직후에는 사단을 태사라 했다.

그러나 조선 개국 후 명나라에 대해 제후를 자처한 조선에서 이를 국사로 바꾸었다. 곡식신을 모신 직단稷壇의 경우도 마찬가지였다. 이 땅의 모든 곡식신을 모시는 태직太稷에서 영내의 곡식신만 모신 국직國稷으로 바꾼 것이다. 과거 사람들은 토지에서 산출되는 식물 중에서 식용으로 사용할 수 있는 것을 곡穀·과果·라蘿의 세 가지로 구분했다. 곡은 쌀·보리·옥수수 등 일체의 곡물을 지칭한다. 과는 과일나무에서 열리는 과일을 의미하고, 라는 풀에서 열리는 모든 풀 열매를 뜻한다. 이들 식용식물 중에서 인간에게 가장 긴요한 것은 물론 일용 양식으로 이용되는 곡식이었다. 따라서 곡은 과와 라를 포괄하여 식용식물 전체를 지칭하기도 한다.

곡식은 그 종류가 무수히 많고 또 농법이 발전함에 따라 계속 증가한다. 다만 과거에는 곡식 중에서 대표적인 다섯 가지 종류만을 들어서 곡식 전체를 포괄하곤 했다. 이 다섯 가지 곡식은 보통 5곡이라 불렸는데, 기장·콩·조·보리·쌀이 그것이었다. 이 중에서 기장은 동양인들이 식용으로 재배하기 시작한 곡물 중에서는 가장 긴 역사를 가지고 있다. 이에 따라 기장은 과거부터 식용곡물을 대표하는 곡식명으로 정착되었고, 수확을 하고 나서 신에게 올리는 감사 제물로도 이용되었다.

직단에 모셔진 직稷은 바로 기장을 지칭하는데, 이는 일종의 벼다. 직단에는 기장만을 모시고 있지만, 사실은 기장이 오곡을 대표하기 때문에 기장 하나로서 오곡을 포괄한다. 뿐만 아니라 오곡은 과와 라를 포함하여 식용식물을 대표하고 있으므로 직단에 모셔진 직은 식용식물 전반을 상징하는 것이다.

그러므로 조선시대 사직단에 모셔진 국사國社와 국직國稷은 조선8도의 토지신과 곡식신을 대표하고 있다. 이 국사와 국직에게 제사를 드려 토지에서 풍성한 결실이 맺어지기를 기원하는 것이다. 조선시대에는 나라의 토지신과 곡식신을 한양에 모신 것 이외에 각 지방별로 그 지역의 토지신과 곡식신을 모셨다. 목사牧使나 부사府使 등의 지방수령은 왕을 대신하여 일정지역의 백성들을 다스린다. 따라서 이들은 자신들이 관할하는 지역의 토지신과 곡식신을 모시고 제사를 올렸다. 이를 주현州縣 단위의 사직社稷이라고 했다.

조선시대에 국가에서 제사를 드린 땅의 귀신에는 국사와 국직 말고도 많이 있었다. 조선의 영역 안에 있는 명산대천 그리고 호수, 바다 등이 그것이었다. 과거인들은 땅 위에 우뚝 솟아 있는 산을 신령한 존재로 숭배했다. 구름을 뚫고 하늘과 마주 닿을 듯이 장엄하게 서 있는 산에는 당연히 신이 있는 것으로 여겼다. 또한 산은 저 높은 하늘과 가장 가까이 있으므로 하늘에 정성을 드리기 위해서는 산으로 올라가야 한다고 생각했다. 인간의 정성을 하늘에 전하기 위해서는 하늘과 조금이라도 더 가까운 곳에서 정성을 드리는 것이 분명하다고 보였기 때문이었다.

조선시대의 명산으로서 국가의 제사 대상이 된 산에는 삼각산三角山과 목멱산木覓山이 있다. 삼각산과 목멱산은 수도 서울을 보호하고 나아가 조선 전체의 안녕을 보장한다고 여겼기 때문이다. 따라서 나라에 큰 홍수나 가뭄이 들게 되면 삼각산과 목면산에 가서 기청제나 기우제를 드리곤 했다.

땅 위를 흐르는 거대한 강도 산과 마찬가지로 숭배의 대상이 된다. 물이 없이는 인간들의 생명이 유지될 수 없다. 또한 농업에도 물은 절대적으로 필요하다. 엄청난 양의 물이 모여서 흐르는 강이 숭배의 대상이 된 것은 당연하다고 하겠다.

조선시대의 대천으로서 국가의 제사대상이 된 강은 한강이었다. 나라에 큰 홍수나 가뭄이 들면 삼각산과 목멱산에서와 마찬가지로 한강에서도 기청제 또는 기우제를 올렸다. 이외에도 불특정다수의 산악·바다·호수 등의 신에게도 제사를 올렸다. 악해독제岳海瀆祭가 그것이었다. 사직·명산대천·악해독 등의 신들은 모두 땅의 신들이다. 이 신들에게 왕은 이 땅의 사람들을 대표하여 제사를 올림으로써 이 땅의 풍요와 안녕을 보장받고자 했다.

1) 정월 초하루의 권농윤음

조선시대 국왕은 농업에 관련된 국가 제사와 더불어 매년 정월 초하루에 권농윤음을 발표함으로써 농민들이 농업에 힘쓰도록 장려하였는데, 이는 땅의 신들에 대한 제사와 더불어 국왕이 농민들에게 땅의 풍유豊裕를 당부하는 대표적인 공식적 소통 방식이었던 것이다. 이와 관련하여 순조 때 반포된 권농윤음을 사례로 제시하면 다음과 같다.

> 권농윤음을 내리기를, "팔도八道와 사도四都의 방백, 수령과 백성들은 나의 가르침을 똑똑히 들으라. 아! 작년의 민사民事는 더 어찌 말하겠는가? 내가 부덕하여 능히 천심天心을 누릴 수가 없었기 때문에 위벌威罰을 내렸는데도 내 몸에는 간여되지 않고 아무 죄도 없는 너희들에게 도리어 걸리게 하였다. 세 도道에 흉년이 들어 경기京畿가 더욱 혹심하였는데, 가을부터 겨울에 이르기까지 신음하는 소리가 계속되어 끊이지 않았다. 만약 춘궁기가 닥치게 되면 백성들이 다 쓰러질 것이니, 내가 이것을 두려워하여 침식寢食이 편안하지 않다. 진대賑貸 하는 의논과 견탕蠲蕩 하는 정사를 비록 극진하게 하지 않음이 없었다 하여도 몇 만 명이 넘는 백성들에게는 한 잔의 물과 수레에 실은 땔나무와 거의 한가지이니, 어찌하겠는가? 다행히 열읍列邑의 여러 사람들이 의연재義捐財를 내어서 미봉적으로나마 꾸려나가 눈앞의 위급한 일을 펴게 하였으니, 여러 사람들에 있어서는 진실로 가상히 여길 일이나 조정으로서는 실로 부득이한 일이었다. 진실로 나라에서 예비한 것이 있었다면 어찌 이와 같이 구차하고 어려움을 용납하였겠는가? 생각하면 몹시 슬프고 말하자니 부끄럽다. 아! 나라는 백성에게 의지하고 백성은 먹는 것

에 의지하는데, 먹는 것의 근본은 농사에 있다. 수재水災와 한재旱災는 비록 하늘에 관계된다고 하지만 부지런하고 게으른 구별은 오로지 사람에게 달려 있는 것이다. 사람들이 만약 전답에 나아가 힘써 일하고 사람으로서 하여야 할 일을 닦지 않고서 한번 재앙을 만나면 갑자기 하늘에다 전가하니, 천심도 또한 어찌 달갑게 여겨 편안함을 내려 주며, 곡식이 잘 결실을 맺게 하겠는가? 이제 봄철의 따뜻한 볕이 감돌아 농사를 시작할 때인데, 세 도의 참혹한 흉년의 여파로 굶주리고 헐벗어 거의 죽게 된 백성들이 앞으로 어떻게 실농失農의 근심을 면할 수 있겠는가? 비록 조실稍實하다는 곳을 가지고 말하더라도 식량을 실어 나르는 데 피폐하고 조세를 거두는 데 고달프며, 시장의 곡식 값이 뛰어올라 공사公私가 다 고갈되었는데 떠돌아다니는 민호들을 먹이느라고 주인과 손이 모두 병들었으니, 농민의 재력財力이 두루 넉넉지 못한 것도 또한 미루어 알 수 있는 것이다. 올가을에 거둘 일도 뜻이 잡히지 않으니, 염려되는 것이 지금의 황급한 마음보다 더 심하다. 감사와 수령이 된 자는 진실로 정성을 다하여 농사철을 권장하고 양식을 주어서 부족한 것을 보태어 주고, 소를 빌려 주어서 그 힘을 돕게 하며, 군사를 점고하여서 못과 방죽을 수축하고, 들판을 순시하여서 황무지를 개간하면서 즐겁게 일하여 공효를 이루며, 농사일을 어기지 않게 한다면, 모두가 권농하는 뜻을 알게 되고 풍년을 바랄 수 있을 것이다. 백성의 생명을 사지에서 다시 살리는 것도 진실로 여기에 있고, 나라의 계책이 위태로운 경지에서 안정되게 함도 또한 오직 여기에 있으니, 오늘의 걱정되는 모든 일 가운데에 무엇이 이보다 더 큰 것이 있겠는가? 이에 아픔과 두려운 생각을 가지고 마음을 털어놓고 유시하는 것이니, 여느 해의 정례적으로 행하는 칙유로 여기지 말고, 각각 진실한 마음으로 봉행奉行하여 나의 소한宵旰의 소망에 부응하게 하라." 하였다.[37]

---

37) "下勸農綸音曰 咨爾八道四都方伯守臣暨守宰民庶 明聽予誥 嗚呼 昨年民事 尙何言哉 惟予涼德 未能克享天心 威罰之降 不于予躬 而反罹于爾無辜 三道告歉 畿甸尤酷 自秋徂冬 殿屎相續 若到春窮 其將盡劉 予庸是懼 寢食靡寧 賑貸之議 蠲蕩之政 雖以爲靡不用極 而其於幾萬生靈之殆同勺水車薪 何哉 幸賴列邑諸人 出義捐財 得以彌縫牽補 紓目前之急 在諸人 誠足嘉尙 在朝廷 實非獲已 苟使國有備豫 豈容若是苟艱 思之哀痛 言而忸怩 噫 國依於民 民依於食 食之本在農 水旱之災 雖係於天 勤惰之別 專在於人 人若不服田力穡 以修人事 而一遇災眚 輒委於天 天心亦豈肯底豫而降康 畀之以穰穰乎 見今陽和布德 東作伊始 而三路慘歉之餘 饑凍濱死之民 將何以得免失農之患 雖以少康之處言之 疲於轉輸 困於徵斂 市穀騰價 公私俱

2. 특별행사를 통한 소통 방식

조선시대 국왕의 특별행사는 길례, 가례, 군례, 빈례, 흉례 등 유교의례로 거행되었다. 길례는 하늘, 땅, 인간의 귀신들에게 제사하는 의례였다. 하늘의 신은 농업과 직결되는 바람, 구름, 우레, 비 등의 신이었으며, 땅의 신은 토지신, 곡식신 등이었으며, 인간의 신은 조선 왕실의 조상신들을 비롯한 각종 신들이었다. 이들 신을 대상으로 하는 국가 제사 중에서 조선시대의 대표적인 국가 의례는 사직제와 종묘제였다. 가례는 신년을 맞이하거나 국왕의 혼인 같은 경사스러운 의례였다. 신년 경축식, 국왕 혼인 등이 가례에 속하였다. 빈례는 외국 사신을 접대하는 국가 의례였으며, 군례는 군사훈련, 흉례는 죽음과 관련된 국가 의례였다. 이와 같은 국왕의 특별행사는 『국조오례의』의 규정에 따라 거행되었다. 이 같은 국왕의 특별행사가 거행된 이후에는 교서 등을 통해 백성들에게 특별행사를 거행하게 된 배경과 더불어 애경哀慶을 백성과 더불어 나누고자 하는 뜻을 밝히곤 하였다.

그런데 조선시대 국왕의 특별행사 중에서도 대표적인 행사는 선왕의 상례와 후계왕의 즉위 의식이었다. 선왕의 상례와 후계왕의 즉위 의식은 궁궐의 정전에서 거행되었다.

후계왕의 즉위 의식은 선위禪位, 반정, 사위嗣位 등에 따라 다르게 나타났다. 선위는 선양 또는 양위를 받아 거행하는 즉위 의식이었는데, 조선의 건국시조 태조 이성계, 단종의 양위를 받은 세조 그리고 고종황제의 양위를 받은 순종 등이 이 경우에 해당되었다. 반면 반정은 연산군을 축출한 중종반정, 광해군을 축출한 인조반정이 이에 해당되었다. 마지막으로 사

匱 流戶就食 主客竝瘁 農民事力之不能周贍 亦可以推知 來秋穡事之憧憧爲慮 有甚於目下遑汲 爲方伯守宰者 苟能殫誠 勸課給糧 以補不足 借牛而助其力 點伍而修築澤陂 巡野而墾闢荒蕪 使之樂事趨功 不愆農時 則擧將知勸 庶幾有年 民命之起死爲生 亶在於是 國計之轉危爲安 亦惟在於是 今日之悠悠萬事 孰有大於是者乎 玆將若恫之思 庸示敷心之諭 勿視以常年例飭 其各實心奉行 以副予宵旰之望"(『純祖實錄』 33권, 純祖 33년 1월 1일(癸酉)).

위는 선대왕이 승하한 후, 후계 왕이 왕위를 계승해 즉위하는 것으로 조선시대 대부분의 즉위 의식은 사위에 의해 거행되었다. 물론 사위 의식도 『국조오례의』에 규정에 따라 거행되었는데, 선왕의 유교遺敎와 대보大寶를 받드는 1단계와 본격적인 즉위 의식이 거행되는 2단계, 하례를 받고 사유赦宥를 내리는 3단계로 구분되었다. 1단계는 먼저 선왕의 혼을 모신 빈전에서 선왕이 남긴 유교에 따라 왕의 상징인 대보를 받는 과정이었다. 그런데 대보는 모든 계승자가 받들지만 유교는 선왕의 갑작스런 죽음으로 받지 못하는 경우도 종종 있었다. 대보를 받으면 이전의 세자, 사왕嗣王 등의 칭호가 전하殿下로 바뀌었다. 이 과정은 조선 후기에 이르러 왕의 자리인 어좌御座에 앉은 뒤부터 전하라고 칭하여 좀 다르게 나타난다.

2단계는 대보를 받은 뒤에 궁궐의 정전, 즉 조선전기에는 경복궁의 근정전, 후기에는 창경궁의 인정전에서 시행되었던 본격적인 즉위 의식이다. 사위에서는 왕의 사망 5일 후 상복을 입은 날[成服日]에 잠시 상복을 벗고 즉위식을 거행한다. 이 의식에서 중요한 것은 왕의 자리인 어좌에 나가서 앉는 행위이다.

3단계는 즉위 의식이 끝나고 시행된다. 먼저 신왕은 신하들의 축하인사인 하례를 받고, 이에 대한 답례로써 사면령을 내리고 신왕의 국가정책의 대강을 밝히는 즉위 교서를 반포한다. 이로써 즉위식은 종결되었다

즉위 의식에서 신왕이 물려받는 대보는 달리 옥새라고도 하였는데, 신왕은 이 옥새를 받음으로써 후계 왕으로 공인될 수 있었다. 또한 중국에 외교문서를 보낼 때, 이 옥새가 사용되었으며, 주요 통치의례에서도 이 옥새가 이용되었다. 조선시대 왕의 옥새 사용은 태조 이성계의 건국과 직접적인 관련이 있었다.

태조 이성계가 공양왕을 뒤이어 왕이 되었을 때에는 공식적으로 감록국사監錄國事의 자격이었다. 또한 신왕조의 국명이 아직 정해지지 않은 상태라 공식적인 국가 명칭은 여전히 고려였다. 이에 따라 태조 이성계가 즉위한 1392년 7월 17일부터 조선이라는 국호가 확정된 1393년 2월 15일까지 태조 이성계의 신왕조는 여전히 고려였다. 태조 이성계는 명나

라에 보내는 외교 문서에 자신을 권서국사로 자칭하였으며 당시의 외교 문서에는 '고려국왕지인(高麗國王之印)'이라 새겨진 옥새가 찍혔다. 이 옥새는 공민왕 때 명나라에서 받은 것으로서 사방 3촌 크기에 거북이 손잡이를 가진 황금 인장이었다.

하지만 이 옥새는 태조 2년(1393) 3월 9일자로 명나라에 반환되었다. 이후 태종 1년(1401)에 '조선국왕지인'이라 새겨진 옥새를 받았는데, 이 옥새는 병자호란 전까지 조선 국왕의 인장을 대표하였다. 인조는 항복 직후 항복조건에 따라 명나라와의 외교관계를 단절했는데, 그 증거로 명나라에서 받은 옥새를 청나라에 바쳤다. 청나라는 인조 15년(1637) 겨울에 사신을 파견해 새로 만든 옥새를 전달했다. 이 옥새에는 명나라에서 준 것과 마찬가지로 '조선국왕지인'이라는 인문이 새겨져 있었다. 다만 한문과 함께 여진 문자가 새겨졌다는 점이 달랐다. 1897년(광무 1) 10월 12일 고종은 환구단에서 황제 즉위식을 거행하였다. 황제국의 주권자는 황제였으므로 기왕의 '국왕'이라는 용어는 더 이상 최고 권력자를 지칭하지 않게 되었다. 그래서 기왕의 옥새를 비롯한 국왕의 인장들은 황제의 인장으로 바뀌어야 했다. 『대례의궤大禮儀軌』에 의하면 고종의 황제 즉위를 계기로 대한국새大韓國璽, 황제지새皇帝之璽, 황제지보皇帝之寶, 칙명지보勅命之寶, 제고지보制誥之寶, 시명지보施命之寶 등이 제작되었다. 이 중에서 대한국새가 고종의 옥새였다. 전통적으로 옥새를 비롯한 인장은 인신印信이라고도 불렸는데, 믿음을 담보했기에 그렇게 불렸다. 제왕과 옥새의 관계에서도 믿음이 가장 중요한 요소였다. 비록 제왕이 천명을 받은 존재라고 해도 하늘의 믿음을 저버리면 천명이 떠나고 옥새 역시 떠난다고 믿었다. 제왕이 천명과 옥새가 떠나지 않도록 하기 위해서는 하늘의 명령을 지켜야만 했다. 그것은 곧 좋은 정치를 통해 이 땅에 태평성대를 구현하라는 하늘의 명령을 실천하는 것이었다. 그것이 바로 유교정치이론에서 강조해 마지않는 치국평천하 바로 그것이었다.

1) 국왕의 즉위교서

조선시대 국왕은 새로 즉위하면 관례적으로 교서를 반포하곤 하였다. 이런 교서를 즉위교서即位敎書라고 하였다. 즉위교서에는 선왕의 죽음을 맞이하여 아들로서 느끼는 슬픔에 더하여 후계 국왕으로서 좋은 왕이 되겠다는 다짐 등이 표현되곤 하였다. 즉위교서 중에서는 조선의 건국 시조 태조 이성계가 반포한 즉위교서가 대표적이라 할 수 있다.

태조 이성계는 1392년 7월 17일 개경의 수창궁에서 백관의 추대를 받아 왕위에 올랐다.[38] 이로써 고려 왕조는 멸망되었고 조선 왕조가 창업되었다. 즉위한 지 11일 후인 7월 28일에 태조 이성계는 즉위교서를 선포했다. 이 즉위교서는 정도전이 지었는데, 이 즉위교서에서 태조 이성계는 새로운 왕조를 운영해 나갈 기본 방침을 천명했는데 다음과 같은 내용이었다.

> 중외의 대소 신료大小臣僚와 한량閑良, 기로耆老, 군민軍民들에게 즉위교서를 내리었다. 왕은 이르노라. 하늘이 많은 백성을 낳아서 군장君長을 세워, 이를 길러 서로 살게 하고, 이를 다스려 서로 편안하게 한다. 그러므로 군도君道가 득실이 있게 되어, 인심人心이 복종과 배반함이 있게 되고, 천명의 떠나가고 머물러 있음이 매였으니, 이것은 이치의 떳떳함이다. 홍무 25년(1392) 7월 16일 을미에 도평의사사와 대소 신료들이 말을 합하여 왕위에 오르기를 권고하기를, "왕씨는 공민왕이 후사後嗣가 없이 세상을 떠남으로부터 신우辛禑가 사이를 틈타서 왕위를 도적질했다가, 죄가 있어 사양하고 물러갔으나, 아들 창昌이 왕위를 물려받았으므로 국운이 다시 끊어졌습니다. 다행히 장수의 힘에 힘입어 정창부원군으로써 임시로 국사를 서리하게 하였으나, 곧 혼미하고 법에 어긋난 행동을 하므로, 여러 사람이 배반하고 친척들이 이반하여 능히 종사를 보전할 수 없었으니, 이른바 하늘이 폐하는 바이므로 누가 능히 이를 흥하게 할 수 있겠습니까? 사직은 반드시 덕이 있는 사람에게 돌아가게 되고, 왕위는 오랫동안 비워 둘 수가 없는데, 공로와 덕망으로써 중외가 진심으로 붙좇으니, 마땅히 위호位號를 바르게 하여 백성의 뜻을

---

38) 『太祖實錄』 권1, 太祖 1년 7월 17일(丙申).

안정하게 하소서." 하였다. 나는 덕이 적은 사람이므로 이 책임을 능히 짊어질 수 없을까 두려워하여 사양하기를 두세 번에 이르렀으나, 여러 사람이 말하기를, "백성의 마음이 이와 같으니 하늘의 뜻도 알 수 있습니다. 여러 사람의 요청도 거절할 수가 없으며, 하늘의 뜻도 거스를 수가 없습니다." 하면서, 이를 고집하기를 더욱 굳게 하므로, 나는 여러 사람의 심정에 굽혀 따라, 마지못하여 왕위에 오르고, 나라 이름은 그전대로 고려라 하고, 의장과 법제는 모두 고려의 고사故事에 의거하게 한다. 이에 건국의 초기를 당하여 마땅히 관대한 은혜를 베풀어야 될 것이니, 모든 백성에게 편리한 사건을 조목별로 후면後面에 열거한다. 아아, 내가 덕이 적고 우매하여 사정에 따라 조치하는 방법을 알지 못하는데, 그래도 보좌하는 힘을 힘입어 새로운 정치를 이루려고 하니, 그대들 여러 사람은 나의 지극한 마음을 몸 받게 하라.

1. 천자는 칠묘七廟를 세우고 제후는 오묘五廟를 세우며, 왼쪽에는 종묘를 세우고 오른쪽에는 사직을 세우는 것은 옛날의 제도이다. 그것이 고려 왕조에서는 소목昭穆의 순서와 당침堂寢의 제도가 법도에 합하지 아니하고, 또 성 밖에 있으며, 사직은 비록 오른쪽에 있으나 그 제도는 옛날의 것에 어긋남이 있으니, 예조에 부탁하여 상세히 구명하고 의논하여 일정한 제도로 삼게 할 것이다.

1. 왕씨의 후손인 왕우王瑀에게 기내畿內의 마전군麻田郡을 주고, 귀의군歸義君으로 봉하여 왕씨의 제사를 받들게 하고, 그 나머지 자손들은 외방에서 편리한 데에 따라 거주하게 하고, 그 처자와 동복僮僕들은 그전과 같이 한 곳에 모여 살게 하고, 소재 관사所在官司에서 힘써 구휼하여 안정된 처소를 잃지 말게 할 것이다.

1. 문무 두 과거는 한 가지만 취하고 한 가지는 버릴 수 없으니 중앙에는 국학과 지방에는 향교에 생도를 더 두고 강학을 힘쓰게 하여 인재를 양육하게 할 것이다. 그 과거의 법은 본디 나라를 위하여 인재를 뽑았던 것인데, 그들이 좌주座主니 문생門生이니 일컬으면서 공적인 천거로써 사적인 은혜로 삼으니, 매우 법을 제정한 뜻이 아니다. 지금부터는 중앙에는 성균정록소成均正錄所와 지방에는 각도의 안렴사按廉使가 그 학교에서 경의經義에 밝고 덕행을 닦은 사람을 뽑아, 연령과 본관本貫 및 삼대三代와 경서經書에 통하는 바를 잘 갖추어 기록하여 성균관장이소成均館長貳所에 올려, 경에서 통하는 바를 시강試講하되 사서四書로부터 오경五經과 통감通

鑑 이상을 통달한 사람을, 그 통달한 경서의 많고 적은 것과 알아낸 사리의 정밀하고 소략한 것으로써 그 높고 낮은 등급을 정하여 제일장第一場으로 하고, 입격한 사람은 예조로 보내면, 예조에서 표문表文, 장주章奏, 고부古賦를 시험하여 중장中場으로 하고, 책문策問을 시험하여 종장終場으로 할 것이며, 삼장三場을 통하여 입격入格한 사람 33명을 상고하여 이조로 보내면, 이조에서 재주를 헤아려 탁용擢用하게 하고, 감시監試는 폐지할 것이다. 그 강무하는 법은 주장主掌한 훈련관訓鍊觀에서 때때로 무경칠서武經七書와 사어射御의 기술을 강습시켜, 그 통달한 경서의 많고 적은 것과 기술의 정하고 거친 것으로써 그 높고 낮은 등급을 정하여, 입격入格한 사람 33명을 출신패出身牌를 주고, 명단을 병조로 보내어 탁용擢用에 대비하게 할 것이다.

1. 관혼상제冠婚喪祭는 나라의 큰 법이니, 예조에 부탁하여 경전을 세밀히 구명하고 고금을 참작하여 일정한 법령으로 정하여 인륜을 후하게 하고 풍속을 바로잡을 것이다.
1. 수령은 백성에게 가까운 직책이니 중시하지 않을 수 없다. 그것을 도평의 사사와 대간, 육조로 하여금 각기 아는 사람을 천거하게 하여, 공평하고 청렴하고 재간이 있는 사람을 얻어 이 임무를 맡겨서 만 30개월이 되어, 치적이 현저하게 나타난 사람은 발탁 등용시키고, 천거된 사람이 적임자가 아니면 천거한 사람에게 죄가 미치게 할 것이다.
1. 충신, 효자, 의부義夫, 절부節婦는 풍속에 관계되니 권장해야 될 것이다. 소재 관사所在官司로 하여금 순방詢訪하여 위에 아뢰게 하여 우대해서 발탁 등용하고, 문려門閭를 세워 정표旌表하게 할 것이다.
1. 환과고독鰥寡孤獨은 왕정王政으로서 먼저 할 바이니 마땅히 불쌍히 여겨 구휼해야 될 것이다. 소재 관사所在官司에서는 그 굶주리고 곤궁한 사람을 진휼賑恤하고 그 부역을 면제해 줄 것이다.
1. 외방의 이속吏屬이 서울에 올라와서 부역에 종사함이 기인其人과 막사幕士와 같이 하여, 선군選軍을 설치함으로부터는 스스로 그 임무가 있었으나, 법이 오래 되매 폐단이 생겨서 노역을 노예와 같이 하니, 원망이 실로 많다. 지금부터는 일체 모두 폐지할 것이다.
1. 전곡錢穀의 경비는 나라의 떳떳한 법이니, 의성창義成倉, 덕천창德泉倉 등의 여러 창고와 궁사宮司는 삼사三司의 회계와 출납出納하는 수효에 의뢰하

고, 헌사憲司의 감찰은 풍저창豐儲倉과 광흥창廣興倉의 예에 의거하여 할 것이다.

1. 역驛과 관館을 설치한 것은 명령을 전달하기 위한 것인데, 근래에 사명使命이 번거롭게 많아서 피폐하게 되었으니 진실로 민망스럽다. 지금부터는 차견差遣하는 공적인 사행에게 관에서 급료를 주는 일을 제외하고는, 사적인 용무로 왕래하는 사람은 지위의 높고 낮은 것을 논할 것 없이 모두 공급을 정지하게 하고, 이를 어긴 사람은 주객主客을 모두 논죄하게 할 것이다.

1. 배를 탄 군사는 위험한 곳에 몸을 맡기고 힘을 다하여 적을 방어하니, 불쌍히 여겨 구휼해야 될 처지이다. 그 소재 관사所在官司로 하여금 부역을 감면해 주게 하고 조호助戶를 더 정하여 윤번으로 배를 갈아타게 하고, 그 생선과 소금에서 나는 이익은 그들이 스스로 취하도록 허용하고 관부官府에서 전매하지 못하게 할 것이다.

1. 호포戶布를 설치한 것은 다만 잡공雜貢을 감면하기 위함인데, 고려의 말기에는 이미 호포를 바치게 하고 또한 잡공도 징수하여 백성의 고통이 적지 않았으니, 지금부터는 호포를 일체 모두 감면하고, 그 각도에서 구운 소금은 안렴사按廉使에게 부탁하여 염장관鹽場官에게 명령을 내려 백성들과 무역하여 국가의 비용에 충당하게 할 것이다.

1. 국둔전國屯田은 백성에게 폐해가 있으니 음죽陰竹의 둔전을 제외하고는 일체 모두 폐지할 것이다.

1. 고려의 말기에는 형률이 일정한 제도가 없어서, 형조, 순군부, 가구소街衢所가 각기 소견을 고집하여 형벌이 적당하지 못했으니, 지금부터는 형조는 형법刑法, 청송聽訟, 국힐鞫詰을 관장하고, 순군巡軍은 순작巡綽, 포도捕盜, 금란禁亂을 관장할 것이며, 그 형조에서 판결한 것은 비록 태죄笞罪를 범했더라도 반드시 사첩謝貼을 취取하고 관직을 파면시켜 누累가 자손에게 미치게 하니, 선왕先王의 법을 만든 뜻이 아니다. 지금부터는 서울과 지방의 형刑을 판결하는 관원은 무릇 공사公私의 범죄를, 반드시 대명률大明律의 선칙宣勅을 추탈追奪하는 것에 해당되어야만 사첩謝貼을 회수하게 하고, 자산資産을 관청에 몰수하는 것에 해당되어야만 가산家産을 몰수하게 할 것이며, 그 부과附過 해서 환직還職하는 것과 수속收贖해서 해임解任하는 것 등의 일은 일체 율문律文에 의거하여 죄를 판정하고, 그전의 폐단을

따르지 말 것이며, 가구소街衢所는 폐지할 것이다.

1. 전법田法은 모두 고려의 제도에 의거할 것이며, 만약 증감增減할 것이 있으면 주장관主掌官이 재량하여 위에 아뢰어 시행할 것이다.
1. 경상도의 배에 싣는 공물은 백성에게 폐해가 있으니 또한 마땅히 감면할 것이다.
1. 유사有司가 상언上言하기를, "우현보禹玄寶, 이색李穡, 설장수偰長壽 등 56인이 고려의 말기에 도당徒黨을 결성하여 반란을 모의해서 맨 처음 화단禍端을 일으켰으니, 마땅히 법에 처하여 장래의 사람들을 경계해야 될 것입니다." 하나, 나는 오히려 이들을 가엾이 여겨 목숨을 보전하게 하니 그 우현보, 이색, 설장수 등은 그 직첩職貼을 회수하고 폐하여 서인庶人으로 삼아 해상海上으로 옮겨서 종신토록 같은 계급에 끼이지 못하게 할 것이다. 우홍수禹洪壽, 강회백姜淮伯, 이숭인李崇仁, 조호趙瑚, 김진양金震陽, 이확李擴, 이종학李種學, 우홍득禹洪得 등은 그 직첩을 회수하고 장杖 1백 대를 집행하여 먼 지방으로 귀양 보내게 할 것이다. 최을의崔乙義, 박흥택朴興澤, 김이金履, 이내李來, 김묘金畝, 이종선李種善, 우홍강禹洪康, 서견徐甄, 우홍명禹洪命, 김첨金瞻, 허응許膺, 유향柳珦, 이작李作, 이신李申, 안노생安魯生, 권홍權弘, 최함崔咸, 이감李敢, 최관崔關, 이사영李士穎, 유기柳沂, 이첨李詹, 우홍부禹洪富, 강여康餘, 김윤수金允壽 등은 그 직첩을 회수하고 장杖 70대를 집행하여 먼 지방으로 귀양보내게 할 것이다. 김남득金南得, 강시姜蓍, 이을진李乙珍, 유정현柳廷顯, 정우鄭寓, 정과鄭過, 정도鄭蹈, 강인보姜仁甫, 안준安俊, 이당李堂, 이실李室 등은 그 직첩을 회수하고 먼 지방에 방치放置할 것이다. 성석린成石璘, 이윤굉李允紘, 유혜손柳惠孫, 안원安瑗, 강회중姜淮中, 신윤필申允弼, 성석용成石瑢, 전오륜全五倫, 정희鄭熙 등은 각기 본향本鄕에 안치할 것이다. 그 나머지 무릇 범죄한 사람은 일죄一罪로서 보통의 사유赦宥에 용서되지 않는 죄를 제외하고는, 이죄二罪 이하의 죄는 홍무洪武 25년(1392) 7월 28일 이른 새벽 이전으로부터 이미 발각된 것이든지 발각되지 않은 것이든지 모두 이를 사면赦免할 것이다.[39]

---

39) "敎中外大小臣僚閑良耆老軍民 王若曰 天生蒸民 立之君長 養之以相生 治之以相安 故君道有得失 而人心有向背 天命之去就係焉 此理之常也 洪武二十五年七月十六日乙未 都評議使司及大小臣僚合辭勸進曰 王氏自恭愍王無嗣薨逝 辛禑乘間竊位 有罪辭退 子昌襲位 國祚再絕矣 幸賴將帥之力 以定昌府院君權署國事 而乃昏迷不法 衆叛親離 不能保有宗社 所謂天之所廢 誰能興之者也 社稷必歸於有德 大位不可

以久虛 以功以德 中外歸心 宜正位號 以定民志 予以涼德 惟不克負荷是懼 讓至再三 僉曰 人心如此 天意可知 衆不可拒 天不可違 執之彌固 予俯循輿情 勉卽王位 國號仍舊爲高麗 儀章法制 一依前朝故事 爰當更始之初 宜布寬大之恩 凡便民事件 條列于後 於戲 予惟寡昧 罔知時措之方 尙賴贊襄 以致惟新之治 咨爾有衆 體予至懷 一 天子七廟 諸侯五廟 左廟右社 古之制也 其在前朝 昭穆之序 堂寢之制 不合於經 又在城外 社稷雖在於右 其制有戾於古 仰禮曹詳究擬議 以爲定制 一 以王氏之後瑀, 給畿內麻田郡 封歸義君 以奉王氏之祀 其餘子孫 許於外方從便居住 其妻子僮僕 完聚如舊 所在官司 務加矜恤 毋致失所 一 文武兩科 不可偏廢 內而國學外而鄕校 增置生徒 敦加講勸 養育人才 其科擧之法 本以爲國取人 其稱座主門生以公擧爲私恩 甚非立法之意 今後內而成均正錄所 外而各道按廉使 擇其在學經明行修者 開具年貫三代及所通經書 登于成均館長貳所 試講所通經書 自四書五經通鑑已上通者 以其通經多少 見理精粗 第其高下爲第一場 入格者 送于禮曹 禮曹試表章古賦爲中場; 試策問爲終場 通三場相考入格者三十三人 送于吏曹 量才擢用 監試革去 其講武之法 主掌訓鍊觀 以時講習武經七書及射御之藝 以其通經多少 藝能精粗 第其高下 入格者三十三人 依文科例 給出身牌 以名送于兵曹 以備擢用 一 冠婚喪祭 國之大法 仰禮曹詳究經典 參酌古今 定爲著令 以厚人倫 以正風俗 一 守令近民之職 不可不重 其令都評議使司臺諫六曹 各擧所知 務得公廉材幹者 以任其任 滿三十箇月政績殊著者 擢用 所擧非人 罪及擧主 一 忠臣孝子義夫節婦 關係風俗 在所獎勸 令所在官司 詢訪申聞 優加擢用 旌表門閭 一 鰥寡孤獨 王政所先 宜加存恤 所在官司 賑其飢乏, 復其賦役 一 外吏上京從役 如其人幕士注選軍之設 自有其任 法久弊生 役如奴隸 怨讟實多 自今一皆罷去 一 錢穀經費 有國之常法 義成 德泉等諸倉庫宮司 仰三司會計出納之數 憲司監察如豐儲 廣興倉例 一 驛館之設 所以傳命 近來使命煩多 以致凋弊 誠可憫焉 今後除差遣公行廩給外 私幹往來者 勿論尊卑 悉停供給 違者 主客皆論罪 一 騎船軍 委身危險 盡力扞禦 在所矜恤 其令所在官司蠲免賦役 加定助戶 輪番遞騎 其魚鹽之利 聽其自取 毋得公榷 一 戶布之設 只爲蠲免雜貢 前朝之季 旣納戶布 又收雜貢 民瘼不小 今後戶布 一皆蠲免 其各道燔煮之鹽 仰按廉使下鹽場官 與民貿易 以充國用 一 國屯田有弊於民 除陰竹屯田外 一皆罷去 一 前朝之季 律無定制 刑曹巡軍街衢 各執所見 刑不得中 自今刑曹掌刑法聽訟鞫詰 巡軍掌巡綽捕盜禁亂 其刑曹所決 雖犯笞罪 必取謝貼罷職 累及子孫 非先王立法之意 自今京外刑決官 凡公私罪犯 必該大明律 追奪宣勑者 乃收謝貼 該資産沒官者 乃沒家産 其附過還職 收贖解任等事 一依律文科斷 毋蹈前弊 街衢革去 一 田法 一依前朝之制 如有損益者 主掌官擬議申聞施行 一 慶尙道載船貢物 有弊於民 亦宜蠲免 一 有司上言 禹玄寶 李穡 偰長壽 等五十六人 在前朝之季結黨謀亂 首生厲階 宜置於法 以戒後來 予尙憫之 俾保首領 其禹玄寶 李穡 偰長壽等 收其職貼 廢爲庶人 徙諸海上 終身不齒 禹洪壽 姜淮伯 李崇仁 趙瑚 金震陽 李擴 李種學 禹洪得 等 收其職貼 決杖一百 流于遐方 崔乙義 朴興澤 金履 李來 金畝李種善 禹洪康 徐甄 禹洪命 金瞻 許膺 柳珦 李作 李申 安魯生 權弘 崔咸 李敢崔關 李士穎 柳沂 李詹 禹洪富 康餘 金允壽 等 收其職貼 決杖七十 流于遐方 金南得 姜蓍 李乙珍 柳廷顯 鄭寓 鄭過 鄭蹈 姜仁甫 安俊 李堂 李室 等 收其職牒 放置遐方 成石璘 李允紘 柳惠孫 安瑗 姜淮中 申允弼 成石瑢 全五倫 鄭熙 等 各於本鄕安置 其餘凡有犯罪者 除一罪常宥不原外二罪已下 自洪武二十五年七月二十八日昧爽已前 已發覺未發覺 咸宥除之" 『太祖實錄』 권1, 太祖 1년 7월 28일 (丁未).

Ⅲ

국왕과 민의 비정기적 소통 방식

조선시대 국왕은 국가 위기 상황이나 사회문제가 발생했을 때 비정기적으로 민과 소통하면서 국가 위기 상황이나 사회문제를 해결하고자 하였다. 조선시대의 대표적인 국가 위기 상황은 임진왜란이나 병자호란 같은 외적의 침략이었다. 이와 같은 국가 위기 상황에서 국왕은 민의 충성심을 끌어내기 위해 비상한 노력을 기울이게 되고, 그런 노력은 위기 상황을 타개하기 위한 왕실의 솔선수범 또는 특별 교서나 특별 훈유 등과 같은 비정기적 소통 방식으로 표출되곤 하였다. 이는 심각한 사회문제가 발생했을 때도 마찬가지였다. 농업 국가였던 조선에서 사치나 과음 등은 심각한 사회문제를 야기하곤 하였다. 그럴 때 역시 국왕은 민의 각성을 촉구하기 위하여 비상한 노력을 기울이게 되고, 그런 노력 역시 특별 교서나 훈유 등과 같은 비정기적 소통 방식으로 표출되곤 하였다.

1. 국가 위기 상황을 타개하는 소통 방식

조선시대 국가 위기 상황 중에서도 임진왜란은 조선왕조 500년간 있었던 최대의 국가 위기 상황 중 하나였다. 임진왜란부터 정유재란까지 장장 7년여에 걸친 전쟁으로 조선은 거의 전 국토가 유린되었다. 헤아릴 수 없이 많은 조선 백성들이 죽음을 당하였고 농토는 황폐화되었다. 이 같은 국난이 발발한 초반에 국왕 선조는 도성을 버리고 파천 길에 올랐다. 또한 국왕 선조는 조선 내부의 힘만으로는 왜군을 물리칠 수 없다고 판단하여 명나라에 원군을 요청했다. 이 결과 해방이후 임진왜란에 대한 기왕의 연구에서 선조는 주로 비난의 대상이 되었고, 세자 광해군을 제외한 선조 직계가족의 항전 활동 역시 거의 주목되지 않았다. 그에 반하여 의병 활동, 수군 활동, 관군 활동 및 세자 광해군의 분조활동分朝活動 등은 임진왜란 극복의 원동력으로서 수많은 연구자들의 주목을 받아왔다.[40)]

선조 25년(1592) 4월 29일 한밤중에 파천이 결정된 직후, 선조는 그의 직계가족과 함께 피난길에 올랐다. 동시에 그의 아들인 임해군과 순화군을 함경도와 강원도로 보내 근왕병兵王勤을 모집하게 하였다. 이는 선조가 자신과 직계가족의 안위를 확보하고자 하는 절박감에 더하여 국왕인 자신과 직계가족이 국난을 극복하기 위해 항전활동을 솔선수범해야 한다는 당위성이 결합되었기에 나타난 결과였다.

선조 25년(1592) 4월 13일에 왜군이 부산을 기습공격하면서 시작된 전쟁 소식이 조정에 알려진 때는 4월 17일 이른 아침이었다.[41)] 4월 17일 당일, 선조는 왜군을 막기 위해 8도에 좌우방어사左右防禦使를 파견하고 아울러 이일을 경상도 순변사로 임명해 그날로 출발하게 했다.[42)] 이런 조치는 통상적인 군사대응으로서 이는 선조가 전쟁 상황을 심각하게 인식하지 않았음을 의미한다.

선조가 전쟁 상황을 심각하게 생각하기 시작한 때는 4월 21일이 되어서였다. 그날 경상도 순변사 이일이 문경에서 보낸 보고서가 도착했는데,

---

40) 임진왜란의 연구사에 대하여는
오종록, 「임진왜란-병자호란 시기 軍事史 연구의 현황과 과제」, 『군사』 38, 1999.
조원래, 「임진왜란사 연구의 추이와 과제」, 『조선후기사 연구의 현황과 과제』, 창작과 비평사, 2000.
노영구, 「임진왜란 초기 양상에 대한 기존 인식의 재검토」, 『한국문화』 31, 2003 참조.

41) 유성룡, 『懲毖錄』 권1, 4월 17일, "早朝 邊報始至 乃左水使朴泓狀啓也."

42) 박동량, 『寄齋史草』 下, 壬辰日錄 권1, 4월 17일, "遂分遣八道左右防禦等使 以李鎰爲慶尙道巡邊使 卽日拔遣."

그 중에 "오늘날의 적은 신병神兵과 같아서 감당해 낼 자가 없으니, 신은 오직 죽을 따름입니다."[43]라는 내용이 있었다. 이런 보고를 접한 선조는 미투리 등 멀리 가는 도구를 구입하고, 또 사복시에 명하여 즉시 사용할 수 있는 말을 정돈케 하였다.[44] 만약의 경우에 파천하기 위한 조치였다. 연이은 급보와 함께 선조의 조치는 한양 사람들을 더욱 불안하게 하여 피난 가는 자들이 많았다.[45] 4월 27일에 순변사 이일이 상주에서 패배했다는 소식이 한양에 알려지자[46] 상황은 더욱 악화되었다. 패배 소식을 접한 한양 사람들이 대거 성 밖으로 피난 가는 바람에 도성을 지킬 병력이 부족하였다.[47] 이런 상황에서 선조는 조정 신료들과 논의하지도 않고 파천하기로 결정한 후 은밀하게 파천 준비를 하였다. 당시의 상황이 유성룡의 『징비록』에는 다음과 같이 기록되어 있다.

> "이때에 이미 이일이 패전했다는 보고가 들어오니 인심이 흉흉해졌다. 궁중에서도 또한 파천할 뜻이 있었지만 외정外庭에서는 알지 못했다. 이마理馬 김응수가 빈청에 이르러 영의정과 귓속말을 하고 갔다가 다시 오니 보는 사람들이 의심했다. 이는 당시 영의정이 사복시 제조를 맡고 있었기 때문이었다. 도승지 이항복이 손바닥에 '영강문永康門 안에 말을 세우라.'고 하는 여섯 글자를 써서 나에게 보였다."[48]

위에 보이는 영강문은 창경궁의 후원에 접해 있는 문으로서 조정 신료

---

43) 박동량, 『寄齋史草』 下, 壬辰日錄 권1, 4월 21일, "李鎰到聞慶馳啓曰 今日之賊有似神兵 無人敢當 臣卽有死而已"

44) 박동량, 『寄齋史草』 下, 壬辰日錄 권1, 4월 21일, "於是 宮中亦有不固之志 遂貿繩鞋等遠行諸具 又命司僕寺 整立馬 以待不時之用."

45) 박동량, 『寄齋史草』 下, 壬辰日錄 권1, 4월 23일, "時 南報漸緊 京城小民 多有避出外方者."

46) 박동량, 『寄齋史草』 下, 壬辰日錄 권1, 4월 27일, "李鎰到尙州 未及布陣 而一軍皆沒 是日報至."

47) 박동량, 『寄齋史草』 下, 壬辰日錄 권1, 4월 27일, "閭巷一空 雖欲守成 已無人矣."

48) 유성룡, 『懲毖錄』 권1, "時 李鎰敗報已至 人心洶洶 內間有去邠之意 外庭不知 理馬金應壽 到賓廳 與首相耳語 去而復來 觀者疑之 蓋首相 時爲司僕提調故也 都承旨李恒福 於掌中 書立馬永康門內六字 示我."

들은 접근할 수도 없는 은밀한 문이었다.[49] 선조는 신료들 몰래 파천하기 위해 이곳에 말을 대령하게 했던 것이다. 하지만 선조가 파천하려 한다는 소문은 곧 퍼졌고, 조정 신료들은 물론 종친들도 결사적으로 반대했다. 합문閤門 밖에 모인 종친들은 통곡하며 도성을 버리지 말라 요구하였고,[50] 영중추부사 김귀영은 "도성을 버리자는 의론을 주장하는 자는 곧 소인입니다."[51]라는 말까지 했다. 결국 선조는 "종묘와 사직이 이곳에 있는데 내가 장차 어디로 간단 말인가?"[52]라고 하며 파천을 취소했다.

그러나 선조가 파천하려 했다는 소문은 불안한 인심을 더욱 흉흉하게 만들었다.[53] 대신들은 인심을 안정시키기 위해 세자를 세울 것을 요청하였다.[54] 이 결과 4월 28일에 광해군이 세자로 책봉되었다.[55] 세자 책봉으로 인심이 안정되는 듯 했지만, 순변사 신립 장군이 충주전투에서 전사하였다는 소식이 4월 29일에 전해지면서 한양 전체는 공황 상태에 빠져들었다. 유성룡의 『징비록』에는 당시의 상황이 이렇게 기록되어 있다.

> "신립이 떠난 후 서울 사람들은 날마다 싸움에 이긴 보고가 오기만 기다리고 있었는데, 그(30일) 전날(29일) 저녁에 전립을 쓴 사람 3명이 말을 달려 숭인문으로 들어오므로, 성안 사람들이 다투어 전쟁 소식을 물으니, 그들이 대답하기를, '우리는 순변사(신립 장군) 군관의 종들인데, 어제 순변사가 충주에서 패전하여 죽고, 여러 군사들도 크게 무너졌으므로 우리들은 간신히 몸만 홀로 빠져 나와서, 집안사람들에게 알리어 피란시키고자 합니다.' 라고 하였다. 이 말을 들은 사람들은 크게 놀라서, 만나는 사람마다 서로 전하고 알려서, 얼마 안 되어 온 도성 안이 모두 놀라게 되었다. 초저녁에

---

49) 『中宗實錄』 권87, 中宗 33년 2월 26일(庚午), "後苑永康門 晝則常閉 夕則開之 以通巡軍者 例也 其門與大內 只隔一門 密近莫甚焉."
50) 유성룡, 『懲毖錄』 권1, "宗親聚閤門外 痛哭 請勿棄城."
51) 유성룡, 『懲毖錄』 권1, "領府事金貴榮 尤憤憤 與諸大臣入對 請固守京城 且曰 倡議棄城者 乃小人也."
52) 유성룡, 『懲毖錄』 권1, "上敎曰 宗社在此 予將何適."
53) 유성룡, 『懲毖錄』 권1, "然事不可爲也."
54) 유성룡, 『懲毖錄』 권1, "大臣請建儲 以繫人心 從之."
55) 박동량, 『寄齋史草』 下, 壬辰日錄 권1, 4월 28일, "冊封光海君 爲世子."

임금께서 조정 중신들을 불러 한양을 떠나 피란 갈 일을 의논하였는데, 임금께서 동상東廂으로 나오셔서 마루에 앉았으며 촛불을 켜놓고 종친 하원군과 하릉군이 그 옆에 모시고 앉았다."[56]

위의 기록대로 선조는 4월 29일 저녁에 신립의 패전 소식을 듣고 다급하게 파천 논의를 시작했다. 하지만 파천 논의는 격렬한 논쟁을 불러왔다. 일부는 결사적으로 반대하고, 일부는 어쩔 수 없으니 파천해야 한다고 주장하였다. 파천 반대의 논리는 다음과 같았다.

"충주에서의 패전 보고가 이르자, 주상이 대신과 대간을 불러 입대하게 하고 비로소 파천에 대한 말을 발의하였다. 대신 이하 모두가 눈물을 흘리면서 부당함을 극언하였다. 영중추부사 김귀영이 아뢰기를, '종묘와 원릉園陵이 모두 이곳에 계시는데 어디로 가시겠다는 것입니까? 경성을 고수하여 외부의 원군을 기다리는 것이 마땅합니다.' 하였다. 우승지 신잡은 아뢰기를, '전하께서 만일 신의 말을 따르시지 않고 끝내 파천하신다면 신의 집에 80 노모가 계시니 신은 종묘의 대문 밖에서 스스로 자결할지언정 감히 전하의 뒤를 따르지 못하겠습니다.' 하였다. 수찬 박동현은 아뢰기를, '전하께서 일단 도성을 나가시면 인심은 보장할 수 없습니다. 전하의 연輦을 멘 인부도 길모퉁이에 연을 버려둔 채 달아날 것입니다.' 하고 목 놓아 통곡하니 주상이 얼굴빛이 변하여 내전으로 들어갔다."[57]

영중추부사 김귀영이 주장한 반대논리의 핵심은 종묘사직이 한양에 있으니 파천할 수 없다는 것이었다. 즉 선조는 조상들을 버리고 가면 안 된다는 논리로서, 이는 유교의 효도 윤리에 입각한 반대라 할 수 있었다. 우승지 신잡의 핵심 주장은 80 노모를 버리고 자신은 도저히 피난

56) 유성룡, 『징비록』 권1, 4월 30일조.

57) 『宣祖實錄』 권26, 宣祖 25년 4월 28일(丁巳), "忠州敗報至 上召大臣臺諫入對 始發去邠之議 大臣以下皆涕泣 極言其不可 領中樞府事金貴榮啓曰 宗廟園陵 皆在此 去將何往 當固守京城 以竢外援 右承旨申礏啓曰 殿下若不聽臣 終至播越 則臣家有八十老母 欲自刎於宗廟大門之外 不敢從殿下去也 修撰朴東賢啓曰 殿下一出城 則人心不可保 荷輦之夫 亦將委諸路隅而走矣 仍失聲痛哭 上色變 遽還內."

갈 수 없다는 것인데, 이 역시 유교의 효도 윤리에 입각한 반대라 할 수 있었다.

『주자가례』에서는 홍수나 화재, 도적이 들어 집이 위기에 처했을 때 사람들이 해야 할 일의 선후를 제시하였는데, 그 순서를 다음과 같이 구체화하였다.

> "혹 홍수나 화재, 도적이 있으면 먼저 사당을 구하고 신주와 유서遺書를 옮긴다. 그 다음으로 제기를 옮긴다. 그리고 난 후에 집안 재물을 옮긴다."[58)]

즉 집이 위기에 빠졌을 때, 구해야 할 순서가 사당, 신주와 유서, 제기, 가재의 순서로 된 것이었다. 『주자가례』의 이런 가르침은 파천에 직면한 선조에게도 그대로 적용되었다. 파천에 반대하는 신료들은 만약 한양을 버리고 가면 왜적이 한양에 들어와 종묘와 사직 그리고 능묘들을 파괴할 것이므로 가지 말아야 한다는 것이었다. 즉 집이 위기에 빠졌을 때, 제일 먼저 사당을 구해야 하듯이, 나라가 위기에 빠졌을 때도 제일 먼저 종묘와 사직 그리고 능묘들을 지켜야 하며, 그러기 위해서는 당연히 한양을 사수해야 한다는 주장이었다.

반면 수찬 박동현은 파천하는 순간 인심도 잃고 나라도 잃을 것이라는 논리로 파천을 반대하였다. 수찬 박동현은 영중추부사 김귀영이나 우승지 신잡의 유교 윤리적인 반대와는 달리 지극히 현실적인 측면에서 반대 논리를 제시한 것이었다. 요컨대 당시 파천에 반대하는 논리는 결국 유교 윤리론과 현실론 두 가지로 귀결되었다고 하겠는데, 이는 조선이 유교사회였기에 나타난 결과라 할 수 있다.

『선조실록』의 기록으로 보면, 선조는 파천 이야기를 처음 꺼냈다가 의외로 강력한 반대에 부딪치자 놀라서 내전으로 들어가 버린 듯하다. 그러나 선조는 잠시 후에 다시 신료들과 만나 파천 의사를 또다시 제기했다. 당연히 신료들은 격렬하게 반대했는데, 반대논리는 이전의 것과 별로

58) 『주자가례』통례, "或有水火盜賊 則先求祠堂 遷神主遺書 次及祭器 然後及家財."

다르지 않았다. 그런 격렬한 반대 속에서도 끝내 파천이 결정된 이유는 이산해와 유성룡 등 대신들이 현실적인 상황을 들어 찬성했기 때문이었다.

그러나 파천이 결정된 상황에서도 양사에서는 곧바로 이산해를 파면하라고 요청하는 등 여전히 파천에 반대하는 입장이었다. 따라서 선조는 반대여론을 약화시키기 위해서는 현실적인 측면에서뿐만 아니라 유교 윤리적인 측면에서도 파천에 반대하는 논리에 대응하는 조치를 취해야만 했다. 유교 윤리적인 측면에서 선조가 취할 수 있는 대응조치는 파천을 함으로써 종묘와 사직 그리고 능묘를 구하지 못하는 상황이었기에, 사당을 구하지 못하게 되었을 때 다음 단계로 해야 할 조치에 지나지 않았다. 즉 '신주와 유서'를 옮기는 것이었다. 선조는 종묘와 사직의 신주들을 모시고 오게 하여 파천 행렬에 동참시킴으로써,[59] 유교 윤리적 반대에 어렵지 않게 대응하였다.

그런데 유교 윤리적 반대논리에 대한 대응이 비교적 수월하였음에 비해, 수찬 박동현이 제기한 현실적 반대 논리에는 대응하기가 쉽지 않았다. '전하께서 일단 도성을 나가시면 인심은 보장할 수 없습니다. 전하의 연輦을 멘 인부도 길모퉁이에 연을 버려둔 채 달아날 것입니다.'라는 수찬 박동현의 언급은 당시 상황에서 충분히 가능성이 있었다.

파천 시 선조의 연輦을 메게 될 인부들은 선조에 대한 충성심이 가장 강한 군사들이었다. 그런 군사들이 선조를 버리고 달아난다는 것은 곧 선조와 조선 왕실에 아무런 희망이 없을 때나 가능한 일이었다. 따라서 그런 사태가 벌어지지 않게 하기 위해서는 선조와 조선 왕실에 희망이 있음을 보여줄 수 있는 현실적인 조치가 필요했다. 그 같은 대응책으로 등장한 것이 왕자들을 파견해 근왕병을 모집하는 것이었다. 선조는 왕자들을 파견해 근왕병을 모집하게 함으로써 자신과 조선 왕실이 전쟁을 완전히 포기한 것이 아님을 과시할 뿐만 아니라 국난 극복을 위해 왕실에서부터 솔선수범하는 모습을 보여주고자 했다.

---

59) 『연려실기술』 선조조 고사본말, 임진왜란 대가서수, 4월 29일, "令祠官奉廟社主先行 世子隨後發 信城君珝定遠君陪從."

1) 임진왜란 극복을 위한 왕실의 솔선수범

왕자들을 파견해 근왕병을 모집하는 것과 관련하여, 유성룡은 『징비록』에서 "왕자들을 제도諸道에 파견해 근왕병을 모집하게 하고, 세자는 대가를 수행하게 할 것을 요청하여 그렇게 하기로 결정되었다."[60]는 언급을 하고 있다. 당시 선조에게는 7명의 아들이 있었으며, 그 중에 2명은 미성년이었다. 따라서 세자 광해군을 제외한다면 4명의 왕자들을 모두 파견해 근왕병을 모집할 수도 있었다. 그러나 선조는 4명의 왕자를 모두 파견한 것이 아니라 임해군과 순화군 두 명의 왕자만을 각각 함경도와 강원도로 가게 했다. 당시 상황에서 다른 도에도 왕자들을 보내 근왕병을 모집할 수 있었는데, 하필 함경도와 강원도에만 임해군과 순화군을 보낸 이유는 다음과 같이 추정된다. 무엇보다도 파천이 결정되던 당시 일차적인 파천 목적지는 개성 또는 평양이었다. 개성과 평양이 소재하는 황해도와 평안도는 장차 선조가 머물게 될 것이므로 그곳에서 왕자들이 근왕병 모집 활동을 할 필요는 없었다. 이에 따라 아직 왜적이 침략하지 않은 강원도와 함경도가 근왕병 모집 활동을 할 수 있는 최적지로 판단되어 임해군과 순화군이 파견되었던 것이다. 임해군과 순화군은 포로로 잡히기 이전까지 왜적에 대항하여 다양한 항전활동을 전개하였다. 임해군과 순화군 중에서도 특히 임해군의 항전활동이 두드러졌다.

4월 30일 새벽에 임해군은 영부사 김귀영, 칠계군 윤탁연 등과 함께 창덕궁을 떠나 함경도로 향했다. 임해군의 출발에 조금 앞서서 순화군은 황정욱, 황혁, 이기 등과 함께 강원도로 갔다.[61] 5월 1일 경기도 포천에 도착한 임해군은 그곳에서 우연히 순화군을 만났는데,[62] 다시 길을 나누어 북으로 향하였다. 5월 3일 강원도 금화에 도착한 임해군은 그곳에서 왜적이 이미 춘천을 점령했다는 소식을 들었다. 금화와 춘천은 하루 일정밖에 떨어지지 않은 곳이라 임해군은 즉시 북으로 길을 재촉해 5월 5일에

---

60) 유성룡, 『징비록』 권1, 4월 30일, "因請分遣王子諸道 使呼召勤王 世子隨駕."
61) 윤탁연, 『關北日記』, 壬辰(1592) 4월 30일(己未).
62) 윤탁연, 『關北日記』, 壬辰(1592) 5월 1일(庚申), "是日 順和君行次 適然相値."

는 철령을 넘어서 함경도의 안변에 도착하였고, 이어 9일에는 덕원부에 도착하였다.[63]

임해군은 5월 7일에 선조에게 장계를 올렸다. 5월 7일은 이미 철령을 넘은 임해군이 덕원부를 향해 가던 중이었다. 이때에 함경도는 물론 강원도, 경기도 지역에는 선조의 파천 소문이 퍼져 인심이 크게 경동하였다. 이에 임해군은 인심을 안정시키기 위해서는 별양선유別樣宣諭가 필요하다는 장계를 올렸던 것이다.[64]

당시 선조는 개성을 떠나 평양으로 향하던 중이었다. 따라서 임해군이 5월 7일에 보낸 장계가 언제 선조에게 도달하고 또 언제 회답이 올지는 알 수 없는 상황이었다. 따라서 임해군은 와해된 인심을 안정시키기 위한 특별 조치를 취하기에 앞서 선조에게 장계를 보냈던 것이다. 임해군은 5월 8일부터 본격적으로 특별 조치를 취하기 시작했다. 즉 근왕勤王 문제를 논의하기 위해 함경도의 감사와 병사兵使를 소집하고 근왕 병력 200여 명을 파견하였던 것이다. 이와 관련하여 윤탁연의 『관북일기關北日記』에는 다음과 같은 기록이 있다.

> "왜적이 도성에 침입하였으니 신하의 도리 상 마땅히 분부奔赴해야 하는 바, 분부奔赴 문제를 상의하여 처리하고자 하니 조치하는 즉시 달려 올 것을 함경감사와 함경병사에게 관문關文으로 통지하였다. 또한 신하의 도리 상 가만히 앉아 있을 수 없었고, 왕명을 받아 한양을 떠나오던 날 선조께서 의려義旅를 불러 모으라고 하신 전교에 따라, 선후로 보낼 200여 명의 군사를 장수를 정해 분부奔赴하게 할 것 그리고 군량을 조치할 길이 없으니 (군사들이 지나가는) 부근의 각 지방 수령들은 마음을 다해 군량을 조치하게 할 것 그리고 각 지방의 수령과 감관監官은 각각 그곳 창고의 곡식을 양을 헤아려 나누게 할 것 등을 경기감사, 강원감사, 충청감사에게 관문關文으로 통지

63) 류주희, 「임진왜란을 전후한 尹卓然의 활동」, 『한국사상과 문화』 28, 한국사상사학회, 2005, 150-152쪽.

64) 윤탁연, 『關北日記』, 壬辰(1592) 5월 7일(丙寅), "王子 初五日踰嶺 大概人心驚動 自楊州一路 人民散亂 若不別樣宣諭 則前頭之事 極爲可慮 臣等來伏嶺外 乘輿起居 京城消息 未得聞知 西望雲天 危涕自滂事 狀啓."

하고, 회양 일로의 수령들에게도 관문關文으로 통지하였다."[65]

위의 기록을 통해 볼 때, 임해군이 함경도에서 벌인 근왕병 모집활동은 당시의 행정조직과 군사조직을 통해 이루어졌음을 알 수 있다. 이처럼 국가 조직을 통한 근왕병 모집활동이 가능했던 근거는 '신하의 도리'와 함께 '선조께서 의려義旅를 불러 모으라고 하신 전교'에 있었다. 또한 임해군은 근왕에 필요한 200여 명의 군사와 장수의 파견 그리고 군량의 징발 등을 경기감사, 강원감사, 충청감사, 회양 일로의 수령 등에게 명령했음도 알 수 있다. 이는 선조가 임해군에게 함경도에서 근왕병을 모집하라고 명령했지만, 임해군 자신은 근왕병 모집에 필요하다는 판단에서 함경도 이외의 행정조직과 군사조직에도 적극적인 영향력을 행사했음을 보여준다.

그런데 5월 8일의 특별조치에서 가장 눈에 띄는 부분은 바로 함경감사와 함경병사兵使를 임해군의 행차로 소집한 것이었다. 함경도 감영은 함경남도의 함흥에 있었으며, 북병영은 함경북도의 경성鏡城에, 남병영은 함경남도의 북청에 있었다. 당시에 함경감사는 유영립이었고 함경 북병사는 한극함이었으며 함경 남병사는 이혼이었다. 따라서 함경감사 유영립, 북병사 한극함 그리고 남병사 이진은 임해군이 5월 8일에 보낸 관문關文을 늦어도 5월 10일쯤 전후로 받았을 것으로 생각된다. 만약에 관문關文의 명령대로 했다면 함경감사 유영립, 북병사 한극함 그리고 남병사 이진은 5월 12일 전후로 임해군의 행차로 달려왔을 것이다. 하지만 이들이 실제 관문을 받았는지, 또는 관문의 명령대로 임해군의 행차로 달려왔는지의 여부는 명확하게 확인되지 않는다. 이와 관련하여 다음의 기록은 중요한 시사점을 준다.

---

65) 윤탁연, 『關北日記』, 壬辰(1592) 5월 8일(丁卯), "是日 以賊入都城 臣子之義 所當奔赴 相議處置次 劃卽馳來事 關通于監司兵使 又以臣子之義 不可安坐 承命出來日 以號召義旅事傳敎 先後運二百留粮 措置無路 各其附近官 糧餉盡心措置 各官守令監官 各其倉穀 量數分給事 關通于京畿江原忠淸道監司 淮陽一路守令."

"대가가 평양에 도착했을 때에 조정의 의논이 행궁의 숙위가 너무 허술하다고 하여 함경남도와 북도의 병사에게 하유下諭 하여 '거느리고 있는 장관 중에서 그 반을 기한 안에 입조시켜 숙위를 갖추게 하라.'고 하였다. 그러자 북병사 한극함은 치계하기를 '병사의 임무는 사체가 막중한 것이며 또 번호藩胡와 서로 가까이 있어서 영문營門의 체면상 허술히 할 수 없다.' 하면서 거절하고 보내지 않았다. 이 장계가 도착하자 조정에서는 깜짝 놀라서 혹자는 '붙잡아다가 그 죄를 철저히 따져야 한다.'고 하였으며, 혹자는 '무식한 무부武夫가 사체를 몰라서 그런 것이니 오늘날과 같이 판탕板蕩한 시기를 당해서는 용서해 주는 것이 도리이다. 그렇게 해서는 안 된다.'고 하여 그만둔 적이 있었다."[66]

선조는 5월 8일 평양에 도착하여 6월 11일까지 머물렀다. 따라서 선조가 북병사 한극함과 남병사 이진에게 보냈다고 하는 하유는 5월 8일에서 6월 11일 사이에 작성되었을 것이다. 그렇다면 그 하유는 임해군이 5월 8일에 보낸 관문보다 먼저 북병사나 남병사에게 도착할 수는 없었다고 보는 것이 합리적이다. 나아가 선조가 평양에서 보낸 하유가 함경도에서 근왕병을 모집하던 임해군을 완전히 무시하고 곧바로 북병사와 남병사에게 전달되었으리라 보기도 어렵다.

윤탁연의 『관북일기』에 의하면 임해군과 순화군이 5월 1일 포천에서 만났을 때, 근왕병을 모집하기 위한 문제로 선조에게 장계하는 일이 논의되었다.[67] 당시에 실제로 장계가 작성되었는지의 여부는 확인되지 않는다. 만약에 포천에서 5월 1일에 장계가 작성되었다면 선조가 평양에 도착하던 5월 8일쯤에는 충분히 도착할 수 있었다. 그랬다면 평양에서 선조가 북병사와 남병사에게 보낸 하유는 임해군이 보낸 장계에 입각해 작성되었을 가능성이 높다. 아니면 임해군이 5월 7일에 보고한 장계가 참조되었을 가능성도 있다. 설혹 임해군이 보고한 장계를 받지 않은 상황에서 하유가 작성되었다고 해도, 그 하유는 임해군을 통해 북병사와 남병사에

---

66) 『宣祖實錄』 권38, 宣祖 26년 5월 16일(己巳).
67) 윤탁연, 『關北日記』, 壬辰(1592) 5월 1일(庚申), "事及策應之事狀啓."

게 전달되었을 가능성이 높다. 어쨌든 『선조실록』에 의하면 숙위를 위한 장관將官을 보내라는 선조의 하유에 대하여 북병사 한극함은 거절한 반면 남병사 이혼은 호응하였음이 분명하다.

그런데 남병사 이혼은 선조의 하유에 앞서 임해군이 보낸 관문에 따라 임해군의 행차로 갔던 것이 확실하다. 따라서 남병사 이혼은 임해군과의 논의 및 선조가 보낸 하유에 따라 근왕 활동에 참여하게 되었다고 판단해도 무리가 없다.

『기재사초寄齋史草』에 의하면 남병사 이혼은 적병이 한양에 육박하였다는 소식을 듣고 근왕병을 일으켜 연천으로 와서 이양원과 군사를 합하고 그 곡절을 보고하였는데, 그 보고서가 5월 19일 평양에 도착하였다.[68] 또한 『연려실기술』에 의하면 남병사 이혼은 부원수 신각과 병력을 합해 양주의 해유령蟹踰嶺에서 왜적과 싸워 70여명의 적을 죽였다고 하는데, 이 전투는 임진왜란 이후 관군이 올린 최초의 승전으로서 매우 중요했다.[69] 남병사 이혼이 신각과 함께 양주에서 전투를 벌인 날자는 바로 5월 19일이었다.[70] 즉 남병사 이혼은 어느 시점에서인가 근왕병을 거느리고 함경도를 떠나 5월 19일에 양주에 도착하여 승전하였던 것이다.

당시 남병사 이혼이 거느린 병력은 최소한 3천5백 명 이상으로서 임진강에서 왜적을 막던 관군 중에서는 최정예 병력이었다.[71] 이런 사실들로부터 임해군이 5월 8일에 보낸 관문을 받은 남병사 이혼이 근왕병을 이끌고 임해군의 행차에 들러 항전대책을 논의한 후 양주로 왔음을 유추할 수 있다. 결국 임진왜란 초반 남병사 이혼이 담당했던 근왕 활동은

---

68) 박동량, 『寄齋史草』 下, 壬辰日錄 권1, 5월 19일, "南道兵使李渾 聞賊迫京城 遂起兵勤王 到漣川 與李陽元合兵 具啓曲折 朝廷遣人嘉奬之."

69) 『연려실기술』 선조조 고사본말, 임진왜란 대가서수, 5월 13일, "南兵使李渾兵適至 申恪合陣 遇賊于楊州解峴 邀擊破之 斬首七十級 自倭犯我國 始有此捷 遠近聞之聳動."

70) 박동량, 『寄齋史草』下, 壬辰日錄 권1, 5월 19일, "申恪戰於蟹踰嶺 斬賊七十餘級 捷書至." 時 南報漸緊 京城小民 多有避出外方者."

71) 『宣祖實錄』 권26, 宣祖 25년 5월 23일(壬午), "南兵使又當來到 先送三千五百 最是精卒."

바로 임해군의 근왕병 모집 활동 결과라고 할 수 있다. 이외에도 임해군은 함경도 주민들의 인심을 안정시키기 위해서 다양한 대민활동을 벌였다. 예컨대 『선조실록』에는 다음과 같은 내용이 있다.

> "함경도로 왕자를 모시고 간 상락부원군 김귀영과 칠계군 윤탁이 치계하기를, '왕자들을 나누어 보내어 인심을 진정시키려는 성념聖念은 실로 보통이 아니시지만, 신들이 변변치 못하여 부로父老들을 위로하고 깨우쳐 덕의를 선포하지는 못하였습니다. 그러나 백성들이 눈물을 닦으면서 우러러 절을 하고 기뻐하며 생기가 도는 것이야 어찌 끝이 있겠습니까? 그러나 생각건대 천만 마디의 빈말은 조그마한 실제의 혜택만 못합니다. 본도는 근래에 군사를 징발하고 군량을 운송함으로 말미암아 사람은 집집마다 다 전쟁에 나갔고, 마구간에는 말 한필도 없습니다. 그러니 목장의 말 1백여 필을 혹은 요로의 쇠잔한 역에 지급하기도 하고, 혹은 재능은 있으면서 말이 없는 병사들에게 지급하게 하소서. 또한 함경도의 공물 및 문소전, 연은전에 진상하는 물선物膳 등을 감면하라는 은명恩命을 내리시어 백성들이 다시 생기를 찾도록 하소서.' 하였다."[72]

위의 기사가 실린 날자는 6월 4일이었다. 그러므로 위의 치계는 5월 말쯤 작성되었을 것으로 판단되는데, 당시 임해군은 함경남도 지역에 있었다. 위의 기사 중에서 '본도는 근래에 군사를 징발하고 군량을 운송함으로 말미암아 집집마다 다 전쟁에 나갔고, 마구간에는 말 한 필도 없습니다.'라는 내용을 윤탁연의 『관북일기』와 관련해서 생각하면, 당시에 함경도에서 근왕병을 모집하게 하고 군량을 운송하도록 조치한 주체는 바로 임해군이었다. 따라서 임해군은 근왕병 모집과 군량 운송으로 함경도 백성들이 큰 고초를 겪자 그 고초를 조금이라도 완화하기 위해

---

72) 『宣祖實錄』 권27, 宣祖 25년 6월 4일(壬辰), "咸鏡道王子陪行官上洛府院君金貴榮漆溪君尹卓然馳啓曰 分遣王子 鎭定人心 聖念所在 實出尋常 而緣臣等無狀 不能慰諭父老 宣布德意 而小民之拭淚瞻拜 欣欣生意 曷有紀極 第念千萬空言 不如一分實惠 本道近因調發軍兵 轉運糧餉 人則擧家赴戰 馬無一匹在廏 請以牧場馬百餘匹 或給要路絶替之驛 或給有才無馬之卒 且蠲革本道貢物 及文昭延恩殿物膳 使恩命出於上 而民生更得意"

위와 같은 요청을 했다고 할 수 있다. 위의 요청대로 시행되었는지의 여부는 알 수 없지만, 어쨌든 임해군이 임진왜란 초반에 함경도에서 근왕병 모집 또는 인심 수습을 위해 군사적 조치는 물론 행정적, 경제적 조치에 이르기까지 매우 광범위한 조치를 취했음이 확실하다. 나아가 함경도의 상황이 급박했을 때 임해군은 함경도 지역의 수령 및 군사령관들에 대한 인사권까지도 행사하였다.[73] 결국 임해군은 함경도에서 근왕병을 모집하기 위해 군사적, 인사 행정적, 경제적 조치 등 모든 조치를 취했으며, 이런 조치들은 궁극적으로 남병사 이혼으로 대표되는 함경도 근왕병으로 귀결되었다.

그런데 임진강 방어선이 5월 27일에 와해되면서[74] 평양의 선조는 물론 함경도의 임해군 역시 심각한 상황에 빠져들었다. 임진강 방어선을 격파한 왜군은 황해도 평산의 안성역安城驛에 이르러 함경도, 평안도, 황해도로 각각 길을 나누어 따로 진격하였다.[75] 당시 함경도로 진격한 왜장은 가등청정加藤清正이었는데, 그는 황해도 곡산을 경유하여 아무런 저항도 받지 않고 함경도로 들어갔다.[76] 그때 남병사 이혼은 함경도로 들어가려는 왜군이 철령을 이용할 것으로 보고 회양 지역에 있었으므로[77] 가등청정은 아무런 저항도 받지 않고 함경도로 들어갈 수 있었던 것이다. 가등청정의 함경도 진입은 평양의 선조나 함경도의 임해군 모두에게 커다란 위협이었다. 이 결과 선조는 결국 관북으로 가려던 계획을 바꾸어 의주로 갔다. 함경남도에 있던 임해군은 마천령을 넘어 함경북도의 경성鏡城으로 퇴각하였는데, 당시에 순화군은 임해군과 함께 있었다.[78] 이보다 더 심각

---

73) 『宣祖修正實錄』 권26, 宣祖 25년 7월 1일(戊午), "初 李渾被執 金貴英等以便宜除會寧府使李瑛爲南兵使."

74) 박동량, 『寄齋史草』 下, 壬辰日錄 권1, 5월 27일.

75) 『연려실기술』 선조조 고사본말, 임진왜란 대가서수, 5월 27일.

76) 『宣祖實錄』 권26, 宣祖 25년 6월 1일(己丑), "初 淸正行長等同渡臨津 追上行 而慮車駕或轉北行 約分路進兵 淸正勇猛冠軍 所領兵尤精悍 二將拈鬮定所向 淸正得咸鏡道 擒我民二人爲向導 一人辭以不識其路 賊斬之 一人懼而從之 從谷山地 踰老里峴, 出鐵嶺路, 嶺無守兵, 長驅以入。

77) 박동량, 『寄齋史草』下, 壬辰日錄 권2, 6월 12일, "李陽元敗到安邊 遣從事官金廷睦口達 李渾盡殲淮陽之敵 蓋聞道路之言也."

한 것은 함경도의 행정조직과 군사조직이 갑자기 와해되었다는 사실이었다.

함경도로 진입한 가등청정은 6월 17일에 안변에 도착하였다. 가등청정 군의 일부는 안변에서 흡곡을 거쳐 동해안을 따라 남하하였는데, 가등청정은 나머지 군을 이끌고 함흥으로 진출하여 임해군과 순화군을 뒤쫓았다. 이에 북병사 한극함이 마천령에서 가등청정을 막으려 하였으나 대패하였다. 그 전투가 7월 18-19일간 전개된 함경북도 성진의 해정창海汀倉 전투였다.79) 해정창 전투 패배 후, 북병사 한극학은 물론 남병사 이혼, 함경감사 유영립이 모두 도망하여 함경도의 행정조직과 군사조직은 일시에 와해되었다.80) 이런 상황에서 임해군과 순화군은 7월에 회령으로 퇴각하였다가81) 7월 23일에 회령 사람 국경인에게 포로로 잡혔다. 『선조수정실록』에서는 임해군과 순화군이 포로로 잡히는 과정을 다음과 같이 기술하고 있다.

> "왜장 가등청정이 북계北界로 침입하니 회령 사람들이 반란을 일으켜 두 왕자와 여러 재신들을 잡아 적을 맞아 항복하였다. 이로써 함경남도와 북도가 모두 적에게 함락되었다. 당초 가등청정이 고개를 넘어 왕자 일행을 끝까지 추격하니 왕자가 경성鏡城으로 도망하였다. 북병사 한극함이 마천령에서 항거하여 싸웠으나 해정창이 왜군에게 차단당하자 군사들이 패하여 도망하였다. 왕자가 진로를 바꾸어 회령부로 들어갔는데, 적병이 가까이 추격했다는 말을 듣고 앞으로 나아가려고 하였다. 그러나 진의 토병土兵이 이미 모반하여 거짓으로 성을 지키겠다고 청하면서 스스로 문의 자물쇠를 간수하여 나가지 못하게 하였다. (중략) 국경인이 마침내 객사를 포위하고 두 왕자 및 부인, 여종, 노비 등과 재상 김귀영, 황정욱, 황혁과 그들의 가솔

---

78) 『연려실기술』 선조조 고사본말, 北道之陷鄭文孚收復, "臨海順和兩王子 聞賊兵在後〈順和君初在江原道 賊入江原道 故轉向北道〉 疾馳踰摩天嶺."

79) 류주희, 「임진왜란을 전후한 尹卓然의 활동」, 『한국사상과 문화』 28, 한국사상사학회, 2005, 151-152쪽.

80) 『宣祖實錄』 권26, 宣祖 25년 6월 1일(己丑), "倭將淸正入關北 咸鏡監司柳永立被執 兵使李渾爲賊民所殺."

81) 『연려실기술』 선조조 고사본말, 北道之陷鄭文孚收復, "七月到會寧."

> 을 잡아 모두 결박하고 마치 기물을 쌓아놓듯 한 칸 방에 가두었다."[82]

위의 기록을 통해 회령의 국경인이 반란을 일으킨 이유로 생각할 수 있는 것은 무엇보다도 가등청정의 공격에 대한 두려움이었다. 그 이외의 원인을 『선조수정실록』에서는 다음과 같이 부연 설명하고 있다.

> "애초에 임해군이 사로잡히기 (이전), 김귀영 등은 편의로써 회령부사 이영을 남병사로 임명하였다. 그런데 이영은 남쪽으로 출정하는 것을 꺼려 남북도순변사가 되기를 요구했다. 이에 김귀영 등은 이영으로 하여금 (순변사를 삼아) 왕자를 배행하고 북으로 들어가게 하고, 문몽원으로 회령부사를 삼았는데 모두 사로잡히게 되었다. 김귀영은 늙고 혼미하였고, 황정욱 부자는 모두 아랫사람들을 단속하지 않아, 궁가의 종놈들은 도처에서 침학하고 소요를 일으켜 크게 인심을 잃었다. 이 때문에 국경인의 반란을 재촉하였다."[83]

위에서는 국경인이 반란을 일으킨 원인으로 김귀영의 늙고 혼미함, 황정욱 부자의 아랫사람 단속소홀 및 행조行朝와의 소식불통으로 인한 와언 등을 제시하고 있다. 물론 이런 원인들을 무시할 수는 없다. 하지만 그 못지않게 중요한 원인은 선조가 평양을 떠나 명나라로 망명하려 한다는 소문이었다. 즉 6월 11일에 선조가 평양을 떠나 영변으로 향하면서 함경도에는 흉흉한 소문 즉 와언이 돌았던 것이다. 그것은 물론 선조가 나라를 버리고 명나라로 들어간다는 소문이었다. 가등청정의 공격에 직

---

82) 『宣祖修正實錄』 권26, 宣祖 25년 7월 1일(戊午), "倭將淸正入北界 會寧人叛 執兩王子宰臣迎降 關南北皆陷于賊 初 淸正踰嶺 而窮追王子行 王子奔 至鏡城 北兵使韓克諴 拒戰于磨天嶺 海汀倉爲倭軍所綴 軍潰而走 王子轉入會寧府 聞賊兵追迫欲向前 　鎭土兵已謀叛 佯請守城 自守門鑰 使不得出 (중략) 景仁遂圍客舍 就執兩王子及夫人女侍一行奴婢等 與宰臣金貴榮黃廷彧黃赫 竝其家屬 皆綁縛置一間房如積峙器物."

83) 『宣祖修正實錄』 권26, 宣祖 25년 7월 1일(戊午), "初 李渾被執 金貴英等以便宜除會寧府使李瑛爲南兵使 瑛憚南出 求兼南北道巡邊使 陪行王子入北 以文夢轅爲會寧府使 竝被執 金貴榮老昏 黃廷彧父父子皆不戢下 宮家奴輩 到處侵擾 大失人心 以此促其叛亂."

면한 함경도 사람들은 선조가 함경도와 조선을 버리고 명나라로 도망간다고 생각했을 것이다. 그것은 결국 선조에 대한 반감 나아가 임해군에 대한 반감으로 표출되었다. 『선조실록』에서는 당시의 함경도 인심을 이렇게 전하고 있다.

> "동지중추부사 이희득이 함경도 순찰사로서 복명하고 아뢰었다. '(중략) 북도北道는 왕화와 멀리 떨어져 있어 완악하고 모질고 무지하여, 원망에 의한 배반이 더욱 심하였습니다. 대가가 평양에서 파월하였다는 소식을 전해 듣고서는 더욱 흉악한 짓을 저질렀으며, 명천과 길주의 백성들은 왕자가 향해 가는 곳을 일일이 써 붙여 놓기까지 하는가 하면, 토병들도 반란을 일으켜 혹 주장主將을 살해하기까지 하는 등 온 도내의 일이 매우 한심스러웠습니다. 왜적이 경성에서 곧바로 육진을 공격하였는데, 그 사이의 일은 차마 듣지 못할 말이 있습니다. 여러 고을의 수령들 가운데 무변 출신이라 하여도 모두 산속으로 숨어버려 호령이 통하지 않았으므로 한 도의 일을 수습할 길이 없으니 매우 염려스럽습니다. (하략)' 하였다."[84]

선조가 평양을 떠나 명나라로 망명하려 한다는 소문이 돌면서 함경도의 인심은 걷잡을 수 없이 이반되었던 것이다. 그런 상황에서 7월 18-19일의 해정창 패전으로 함경도의 행정조직과 군사조직이 일시에 와해되었다. 임해군을 수행하던 김귀영은 이영을 남북도순변사로 삼고, 문몽원을 회령부사로 삼는 등 와해된 행정조직과 군사조직을 복구하려 노력했지만 역부족이었던 것이다. 여기에 황정욱 부자의 아랫사람 단속소홀, 임해군의 난폭한 행동 등이 더하여져 국경인의 반란이 초래되었다고 할 수 있다.

그러나 포로로 잡히기 전에 임해군은 함경도에서 근왕병을 모집하기 위해 군사적, 인사 행정적, 경제적 조치 등 모든 조치를 취했으며, 이

---

84) 『宣祖實錄』 권30, 宣祖 25년 9월 15일(壬申), "同知中樞府事李希得 以咸鏡道巡察使復命 (중략) 北道 則王化絕遠 頑悍無知 怨叛尤甚 傳聞大駕自平壤播越之奇 益肆凶獰 明川吉州之民 至於王子所向之處 一一掛書 土兵亦叛 或殺主將 一道立事 極爲寒心 倭賊 自鏡城直擣六鎭 其間雖有所不忍聞之言 列邑守令 雖武弁之人 皆入山藪 號令不通矣 一道之事 收拾無路 至爲可慮."

결과 민심을 안정시키고 남병사 이혼으로 대표되는 함경도 근왕병을 선조에게 보내는 등 커다란 공로를 세웠던 것 또한 사실이었다. 이런 공로를 세우는 과정에서 임해군은 난폭한 행동을 했을 가능성도 있다. 임해군의 난폭한 행동에는 개인적 비리나 실수도 물론 있었겠지만 위급한 상황에서 군량과 근왕병을 모집하기 위해 어쩔 수 없이 했던 과격한 조처도 포함되었을 것이다.

하지만 임해군이 포로로 잡힌 후 그의 모든 행동이 비난의 대상이 되었다. 선조 역시 임해군이 포로가 된 이유를 전적으로 임해군 개인의 비리 또는 실수 때문으로 몰아세움으로써 자신의 책임을 회피하고자 하였다. 이런 점에서 임해군의 항전활동은 비록 짧다고 해도 적극적으로 평가될 필요가 있으며 동시에 임해군의 被虜 문제에서도 임해군 개인의 비리뿐만 아니라 당시 상황까지 종합적으로 고려하여 평가할 필요가 있다.

2) 임진왜란 시 선조의 한글 유서(諭書)

4월 30일 새벽, 파천 길에 오른 선조는 5월 1일 저녁에 개성에 도착하고, 5월 4일 개성을 떠나 평양으로 향하여 5월 8일 평양에 도착했다. 그러나 전황이 급박하여 6월 11일에 평양을 떠났다. 당시 선조가 어느 곳으로 가야 할지를 놓고 논의가 분분했다. 일부는 함흥으로 가야 한다고 주장했고, 일부는 영변으로 가야 한다고 주장했다. 함흥으로 가자고 주장하는 사람들은 함흥이 건국시조 태조 이성계의 고향이자 험준한 산악지역이기에 조선 왕조로서는 최후의 보루와도 같다는 점을 강조했다. 반면 영변을 주장하는 사람들은 함흥도 불안하니 궁극적으로 명나라로 망명할 가능성까지 고려하여 영변으로 가야한다고 했다.[85]

이런 논란 속에서 선조는 일단 함흥 쪽으로 가기로 잠정 결정했다. 다만 함흥으로 가려면 태백산맥을 넘어야 하기에 6월 6일에 미리 왕비 의인왕후 박씨가 함흥을 향해 출발하게 되었다.[86] 그런데 당시에 세자빈

---

85) 박동량, 『寄齋史草』 下, 壬辰日錄 권1, 6월 2일.

유씨에게는 한 달도 되지 않은 젖먹이가 있었다. 즉 세자빈 유씨는 지난 5월 12일에 해산하였던 것이다.[87] 이에 의인왕후 박씨를 비롯하여 세자빈 유씨 그리고 왕자도 함흥으로 가게 되었다.[88]

그런데 선조가 의인왕후 박씨의 뒤를 이어 함흥 방면으로 가려고 하자, 좌의정 윤두수가 함흥보다는 영변 쪽이 안전하다고 강력하게 주장하였고, 선조는 그 건의에 따라 영변으로 향했다.[89] 6월 13일에 영변에 도착한 선조는 6월 14일 세자 광해군과 길을 나누어 자신은 의주 쪽으로 가고 세자 광해군은 강계 쪽으로 가게 하였다. 이 결과 함흥으로 향하던 의인왕후 박씨 및 세자빈 유씨는 다시 길을 돌려 선조를 뒤따라 와서 6월 14일 선조와 합류하였다.[90]

영변에 도착한 선조는 명나라에 망명할 것인지 여부를 놓고 갈림길에 서게 되었다. 망명을 하려면 의주로 향하는 정주 쪽으로 가야하고, 그렇지 않으면 함흥으로 향하는 강계 방면으로 가야 했다. 선조는 비변사 당상, 대신들을 불러 향후 대책을 논의했다. 『선조실록』에 의하면 선조와 대신들 사이에 이런 대화가 오고갔다.

> "이날 저녁에 또 여러 신하들을 인견하였다. 최흥원이 아뢰기를, '윤두수의 장계를 보니 왜적의 형세가 이미 위급하여 이곳에 머무르는 것도 불안합니다. 중전의 행차는 어떻게 할 것입니까? 운산군수 성대업이 도로를 약간 알고 있기에 그에게 머물러 있도록 하였습니다.' 하였다. 주상이 이르기를, '중전은 지금 어디에 있는가?' 하였다. 이곽이 아뢰기를, '중전께서는 분명 운산에 도착하였을 것이니 왜적과 조금 멀어졌을 것입니다.' 하였다. 최흥원이 아뢰기를, '대가가 운산으로 가시면 내전과 서로 만나실 것입니다.' 하였다. 이곽이 아뢰기를, '지금 여기 들어온 대신들이 밖에 있을 때에 모두

86) 박동량, 『寄齋史草』 下, 壬辰日錄 권 1, 6월 6일.
87) 정탁, 『藥圃集』 권4, 雜著, 避難行錄, 萬曆壬辰 5월 12일(辛未), "王世子嬪宮 解産."
88) 『연려실기술』 선조조 고사본말, 임진왜란 대가서수, 6월 2일, "初六日 俞泓崔滉 等 侍衛中殿嬪宮王子 發向咸興."
89) 『宣祖實錄』 권26, 宣祖 25년 6월 11일(己亥).
90) 박동량, 『寄齋史草』 下, 壬辰日錄 권 1, 6월 14일.

들 말하기를, 만약 강계로 가려면 운산이 좋다고 하였습니다. 오늘 밤새도록 가면 운산에 도착할 수 있을 것입니다.' 하였다. 주상이 이르기를, '여러 신하들의 뜻은 모두 나를 인도하여 강계로 가려는 것인가?' 하였다. 정철이 아뢰기를, '어떤 계책이 좋은지 모르기에 이처럼 하는 것입니다.' 하였다. 주상이 이르기를, '당초에 일찍이 요동으로 갔더라면 좋을 것인데, 의논이 일치하지 않아 이와 같은 지경에 이르렀다. 나는 처음부터 항상 왜적이 앞에서 나타난 뒤에는 피해 가기 어렵다는 일로 말하곤 하였다.'고 하였다. (하략)" 91)

선조는 내심 명나라에 망명할 것을 강력하게 원하고 있었던 것이다. 결국 이날의 회의에서 선조는 요동으로의 망명을 전제하여 의주로 가고, 세자 광해군은 함흥으로 가는 것으로 타협을 보게 되었다. 이 결과 6월 14일에 선조는 의주 쪽으로 출발하여 23일 도착했다. 그 즈음 전황이 서서히 역전되고 있었다. 무엇보다도 이순신 장군의 해군이 연승을 거두면서 왜적의 전략에 심각한 타격을 입혔다. 게다가 전국에서 의병이 일어나 왜적들을 공격했다. 여기에 더하여 12월 24일에 명나라의 이여송이 4만 3천여 원병을 이끌고 압록강을 건너면서 전세는 완전히 역전되었다. 의주까지 파천했던 선조는 1년 반이 지난 선조 26년(1593) 10월 4일에 다시 한양에 입성할 수 있었다. 그 즈음인 1593년 9월에 선조는 민들의 항일의지를 더더욱 고취하고자 다음과 같은 국문 유서諭書를 전국 곳곳에 반포하였다.

"백성에게 이르는 글이다.
처음에 왜적에게 포로가 되어 왜적들을 이끌고 다닌 것은 너희들의 본마음이 아니었을 것이다. 그것은 아마도 자칫 도망쳐 나오다가는 왜적에게 잡혀 죽지 않을까 염려되기도 하였고 심지어 의심하기를, 이미 왜적에게 속해 있었으므로 도망해 나와도 나라에서 죽이지 않을까 두려워하였기에 탈출하지 않았을 것이다. 이제는 너희가 그런 의심을 먹지 말고 서로 전하여

91) 『宣祖實錄』 권26, 宣祖 25년 6월 13일(辛丑).

다 나오면 너희에게 각별히 죄를 주지 않을 뿐만 아니라 그 중에서도 왜적을 잡아 나오거나 또는 왜적이 하는 일을 자세히 알아 나오거나 또는 포로가 된 사람을 많이 데리고 나오거나 해서 어떠하든 공이 있으면 양민과 천민을 막론하고 벼슬도 시킬 것이니 너희는 생심이나 전에 먹고 있던 의심을 먹지 말고 빨리 나오라. 이 말을 이미 각처의 장수들에게 알렸으니 생심이나 의심하지 말고 모두 나오라. 너희들이 설마 다 어버이나 처자식이 없는 사람이겠느냐? 너희가 살던 곳으로 돌아가 예전처럼 살면 좋지 않겠느냐? 이제 곧 나오지 않으면 왜적에게 죽기도 할 것이고, 나라에서 평정한 후에는 너희들인들 뉘우치지 않겠느냐? 하물며 명나라 군사가 황해도와 평안도에 가득히 있고 조만간 경상도와 전라도에도 가득하여 왜적들이 곧 급히 저희의 땅으로 건너가지 않으면 조만간 조선과 명나라 연합군이 합세하여 부산과 동래에 있는 왜적들을 다 공격할 뿐만 아니라 중국 배와 우리나라 배를 합하여 곧바로 왜국에 들어가 다 토벌할 것이니 그 때면 너희도 휩쓸려 죽을 것이니 너희들이 서로 전하여 그 전에 빨리 나오도록 하라.
만력 21년(1593) 9월 일"[92]

2. 사회문제에 대처한 소통 방식

조선은 농업사회였기에 농업을 장려하기 위한 정책이 다양하게 추진되었다. 농업 장려 정책은 농업 자체를 대상으로 하기도 하였지만, 농업을 위축시키는 사회 현상을 대상으로 하기도 하였다. 예컨대 지나친 사치와 음주는 농업을 위축시키는 사회 현상으로 간주되어 단속과 금지의 대상이 되곤 하였다.

이 중에서 금주령은 조선 건국 이후 거의 모든 국왕들에 의해 추진되었다. 『조선왕조실록』으로 확인해 보면, 조선의 창업 군주인 태조 이성계의 경우 2년 12월, 3년 1월, 4년 2월, 5년 4월, 7년 5월 등 거의 매년 금주령을 공포했다. 금주령을 공포한 이유는 대체로 가뭄 또는 홍수로 인한 곡물 품귀 때문이었다. 태조 이후의 정종, 태종, 세종 등도 유사한 이유에

92) 부산시립박물관 소장.

서 금주령을 공포하곤 했다.

하지만 영조 이전의 금주령은 가뭄이나 홍수 같은 특정 상황이 해소되면 곧바로 해제되곤 하는 한시적인 정책이었다.[93] 영조도 재위 중반까지는 한시적인 금주령을 공포하곤 했다. 하지만 영조 32년(1756) 정월부터 발효된 금주령은 43년(1767) 정월에 해제되기까지 10여 년 동안 장기간 지속되었다. 그 동안 영조는 조선 사회에 금주禁酒를 정착시키기 위해 예주醴酒를 제외한 일체의 술을 금지하였으며, 아울러 금주령 위반자는 사형에 처하는 등 엄격한 금주 정책을 유지했다.

영조의 금주 정책은 영조 2년(1726) 10월 13일 새벽에 종묘에서 거행된 경종의 부묘제祔廟祭를 기점으로 시작되었다.[94] 그날 국상 종료를 기념하여, 10월 13일 미시(오후 1-3)에 창덕궁 인정전에서 진하進賀 의식이 거행되었다.

진하가 끝난 후, 영조는 자신의 국정 지표 3가지가 담겨 있는 교서를 8도에 반포하였다.[95] 영조의 국정 지표 3가지는 계붕당戒朋黨, 계사치戒奢侈, 계숭음戒崇飮이었다.[96] 이 중에서 '계붕당'은 영조의 정치지향을 상징하는 지표였고, '계사치'와 '계숭음'은 사회정책을 상징하는 지표였다고 할 수 있다.

선조 8년(1575)에 동서분당으로 당쟁이 시작된 이후 150년에 걸쳐 격렬한 당쟁을 겪은 당시 상황에서 영조가 '계붕당'을 국정 지표로 제시

---

93) 이정수, 「16세기의 禁酒令과 儉約令」, 『한국중세사연구』 14, 2003,
김대길, 『조선후기 牛禁 酒禁 松禁 연구』, 경인문화사, 2006,
송기호, 「과음과 금주령」, 『자연과 문명의 조화』 55-8, 대한토목학회, 2007.

94) "上曉行祔廟酌獻禮 三更一點 上出齋殿 入廟庭 就板位上立 神輦自廟門入 上鞠躬祗迎 祔安位後 讀敎官讀配享臣都敎書訖 行十二室酌獻如禮 天已明矣"(『英祖實錄』 권10, 英祖 2년 10월 13일(辛未)).

95) "未時 上御仁政殿 受賀如儀 因命大臣上殿 左議政洪致中右議政趙道彬領府事閔鎭遠進伏 上曰 祔廟纔過 臨殿受賀 愴感之懷 益切于中 予以涼德 受先朝付畀之重 悸懼之心 夙夜不弛 況今三年之制已訖 政予一初之政 君臣之間 不可無交儆之道 故茲將三條之戒 作爲一書 卿等持往政府 頒布八路"(『英祖實錄』 권10, 英祖 2년 10월 13일(辛未)).

96) "一 戒朋黨 (중략) 一 戒奢侈 (중략) 一 戒崇飮"(『英祖實錄』 권10, 英祖 2년 10월 13일(辛未)).

한 것은 당연한 일이라 할 수 있다. 이런 '계붕당'과 함께 영조가 '계사치'와 '계숭음'을 국정 지표로 제시한 이유는 당시의 사치와 숭음이 심각한 사회문제였기 때문이라 할 수 있다. 영조는 당시 사치와 숭음의 문제점을 이렇게 지적하였다.

> "아! 우리나라는 태평세월이 오래되어 사치가 갈수록 심해지고 있다. 옛적에 한漢 나라 문제文帝는 '금과 주옥은 배고플 때 먹을 수 있는 것도 아니고, 추울 때 입을 수 있는 것도 아니다.'고 했다. 이는 바로 적당한 말이다. '면백도 오히려 따뜻한데 어찌 꼭 금수錦繡라야 한단 말인가?'라고 했던 섭이중聶夷中의 상전가시傷田家詩를 잘 생각해 보아야 한다. 1백 가구의 살림살이를 허비하여 한 몸뚱이의 욕심을 받드는 것을 이처럼 해야 하겠는가? 지금 위로는 공경으로부터 아래로는 서민에 이르기까지 국상이 끝난 때에 더욱 마땅히 힘써야 한다. (중략) 아! 술은 맛난 음식이 아니라 진실로 광약狂藥이다. 옛날 대우大禹의 깊은 염려와 우리 열성의 경계가 앞에서 환하고, 또한 숙종대왕의 계주윤음戒酒綸音이 지극하지만 오히려 구습을 고치지 못하므로 내가 일찍이 마음속으로 개탄스럽게 여겼다. 아! 사람의 천성은 진실로 본래부터 착하게 되어 있는 것이다. 그러므로 비록 더러 기질의 차이가 있기는 하지만 또한 변화시켜서 착해지게 하려고 해야 할 것인데, 더구나 맑은 기질을 혼탁하게 만들고 아름다운 기질을 악하게 만드는 것이 술 때문이 아니고 무엇이겠는가? 이제부터는 마땅히 더 자신들을 가다듬어 깊이 경계해야 하지 않겠는가?"[97]

한편 '계숭음'과 관련하여 영조가 언급한 '옛날 대우의 깊은 염려'란 "옛날에 제녀帝女가 의적儀狄으로 하여금 술을 빚어 우禹에게 바치게 하였

---

97) "一 戒奢侈 噫 我國昇平日久 奢侈轉甚 昔漢文帝有言 金珠飢不可食 寒不可衣 此正的當底語 綿帛猶暖 何必錦繡 聶夷中傷田家詩 其若念哉 費百家之産 奉一己之欲 至此哉 當今上自公卿 下至匹庶 從吉之時 尤當勉之哉 一 戒崇飮 噫 酒非佳味 乃實狂藥 昔大禹之深慮 我列聖之垂戒 昭昭于前 我聖考戒酒綸音 至矣盡矣 而猶未悛其舊習 予嘗慨然于中矣 噫 性固本善 故雖或有氣質之不同 亦欲變化而爲善 況以淸爲濁 以美爲惡 非麴蘖而何 自今宜加自勵而深戒哉" (『英祖實錄』 권10, 英祖 2년 10월 13일(辛未)).

는데, 우가 마시고 달게 여겼다. 우가 의적을 멀리하고 지주旨酒를 끊으며 말하기를, 후세에 분명 술 때문에 그 나라를 망치는 자가 있을 것이다 하였다."는 『전국책戰國策』의 고사를[98] 지칭한다. 또한 '열성의 경계'는 술의 폐해를 경계한 세종의 교지를 위시하여[99] 중종의 계주윤음[100] 등을 의미한다. 영조는 자신의 '계숭음'에 대한 정당성의 근거로 술에 대한 대우의 깊은 염려 그리고 세종의 교지, 중종의 계주륜음, 숙종의 계주륜음 등을 들고 이를 근거로 강력한 '계숭음' 정책 즉 금주령을 추진할 것임을 선포했던 셈이다.

영조의 금주 정책은 당시의 사회와 문화에 커다란 영향을 끼쳤다. 술은 음료이자 약인데, 이를 전면 금지함에 따라 야기되는 무수한 사회적 문제에서부터 시작하여 유교 의례의 대부분이 술과 관련된 상황에서 예주를 제외한 일체의 술을 금지함으로써 발생하는 유교 의례상의 문제에 이르기까지 다양한 문제가 제기되었다. 그런 문제는 특히 궁중에서 심각하였다. 궁중에서는 유교 의례를 솔선해야 했으며 아울러 금주령도 솔선해야 했기 때문이었다.

1) 영조의 금주령과 계주윤음(戒酒綸音)

영조 대에 양반이 금주를 요구한 것은 영조 1년(1725) 9월 24일, 전만호前萬戶 이태배가 올린 상소문이 처음인데, 이태배는 상소문에서 10가지의 시무책을 제시하면서 그 중의 하나로 곡물 품귀 현상과 관련한 금주를 요청하였다. 이태배는 근자에 도성 사람들의 숭음으로 도성 곳곳에 술집이 들어서고 무수한 곡물이 술로 낭비되는 현실을 개탄하면서 금주를 엄중하게 시행할 것을 요구하였다.[101] 영조는 이 상소문을 비변사에 내려

---

98) "梁王魏嬰 觴諸侯於范臺酒酣 請魯君擧觴 魯君興避席擇言曰 昔者 帝女令儀狄作酒而美進之禹 禹飮而甘之 遂疏儀狄 絕旨酒曰 後世必有以酒亡其國者"(『戰國策』 魏, 惠王).

99) 『世宗實錄』 권62, 世宗 15년 10월 28일(丁丑).

100) 강문식, 「계주윤음」, 『장서각도서한국본해제』 -詔令, 奏議類, 職官類-, 한국학중앙연구원 장서각, 2007, 48-49쪽.

논의하게 하였다. 하지만 이에 대한 결론이 어떻게 귀결되었는지는 기록으로 확인되지 않는다. 다만 위의 기록으로 영조 즉위 직후부터 금주령 시행에 대한 요구가 국왕이 아닌 신료들로부터 제기되었음을 알 수 있다.

영조가 명시적으로 금주령을 공포한 때는 4년(1728) 7월이었다. 당시에 주금酒禁은 한양과 지방 모두에 공포되었다.[102] 당시 형조에서는 주금에 따라 세부적인 처벌규정을 다음과 같이 마련하였다.

> 1. 주금을 어기고 현장에서 체포된 자, 술을 대량 매매하는 자는 형추 3차에 원지정배
> 1. 그 다음은 형추 2차에 도삼년정배徒三年定配
> 1. 그 다음은 형추 1차에 도이년정배
> 1. 재범자 및 사대부는 본율本律에 비해 1등 추가[103]

하지만 영조는 처벌보다는 훈계가 더 바람직하다고 판단하여 이 같은 처벌규정을 허락하지 않았다.[104] 이로 본다면 영조는 즉위 직후에 비록 숭음의 폐단을 고쳐야겠다는 문제의식이 강렬했지만, 그 방법은 엄격한 처벌보다는 계주戒酒 같은 훈계가 더 유효하다고 판단했다고 할 수 있다.

---

101) "前萬戶李泰陪疏曰 (중략) 至於近年 都民嗜酒之習 趨利之風 日變而月異 五部四十餘坊 坊坊曲曲 皆揷酒帘 十室之洞 五爲酒戶 都城內一日釀酒之數 殆敵飯米 一年所費 不知其幾萬石 又自四五年前 京江諸處富民 貿穀數萬餘石 沿江之民 盡爲賒取 無一斛入城 而一併釀酒 夏則燒熬 一夏燒酒之數 又十倍於淸酒 男擔女戴 行賣於城中 分沽於近畿 賣酒之聲 遍街載路 無遠不及 都民饑氓 雖懸鶉丐乞者 無不得醉 大者 以酒敗家蕩産 小者 以酗詬鬪悖亂 其細害瑣弊 有難盡陳 而靡國之穀 喪民之性 此其弊之最大者也 以此論之 酒禁 不可不嚴重 (하략)"(『承政院日記』 英祖 1년 9월 24일(戊午)).

102) "京外酒禁 一體申飭 似宜矣 上曰 依爲之"(『承政院日記』 英祖 4년 7월 29일(戊寅)).

103) "去七月賓廳次對時 以酒禁事 因諸臣陳達 自上有小民之釀酒興利者 嚴加禁斷 而士夫之釀酒買賣 尤當一切嚴禁 各別論罪之命矣 伊時臣命均 旋卽移職 律名一款 未及稟定 今當嚴立科條 申明知委 一切施行 無少饒貸 然後民知懲畏 庶有其效 而登對未易 不得已敢此陳稟 犯禁現捉人中 多釀買賣者 刑推三次 遠地定配 其次 刑推二次 徒三年定配 其次 刑推一次 徒二年定配 而再犯者及士夫 則比本律加一等 宜當"(『承政院日記』 英祖 4년 10월 22일(丁酉)).

104) "傳曰 此非定律名之事也 當可嚴飭而已 若有多釀者 則臨時定律 其何難乎"(『承政院日記』 英祖 4년 10월 22일(丁酉)).

이런 판단의 배경에는 궁극적으로 술을 없앨 수도 없고, 또 제사나 접빈을 위해서도 술이 필요하다는 영조의 생각이 있었다.[105]

그러나 시간이 지나면서 영조는 훈계보다는 처벌 쪽으로 점점 더 많은 비중을 두게 되었다. 『신보수교집록新補受敎輯錄』에는 영조대의 금주령과 관련된 처벌규정으로서 다음과 같은 수교受敎가 실려 있다.

> 1. 대량으로 술을 빚는 사대부가 및 사사로이 술을 팔다가 탄로 난 자는 형추하고 정배定配한다.〈영조 4(1728) 승전承傳〉[106]
> 1. 제궁가諸宮家 및 세가勢家 낭저廊底에서 술을 낭자하게 파는 자는 원배遠配하고 주인은 입계중감入啓重勘한다. 『대명률大明律』의 제서유위율制書有違律에 의거하여 곤장 100대이다.〈영조 5년(1729) 승전〉[107]
> 1. 1석 이상은 대량으로 술을 빚은 자로 논하고, 5두 이상은 소량으로 술을 빚은 자로 논한다. 대량으로 술을 빚은 자는 형추 2차, 소량으로 술을 빚은 자는 엄형嚴刑 1차이다. 4두 이하는 참작하여 결죄決罪한다.〈영조 8년(1732) 승전〉[108]
> 1. 대량으로 술을 빚는 자는 형추 3차, 중량中量으로 술을 빚는 자는 형추 2차, 소량으로 술을 빚는 자는 형추 1차, 소소량小小量으로 술을 빚는 자는 결태決笞한다. 혹 수십 석의 대량으로 술을 빚는 자가 있으면, 영조 4년(1728)의 수교에 의거하여 엄형하고 변원邊遠에 정배한다.〈영조 8년(1732) 승전〉[109]

영조는 비록 금주령에 관련된 처벌 규정을 점차 강화함과 동시에 세밀화하기는 했지만, 금주령 자체를 장기간 지속시키지는 않았다. 영조는

---

105) "酒非可去之物 上自宗廟 下至閭巷家廟 皆用酒 則豈可一切禁斷乎"(『承政院日記』 英祖 4년 10월 22일(丁酉)).

106) "大釀士夫家及私賣現露者 刑推定配〈雍正戊申承傳〉"(『新補受教輯錄』刑典, 禁制).

107) "諸宮家及勢家廊底 狼藉賣酒者 遠配 主人入啓重監〈依大明律制違 杖一百 ○雍正己酉承傳〉(『新補受教輯錄』刑典, 禁制).

108) "一石以上 以大釀論 五斗以上 以小釀論 大釀刑推三次 小釀刑推一次 四斗以下參酌決罪〈雍正壬子承傳〉(『新補受教輯錄』刑典, 禁制).

109) "大釀刑推三次 中釀刑推二次 小釀刑推一次 小小釀決笞 而或有累十石別爲大釀者依戊申受教 嚴刑邊遠定配〈雍正壬子承傳〉(『新補受教輯錄』刑典, 禁制).

이전의 다른 국왕들이 그랬듯이 금주령을 공포했다가 곧이어 해제하고 다시 곡물 품귀 현상이 나타나거나 신료들의 요청이 있을 때에 또다시 금주령을 공포하곤 했다.[110] 또한 금주령이 발효되는 기간이라고 해도 제사를 지내기 위해 또는 약용으로 필요한 경우 술을 쓰는 일은 예외적인 상황으로 인정하여 허용했다. 이런 추세는 영조 31년(1755)까지 지속되었다.

영조 31년(1755) 가을에 전국적으로 흉년이 들었다. 이에 형조판서 이후가 당시 대리청정을 하고 있던 사도세자에게 금주령을 요청하였다.[111] 이 소식을 들은 영조는 9월 8일에 갑자기, 내년 정월부터 모든 제사에서 예주醴酒를 쓸 것이며 모든 술은 금지한다는 금주령을 공포했다. 아울러 위반자는 엄하게 처벌하겠다는 뜻을 밝혔다.[112] 이는 이전의 금주령과는 매우 다른 금주령이었다. 당시에 영조가 이전과 다른 금주령을 공포한 이유를 『승정원일기』에서는 다음과 같이 전한다.

> "주상이 이르기를, '주금의 일이 누워 있다가 문득 생각났는데, 좋은 생각이 떠올라 경을 불렀다. 경은 일찍이 예주를 마셔 보았는가? 옛사람은 아악雅樂에서 예주醴酒를 쓰고, 속악俗樂에서 시주時酒를 썼다.' 하였다. 호조판서 이철보가 답하기를, '신은 예주의 맛을 모릅니다.' 하였다. 주상이 이르기를, '예주는 냉수는 아니지만 또한 맛이 있다. 현주(玄酒)는 예주의 조상이고, 예주는 시주의 조상이다. 옛날에 예락(醴酪)이 있었는데, 의적이 술을 빚었다. 우가 마셔보고 달다 여기며 말하기를, 후세에 분명 술로 나라를 망치는 자가 있을 것이다 하고 드디어 의적을 멀리했다. 의적 이전에 예주가 이미 있었고, 그 맛이 비록 담백하나 현주보다는 나으니 울창(鬱鬯)으로 쓰지 못하겠는가?' 하였다. 호조판서 이철보가 답하기를, '예주는 오늘날의 감주(甘酒)이니 또한 울창으로 쓸 수 있습니다.' 하였다."[113]

---

110) 예컨대 英祖 9년에 도성에 쌀값이 뛰자 영조는 금주령을 공포했다.(『英祖實錄』 권33, 英祖 9년 1월 10일(壬辰)).
111) 『英祖實錄』 권35, 英祖 31년 9월 8일(己卯).
112) "命自明年正月 禁京外釀酒"(『英祖實錄』 권35, 英祖 31년 9월 8일(己卯)).
113) "上曰 酒禁事 頹然而臥 忽然而思 有所得故 召卿等矣 卿曾飮醴酒否 古人雅樂則

영조가 기왕에 금주령을 엄격하게 적용하지 않은 이유는 기본적으로 종묘 제사 때문이었다. 종묘 제사에서는 술을 쓰면서 일반 백성들에게는 술을 못 쓰게 하는 것은 원칙에 맞지 않다고 생각했기 때문이었다. 그렇다고 금주를 위해 종묘에서조차 술을 쓰지 않을 수는 없었다. 이에 영조는 즉위 후 30년 동안 금주 정책을 철저하게 추진할 수 없었던 것이다. 이에 대한 해결책으로 영조가 생각해 낸 것이 바로 예주였다.

예주는 위에서 언급된 대로 당시의 감주 즉 단술이었다.[114] 당시의 예주는 이름이 술이지 사실상 식혜와 유사한 음료로 색깔도 맑지 않고 냄새와 맛도 좋지 않아 맹물보다 조금 나을 뿐이었다.[115] 영조가 현주는 예주의 조상이고, 예주는 시주의 조상이라 언급한 의미가 그것이었다.[116] 영조는 이 같은 예주를 이용해 시주를 완벽하게 금지하는 정책 즉 금주 정책을 시행하고자 했다.

영조는 예주가 의적의 술 발명 이전부터 있던 술이기에 오히려 고례古禮에 적합하며, 그렇기에 종묘 제사에서도 아무 문제없이 쓸 수 있다고 확신했다. 만약 종묘에서 예주를 이용할 수 있다면 백성들에게 엄격한 금주를 요구해도 문제될 것이 없었다. 이런 확신에서 영조는 기왕의 제사, 연향, 호궤犒饋, 농주農酒 등에서 쓰던 일체의 술을 금지하고 오로지 예주만 쓰게 하였다.[117]

用醴酒 俗樂則用時酒矣 對曰 臣不知醴酒之味矣 上曰 醴酒非冷水而亦有味 玄酒醴酒之祖 醴酒 時酒之祖也古有醴酪 儀狄作酒 禹飮而甘之曰 後世必有亡國者 遂疏儀狄 儀狄之前 醴酒則已有之 而其味雖淡 勝於玄酒矣 抑可以灌鬱鬯否 喆輔對曰 醴酒卽今日之甘酒 亦可以注鬯也"(『承政院日記』 英祖 31년 9월 10일(辛巳)).

114) 영조의 언급으로 보면, 醴酒의 재료는 麥芽, 椒 그리고 蜜이었다."上曰 醴酒以麥芽釀之"(『承政院日記』 英祖 43년 1월 15일(庚辰). (; 上曰 祭用淸酤 豈予所欲 古者只有醴酪 故方用醴酒 釀以椒蜜 淸洌過於旨酒 經筵官之言 予不可聽矣"(『英祖實錄』 권101, 英祖 39년 3월 3일(庚申)).

115) "上曰 醴酒終不淸 且有如何味 何也 喆輔曰 似是麥芽臭也 上曰 醴酒不涕者 何也 景夏曰 涕必濁也"(『承政院日記』 英祖 31년 9월 10일(辛巳)).

116) "尙喆曰 醴酒非酒 如玄酒之有酒字而非酒也"(『承政院日記』 英祖 43년 1월 15일(庚辰)).

117) "敎曰 更以思之 鄕村濁酒 卽京中旨酒也 上告下布後 令宜一也 勿論京外軍門 祭讌犒農酒 并許醴酒 而濁酒麥酒 一體嚴禁"(『英祖實錄』 권85, 英祖 31년 9월 14일(乙酉)).

영조 31년(1755)에 이처럼 엄격한 금주령이 공포된 이후 처벌조항도 더욱 정비되었다. 우선 영조 32년(1756) 1월부터 금주령이 발효됨과 동시에 한양 술집의 주등酒燈을 금지하는 것으로 하였다.[118] 또한 주금 위반자는 엄형 후에 섬으로 유배하는 것으로 하였다.[119] 아울러 술을 마신 자는 잔읍의 노비로 소속시키고, 선비인 경우에는 청금靑衿에서 삭제한 후 3차례 형신하여 도배島配하고, 중서中庶는 수군에 충정充定하게 하였다.[120] 이 처벌규정이 1년 후에는 더욱 엄격해져서 주금을 어긴 조사朝士는 10년 금고 되고, 유생은 10년 정거停擧되며, 서민과 천민은 본토에서 10년간 종이 되게 하였다.[121] 주금의 엄격한 처벌규정은 영조 38년(1762) 9월 4일에 위반자를 사형시키는 것으로 절정에 올랐다.[122]

금주령을 공포한 후, 영조는 처벌규정을 강화하는 한편, 양반 관료와 백성들에게 주금의 취지를 널리 알리려는 훈계 노력도 함께 기울였다. 예컨대 영조는 자신이 강력한 금주령을 시행하기로 결심한 지 만 2년째가 되던 동왕 33년(1757) 10월 25일에 창경궁의 명정전 월대에 나가 5부의 부로들을 모아 계주윤음戒酒綸音을 발표했다.[123] 이어서 11월 1일에는 대소신료들에게 다시 계주윤음戒酒綸音을 발표했다.[124] 이 두 차례의 계주윤음은 영조가 강력한 금주를 결심한 지 만 2년이 되는 시점을 기념하여 그동안 금주령 위반으로 체포된 7백여 사람들을 석방하면서, 주금의 취

118) "上日 酒禁旣令歲初爲之 酒禁之後 分付京兆 禁其酒燈"(『承政院日記』 英祖 31년 9월 11일(壬午)).

119) "上日 頃者嚴飭之下 今聞秋官所奏 又有犯酒禁者云 其涉寒心 大抵此類必也挾勢爲之 其所犯人 依下敎 自今日嚴刑準次後 竝黑山島定配 名爲兩班廊底 有此事而不能摘伏 無異自犯 其家長竝湖沿定配 江上曾前多釀處 卽爲遣郎摘奸 此等略釀犯法者 除吏秋官 廉問犯者 依此律刑配 士夫廊底 或有是事 其家長亦依此律擧行"(『承政院日記』 英祖 32년 1월 23일(辛卯)).

120) 『英祖實錄』 권88, 英祖 32년 10월 20일(甲申).

121) 『英祖實錄』 권90, 英祖 33년 10월 24일(癸未).

122) 『英祖實錄』 권100, 英祖 38년 9월 4일(癸亥).

123) "二十五日辰時 上於明政殿月臺 五部父老 宣諭綸音"(『承政院日記』 英祖 33년 10월 25일(甲申)).

124) "十一月初一日 罷漏後 上具視事服 自齋殿 乘輿御明政殿月臺 親臨宣諭"(『承政院日記』 英祖 33년 11월 1일(己丑)).

지를 널리 알리는 내용이었다. 영조는 홍계희를 도성 내는 물론 한강, 용산강, 서강 등으로 보내 계주윤음을 널리 알리게 하였다.[125)]

또한 영조는 주금의 취지를 백성들이 쉽게 이해할 수 있도록 계주윤음을 언해하고, 나아가 예문관으로 하여금 목판으로 인쇄하여 5곳의 사고, 승정원, 홍문관, 예문관, 춘방, 의정부, 육조, 한성부, 사헌부, 사간원, 8도, 3유수부留守府에 배포하게 하였다.[126)] 이어서 영조 34년(1758)년 9월 16일에는 영조가 직접 창경궁의 홍화문에 나가 한양의 백성들에게 금주윤음을 선포하였고,[127)] 영조 38년(1762) 9월에 14일에도 어제경민음御製警民音을 공표했다.[128)] 어제경민음은 지난 9월 4일에 금주령 위반자를 사형시키기로 결정한 후에 발표된 것으로 백성들에게 경각심을 주기 위해 공포되었다. 이렇게 영조 32년(1756) 정월부터 강력하게 시행된 영조의 금주령은 43년(1767) 정월에 해제되기까지 10여 년 동안 장기간 지속되었다.

이상의 내용을 정리하면 다음과 같다. 조선시대 윤음은 다양한 이유에서 작성되었는데, 대부분의 경우는 불특정 다수의 민을 훈유하기 위해 작성되었다. 윤음이 작성되면, 왕은 이 윤음의 선포에 관련하여 명령을 발표하는데, 이 명령은 원칙적으로 승정원에 내려졌다. 승정원에서 윤음의 선포에 관한 왕의 명령을 받는 방법에는 크게 직접 전달받는 방법과 간접적으로 전달받는 방법 두 가지가 있었다.

윤음의 전달 과정이란 측면에서 볼 때, 윤음의 선포와 관련된 왕의 명령 즉 탑전하교, 구전하교, 전교, 전지, 비망기 등은 최초의 전달 과정이자 가장 중요한 전달 과정이었다. 이와 같은 왕명 중에서도 윤음의 선포와 관련된 왕의 명령은 주로 탑전하교 또는 전교였다.

---

125) 『英祖實錄』 권90, 英祖 33년 11월 21일(己酉).

126) 박부자, 「어제계쥬윤음」, 『장서각도서한국본해제』 -詔令, 奏議類, 職官類-, 한국학중앙연구원 장서각, 2007, 195-196쪽.

127) "上御弘化門 招見五部耆老民人 下親製禁酒綸音宣示"(『英祖實錄』 권92, 英祖 34년 9월 16일(己亥)).

128) 박부자, 「어제경민음」, 『장서각도서한국본해제』-詔令, 奏議類, 職官類-, 한국학중앙연구원 장서각, 2007, 193-194쪽.

윤음의 선포에 대한 왕의 명령은 우선 이 윤음을 관찰사에게 전달할 주체가 승정원인지 아니면 비변사인지를 지시하는 내용이었다. 아울러 윤음의 인쇄 여부 그리고 한문 해서체와 한글 번역본의 작성 여부 그리고 최종 선포 대상에 대하여도 지시하였다. 이 같은 명령을 바탕으로 승정원에서는 유지를 작성해 윤음과 함께 관찰사, 유수 등에게 전달하였다. 이 유지와 윤음을 가지고 관찰사, 유수 등은 왕의 명령에 따른 전달 임무를 관문을 통해 수행하였다.

관찰사의 관문과 윤음을 전달받은 지방관은 관문의 내용에 따라 또다시 자기 관하의 면이나 리 또는 동에 필요한 수량만큼의 한문본 윤음과 한글본 윤음을 작성하였다. 조선 후기에는 면에 면임이 있었고, 리에 리임이 있었으며, 동에는 동임이 있었으므로, 지방관은 자기 관하의 면임과 리임 및 동임에게 한문본 윤음과 한글본 윤음을 필사하여 전달하였다. 이때 지방관은 면임과 리임, 동임에게 지위하여 윤음을 반포하게 하였는데, 보통 전령의 형식으로 지위하였다. 지방관의 관하에 있는 면임, 리임, 동임 역시 적지 않은 수이므로 지방관이 작성해야 할 한문본 윤음, 한글본 윤음 그리고 전령 역시 필요한 수만큼 작성했다.

이런 사실을 통해 조선 후기 윤음의 전달 과정에서 중요한 역할은 여전히 관료조직 및 양반층이 담당하였음을 알 수 있다. 예컨대 정조 7년의 경우, 정조는 관찰사, 수령, 전직 문신, 전직 무신 등에게는 인쇄본 윤음을 주게 하였는데, 당시 이들 양반들이 여론을 주도하였기에 이들로 하여금 윤음 반포 사실을 널리 알리도록 하자는 목적에서였다.

하지만 윤음은 양반만 대상으로 하는 것이 아니라 농민과 노비 같은 신분층도 해당되므로 이들에게도 윤음의 내용을 널리 알릴 필요가 있었고, 그런 필요에서 한글본 윤음을 작성하여 촌리에 게시하였고, 나아가 면임, 리임, 동임이 직접 촌리의 주민들에게 알리기까지 하였다. 이런 과정과 절차를 거쳐 조선 후기 윤음은 해당 도의 양반과 양인, 노비들에게까지 정확하게 전달되었다.

이와 같은 공식적인 소통 단계와 절차를 통해 조선시대 국왕은 민과

정기적 또는 비정기적으로 소통하였다. 정기적인 소통으로 대표적인 것은 새해 첫날의 권농윤음과 즉위 때의 교서였다. 반면 비정기적인 소통으로 대표적인 것은 국난을 겪을 때 왕실의 솔선수범과 한글 유서 또는 지나친 음주를 경계하기 위한 금주령이나 계주윤음 등을 들 수 있다. 이런 노력들을 통하여 조선시대 국왕은 민들과 부단히 소통하며 국가를 운영했으며, 그 결과로 조선 왕조 5백년이 가능했다고 할 수 있다.

2부

찾아가는 소통 방식

I

국왕의 대민 접촉과 소통

1. 궐문 전좌(殿座)

조선 왕조에서 장기간에 걸쳐 백성을 상대로 대규모 의사소통 작업을 진행한 것은 일반적으로 조세 수취 제도에 커다란 변화를 도모할 때였다.[1] 세종은 공법貢法을 추진하는 과정에서 조선 왕조사상 최초로 여론 조사를 실시한 적이 있다. 그 뒤 대동법을 실시할 때에도 인조 말년부터 효종 연간에 걸쳐 유생과 산림들의 의견을 들었다.

그런데 국왕이 민의 의견을 직접 듣기 위해 문밖으로 나간 것은 18세기 무렵이었다. 그 이전에도 국왕이 농사 형편을 살피기 위해 직접 대궐 밖을 나간 적은 있었다. 하지만 국왕이 민들을 만나기 위해 대궐문을 나선 것은 숙종이 시도했으며, 영조와 정조가 적극적으로 시행하였다.

영조와 정조는 구휼을 위해 직접 홍화문 문루에 나가고, 조세 개혁을 위해 홍화문에서 백성을 만나보았다. 또 금주령을 내리기 위해 노인들을 불러 모아서 그 타당성을 역설하였다. 정조 이후로 이런 양상은 더 이상 나오지 않지만 국왕이 직접 나서서 대민 접촉을 하고 소통해야했던 배경과 그 의미에 대해서는 눈여겨볼 필요가 있다.

---

1) 오종록, 「조선시대 정치·사회의 성격과 의사소통」, 『역사비평』 2009년 겨울호(통권 89호), 21쪽.

1) 전좌의 사례

1528년(중종 23) 한 노인이 수박을 이고서 임금이 전좌殿座한 자리에서 바라보이는 곳에 서 있었다. 이를 궁금하게 여긴 중종은 승정원에게 하교하여 왜 수박을 가져왔는지 물어보게 하였다.

아기동이라는 이름을 가진 이 여성은 지난 1526년에도 가지를 갖다 바친 적이 있는 양인 여성이었다. 당시 중종은 지극한 정성을 높이 사서 그 가지를 받아주었다. 그 여성이 이번에는 또 수박을 가져온 것이었다. 중종은 이번에는 받지 않았다. 이를 본받아서 백성이 물건을 갖고 와서 바칠까 염려했기 때문이다.[2] 이 일화는 『중종실록』에 실려 있는데 중종이 전좌한 곳이 어디인지 정확하지 않으나, 당시 중종이 전좌한 곳에 백성이 모여든 사실을 짐작할 수 있다.

전좌는 국왕이 조회朝會, 과거시험, 친국親鞫, 책봉, 하례賀禮 등 일반 정사를 비롯해 각종 특별한 행사를 거행할 때에 옥좌玉座에 나와 앉는 것을 말한다. 거둥했을 때에도 전좌를 하였다. 주강晝講을 할 때에도 임금이 자리에 나와 앉는 것을 전좌라 하였다. 미암 류희춘柳希春(1513~1577)이 1567년(선조 1)에 지은 〈연이어 주강에 참여하다〉라는 시의 일부를 소개해본다.

> 중인이 임금의 전좌를 전하니 / 中人傳殿坐
> 한낮 알리는 북소리 곧 울리네 / 午鼓正鼕鼕
> 임금님 곁에선 신중히 하고 / 踞蹐靑銅畔
> 서책을 볼 때는 정중했다네 / 從容黃卷中

이런 측면에서 전좌는 옥좌에 나와 앉는 행위라는 의미를 넘어서, 국왕이 온갖 행사나 사안을 두고서 관료나 백성과 만나는 자리를 총칭한다고도 볼 수 있다.

---

2) 『中宗實錄』 권63, 中宗 23년 9월 19일(戊子).

이 가운데 국왕이 바깥 외부에서 전좌하면 시위하는 신하들은 융복을 입어야 했으며, 호위도 위내衛內와 위외衛外로 나누어 삼엄하게 진행하였다. 조선 후기에는 국왕이 전좌할 때에 의식도 있었다. 먼저 승지와 사관이 미리 합문閤門 밖에 대기하고 있다가 시각이 되면 뜰에 들어가서 사배례를 행한 뒤에 서쪽 계단을 통해 전殿으로 올라갔다. 이때 각신도 승지와 함께 품계의 선후에 따라 좌우로 나뉘어 전으로 올라가게 하였다.[3)]

이처럼 임금이 외부에 전좌할 때에는 옆에서 모시는 신하와 호위 부대가 함께 하는 큰 행사였으며, 이전의 사례를 참고하여 그때그때 절목이나 의주 등을 만들어 의례를 규정하였다.

2) 영조가 직접 제정한 〈임문휼민의〉

(1) 〈임문휼민의〉의 내용

전좌는 조선 왕조에서 다양한 형태로 시행되었다. 그런데 백성을 만나기 위해 전좌를 시도한 첫 임금이 영조였다. 한마디로 국왕이 찾아가는 소통 방식이라 할 수 있다.

조선의 국왕들이 민정을 위해 대궐문을 나선 사례는 이미 세종 대에 보인다. 주로 농사 형편을 살피기 위한 행차였다. 1430년(세종 12)에 세종은 영서역迎曙驛의 들에 나아가 농사 상황을 살펴보았다.[4)] 영서역은 경기 양주에 설치한 역이다.

1475년(성종 6)에 성종은 서교西郊에 나가 농사를 살펴보고 농민들에게 술을 대접하였다.[5)] 1479년과 1481년에도 동교東郊 및 서교에 나아가 농사 형편을 살펴보고 농민들에게 술을 대접하였다.[6)] 1488년에도 성종이 서교에 거둥하여 농사 형편을 살피고 농민들에게 술과 안주를 내려

---

3) 『六典條例』 吏典 承政院 登筵.
4) 『世宗實錄』 권50, 世宗 12년 10월 3일(庚午).
5) 『成宗實錄』 권57, 成宗 6년 7월 8일(乙卯).
6) 『成宗實錄』 권106, 成宗 10년 7월 22일(丙子); 『成宗實錄』 권132, 成宗 12년 8월 24일(丙寅).

주니 마을과 들에서 바라보던 사람들이 기뻐하지 않는 자가 없었다고 한다.[7] 서교는 서울의 서대문 밖 근교를 말하며, 동교는 서울의 광진구 자양동 및 성동구 성수동에 있던 마을로 살곶이벌이라 부르던 뚝섬 일대를 말한다.

이처럼 세종이나 성종은 들에 나가 농사 형편을 살펴보고 농민들에게 술과 안주를 내려주었다. 이 과정에서 농민들의 의견을 청취했는지 여부는 알 수 없으나, 의견 청취를 함께 기록하지 않은 것으로 보아 일방적인 방문이었을 가능성이 높다.

이와 달리 백성을 직접 만나본 사례가 숙종 연간에 나타난다. 1714년(숙종 40)에 숙종은 제주의 공인貢人을 불러서 진휼과 농사 형편을 물었다. 당시 그 공인이 상세한 답변을 하지는 못했으나 이 광경은 이전에는 찾아볼 수 없는 일이었다. 그래서 판부사 이이명李頤命(1658~1722)이 "그가 만약 섬에 돌아가 그 사실을 말한다면 섬 전체 백성이 비록 굶주려 죽는다 하더라고 어찌 감격하지 않겠습니까?"[8]라고 말할 정도로 임금이 백성과 직접 소통을 보여준 파격적인 처사였다.

여기에서 더 나아가 영조는 재위 중반을 넘어서부터 직접 백성과 접촉하기 시작하였다. 무엇보다도 놀라운 사실은 1749년(영조 25) 8월에 영조가 직접 〈임문휼민의臨門恤民儀〉를 마련하여 궐문 전좌를 통해 백성을 만나는 일을 의례로 만든 점이다.[9] 이 의례는 '궐문에 나아가 백성을 구휼하는 의례'로서, 이 의례에 나오는 궐문은 창경궁의 정문인 홍화문이었다. 양역변통에 대해 백성과 본격적으로 논의하기 9개월 전이었다.

영조가 이 의례를 제정한 데에는 직접적인 이유가 있었다. 바로 명明의 학자 초횡焦竑(1541~1620)이 만든 『양정도해養正圖解』 때문이었다.[10] 이 책은 역대 중국 왕조에서 모범이 될 만한 임금의 언행들을 모아 놓은

7) 『成宗實錄』 권219, 成宗 19년 8월 10일(辛丑).
8) 『肅宗實錄』 권55, 肅宗 40년 3월 13일(甲寅).
9) 『英祖實錄』 권70, 英祖 25년 8월 6일(壬午).
10) 김자현_JaHyun Kim Haboush 지음, 김백철·김기연 옮김, 『왕이라는 유산』, 너머북스, 2017, 154쪽.

교훈서다. 조선 왕조에서는 1704년(숙종 30)에 처음 간행했으며, 영조 역시 〈임문휼민의〉를 만든 직후에 이 책을 다시 간행하였다.[11] 이 책의 첫머리에 문왕文王이 사민四民을 구휼한 논설이 들어 있는데, 숙종이 여기에 찬贊을 해놓았던 것이다. 영조는 부왕 숙종의 뜻을 받드는 의미에서 사민을 구휼하는 조치를 한 것이었다. '찬'이란 인물이나 책·그림 등을 찬미하는 한문 문체를 말한다.

영조는 "내가 즉위한 지 여러 해가 되었는데도 덕德이 백성에게 미친 것이 없는지라, 문왕의 정사에 의거하여 사민을 궐문 아래로 불러오게 하고 세자와 더불어 궐문에 나아가서 위로해 주려고 한다."라고 하면서 직접 의주를 지어서 예조에 내려주었다. 의주란 의식 절차를 말한다. 영조는 1749년에 세자의 대리청정을 시작하면서 이를 기념하여 각종 국가 의례에 왕세자를 참여시켰다.[12] 영조가 지은 의주는 아래와 같다.[13]

- 세자가 먼저 홍화문 안 막차幕次로 나아가고, 내가 이어서 소여小輿로 홍화문 안에 나아가서 동쪽 사닥다리로 올라 누각으로 나아간다.
- 승지와 사관은 서쪽 사닥다리로 올라 누각으로 나아가고 영의정과 좌의정도 같은 방식으로 입시한다.
- 시위는 병조와 도총부에 입직한 인원으로만 하되, 당상과 낭청은 누각으로 오르고 나머지는 모두 문 안에서 멈추며 삼문三門을 활짝 연다.
- 세자가 공경히 맞이한 뒤에 서쪽 사닥다리로 누에 올라와 모시고 앉으며, 관원 두 사람이 모시고 올라온다.
- 한성부의 당상과 낭청은 부관部官을 인솔하고 문 밖에서 차례로 선다.
- 전좌를 한 뒤에 앞뒤에서 사배를 행하고 사민은 절하지 않는다.
- 절을 마치면 한성부의 당상과 낭청은 좌우로 나누어 서고 오부五部의 관원은 부部의 차례대로 사민을 이끌고 진휼을 받는데, 선혜청의 낭관이 상을 나눠주는 예에 의하여 쌀을 나누어 준다.
- 나누어 주는 일이 끝나면 통례가 의례를 마쳤다고 청하고 궐내로 되돌아

11) 『英祖實錄』 권70, 英祖 25년 8월 14일(庚寅).
12) 김백철, 『두 얼굴의 영조 : 18세기 탕평군주상의 재검토』, 태학사, 2014, 203쪽.
13) 『英祖實錄』 권70, 英祖 25년 8월 6일(壬午).

온다.

- 이에 세자가 먼저 누에서 내려와 공손히 맞이하고 뒤를 따라 궐내로 돌아온다.
- 사민 가운데 매우 늙은 사람은 지팡이를 허락하고 친경親耕과 친예親刈의 예禮에 의하여 모두 상복常服을 입으며, 시위는 융복으로 한다.
- 승지와 사관, 대신 · 궁료宮僚와 한성부의 당상과 낭청 이하는 모두 시복時服으로 하며, 고취 · 의장 · 협연은 제외한다. 단지 입직군만 궐문을 파수하고 궐문 밖에 문을 만들지 않는다.
- 집춘영, 광지영, 신영新營에 훈련도감·어영청의 보군 각 1초씩 문밖에 나누어 서고 산선繖扇은 누각 아래에 정지하게 한다. 사민 가운데 사부士夫의 과녀寡女 및 그밖에 직접 나오지 못할 사람은 모두 대신 받게 한다.

이 의식의 핵심은 백성을 궐문 아래로 모이게 하고, 영조가 세자와 함께 전좌하여 위로해 주는 것이었다. 영조의 관심이 미친 대상은 가난한 백성만이 아니었다. 관리를 지내다가 파직되어 생활고에 시달리는 양반도 구휼 대상이었다. 영조는 이들에게 직접 나와서 받게 하는 것은 관리를 대우하는 도리가 아니라고 판단하여 하인을 시켜서 대신 받게 하였다. 이 행사는 특별할 것이 없어 보이지만, 국왕이 백성을 위로하기 위해 전좌하여 민을 직접 만나는 조치는 조선 왕조가 세워진 이래로 전무후무한 일이었다.

그렇다면 왜 영조는 1749년(영조 25)에 〈임문휼민의〉까지 만들면서 백성을 직접 만나보려고 시도한 것일까? 이와 관련하여 영조의 정치 행보를 눈여겨 볼 필요가 있다. 영조는 숙종 말에 살얼음판 같은 분위기에서 어렵게 즉위한 국왕이었다. 1737년(영조 13) 영조는 단식을 단행하였다. 본인의 인사 정책에 대해 신하들이 반대하자 며칠간 식음을 전폐한 채 단식으로 맞섰다.

영조는 "그 신하에게 모욕을 받고 그 신하에게 조롱을 당했으니, 오늘날 임금 노릇하기가 어찌 어렵지 않겠는가? 죽어서 선왕을 뵈어도 할 말이 없으며, 백성을 무슨 낯으로 대하겠는가?"[14]라고 하면서 본인의 주장을 굽히지 않았다. 결국 신료들의 대죄로 마무리된 이 소동은 영조의 권한과 리더십의 수준이 아직 미약한 상태임을 보여준다.

하지만 절치부심하던 영조에게 반격의 기회가 찾아왔다. 1741년(영조 17)에 정치적으로 자신의 발목을 잡던 신임옥사가 조작에 의한 무옥임을 밝히고, 연루자들에 대한 복권을 단행하였다. 17년이라는 세월을 견뎌온 영조는 이를 계기로 정통성을 세우고 당당한 국왕으로 설 수 있었다.

영조는 1743년에 신하들의 반대에도 무릅쓰고 대사례大射禮를 거행하였다. 대사례는 임금이 종친, 문무백관과 함께 활쏘기를 거행하는 의례다. 1477년(성종 8)에 성종이 성균관에 행차하여 공자에 제향한 뒤에 처음으로 대사례를 거행하였다. 연산군은 1502년(연산 8)과 1505년에 두 차례 거행했으며, 중종도 1534년(중종 29)에 대사례를 거행하였다.[15)]

이처럼 조선전기에 간간히 시행되던 대사례는 1534년을 마지막으로 더 이상 실시한 기록이 보이지 않다가 영조가 다시 부활한 것이다. 대사례를 거행하고 난 영조는 자신의 심경을 '삼감三感'으로 표현했다. 2백년 만에 조종의 구례舊禮를 회복했다는 점, 자신이 맞힌 화살수가 성조聖朝의 고사故事에 맞았다는 점, 자신의 나이가 50세가 되었을 때에 이 행사가 열리게 되었다는 것이다.[16)]

대사례를 시행한 이후 영조는 더욱 자신감을 갖고 중요 정책들을 과감히 펼쳐나갔다. 먼저 국가 의례를 대폭 정비하여 『국조속오례의國朝續五禮儀』(1744)와 『국조속오례의보國朝續五禮儀補』(1751)를 펴냈으며, 국가 통치의 근간이라 할 수 있는 법전인 『속대전續大典』(1746)을 편찬하였다. 1744년 8월에는 수도 방위 체제를 구축하기 위해 도성 수축을 지시하여 1745년 12월에 완료하였다. 그리고 1746년에는 「수성절목守城節目」을 마련하여 도성 방어 전략을 수립하였다.

---

14) 『英祖實錄』 권45, 英祖 13년 8월 11일(丁卯).
15) 강신엽, 「조선시대 대사례의 시행과 그 운영-『대사례의궤 (大謝禮義軌)』를 중심으로-」, 『조선시대사학보』 16, 2001, 5쪽.
16) 『승정원일기』 957책, 英祖 19년 윤4월 7일(庚申).

또 기왕의 연구에 따르면, 조선 후기에 국왕의 궁궐 밖 거둥은 전기에 비해 점차 늘어나는데 비약적인 증가세를 보인 국왕이 영조였다. 효종은 연평균 약 11회, 현종은 연평균 5.6회, 숙종은 연평균 6.6회였다. 이에 비해 영조는 연평균 17.5회였다가 재위 후반기인 1750년부터 더 늘어나 1750년부터 1759년까지 17.6회, 1760년부터 승하하기까지 연평균 25.6회였다.[17]

영조의 바깥 거둥이 1750년 이후로 대폭 늘어났다는 사실을 알려준 이 통계는 영조의 자신감을 보여주는 수치로서 의미가 남다르다. 따라서 1749년에 영조가 〈임문휼민의〉를 제정한 배경 역시 국왕으로서의 자신감 있는 행보에서 나왔다고 할 수 있다.

(2) 창덕궁의 홍화문에서 백성 의견을 청취하다

1749년(영조 25) 8월 15일에 영조는 〈임문휼민의〉를 만든 지 9일 만에 실제로 세자와 함께 창경궁의 정문인 홍화문 누각에서 전좌하여 이 의주대로 진휼을 거행하였다. 당시 노인들은 부축해서 오가게 했으며 쌀을 받을 자루가 없는 사람에게는 빈가마니를 나눠주었다. 걸식하는 사람에게도 쌀을 나눠주었다.

> "나의 부덕으로 열조列祖의 부탁을 받고 왕위에 오른 지 24주년이 되었는데, 한 가지 정사도 백성에게 혜택을 주지 못하여 부탁을 저버리고 백성을 등졌으니, 먹는 것이 어찌 달며 잠을 잔들 어찌 편하겠느냐? 이에 옛날의 명에 따르고 문왕이 어짊을 베푼 것을 몸소 본받아 행하고자 문루에 나아가 진휼을 시행하고, 세자에게 옆에서 돕게 하였다." [18]

영조는 이 행사의 의미를 위와 같이 설명하면서 개경 유수, 강화 유수와 팔도 관찰사에게 각각 사민에게 진휼을 시행한 뒤에 보고하게 하고,

---

17) 김지영, 『조선후기 국왕 행차에 대한 연구』, 서울대 박사학위논문, 2005, 109쪽; 김지영, 「조선후기 국왕 행차와 거둥길」, 『서울학연구』 30, 2008, 36~37쪽.
18) 『英祖實錄』 권70, 英祖 25년 8월 15일(辛卯).

수령들에게 신칙하여 백성 보호를 최우선 과제로 삼도록 하라고 하교하였다. 표면적으로는 백성의 진휼을 이야기했지만 내용을 조금만 바꾸면 백성의 어려움을 어떻게 해결할 것인가라는 토론회로 이어질 수도 있었다.[19)]

영조는 백성에게 그 토론회를 오래 기다리게 하지 않았다. 1750년(영조 26) 5월에 영조는 홍화문에 나아가 사서인을 불러서 양역의 폐단에 대해 직접 물었다. 영조는 재위 기간 동안 약 2백여 차례 순문詢問을 시행하였다.[20)] 순문이란 임금이 신하나 백성에게 어떤 사안에 대해 물어보는 일로, 순문의 대상을 조정의 주요 관리에서 일반 도성민으로 확대한 것이었다. 도성 백성에게 직접 호포戶布와 결포結布에 대해 묻는 이 조치는 후일에 균역법을 만드는 여론 조사가 되었다.[21)]

영조는 "너희들의 고질적인 폐단은 양역이 제일 심하기 때문에 궐문에 나와 묻게 된 것이다. 유포遊布와 구포口布는 당초 논의하고 싶지도 않으니, 호포와 결포로써 너희들의 소원 여부를 듣고자 한다."[22)]라고 하면서 각자 소견을 말하게 하였다. 사신史臣은 이에 대해 "궐문에 나와 백성을 부른 것은 그 편부를 물어서 아랫사람의 사정을 위로 전달하게 하려는 것이었다."라고 평가하였다.

영조는 다시 7월에 홍화문에 전좌하여 양역의 폐단을 들었다.[23)] 성균관 유생 80여 명과 서울 주민을 대상으로 실시한 양역 폐단에 대한 두 번째 순문이었다. 영조는 "아! '백성은 나라의 근본이니 근본이 튼튼해야 나라가 태평하다.'라고 성훈聖訓에 실려 있다. 오늘날에 나라의 근본이 튼튼하다고 할 것인가, 못할 것인가? 백성들이 편하다고 할 것인가, 못할 것인가? 아! 양민은 지금 도탄에 빠져 있다."라고 하면서 다시 양역의

---

19) 김자현_JaHyun Kim Haboush 지음, 김백철·김기연 옮김, 앞의 책, 156쪽.
20) 김백철, 앞의 책(2014), 197쪽.
21) 김백철, 『조선후기 영조의 탕평정치-『속대전』의 편찬과 백성의 재인식』, 태학사, 2010, 213~214쪽.
22) 『英祖實錄』 권71, 英祖 26년 5월 19일(庚申), 7월 3일(己卯).
23) 『英祖實錄』 권71, 英祖 26년 7월 3일(己卯).

폐단을 물었다.

영조는 이듬해인 1751년 6월에 창경궁의 명전문에 나아가 지방 유생, 향리, 향군鄕軍을 불러서 결전結錢의 찬반 여부를 물었다. 지방 유생은 반대했으며 향군은 편리하다고 찬성하였다. 결국 이듬해에 〈균역사목〉이 확정되었고, 1753년에 균역법이 완성되었다.[24]

1757년(영조 33) 정월에 영조는 홍화문에 나아가 강원도의 회양淮陽과 금성金城 출신의 유민流民들을 소견하였다. 영조는 "너희들에게 신역을 모두 면제하고 또 북관北關의 곡식 3천 석을 너희 고을에 수송하려 하는데, 너희들이 돌아가고 싶은가?"하고 물었다. 모두 돌아가기를 원한다고 하자 양식을 넉넉히 지급하도록 하고, 강원도 안집사安集使 구윤명을 시켜 데리고 가게 하였다.[25]

그러면서 영조는 "오늘 홍화문에 나아가 나의 백성이 굶주려 누르스름한 얼굴빛과 갈가리 헤진 옷을 입은 몰골을 보았는데, 이로 미루어 먼 지방에서 가난하여 의지할 데 없어 구렁에 뒹구는 모양을 직접 보는 듯하였다."라고 하면서 구휼에 힘쓰게 하였다.

1758년(영조 34) 9월에 영조는 경희궁의 흥화문에 나아가 오부의 노인들을 소견한 뒤 직접 지은 금주禁酒의 윤음을 내리기도 하였다. 영조는 "나라의 흥망이 오로지 금주의 시행 여부에 달려 있을 뿐이므로, 그대들이 나라의 법을 지키지 아니하면 아니 되는데, 이것은 진실로 나라의 흥망이 달린 문제이다."라고 하면서 노인들이 솔선수범해줄 것을 당부하였다.[26]

영조가 자주 접촉한 백성은 시전 상인과 공인들이었다. 조선시대에 시전市廛은 오늘날 상점이라 할 수 있다. 지방의 장시와 달리 상설 가게라는 점에서 경제에 미치는 파급력이 컸으며 정치권에도 큰 영향을 미쳤다. 서울에서는 수진방과 남대문 거리가 시전이 몰려 있어 사람들로 넘쳐나

---

24) 김백철, 앞의 책(2010), 222~223쪽.
25) 『英祖實錄』 권89, 英祖 33년 1월 28일(庚申).
26) 『英祖實錄』 권92, 英祖 34년 9월 16일(己亥).

는 번화한 곳이었다.

이 시전을 처음 조성한 국왕은 태종이었다. 태종은 상인들에게 행랑 건물을 분양한 다음에 점포세에 해당하는 세금을 거둬들였다. 국가 수입을 늘리기 위한 조치였다. 시전 건물을 완성한 1415년에는 시전 건물 1칸 당 봄·가을로 저화楮貨 1장씩 받았다. 이후 『경국대전』(1485년 반포)에는 건물 1칸 당 봄·가을로 저화 20장씩 받았다. 70여년 만에 점포세가 무려 20배나 올랐다. 그 사이 물가가 오르고 상업도 활발해진 결과였다.

시전 상인은 평시서의 시안市案에 등록하여 특정 상품에 대한 유통 권리를 확보하는 대신에 국역을 부담하였다. 육의전이 대표적이며, 국역을 부담하지 않는 무분각전無分各廛도 있었다. 상인들은 도중都中이란 독자적 조합을 구성해 정부에 대한 국역 부담을 총괄하였다. 공인은 대동법 실시 이후에 정부에서 필요한 물자를 조달하는 공납 청부업자로서 시전 상인들과 밀접한 연관을 맺고 있었다. 이들은 정부에 납부하는 물품에 따라 다양한 성격을 띠고 있었다.[27]

영조는 도성 안이나 근교를 거둥하는 길에 시전 상인과 공인들을 자주 불러서 만나보았다. 영조의 모든 거둥길은 백성의 의견을 듣는 소통의 장이었다.[28] 1752년(영조 28) 영조는 선화문에서 공인과 시전 상인인 시민을 불러 어려운 사정과 폐단을 물어보았다. 당시 공인과 시민들은 각각 그들이 종사하는 업종을 들어 폐단에 대해 조목조목 답변하였다.

1762년에 영조는 경희궁의 숭현문에서 백성을 몇 차례 만났다. 숭현문은 경희궁의 동남쪽에 있는 경현당의 정문이다.[29] 5월에는 양주 수령과 고양 수령에게 명하여 백성을 데리고 입시하게 하여 농사에 대해 물었다. 윤5월에는 삼남의 백성을 불러 가뭄에 대해 물었다. 그리고 그들에게 “너희들은 돌아가 너희 고을 수령을 보거든, 내가 백성을 위해 임문臨門하는 뜻을 전하고, 모름지기 정성으로 비를 빌게 하라.”고 하였다. 6월에는

---

27) 고동환, 『조선시대 서울도시사』, 태학사, 2007, 167~168쪽, 174~175쪽.
28) 김지영, 앞의 논문, 10쪽.
29) 숭현문은 경복궁의 사정전 서쪽 행각의 남쪽에 있는 문의 이름이기도 하다.

시민들을 소견하였다.[30]

1769년(영조 45) 영조는 경희궁의 연화문 밖에서 영릉寧陵의 기신제忌辰祭에 쓸 향香을 지영하였다. 이어서 전설사에 나아가 향민鄕民을 불러 농사 형편을 물어 보고, 시전 상인도 불러서 어려움을 들어본 뒤 다음과 같이 하교하였다.

영조는 "시전 상인을 불러서 물어 보았더니, 외상外上을 진 것이 낙창군洛昌君이 1천 2백 냥이고, 청성위靑城尉가 1천 1백 냥이며, 홍자洪梓가 2천 5백 냥이고, 송낙휴宋樂休가 1천 5백 냥이라고 하는데, 일의 한심스러움이 이보다 심할 수가 없다. 나의 백성이 어떻게 감당하겠는가? 이익광·홍자·송낙휴는 모두 잡아다 처리하고, 공시당상貢市堂上은 파직하여 서용하지 말며, 낭청은 관직에서 쫓아낸 뒤에 의금부에 잡아다 추문하도록 하라."[31]고 명하였다.

이듬해인 1770년에도 영조는 경희궁의 숭정전 월대에 나아가 공인과 시전 상인을 불러서 고충을 물었다. 영조는 의정부에서 빚을 놓는다는 말을 듣고는 하교하기를, "당당한 천승지국千乘之國에서 정부가 관속의 늠료를 주기 위하여 백성과 이익을 다툴 수야 있겠는가?"하고 관련 문권들을 불사르라고 명하였다.[32]

영조는 집권 중반기 이후 중요 정책을 시행하고 결정할 때에 민의 의견을 청취하는 방식을 취하였다. 영조는 궁궐 밖을 나가 전좌한 뒤에 도성민들을 불러 모아 순문하는 방식으로 백성의 의견을 의사 결정에 반영시켰다. 그리고 조정의 주요 관리들에게 직접 민의 의견을 들려줌으로써 본인의 의사를 관철시켜 나갔다. 균역법 시행을 위해서 도성민들의 다양한 의견을 듣고 반영한 것이 대표적이다. 정책 결정에서 민의 의견을 반영함으로써 일방적인 정책이 아니라 소통하는 의사 결정이었다.

또 영조는 전좌를 통해 국역을 부담하는 시전 상인들과 물품을 공급하

---

30) 『英祖實錄』 권99, 英祖 38년 5월 26일(己未), 윤5월 11일(癸酉), 6월 15일(丙午).
31) 『英祖實錄』 권112, 英祖 45년 2월 21일(甲戌).
32) 『英祖實錄』 권115, 英祖 46년 6월 17일(辛卯).

는 공인들을 자주 만나서 그들의 폐단을 들어주고 해결하기를 주저하지 않았다. 1754년(영조 30)부터 1776년 1월까지 시전 상인과 공인을 소견한 횟수가 28회나 이뤄진 점이 이를 잘 말해준다.[33] 또한 왕실 구성원들이 시전 상인들에게 빚이나 외상을 지는 행위를 금단하면서 상인을 보호하였다.

영조의 이런 행보는 결과적으로 본인의 의사를 정책으로 확립하기 위한 정치 행위였다. 하지만 거기에는 직접 도성민과 대화를 통해 민의를 반영했다는 측면에서 찾아가는 소통 방식의 전형을 보여주며, 왕정 국가에서 민의가 정책 결정의 중요한 변수로 작용한 역사적인 순간이었다.

2. 행행

전통시대에 국왕이 궁궐 밖을 나간다는 것은 여러 의미가 있었다. 종묘나 사직, 능행 등이 국왕으로서의 책무를 다하기 위한 거둥이라면 순수巡狩나 사냥, 온천 행차는 국왕 개인의 취미 활동과 건강을 위한 행차였다. 순수나 사냥은 군사 훈련의 의도로 시행되었으나 그 안에 오락성이 있던 것이 사실이다.

정조는 1798년(정조 22) 8월 10일에 심환지에서 보낸 편지에서 "1만 2천봉을 유람하는 일이 얼마나 통쾌한 일이며 대단한 구경거리인가? 공명을 실컷 누린 사람이 또 산수의 즐거움까지 누리니 과연 치우친 것인지 온전한 것인지 모르겠다."[34]라고 썼다.

한 나라의 국왕으로서 본인이 다스리는 산하를 전부 가볼 수 없으며 명승지조차 구경할 수 없다는 것은 갑갑한 일이었다. 하지만 이것은 한 나라의 국왕으로서 인내해야 하는 욕망이기도 하였다. 따라서 궁궐 문을 나서는 행행에는 바깥 세상에 대한 국왕의 욕구가 반영되었다는 점도 상기할 필요가 있다.

---

33) 이근호, 『조선후기 탕평파와 국정운영』, 민속원, 2016, 259쪽.
34) 『정조어찰첩』(탈초·번역본), 성균관대학교출판부, 2009, 224쪽.

조선 후기에 순수나 수렵, 강무 등이 점차 자취를 감추면서 종묘, 사직, 문묘, 진전眞殿, 능행의 행차가 행행 중 가장 큰 비중을 차지한 것은 행행에 오락성을 점차 없앤 결과로 보인다. 그렇다고 하여 오락성을 동반하지 않는 행행이 환영받은 것도 아니었으며, 공공성이 강한 행행에도 신료들의 반대가 자주 뒤따랐다.

조선시대 법전에는 행행에 대한 조문을 따로 마련하지 않았다. 시위나 숙위, 수문守門 등에 분산되어 있으며, 이 역시도 엄밀한 의미에서 행행에 관한 조문이라 할 수 없다.

이처럼 조선시대에 임금의 바깥 거둥은 신료들 입장에서 그다지 달가운 행차가 아니었다. 따라서 행행은 국왕의 시각에서 살펴볼 때에서 국왕과 신하의 갈등과 국왕의 리더십을 조망할 수 있는 유용한 소재가 된다.

1) 국왕과 신료들이 바라보는 행행

(1) 행행의 의미

행행行幸이란 임금이 궁궐 밖으로 나가는 거둥을 말한다. 행행은 '행행幸行'으로 표기하기도 한다. 종묘와 사직, 선농단, 성균관의 문묘, 역대 국왕의 능陵을 비롯해 수렵, 온천, 사갓집 방문 등에 이르기까지 범위와 사례가 매우 넓었다.[35] 임금의 거둥이나 순수, 수렵 등도 포함되었다. 한국에서는 고려시대에 임금 행차를 '배봉陪奉'이라 했다가 1418년(세종 즉위년)에 '행행行幸'으로 고쳐 일컬었다는 기록이 있다.[36]

그런데 왜 임금 행차에 행복하다는 의미의 '행幸'이라는 글자가 들어갔을까? 이에 대한 흥미로운 답변을 내어놓은 임금이 정조다. 1779년(정조 3) 정조는 남한산성에 행차하여 행궁에 머무르면서 신료들에게 행행에 대해 이렇게 설명하였다.

정조는 "행행이라는 것은 백성이 어가의 행림行臨을 행복하게 여긴다는

---

35) 이왕무, 『조선후기 국왕의 능행 연구』, 민속원, 2016, 31쪽.
36) 『世宗實錄』 권2, 世宗 즉위년 11월 21일(丁卯).

것이다. 임금의 수레가 가는 곳에는 반드시 백성에게 미치는 은택이 있으므로 백성들이 다 이것을 행복하게 여기는 것이다. 이제 내 수레가 이곳에 왔으니, 저 백성이 어찌 바라는 뜻이 없겠는가? 옛사람이 이른바 행행의 의의를 실천한 뒤에야 마음에 부끄러움이 없다고 하였으니, 경들은 각각 백성을 편리하게 하고 폐단을 바로잡을 방책을 아뢰라."[37]고 말하였다.

이처럼 정조는 임금의 수레가 머무는 곳마다 백성에게 미치는 은택이 있으므로 백성들이 임금의 행차를 행복하게 여긴다고 하여 '행행行幸'이라고 풀이한 것이다. 그러므로 행행에는 민의를 살피고 민생의 어려움을 묻는 행위를 수반해야 하였다.

중국 왕조에서는 이미 하, 은, 주 시대에 천자가 5년마다 각 지방의 제후를 만나러 가는 순수巡狩가 있었다. 순수는 임금이 전 국토를 직접 다스릴 수 없는 현실적인 어려움 속에서 제후를 방문하여 통치에 대한 강력한 의지와 권위를 내보이는 행위라 할 수 있다. 곧 제후에 대한 통치와 감시라는 의미가 담겨 있다. 이와 동시에 순수하러 가는 여정에서 민생을 직접 살피려는 의도도 담고 있다.

한국에서도 순수는 이미 삼국시대부터 나타난다. 대표적으로 광개토대왕과 진흥왕이 순수했다는 기록이 있다. 『삼국사기』에는 국왕의 순행 기록이 보이는데 신라 52회, 고구려 47회, 백제 36회다. 그 중 「본기」에 나오는 기록을 보면 순행의 목적이 축성, 궁궐 수리, 순행巡幸, 관리 임명, 제사 등의 순서로 나타나고 있다.[38]

조선시대에도 건국과 동시에 국왕의 바깥 거둥이 시작되고 있다. 1392년(태조 1)에 태조가 황해도 평산平山의 온천에 거둥하자 대간·중방重房·통례문·사관 각 1명씩 배종하고 의흥친군위가 시종하였다.[39] 태조는 온양 온천을 가기도 하고 왕비와 함께 수진궁에 거둥하였다. 새 도읍지를 정하

---

37) 『正祖實錄』 권8, 正祖 3년 8월 3일(甲寅).

38) 신형식, 「순행을 통해 본 삼국시대의 왕」, 『한국학보』 21, 1981, 27쪽; 노용필, 『신라 진흥왕 순수비 연구』. 1996, 18~49쪽.

39) 『太祖實錄』 권1, 太祖 1년 8월 21일(庚午).

기 위해 계룡산에 간 적도 있으며 회암사를 지나가기도 하였다. 1393년에 연복사의 5층탑이 완성되었을 때에는 직접 거둥하여 자초自超의 설법을 들었다.[40]

이 사례는 몇 가지에 불과하며 임금의 바깥 거둥은 예상보다 훨씬 많이 진행되었다. 조선 초기에는 국왕이 사갓집에 거둥하는 사례도 잦았다. 대표적으로 1406년(태종 6) 태종은 원경왕후, 여러 왕자들과 함께 장인 민제閔霽의 집에 행차하였다. 당시 실록의 기사를 보면 "민제가 임금을 '선달先達'이라 칭하니, 임금도 민제를 '사부'라 불렀다. 술자리가 마치자 민제가 임금을 전송하며 대문 밖에 서 있으니, 임금이 민제에게 들어가라고 청하였다."[41]라고 한다.

행행에서 주목할 점은 도성 내 행행이 숙종 이후부터 영조와 정조 대에 급증한다는 점이다. 여기에 더해 영조 대 이후로 거둥 장소도 확대되어서 사직, 종묘, 문묘를 비롯하여 국왕들의 사친궁묘私親宮廟로 나가는 행차가 급증하였다. 영조의 육상궁毓祥宮(영조의 어머니 숙빈 최씨 사당), 정조의 경모궁景慕宮(사도세자 사당), 순조의 휘경원徽慶園(순조의 어머니 수빈 박씨의 묘소)이 대표적이며, 영조와 정조는 사친궁으로 행행하는 비중이 높았다.[42] 이 점은 행행이란 그 자체가 이미 국왕의 정치적 행사라는 성격을 내포하고 있음을 잘 말해준다.

(2) 행행을 둘러싼 갈등과 논란

국왕의 행행을 둘러싼 논란은 태종 연간부터 본격화하기 시작하였다. 태조가 자유롭게 거둥하던 것과 달리 태종 연간부터는 신료들이 국왕의 각종 거둥에 대해 저지하려는 시도들이 나타나고 있다. 여기에는 조선 왕조가 국가의 기틀이 서서히 잡혀가기 시작하면서 국왕의 행동과 처신

---

40) 『太祖實錄』 권3, 太祖 2년 3월 28일(癸酉).
41) 『太宗實錄』 권12, 太宗 6년 12월 10일(乙未).
42) 이왕무, 「조선후기 국왕의 도성내 행행의 추세와 변화」, 『조선시대사학보』 43, 2007, 99쪽, 126쪽.

도 국정의 틀 안에서 이루어져야 한다는 신료들의 의지가 반영되었기 때문이다.

태종이 새로운 도읍인 한양에 갔다 오려고 하자 신하들은 "신 등은 생각하옵건대, 바야흐로 이처럼 농사가 한창 바쁜 때에 반드시 새 수도에 행차하려고 하는 것은 진실로 고묘告廟의 예禮를 늦출 수 없기 때문이요, 놀며 구경하려는 것이 아닙니다."[43]라고 하면서도 민간의 전답을 훼손하지 말고 임진강의 직로를 이용하여 돌아올 것을 당부하였다.

1406년(태종 6)에 사간원에서는 "거둥은 임금의 큰 의절이고, 성신誠信은 정치의 큰 보배입니다. 엎드려 보건대, 이달 10일에 거가가 교외에 나가서 마음대로 내달리니, 그윽이 생각건대 험하고 좁은 흙탕길에 말이 만약 놀라서 꺼꾸러지면, 불측한 우환이 있을까 두렵습니다. 전하가 마음대로 스스로 몸을 가볍게 가지시면 종묘와 사직은 어찌되겠습니까?"[44]라고 하면서 몰래 행차하거나 사냥을 경계할 것을 요청하였다.

1413년(태종 13)에도 태종이 "옛날에 임금은 순수하는 법이 있었다. 지금 나는 재위한지 14년에 국가에 일이 없는 때를 당하여 남쪽 지방을 순수하는 것도 의리상 해로움이 없을 것이다."라고 하면서 남쪽 지방으로 가려고 하였다. 그러자 대간에서는 "이제 벼 곡식이 밭이랑에 있고 가을갈이가 바야흐로 한창이므로 백성이 편하지 않을 것이 참으로 두렵습니다."[45]라고 하면서 반대하였다.

1453년 10월에 계유정난을 통해 집권한 세조는 지방 통치에 대한 관심이 컸다. 그래서 재위 14년 동안 여섯 차례나 지방을 순찰하였다. 지역은 황해도, 평안도, 충청도, 강원도 등이었으며, 한번 순행을 떠날 때마다 짧게는 7일, 길게는 45일이었다.[46] 첫 번째 순행이 1560년(세조 6) 10월 4일부터 11월 4일까지 30일 동안 이뤄진 황해도와 평안도의 순행이었

43) 『太宗實錄』 권1, 太宗 1년 윤3월 17일(丙午).
44) 『太宗實錄』 권11, 太宗 6년 2월 12일(癸酉).
45) 『太宗實錄』 권26, 太宗 13년 9월 6일(壬午).
46) 김순남, 「조선 세조의 지방 巡幸의 정치성」, 『한국사학보』 69, 2017, 278~279쪽.

다. 하지만 첫 순행을 나가기까지 그 과정이 순조롭지 못하여 몇 차례 순행 명령을 환수하기도 하였다.

예컨대, 1457년 7월에 세조는 경상도와 충청도를 순행하겠다는 의지를 표명하였다. 하지만 사헌부와 사간원에서 농사 상황이 좋지 못하며, 부산포나 제포에 왜인들이 모여 사는데 국왕 시위를 간략하게 하면 위엄을 보일 수가 없고, 너무 많이 하면 두려워하여 소동을 일으킬까 우려된다면서 반대하자 결국 순행을 정지하였다.[47] 1459년에도 세조는 황해도와 평안도의 순찰사들에게 "내가 순행하는 까닭은 민폐를 묻고 군사를 다스리려는 것뿐이다."라고 하면서 민폐를 일으키지 말라고 당부하였다. 하지만 이틀 뒤에 순행의 명을 거두었다.[48]

국왕과 신료들이 행행을 둘러싸고 벌이는 논쟁은 일일이 열거할 수 없을 정도도 많다. 무엇보다도 수렵이나 강무를 둘러싼 논쟁이 가장 심하였다. 신하들이 국왕의 매사냥이나 강무를 빙자한 사냥을 국정에 도움을 주지 못하는 여가 활동으로 여겼기 때문이다. 1432년(세종 14)에 발생한 한 논쟁이 이런 측면을 잘 보여준다.

형조 참판 고약해는 "강무는 옛 대열大閱의 유산으로서 폐지할 수 없는 것입니다. 그러나 유희에 가까우며 또 요사이는 사신을 접대하느라고 경기와 강원도에 폐를 입히는 일이 더욱 심합니다. 비옵건대, 강무 일수를 줄이고, 또 가까운 곳에 거둥하시어서 백성의 힘을 쉬게 하소서."라고 건의하였다. 그러자 세종은 다음과 같이 답변하면서 물러서지 않았다.

> "경의 말이 매우 좋도다. 하지만 강무는 유희가 아니다. 강무는 종묘를 받들고 빈객을 접대하고 무예를 익히는 일로써 관계되는 일이 가볍지 않다. 요사이 사신이 오다보니 강무하는 일이 1년에 한 번을 넘지 않으며 일수도 적어졌다. 그래서 종묘의 제물과 손님 접대를 위한 육류가 부족하다고 유사가 보고하여, 각 고을에 공납을 추가 배정하게 되어서 그 폐해 또한 크다.

---

47) 김순남, 위의 논문, 280쪽.
48) 『世祖實錄』 권18, 世祖 5년 11월 5일(癸未), 11월 7일(乙酉).

경의 말이 비록 좋으나 강무를 폐지할 수는 없다. 어찌 내가 좋아서 하는 일이겠는가. 어쩔 수 없이 할 뿐이다."[49)]

1434년에도 세종은 "강무는 군대를 평소에 갖추어두는 국가의 중대사이며, 이는 곧 태종께서 자손을 위하여 이루어 놓으신 법인지라 폐할 수 없는 것이다."라고 하면서 강무에 대한 강경한 의지를 나타냈다. 세종은 대간들이 강무의 이런 측면을 전혀 생각하지도 않고 그저 국왕 한 사람의 기호로만 여기고서 간쟁하는데, 대신까지도 부화뇌동하여 함께 비난하는 자가 있다고 타박하였다.[50)]

온천 행차도 마찬가지였다. 조선시대 국왕들이 자주 찾은 온천은 초기에는 황해도의 평산이었다가 세종 및 세조 이후로 경기 이천利川을 찾았으며 조선 후기에는 충청도의 온양을 주로 갔다. 온천 행차는 거리가 멀다보니 며칠이나 걸렸고 한 달 정도 걸리는 경우도 있었다. 그러다보니 비용이나 수행원들을 둘러싼 논란이 매번 발생하였다.

온천 행차에서 또 하나의 문제는 국왕이 도성을 장기간 비우는 일이었다. 1433년(세종 15)에 세종이 온천으로 행차하려고 하자 박흔이 "지금 이미 장수를 명하고 군사를 일으켜 파저강을 가서 치게 하셨습니다. 신의 생각으로는 여러 장수들이 중대한 군사 문제로 밖에 있는데, 온천에 행차하시어 도읍을 비우는 것은 적당치 못할까 여기옵니다."[51)]라고 반대한 것도 이 때문이었다.

사실 국왕 행차로 야기되는 민의 어려움은 과장된 지적은 아니었다. 구체적인 사례로 과천 지역을 들 수 있다. 과천은 서울에서 반나절 노정이므로 임금 행차가 아침에 출발하면 점심 무렵에 과천에 도착하였다. 그래서 국왕이 점심 무렵에 과천에 도착해 낮수라를 들거나 휴식했다는 기록은 조선왕조실록이나 『승정원일기』 등 여러 관찬기록에서 어렵지 않게

49) 『世宗實錄』 권55, 世宗 14년 1월 24일(甲申).
50) 『世宗實錄』 권63, 世宗 16년 1월 15일(癸巳).
51) 『世宗實錄』 권59, 世宗 15년 3월 24일(丁丑).

찾아볼 수 있다.

국왕들은 근기 지역으로 능행을 가거나 온양 온천으로 행차할 때에 과천을 경유하곤 하였다. 이 때문에 과천으로 향하는 길목에는 주정소와 행궁行宮이 있었다.[52] 또 청계산과 관악산으로 둘러싸인 과천은 명산대천이 자리한 지역으로 국가 제사가 행해지기도 하였다. 그리고 국왕이나 왕실의 사냥터로 자주 활용되었고 능陵을 쓸 명당자리의 물망에도 종종 올랐다. 뿐만 아니라 어선御膳에 쓸 짐승을 잡아 올리는 일도 과천 주민의 몫이었다. 한 사례로 1505년(연산군11)에 노루나 짐승을 제 때에 바치지 못한 과천 현감은 옥에 갇히는 신세가 되었다.[53]

국왕이 능행이나 온행, 사냥 등 여러 가지 사유로 과천을 경유하게 되면 낮수라나 잔치, 사냥, 길 닦기를 비롯한 각종 공역 등을 위해 과천 주민들이 동원되었다. 1442년(세종 24)에 양녕대군이 매사냥을 위해 과천에 도착하자 수령이 유밀과油蜜果[54]를 성대히 차리고 창기를 동원했는데, 이때 소용된 비용이 일반 잔치 비용의 다섯 배나 들었다고 한다.[55]

1486년(성종17) 성종이 청계산으로 사냥을 나갔을 때에는 과천의 하번下番 군사들이 청계산의 산세와 산짐승에 대해 잘 안다는 이유로 동원되었다.[56] 1505년(연산군11)에 연산군은 경치 좋은 곳에 이궁異宮을 세우기 위해 과천을 비롯한 경기 지역 주민 5백 명을 살던 곳에서 내쫓았다.[57]

이 뿐만이 아니었다. 어가가 유숙하면 국왕의 신변 보호를 위해 엄격하

---

52) 현재 과천 행궁지로 추정되는 지역은 경기도 과천시 관문동 107-1번지에서 5번지 일대다(정일동, 「과천 행궁지에 대하여」, 『경기사학』 2, 경기사학회, 1998).
53) 『燕山君日記』 권58, 燕山 11년 7월 14일(丁酉); 『燕山君日記』 권60, 燕山 11년 12월 5일(乙卯).
54) 유밀과 : 밀가루나 쌀가루를 꿀과 참기름으로 반죽한 뒤 모양을 만들어 식물성 기름에 지져내 꿀에 담가두었다가 쓰는 과자다. 고려시대에는 불교에서 살생을 금하므로 제사에 고기나 생선 대신에 유밀과를 사용했고, 조선시대에도 중요 음식으로 애용하였다. 『大典後續錄』(1543)에는 사치를 금하기 위해 동뢰연 이외의 잔치에서 유밀과를 금지하였다.
55) 『世宗實錄』 권98, 世宗 24년 11월 6일(壬戌).
56) 『成宗實錄』 권196, 成宗 17년 10월 5일(丙子).
57) 『燕山君日記』 권58, 燕山 11년 7월 1일(甲申).

게 장막을 치고 군사를 주둔시키는 것이 관례였다. 이러다보니 과천처럼 비좁은 곳은 진을 설치하기 위해 마을의 집들을 철거해야만 하였다. 그래서 현종 대에는 백성의 민폐를 최대한 줄이고 민가 철거만은 막기 위해 과천에서 조금 떨어진 빈 터에 진을 치도록 하였다.[58)]

과천 지역의 사례에서 보듯이 국왕 행차가 지나가는 곳이 겪는 어려움은 참으로 컸다. 더구나 국왕 행차가 한 번 머무르면 그 피해는 더 커졌다. 이 때문에 국왕의 행행은 조선 초기부터 신료들의 반대와 저지로 난관에 봉착하곤 하였다. 농사철에 방해가 되며 백성을 힘들게 한다는 이유가 대부분이었다. 온천 행차도 임금이 몸이 아프다는 이유가 있어야하며 농번기나 흉년이나 가뭄 등 천재지변으로 민심이 좋지 못하면 행차하기도 힘들었다. 그리고 이 온천 행차마저도 국왕의 사적인 휴식이라는 이미지를 불식시키기 위해 공식적으로 의례화시켜 버렸다.

2) 도성 행차와 민의 소통

(1) 민간의 구경거리, 국왕의 행차

조선시대 구경거리가 흔하지 않던 시절에 국왕이나 외국 사신의 행차는 대단한 볼거리였다. 양반이나 하인 할 것 없이 모두 길거리로 나와 행렬을 구경하였다. 국왕이나 외국 사신의 행차는 한 번에 수 십 명에서 수 백 명씩 동원되면서 화려한 의복과 의장을 갖추었으므로 이만한 구경거리도 없었다.

구경꾼 안에는 여성들도 있었다. 양반 여성들은 거리에 모여 장막을 설치하거나, 누각의 난간에 기대어 구경을 하곤 했다. 여성들이 머무는 의막 앞에는 화려한 채색 휘장이 둘러졌고 여성들은 그 안에서 음식을 먹거나 담소하면서 행렬을 기다렸다.

양반 여성들은 미리 구경하기 좋은 자리를 잡기위해 길가의 작은 집을 빌려 하룻 밤을 지새기도 하였다. 조정에서도 왕의 행차가 있을 때에는

---

58) 『顯宗實錄』 권10, 顯宗 6년 4월 12일(戊辰).

길갓집을 임시거처로 삼아도 좋다는 허가증을 발행했는데 권세 있는 남성들은 집안 여성들을 위해 이 허가증을 얻기 위해 동분서주하였다. 일종의 입장권이었던 셈이다.[59)]

1537년(중종 32) 3월 9일, 서울 관료 이문건李文楗(1494~1567)의 집. 이 날은 명나라 사신이 한양으로 들어오므로 임금과 명 사신의 행차가 예정된 날이었다. 부인과 딸은 새벽부터 이 행차를 보기위해 부산을 떨었다. 부인과 딸은 새벽에 일찍 일어나 친정집 식구들과 어울려 아는 사람 집으로 달려갔다. 그곳이 행차가 잘 보이는 위치에 있기 때문이었다.

그러나 이 날 비가 오는 바람에 명 사신은 한양으로 들어오지 못했고 이튿날 들어온다는 기별이 있었다. 이문건은 부인과 딸을 데리고 집에 오고 싶었지만 구경을 하겠다는 그들을 말릴 수가 없어 혼자 집으로 돌아왔다. 다음날 비가 어느 정도 개자 정오에 명 사신이 한양으로 들어왔다. 이문건 역시 "행차를 구경하니 꿈만 같았"고, 부인과 딸도 이 광경을 구경하다가 저물녘이 돼서야 집으로 돌아왔다. 구경을 위해 하룻밤을 지새우고 돌아온 부인과 딸은 행차를 본 경험을 서로 앞 다투어 자랑하였다.[60)]

이상은 조선 전기 관료인 이문건이 쓴 일기인 『묵재일기默齋日記』에 나오는 내용이다. 조선시대에 신분이나 남녀노소를 가릴 것 없이 국왕의 행차는 즐거운 구경이었다. 국왕의 행차를 보기위해 많은 사람들이 도로로 몰려들었으며 어떤 일이 발생할지 예측할 수 없었기 때문에 국왕 입장에서는 긴장해야 하는 순간이기도 하였다.

한편, 국왕 입장에서는 구경 나온 사람들과 대화를 나누는 일은 민들의 고충을 들어줘야 하므로 편치 않은 일이었다. 민간에서 자발적으로 참여하는 구경은 막을 수 없으므로 허용하지만 대민 접촉은 문제가 달랐다. 그것은 국왕의 선택이며 민심을 직접 듣는다는 측면에서 내키지 않는 일일 수도 있었다.

---

59) 조선시대 민간인들의 구경 열풍에 대해서는 정연식, 『일상으로본 조선시대 이야기 1』, 청년사, 2001 참조

60) 李文楗, 『默齋日記』 1537년 3월 9일, 3월 10일.

1779년(정조 3)에 정조가 남한산성에 행차하면서 경기의 이천 부근에 이르자 산과 들에 구경하는 백성들로 가득 차 있었다. 정조는 "길을 끼고 구경하는 백성이 어제보다 많은데, 이들은 다 가까운 곳에 사는 백성인가? 혹 먼 지방에서 올라온 백성도 있는가?"하고 물었다.

조사 결과 경기 주민들은 물론 멀리 삼남三南과 황해도, 평안도, 함경도에서 온 백성도 많았다. 어가가 멈추자 어떤 노인이 "우리 임금을 뵙고자 발을 싸매고 올라왔습니다. 감히 잠시 멈추시기를 청합니다."라고 하였다. 그러자 정조가 "내가 왕위를 이은 이후로 무슨 한 가지 정령政令이라도 은택이 백성의 생계에 미친 것이 있으랴마는, 백성이 이처럼 천리를 멀다 하지 않고 와서 나를 바라보는 것은 더욱 절실히 조심하고 두려워해야 할 것이다."[61]라고 하였다.

정조도 말했듯이 국왕이 민과 가까이하는 것은 결코 쉬운 일이 아니었다. "절실히 조심하고 두려워해야"하는 일이었다. 위정자가 민심을 직접 듣는 일은 어떤 정치를 해도 진실과 실상을 마주해야 하는 편치 않은 과정을 동반해야 하였다. 이런 가운데 도성 행행 뒤에 백성을 직접 만나본 국왕이 있다. 바로 정조였다. 그렇다면 정조는 왜 도성민과 자주 접촉하려 했을까? 그리고 이 만남의 행위가 국왕의 국정 운영과 리더십에 어떤 영향을 미친 것일까?

(2) 정조가 만난 시전 상인과 공인들

1784년(정조 8) 정조는 창덕궁의 선정문에서 시전 상인과 공인들을 만났다. 그 자리에서 이 만남을 마련한 배경에 대해 이렇게 말하였다. 정조는 "대궐문에 나아와 공인과 시전 상인의 사정을 묻게 된 것 또한 선왕先王의 유업을 계승하는 뜻에서 나온 것"[62]이라고 하였다.

정조는 본인이 공인과 시전 상인들을 만나는 일을 할아버지 영조의 유업을 계승하는 일로 보았다. 이미 정조는 1781년(정조 5)에 "도성 백성

---

61) 『正祖實錄』 권8, 正祖 3년 8월 4일(乙卯).
62) 『正祖實錄』 권17, 正祖 8년 3월 20일(乙巳).

의 기쁨과 슬픔은 오로지 공인과 시전 상인들의 괴로움과 즐거움에 달려 있다. 해마다 폐단에 대해 순문詢問하는 것은 진휼하는 뜻에서 나온 것으로 해가 이미 바뀌었으니 한번 묻지 않을 수 없다. 입시한 승지는 내일 아침 공시당상貢市堂上과 함께 궐문의 공인 및 시전 상인들이 있는 곳으로 가서 폐단을 물어서 아뢰라."[63]고 하면서 공인과 시전 상인들에 대한 관심을 드러내었다.

1784년(정조 8)에 정조는 창덕궁의 선정문에 나아가 공인들과 시전 상인들에게 "무릇 내가 앉아서 아침이 되기를 기다리며 음식물을 먹느라 잠시 한가할 때에도 마음이 편안하지 않는 것은 단지 도성의 주민들이 차별 없이 똑같이 보는 혜택을 입지 못하여, 혹시라도 먼 곳에만 신경쓰고 가까운 곳은 소홀하게 여기는 데로 돌아가게 됨을 면하지 못할까 싶어서다. 어제 전교하여 방곡坊曲에다 알아듣도록 타이르게 하고 각기 그 살던 곳에서 안정하게 하도록 하였으니, 너희들은 틀림없이 들었을 것이다."라고 하였다.

그러면서 "그러니 전황錢荒은 어떻게 하여야 구제할 수 있으며, 물가는 어떻게 하여야 공평하게 할 수 있고, 가대假貸하는 정사는 어떤 것이 온편하며 거두고 펴는 술책은 어떤 방법이라야 적당하겠는가? 혹시라도 스스로 어렵게 여기지 말고 숨김없이 모두 진달하도록 하라."[64]고 물었다.

〈표 1〉에서 보듯이 정조는 재위기간 동안에 도성 행차를 자주 하였다.[65] 영조가 경희궁을 중심으로 전좌하여 순문했던 것과 달리 정조는 여러 전각들이나 사직단 등을 행차하는 도중에 종루에 들러서 도성민들을 만났다. 이 점은 정조가 선왕 영조의 유업을 계승하면서도 궤를 달리한 측면이라 할 수 있다. 무엇보다도 거의 매년 거행한 사직단의 기곡대제는 민생을 위한 의례로 대표된다. 정조는 사직단에 거둥할 때마다 종루 앞에 멈추고 도성민들과 접촉하였다.

---

63) 『正祖實錄』 권11, 正祖 5년 1월 12일(乙酉).
64) 『正祖實錄』 권17, 正祖 8년 3월 20일(乙巳).
65) 한상권, 『조선후기 사회와 소원제도-상언·격쟁 연구』, 일조각, 1996, 52~54쪽.

〈표 1〉 정조가 공인 및 시전 상인(시민)을 만나 의견을 청취한 현황

연도(왕력)	목적지	장소	소견 대상
1781(정조 5)	-	궐문	공시당상을 시켜 의견 청취
1782(정조 6)	영희전 동지제	종가	공계원貢契員, 시민
1784(정조 8)	-	선정문	공인, 시민
1786(정조 10)	사직단	종가	공인, 시민
1787(정조 11)	사직단	종가	공인, 시인
1788(정조 12)	육상궁, 연우궁, 의열궁 전배 후 환궁	종루	공인, 시민
	경희궁	종루	공인, 시민
	효창묘 전작례 후 환궁	흥태문	공인, 시민
1790(정조 14)	-	종가	4도 유민流民
1793(정조 17)	육상궁	운종가	공시당상을 시켜 공인 및 시민의 의견 청취
1796(정조 20)	사직단	종가	공인, 시민, 5부 민인
	영희전 동지제	운종가	공인, 시민
1798(정조 22)	종묘, 영희전, 경모궁 전배	임금 수레 앞	공인, 시민
1800(정조 24)	사직단	종가	공인, 시민

정조가 도성민들에 대해 드러낸 친밀도는 1785년에 종루에서 시가행진을 하는 장면에서도 잘 드러난다. 당시 금군으로서 시위대에 참가한 노상추盧尙樞(1746~1829)는 일기에 이렇게 밝혔다.

> "오전 8시 45분에 대가가 돈화문을 나와 육상궁에 행행하여 작헌례를 행하고 방향을 바꿔 연우궁에 행행하여 전배하였다. 새로 과거시험에 급제한 사람들에게 명하여 악사와 창인倡人을 거느리고 종루 좌우에서 공손히 맞이하도록 하였다. 오부五部의 주민들에게 벽금壁門과 방금防禁을 제거했고 환궁할 때 친히 스스로 손을 앞뒤로 흔들면서 돈화문 밖에 도착했다가 바로 마쳤다. 좌우의 노소남녀가 도로를 끼고 구경하니 이날 태평한 기상이 있었다."
>
> (『노상추일기』 1785년 11월 6일)

정조는 오부 주민들과 가깝게 접촉하기 위해 벽문이나 출입 금지도 없앤 상태에서 직접 손을 흔들면서 구경꾼들에게 답례해준 것이다. 신변의 안전보다는 도성민들에게 더 가깝게 다가가기 위한 이런 시가행진은 국왕이 도성민들과 소통을 시도하는 파격적인 결정으로 평가할 수 있다. 노상추는 그날 도성민들의 화기애애한 분위기를 '태평한 기상'으로 표현한 것이다.

1796년(정조 20) 정조는 인정전에 나아가 직접 기곡제의 향축香祝을 주관한 다음 사직단으로 가는 길에 종가에 이르러 가마를 멈추었다. 그리고 공인들과 시전 상인들, 오부의 부로父老를 불러 위로하면서 "새해가 되었는데 너희들은 각기 편안하게 살고 있느냐?"하고 물었다. 그러자 부로들이 절하고 장수를 축원하였다.[66)]

또 같은 해 11월에도 정조는 영희전永禧殿의 동지제冬至祭를 직접 지내고 돌아오면서 운종가에 도착하여 공인과 시전 사람들을 불렀다. 정조는 "오늘이 동지이므로 특별히 폐단에 대해서 물어보고자 하니, 제각기 써서 올리도록 하라."[67)]고 한 다음에 환궁하였다. 아마도 날씨가 추워서 글로 써서 올리라고 했던 것 같다.

정조는 도성민들에게 폐단만 묻지 않았다. 직접 민인들에게 전달해야 할 일이 있거나 설득해야할 일이 있으면 주저하지 않고 만났다. 1790년에 정조는 종가를 지나다가 4도 유민을 모아놓고 선혜청 제조 서유린 등을 시켜 유시하였다.

정조는 "너희들의 누더기 꼴과 먹을 것을 달라는 소리에 나도 모르게 처참한 느낌이 든다. 너희들만 보고 다른 사람은 보지 못했지만 서울에 들어온 사람들이 이처럼 많으니 아직 올라오지 않은 사람들도 미루어 알 수 있다."라고 하면서 각자 고장에 안착하여 생업에 재미를 붙일 수 있는 대책을 물어보게 하였다.

그 중 어떤 유민이 환곡을 달라고 말하고, 어떤 사람은 농사지을 양식

---

66) 『正祖實錄』 권44, 正祖 20년 1월 3일(庚戌).
67) 『正祖實錄』 권45, 正祖 20년 11월 23일(甲子).

을 청하였다. 그러자 정조는 "듣건대, 너희들이 이미 환곡을 납부했다고 하니, 그것을 중지하거나 감해주라는 명령이 도리어 소용없게 되었다. 너희들이 고향으로 돌아간 뒤에 마땅히 올해의 환곡을 주도록 하고 이어서 기한을 물려줄 것이며, 신포身布 또한 올해 분은 탕감해 줄테니, 너희들은 믿고 걱정하지 말도록 하라."고 하였다.

그리고는 가마 앞에서 늙은이와 장정에게는 쌀 5말씩 나눠 주고 아이들과 허약한 자에게는 쌀 3말씩을 나눠 주었다. 그리고 옷차림이 얇은 사람과 어린애를 안은 여성들에게는 유의襦衣 한 벌씩을 주었다. 이것이 끝이 아니었다. 비변사의 문무 낭청과 선전관들을 분담시켜 유민들을 데리고 가서 이전에 살던 고을에 넘겨주게 하고, 안착한 실태를 각 해당 관찰사를 시켜 문서로 보고하도록 명하였다.[68]

정조가 즐겨 사용하던 국정 운영의 방식은 명령의 시행 여부를 끝까지 확인하는 일이었다. 정조는 1788년(정조 12)에 〈가체신금사목加髢申禁事目〉을 제정하여 다리[加髢]를 금지하는 시행세칙을 마련하였다. 이 사목을 전국에 유포하여 시행하기 위해 관료들에게 〈가체신금사목〉을 받은 사람들의 명단을 하나하나 작성해서 올리라고 지시하였다. 이 조치에 따라 의정부를 비롯해 내의원, 장용영, 훈련도감, 어영청, 총융청, 포도청, 사역원, 충훈부 등에서는 사목을 수령한 명단을 써서 보고했으며, 지역도 마찬가지의 방법으로 수령자 명단을 보고하였다.[69] 이처럼 정조는 어떤 사안을 시행할 때면 명령만 내리는 것이 아니라 하나하나 확인해 나가는 방식으로 국정을 운영한 임금이었다.

요컨대, 정조는 영조의 유업을 계승한다는 명분으로 도성 행차를 자주 하면서 도성민들을 직접 찾아가 민의를 직접 청취하였다. 영조가 경희궁을 중심으로 순문했던 것과 달리 정조는 여러 전각들이나 사직단 등을 행차하는 도중에 종루에 들러서 도성민들을 만났다. 이 점은 정조가 선왕

---

68) 『正祖實錄』 권29, 正祖 14년 2월 4일(乙卯).

69) 정해은, 「18세기 조선 여성의 머리치장과 '작은' 저항-가체(加髢)를 중심으로」, 『페미니즘연구』 제11권 제2호, 2011, 295쪽.

영조의 유업을 계승하면서도 더 파격적인 행보를 했다고 볼 수 있다.

이런 측면에서 정조는 영조보다 더 적극적으로 민인들을 찾아가서 민의를 듣고 국정에 반영한 국왕이라 할 수 있다. 무엇보다도 정조는 도성민과 자주 만나면서 심리적 거리를 좁힘으로써 소통에 적극적으로 나섰고 이런 행보는 조선역사상 전무후무한 일이었다고 볼 수 있다.

3) 능행과 민의 소통

(1) 능행을 둘러싼 논란

능행은 국왕이 선대의 왕릉을 방문하는 일이었다. 효를 국시로 하던 조선 왕조에서 능행은 자연스러운 의례 행사라 볼 수 있다. 무엇보다도 17세기 후반 이후 왕실 역사에 대한 정리 작업이 이뤄지면서 능행은 효의 실천을 넘어 국왕과 왕실의 권위를 높일 수 있는 방편이었다. 여기에 국왕이 능행시에 융복을 입고 말을 타면서 군행軍行의 의미까지 더해졌다.[70)]

조선 왕조 최초의 능행은 1397년(태조 6)에 태조가 정릉貞陵에 거둥한 일이었다.[71)] 1397년에 신덕왕후 강씨가 세상을 뜨자 능을 조성하고 나서 찾은 것이었다. 이후부터 조선의 국왕들은 여러 왕릉들을 방문하였다.

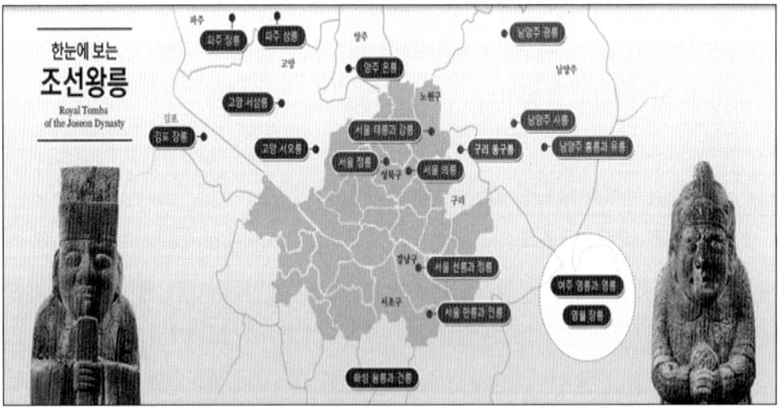

〈그림 1〉 한눈에 보는 조선왕릉(ⓒ문화재청 궁릉유적본부 조선왕릉 누리집)

70) 김지영, 앞의 박사학위논문, 128~137쪽.
71) 『太祖實錄』 권11, 태조 6년 4월 9일(辛卯).

조선시대 왕릉은 양주의 동구릉과 광릉, 광주의 헌릉과 인릉, 고양의 서오릉, 김포의 장릉, 화성의 융릉과 건릉 등 대부분 도성 백리 이내에 위치하였다. 세종의 영릉과 효종의 영릉이 여주에 위치했을 뿐이다.[72] 그리고 사도세자의 현륭원이 수원에 있었다. 따라서 대체적으로 능행은 몇 몇 능원을 제외하고 도성 근교의 경기 일원으로 행차하는 일이었다.

능행은 효도의 실천이라는 측면에서 신료의 반대가 없을듯하지만 그렇지 않았다. 신료들은 기상 이변 등을 이유로 국왕의 능행을 종종 반대하였다. 1664년(현종 5)에 현종은 능행을 하기로 결정하였다. 그러자 좌의정 원두표가 "성상께서 오래도록 편찮으시다가 지금 와서 능행 날짜를 잡으라는 명령이 계셨으니 신민들로서는 너무나 기쁘고 다행스런 일입니다."[73] 라고 하면서도 마마와 열병이 한창 번지고 있고 작년이 흉년이었다는 이유로 난색을 표명하였다.

현종은 가까운 곳으로 능행을 잡으라고 명하였다. 신료들은 "전후 이변이 겹쳐서 이루 다 셀 수가 없습니다. 요즈음 나타난 것만 말하더라도 태백성이 낮에 나타나 해를 넘기도록 없어지지 않고, 봄에 궂은비가 여름철 장마같이 내리며, 쓰러졌던 잣나무가 다시 일어나는가 하면 암탉이 수탉으로 변하고, 큰 시내에 물이 끊어지고 영동嶺東에서는 또 집이 넘어가는 센 바람이 이때에 불었습니다."[74]라는 이유를 들어 능행을 반대하였다. 결국 현종은 여러 번 논의 끝에 능행을 연기하고 말았다.

숙종은 능행을 자주 한 임금이었다. 1677년(숙종 3)에 유생 이장李塲 등이 상소하여 숭릉崇陵(현종과 명성왕후 능)의 전알展謁을 마땅히 시급하게 해야 한다고 주장하였다. 그러자 숙종이 "이 상소의 말은 바로 나의 뜻과 맞는다. 당초 진실로 직접 가서 봉심奉審하려고 했다가 봉릉封陵의 역사가 하루가 급한데, 만일 친히 가기를 기다렸다가 역사를 시작한다면 지체되겠다 싶기 때문에 대신들의 말에 따라 참으며 정지하였다. 하지만

72) 이왕무, 앞의 책, 126쪽.
73) 『顯宗實錄』 권8, 顯宗 5년 2월 23일(丙辰).
74) 『顯宗實錄』 권8, 顯宗 5년 3월 5일(丁卯).

이제는 봉분 역사를 이미 마쳤으니 이달 안으로 날을 가려 능을 참배해야 한다."[75]라고 하여 능행을 결정하였다.

숙종의 능행은 신하들과 자주 마찰을 일으켰다. 1693년(숙종 19)에 장령 최항제는 "목릉穆陵의 능행을 이달 20일로 정하였는데, 농사가 크게 흉년이 든 것은 팔도가 마찬가지지만 경기가 더욱 심합니다. 이러한 즈음에 능행을 거행하게 되면, 폐해를 끼치는 것이 헤아릴 수가 없습니다. 원컨대 내리신 명령을 정지시켜 오는 가을로 미루도록 하소서."[76]라고 건의하였다.

1694년에는 박세채가 능행의 경비 절감을 건의하였다.[77] 1707년(숙종 33)에 수찬 신심은 상소에서 "박권朴權의 지난날 상소는 단지 경기 백성을 위하여 두루 그 노고를 진달한 것이지 감히 능행을 허물로 삼은 것이 아니었는데, 갑자기 엄한 비답을 받았으니 이것이 어찌 대성인大聖人의 포용하는 도리이겠습니까?"[78]라고 하였다.

국왕들의 잦은 능행은 경비 문제나 다른 행사와 겹친다는 이유로 신료들의 반대를 받았다. 또 기상이변도 능행을 저지하는 요소가 되기도 하였다. 또 심한 추위나 더위도 반대 이유가 되었다. 영조 연간에도 신료들은 경기의 민력이 다했다거나 곡식을 손상시켜 민인들에게 피해가 간다는 이유로 능행을 저지하였다.

(2) 능행에서 이뤄지는 소통

능행은 궁궐과 도성을 벗어나는 행차였다. 이 과정에서 국왕은 도성 안팎의 거둥 때와 마찬가지로 자연스럽게 민정을 살피고 민인들을 만날 수 있는 기회를 가질 수 있었다.

능행에서 민정을 살핀 사례는 이미 1410년(태종 10)에 있다. 태종이

---

75) 『肅宗實錄』 권6, 肅宗 3년 2월 28일(乙亥).
76) 『肅宗實錄』 권25, 肅宗 19년 2월 4일(戊寅).
77) 『肅宗實錄』 권27, 肅宗 20년 8월 8일(癸卯).
78) 『肅宗實錄』 권45, 肅宗 33년 10월 12일(庚寅).

태조의 정비正妃이자 본인의 생모인 신의왕후 한씨의 능인 제릉齊陵에 제사하고 성문에 이르렀을 때에 소경 여자가 길에서 얻어먹고 있었다. 이에 쌀과 콩을 준 뒤, 유후사에게 환과고독 169인을 연복사에 모아 쌀과 콩 1섬씩을 내려주게 하였다.[79]

〈표 2〉 **조선후기 국왕의 능행 현황**

왕조(재위기간)	횟수	1년평균	왕조(재위기간)	횟수	1년평균
인조(27)	5	0.2	영조(52)	77	1.5
효종(10)	9	0.9	정조(24)	63	2.6
현종(15)	10	0.7	순조(34)	44	1.3
숙종(46)	48	1.0	헌종(15)	15	1.0
경종(4)	3	0.8	철종(14)	39	2.8
			합	313	

〈표 2〉에서 조선후기 국왕의 능행 현황을 정리해보았다.[80] 조선후기에 능행을 자주한 국왕은 철종, 정조, 영조, 순조였다. 대체로 영조 연간 이후로 능행이 자주 이뤄졌음을 알 수 있다. 국왕들의 능행은 다양한 이유로 거행되었으며, 세도정치기에도 능행을 통해 국왕의 위상을 높이기 위해 여전히 능행이 시행되었다. 그런데 국왕 입장에서 능행을 민인들의 만남의 기회로 이용한 국왕은 많지 않다. 그 중에서 숙종, 영조, 정조 등이 능행을 통해 대민 접촉들을 적극적으로 시도하였다.

1693년(숙종 19)에 숙종은 좌의정 목내선이 차자를 올려 능행할 때에 부로父老들을 위로하여 유시하자고 건의하자 그대로 수용하였다.[81] 당시 양주 유생들은 숙종에게 상소하여 전세와 수미收米 중 한 가지를 감면해주기를 요청하였다. 이에 숙종은 묘당에서 품의하여 처리하게 하였는데, 묘당에서 세금 감면에 반대하였다.

79) 『太宗實錄』 권20, 太宗 10년 12월 26일(戊午).
80) 이왕무, 앞의 책, 140~141쪽.
81) 『肅宗實錄』 권25, 肅宗 19년 2월 17일(辛卯).

그러자 숙종은 “백성의 부모가 되어 측은한 마음이 저절로 뭉클하게 일어나는 것조차 깨닫지 못하니, 깊숙한 궁궐에 조용히 앉으면 한밤중에라도 잊어버리지 못할 일이다. 아! 내가 이미 그 바라는 소원을 찾아서 물었도다!”라고 하면서 세금을 감면해주었다.[82]

1717년에 숙종이 온양에서 돌아오는 길에 과천에 이르렀을 때에 좁은 길에서 관광하는 백성이 매우 많았다. 나졸들이 쫓으니 숙종은 “다 내 백성이므로 쫓아서는 안된다.”라고 하여 금하지 말라고 명하였다.[83] 능행은 아니지만 숙종이 외부 행차를 통해서 백성들과 소통하려는 의사가 있었음을 확인할 수 있다.

능행을 민인들과의 만남의 기회로 활용한 국왕은 정조 대에 최고조에 달하게 된다. 정조는 1779년(정조 3)에 여주의 영릉寧陵(효종과 인선왕후의 능)과 영릉英陵(세종과 소헌왕후의 능)을 다녀오면서 경기 관찰사 및 이천 현감에게 민인들을 이끌고 오게 하여 승지 서유방에게 폐단을 묻는 효유문 읽게 하였다.[84] 1780년에는 파주의 영릉永陵(진종과 효순왕후의 능) 행차에서 읍의 부로들을 어가 앞에서 소견하고 각종 어려움과 농사 형편을 순문하였다.[85]

정조는 1784년에 건원릉 등을 다녀오면서 주정소에서 양주 목사에게 백성을 데리고 입시하게 하여 여러 가지 폐단들을 순문하였다. 1791년에는 광릉을 전배한 뒤에 포천 경계에서 산야에 가득 찬 관광하는 민인들에게 어려운 일을 물었다.[86]

정조는 백성이 국왕 행차를 보기위해 몰려드는 이유에 대해서 단순히 구경하기보다는 뭔가 은택을 기대하는 심정이라는 점을 잘 알고 있었다.

---

82) 『肅宗實錄』 권25, 肅宗 19년 2월 20일(甲午).
83) 『肅宗實錄』 권59, 肅宗 43년 3월 3일(戊午).
84) 『正祖實錄』 권7, 正祖 3년 8월 6일(丁巳).
85) 『正祖實錄』 권10, 正祖 4년 9월 4일(己卯).
86) 『正祖實錄』 권17, 正祖 8년 2월 19일(乙亥); 『正祖實錄』 권35, 正祖 16년 9월 11일(丁未).

〈표 3〉 **정조가 능행 중 백성을 만난 사례 (자료 :『정조실록』)**

연도	행차	내용
1779(정조 3)	영릉寧陵	경기 관찰사 및 이천 현감에게 주민들을 데리고 오게 하여 폐단을 물어봄
1780(정조 4)	영릉永陵	읍의 부로들을 어가 앞에서 소견하고 민생의 어려움과 농사 형편 물어봄
1782(정조 6)	영우원 작헌례 환궁시	농민에게 농사 형편을 물어봄
1783(정조 7)	영희전 친향후 환궁	운종가에서 시민, 부로들에게 폐단 물어봄
1784(정조 8)	건원릉, 현릉, 목릉, 숭릉, 혜릉, 원릉 전배후 주정소	경기 관찰사, 양주 목사에게 부노들을 이끌고 입시하여 병폐 물어봄
	영릉 전배행차에서 파주목	파주목 부로들을 소견
	영릉 배알 후 공릉, 순릉 배알 후 고양군 주정	고양군 부로들을 소견, 교서를 내려 환곡 견감
1787(정조 11)	소령원 작헌례 후 고양 환궁	종루에서 시민, 공인, 소경, 부로들을 소견하고 물어봄
1789(정조 13)	고양, 교하를 거쳐 파주 행궁	가는 도중에 고양군, 교하군, 파주군 소견
1792(정조 16)	현륭원 행차시 갈현	말에서 내려 마을 부로들을 불러 물어봄
	광릉 전배시 포천 경계	산야에 가득 찬 관광하는 민인들에게 질고 물어봄. 양주, 포천 부로, 민인들 효유
1793(정조 17)	현륭원	과천에서 인덕원지나면서 부노들을 불러서 물어봄
1795(정조 19)	시흥 지나감	부노들을 소견하고 교서를 내려 작년 가을 환곡 중 정퇴한 부분을 탕감해줌
1797(정조 21)	화성 행궁에서 장안문내	성중 부로들을 불러서 위유
	장릉	김포를 지나다가 부로들을 소견

가능하면 백성의 억울함을 들어주는 것은 물론이거니와 진솔한 대책도 마련해주고자 하였다. 그래서 정조는 연로의 백성이 구경하는 것을 "즐거워하는 마음이거나, 상언이나 격쟁을 위해서 그러는 것이니 금지하지 말라."고 지시하였다.[87]

왕정시대에 국왕과 백성의 소통은 대체로 위에서 아래로 일방 소통의 형태로 이뤄졌다. 하교나 전교, 효유, 윤음 등 국왕이 백성에게 하고 싶은 이야기를 전하는 방식이었다. 그런데 능행에서 국왕이 민인들을 불러서 만나보고 어려움을 묻는 방식은 이전에는 잘 찾아볼 수 없는 직접적인 소통 방식이었다. 군주 우위의 정치 형태에서 민심을 직접 듣는 방식은 백성에게 더 다가서려는 적극적인 의사소통을 엿볼 수 있는 중요한 요소라 할 수 있다.

숙종이나 정조의 정치적 목적을 차치하더라도 정국 운용과 정책 실행에서 백성을 고려했다는 점은 새로운 백성관, 새로운 소통 방식의 가능성을 보여주었다. 이 점은 국왕이 새로운 방식으로 민과 소통하고 민의를 읽어낸 새로운 국왕의 리더십이라 할 수 있다.

---

87) 최성환, 「정조의 수원 화성 행차시 활동과 그 의미」, 『조선시대사학보』 76, 2016, 151쪽.

Ⅱ

암행어사의 파견과 소통

조선 시대에 국왕이 지역민과 직접 소통할 수 있는 통로가 부재한 상태에서 암행어사는 국왕이 지방의 사정과 민의를 가장 적극적으로 파악할 수 있는 방법이었다. 그렇다고 국왕이 지역민과 소통할 수 있는 방법이 전혀 없었다는 의미는 아니다. 예컨대 윤음을 내려 국왕의 의사를 나타내는 방식이 있었다.

하지만 국왕 입장에서 그 효과가 어느 정도인지 알 길이 없었다. 이에 비해 암행어사의 파견은 민간에서 민생을 살피고 악덕 수령을 징벌하고자 하는 국왕의 마음과 의지로 받아들였다. 암행어사는 국왕이 지역민과 소통하는 간접적인 방식이지만 대리자를 보냈다는 측면에서 직접 소통 방식이라 할 수 있다.

그러므로 국왕의 시선을 좇아서 암행어사의 파견 과정 그리고 암행어사들의 보고서를 분석해보면 국왕이 어떤 방식으로 민의를 살피고 소통하고자 했는지를 알 수 있다.

1. 암행어사 제도

1) 중종의 좌절

한국사에서 암행어사는 조선 왕조에만 존재한 독특한 제도였다.[88] 그 이전 왕조에서는 지방관을 감찰하기 위해 어사가 활동하였다. 예컨대 신라에서 90년(신라 파사왕 11)에 사자使者 10명을 주군에 파견하여 공무를 게을리 하거나 농정을 살피지 않은 자를 적발하여 처벌하게 한 사례가 최초의 기록이다.[89] 하지만 암행으로 활동하지 않았다.

중국 왕조에도 어사 제도가 있었다. 한나라 혜제惠帝(재위기간: 기원전 194~188) 대에 시어사侍御史라는 관리를 전국에 파견했으며, 후대에는 감어사監御史를 두어 지방관을 감찰하였다.[90] 또 암행어사도 존재하였다. 성호 이익은 "어사가 몰래 다니면서 민정을 살핀 것은 한나라 화제和帝(재위기간: 89~105) 대부터 비롯되었다. 화제가 즉위하여 시종신을 나누어 보내되, 모두 미복 차림으로 혼자서 각각 주현에 가서 민심을 살펴 탐지해 묻게 하였다."[91]라고 하였다.

사실 '암행어사'란 공식 직함이 아니다. 법전에는 '어사御史'라는 명칭만 나올 뿐이다. 하지만 국왕이 민심 안정을 위해 당하 시종신을 비밀리에 파견하여 악덕 수령에 대한 염찰을 암암리에 수행하도록 지시했다는 측면에서 '암행어사'라는 용어는 매우 특별한 의미를 갖는다.[92] 『연려실기술燃藜室記述』에는 "어사는 당하관 시종신을 특별히 파견하는 것으로 '암행어사暗行御史'라 이름하였다."[93]라고 하였다. 여기에 덧붙여서 만약 당상관을 임명하여 보내면 '사使'라 일컬었다고 한다.

---

88) 이성무, 『조선은 어떻게 부정부패를 막았을까』, 청아출판사, 2009, 198쪽.

89) 『삼국사기』 권1, 신라본기 1, 파사이사금.

90) 이성무, 앞의 책, 199쪽.

91) 이익, 『성호사설』 권8, 인사문, 암행어사.

92) '암행어사'는 정식 직함은 아니며 어사로 파견되면서부터 비밀리에 활약했기 때문에 그렇게 불리게 된 것이다. 하지만 '어사'라는 용어를 사용했을 경우에 위유어사慰諭御使, 안핵어사按覈御使, 감진어사監賑御使, 시재어사試才御史 등 다양한 어사들이 있으며, 이 중에는 시재어사처럼 암행으로 활동하지 않은 어사도 있으므로 혼동을 줄 수 있다. 또 현재 학계에서 '암행어사'라는 용어를 많이 사용하고 있다. 따라서 이 글에서는 수령 감찰을 위해 비밀리에 파견한 당하관의 어사의 의미를 강조하기 위해 '암행어사'라는 용어를 사용하였다.

93) 李肯翊, 『燃藜室記述』 별집 권8, 관직전고, 御使, "御使, 以堂下侍從臣特遣, 號暗行御史, 有事則或別遣巡撫安集均田試才監賑按覈監市督運等御使, 若命送堂上官則稱使."

기왕의 연구들을 참고해보면 조선 왕조에서 암행어사를 파견한 시점은 분명하지 않지만 1485년(성종 16) 이전에 파견되었다고 보고 있다.[94] 이 이전에는 행대감찰行臺監察 및 분대어사分臺御史를 파견하여 수령을 규찰하다가, 성종 대에 본격적으로 홍문관원 등 근시들로 임명한 어사의 파견을 시초로 잡고 있기 때문이다. 무엇보다도 성종 대에 파견한 어사들이 후대의 암행어사처럼 '암행'의 방식으로 활약했으므로, 암행어사의 단초가 성종 대에 나타났다고 보는 것이다.[95]

어사는 위유어사慰諭御史, 안핵어사按覈御史, 감진어사監賑御史, 시재어사試才御史 등 특별 파견 어사가 다양하게 있었다. 조선 후기에는 이 어사들도 점차 활동이 비밀리에 이뤄지는 추세였다. 그럼에도 유독 일반 '암행어사'가 주목받는 이유는 이 암행어사들이 국왕의 눈과 귀의 역할을 수행하면서 악덕 수령에게 벌을 내려서 민의에 부응했기 때문이다.

그런데 암행어사의 파견이 처음부터 순탄하게 시행된 것은 아니었다. 1509년(중종 4)에 중종과 신하들 사이에서는 암행어사의 파견을 놓고 의견이 갈리었다. 신하들의 의견은 반대였다.[96] 영중추부사 김수동은 감찰 제도를 활용하면 그만이라고 주장하였다.

그는 "최근 암행어사를 보내어 수령의 범행을 적간하는 것은 편치 않은 것 같습니다. 위에서 아랫사람 대우하기를 바른 일로 하지 않으면, 아랫사람도 바른 것으로 하지 않을 것입니다. 봄가을에 어사만 보내어 백성의 병폐와 괴로움을 물어 보기만 하고 암행은 보내지 않는 것이 옳습니다. 수령의 범법과 외람한 일 등은 감사로 하여금 검찰하게 하는 법이 본디 제정되어 있으니, 다시 엄히 살피게 함이 지당합니다."라고 하였다. 김수동은 중종반정의 공으로 좌의정에 오르고 정국공신靖國功臣 2등에 봉해진 인물이다.

---

94) 고석규, 「암행어사 제도의 운영과 지방통치」, 『암행어사란 무엇인가』, 박이정, 1999, 47쪽. 뒤에서 설명하겠지만 1550년(명종 5)을 암행어사 파견 시점으로 보기도 한다.

95) 김순남, 「조선 성종대 어사의 파견과 지방 통제」, 『역사학보』 192, 2005, 134쪽.

96) 『中宗實錄』 권10, 中宗 4년 11월 9일(丁卯).

영의정 박원종도 반대하였다. 박원종은 "외방 수령이 암행으로 오는 것을 두려워하여 나뭇잎에 패자牌字를 써서 돌리니, 이런 폐단은 암행어사를 보내더라도 적발하지 못합니다."라고 하였다. 박원종은 중종반정의 공으로 정국공신 1등에 봉해지고 우의정에 오른 인물이다.

의정부 좌찬성 이손은 "암행의 법은 성종 대에 조익정이 처음으로 아뢰어 시행했는데, 신숙주는 불가하다고 하였습니다. 이것은 모든 일을 다 검찰하는 법이니 할 수 없습니다."라고 하였다. 이손은 중종반정에 공을 세워 정국공신 3등에 봉해진 인물로 당시 나이 71세의 정치가였다.

하지만 중종의 생각은 달랐다. 중종은 "소상하게 살피는 것이 아름다운 일은 아니다. 하지만 백성의 기쁨과 슬픔이 수령에게 달렸고 또 조종조의 고사故事가 있으므로 보내는 것이다."라고 하면서 물러서지 않았다. 그러자 박원종은 "암행이 나가면 수령은 으레 다 법을 범하고 있으므로 무고한 서리들이 형장을 많이 맞을 것이니 애매한 일이 이보다 더한 것이 없습니다."[97] 라고 하면서 암행어사 파견에 대해 회의적인 입장을 나타냈다.

1516년(중종 11)에도 조정에서 중종과 신료들은 어사 파견을 두고서 다시 이견을 드러냈다.[98] 신료들은 수령에 대한 감찰은 관찰사가 하고 있으므로 따로 어사를 보낼 필요가 없다는 점, 수시로 어사를 파견하면 도리어 일상적인 일이 되어 버려 두려워하지 않게 될 우려가 있다는 점, 조정에서 관찰사에 대한 불신을 드러낸다는 점을 들어 어사 파견을 반대하였다.

중종은 신하들의 주장에 대해서 "어사를 보내면 수령의 불법을 알 수 있기는 하나, 만일 자주 보내서는 안 된다.", "어사를 모두 다 믿을 수는 없지만 만일 수령을 추고한다면 죄 없는 백성들이 해를 입게 될 것이다."라고 하면서 한 발 뒤로 물러서는 모습을 보여주었다.

이처럼 16세기까지 암행어사에 대한 신료들의 시선은 부정적이었으며

97) 『中宗實錄』 권10, 中宗 4년 11월 9일(丁卯).
98) 『中宗實錄』 권26, 中宗 11년 10월 20일(戊辰).

일반 어사의 파견도 적극적이지 않았다. 이에 비해 국왕들은 민생을 직접 살피는 수령을 감찰한다는 명목으로 어사나 암행어사를 파견하고 싶어 하였지만 뜻대로 하지 못하였다. 중종이 암행어사를 주장한 배경에는 민생을 직접 챙기면서 국정을 장악하려는 의도가 강했다고 보인다.

하지만 반정으로 왕위에 오른 중종이 신료들의 반대에 부딪혀서 어사를 마음껏 파견하지 못한 점은 국왕의 리더십과 밀접한 관련을 맺는다고 할 수 있다. 일반적으로 『춘향전』에 나오는 이몽룡으로 대표되는 암행어사는 어느 국왕이나 쉽게 파견한 듯이 생각하기 쉬우나, 조선 왕조에서 처음부터 순순히 시행된 제도가 아니었다. 암행어사는 점진적으로 국왕들이 신하들의 이해를 구하기도 하고 신하들도 암행어사의 필요성을 인식하게 되면서 정착한 제도였다.

2) 국왕들이 암행어사를 파견한 이유는?

조선시대에 어사의 파견 인원은 정확하지 않으나 대략적인 수치는 알 수 있다. 기왕의 연구를 참조해보면 명종~고종연간까지 364년간 총 603회로 집계되고 있다.[99] 정확한 수치라고 할 수 없으나 전체적인 윤곽을 파악하기에 부족하지 않다.

암행어사는 조선 왕조 내내 간헐적 또는 집중적으로 파견되었다. 중종은 수령을 규찰하기 위해 어사를 파견하였다.[100] 하지만 『중종실록』을 근거로 했을 때에 '암행어사'라는 이름으로 어사를 파견하지는 못하였다. 그 뒤 1550년(명종 5)에 박공량 등 8명을 팔도에 나누어 보내 수령들의 불법을 살피도록 하면서 암행어사가 출두하기 시작하였다. 이 때문에 1550년을 암행어사가 공식적으로 파견된 시점으로 보기도 한다.[101]

---

99) 고석규, 앞의 글, 50쪽. 고석규는 348년간 총 613차례로 파악했다. 이 글에서는 조선왕조실록을 근거로 하여 고석규의 통계를 조금 수정해서 제시하였다.

100) 중종 대 어사 파견에 대해서는 전봉덕, 『韓國法制史研究(暗行御史研究其他)』, 서울대학교출판부, 1968, 52~57쪽과 71~73쪽에 자세하다.

101) 전봉덕, 위의 책, 66쪽.

그러다가 본격적으로 암행어사를 파견한 시기는 인조 연간이었다. 1623년(인조 1)에 인조는 암행어사 이명준 등을 인견하고 직접 봉서封書를 주면서 수령들을 잘 규찰해오되 선유사들처럼 실수하지 말라고 당부하였다. 도내에 오래 머물면서 관찰사와 병마절도사까지 규찰하라고 지시하였다.[102)]

인조 연간에는 암행어사의 파견에 대해 신하들도 필요성을 인지하였다. 1626년(인조 4) 사헌부에서는 "지금 극도로 피곤한 백성들이 밤낮으로 물 떠난 고기들이 입을 벌리듯 누군가가 와서 구제해주기를 바라고 있으니 그 정상이 애처롭습니다."라고 하면서 암행어사 파견을 요청하였다. 중종 대와 비교하면 격세지감이 아닐 수 없다. 오히려 암행어사가 비밀스럽게 임무를 수행하기 때문에 접대의 폐단을 야기하지 않는다는 점도 매력으로 작용하였다.[103)]

이처럼 암행어사 파견에 대해서는 인조 연간 이후로 국왕과 신료 사이에 이견이 해소되어 갔다. 국왕들은 왕도정치의 실현이라는 측면에서 암행어사를 파견해 전국의 민의를 살핀다는 명분을 내세웠다.

암행어사를 자주 파견한 정조는 "여기 구중궁궐은 깊숙하고 아득하여 사방 먼 들판의 농사 형편이 풍년인지 흉년인지와 민간 사정이 괜찮은지 비참한지를 오직 관찰사의 장계에만 의존하여 믿게 된다. 그런데 앞뒤로 그 보고 문서가 한 번도 분명하게 된 적이 없었다."[104)]라고 하면서 암행어사를 파견하였다. 그러면서 정조는 "나에게는 암행어사가 있으므로, 논밭을 잘 갈았는지 못 갈았는지를 자연히 알아서 상도 주고 벌도 줄 수 있으니 그것을 감히 소홀히 할 수 있겠는가?"[105)]라고 하였다.

1794년 9월에도 정조는 본인의 생일에 팔도와 삼도三都에 윤음을 내려 민생을 강조하였다. 정조는 "내 백성의 부모가 되어 그들을 구제하고

---

102) 『仁祖實錄』 권3, 仁祖 1년 9월 12일(己亥).
103) 『仁祖實錄』 권12, 仁祖 4년 4월 4일(丙子); 『仁祖實錄』 권16, 仁祖 5년 7월 26일(庚寅).
104) 『正祖實錄』 권15, 正祖 7년 11월 10일(丁酉).
105) 『正祖實錄』 권19, 正祖 9년 1월 1일(辛亥).

살려주며, 또 그들을 평안하게 할 계책에 새벽부터 밤까지 이것을 생각하고 걸음마다 이것을 생각하였다."라고 강조하였다. 그러면서 "기근을 구제하는데 부지런히 했는가 하지 않았는가, 죄를 범했는가 범하지 않았는가 하는 것은 호랑이 같은 암행어사를 각도에 나누어 보내 부월을 잡고 가게 할 것이니, 힘쓸지어다."[106]라고 엄포를 놓았다.

국왕이 지역민과 직접 소통할 수 있는 정책이 부재한 상태에서 암행어사는 국왕이 지방의 사정과 민의를 가장 적극적으로 파악할 수 있는 방법이었다. 그렇다고 국왕들이 지역민과 소통할 수 있는 방법이 전혀 없었다는 의미는 아니다.

예컨대, 국왕들이 지역민과 직접 소통하는 방식으로 가장 대표적인 방식이 윤음의 반포였다. 영조는 윤음을 새로운 통치 방식으로 활용했는데, 영조가 내린 275건 중 105건이 백성을 대상으로 작성한 윤음이었다.[107] 한글 윤음의 경우 가장 많이 내린 국왕이 정조로서 주로 흉년을 당한 백성에 대해 세금을 감면해주는 내용이다. 영조는 금주를 권고하는 한글 윤음 등 총 2건을 내렸다. 고종 역시 외세를 배척하는 한글 윤음을 내렸다.[108]

하지만 윤음이 비록 임금이 백성에게 보낸 서찰과도 같았지만, 그 효과가 어느 정도인지는 국왕 입장에서 알 길이 없었다. 윤음을 백성이 제대로 읽었는지, 그 속에 담긴 국왕 본인의 의도가 제대로 전달되었는지 확인할 길이 없었다. 그러므로 윤음은 소통이라는 측면에서는 기대할만한 성적을 거두기가 쉽지 않은 것이 사실이었다.

이에 비해 암행어사는 민간에서 민생을 살피고 악덕 수령을 징벌하고자 하는 국왕의 마음과 의지로 받아 들였다. 박내겸朴來謙(1780~1842)은 43세인 1822년(순조 22)에 평안남도 암행어사로 발탁되자, 그때의 경험

106) 『正祖實錄』 권41, 正祖 18년 9월 22일(丙午).
107) 김백철, 「영조의 윤음과 王政傳統 만들기」, 『장서각』 26, 2011, 45쪽.
108) 백두헌, 「훈민정음을 활용한 조선시대의 인민 통치」, 『진단학보』 108, 2009, 286~287쪽,

을 『서수일기西繡日記』로 남겨 두었다.[109]

박내겸은 평안남도 가리탄을 지나면서 주막에 들어갔다. 그곳 가게 주인은 "전하는 말에 초봄에는 암행어사의 행차가 반드시 있을 거라고 해서 사람들의 마음이 상당히 두려워하고 꺼렸습니다."라고 하면서, 왜 지금까지 오래도록 암행어사가 출두했다는 소문이 없으니 매우 이상하다고 말하였다.[110] 민심의 입장에서 암행어사를 고대했던 것이다. 심지어 상언이나 격쟁의 내용 중에 암행어사를 파견해달라는 요청까지 있을 정도였다.[111]

정조는 "암행어사라는 명칭을 가졌는데 사람마다 지목을 한다면 실로 임금의 명을 가장 크게 욕되게 하는 것이다."[112]라고 했듯이 암행어사는 곧 임금의 밀명으로 간주하였다. 암행어사는 임금의 명을 대신 전달하지만, 다른 한편으론 가장 직접적으로 임금의 명을 수행하는 존재로서 윤음에 비해서 훨씬 강력한 효과를 발휘하였다. 따라서 암행어사는 반드시 국왕이 간택했고, 암행어사의 파견 여부도 전적으로 국왕의 의사로 결정되었다.

1570년(선조 3)에 선조는 경기, 경상도, 충청도의 흉년이 심하자 어사를 파견해 폐단을 살피고 기근을 구제하려고 하였다. 그래서 신료들에게 묻자 홍섬, 권철 등이 "어사를 명하는 것은 성상의 마음으로 선택할 일이요, 신 등이 참여할 일이 아닙니다."라고 답하였다. 선조가 세 정승에게 다시 묻자 세 정승 역시 삼공三公이 어사를 천거하는 일은 전례가 없어 후일에 폐단이 있을까 두렵다면서 답하지 않았다.[113]

암행어사로 파견된 사람들은 주로 당하관의 시종신이었다. 암행 지역

---

109) 이 자료는 박내겸, 오수창 옮김, 『서수일기』-200년 전 암행어사가 밟은 5천리 평안도 길』, 아카넷, 2015 및 박래겸 지음, 조남권·박동욱 옮김, 『서수일기西繡日記-126일간의 평안도 암행어사 기록』, 푸른역사, 2013을 이용하였다. 이하에서 전거는 '박내겸, 『서수일기』'로 표시하였다.

110) 박내겸, 『서수일기』 1882년 3월 24일.

111) 허문행, 「숙종대 암행어사제도의 정비와 운영」, 한국학중앙연구원 한국학대학원 석사학위논문, 2018, 11쪽.

112) 『正祖實錄』 권15, 正祖 7년 6월 8일 (戊辰).

113) 이긍익, 『연려실기술』 별집 권8, 관직전고, 어사.

도 찌를 뽑아서 무작위로 선발해 감찰했으며, 조선후기에는 암행어사 경유지인 연로沿路의 지역까지 확대되었다.[114] 또 암행어사의 공정한 활동을 위해 본인이 수령으로 나가지 않은 지역으로 파견했는데, 행여나 얼굴을 알아보는 사람이 있을 것을 우려한 방지책이었다. 곧 조금이라도 연고가 있는 지역을 피했던 것이다.[115]

암행어사는 '암행'이라는 말처럼 비밀이 매우 중요하였다. 하지만 그 비밀이 종종 새어나가는 경우도 있었다. 1799년 5월에 정조가 판중추부사 심환지에게 보낸 편지에는 "요사이 소식은 어떠한가? 김희순이 경상도 암행어사로 간다는 말을 하지 않는 사람이 없으니, 이것은 그 집안사람이 중요한 기밀을 조심하지 않아서 그렇게 된 것이다."[116]라고 하면서 문제점으로 지적할 정도였다.

2. 암행과 여론 동향 파악

1) 암행은 국왕의 눈과 귀

앞서 소개한 박내겸은 1809년(순조 9)에 증광 문과에 급제하였다. 문과에 급제한 박내겸은 오랫동안 주서注書로 근무했으며, 1814년에 지평을 거쳐 암행어사로 나가기 직전인 1822년 윤3월에 정언正言으로 임명되었다.[117]

박내겸이 암행어사로 발탁되는 과정을 보면, 그는 궐로 들어오라는 승정원의 전갈을 받들고 바로 궐로 나아갔다. 궐에 당도하자 사알司謁로부터 "기다리라."는 왕명을 듣고 대기했다가 창덕궁의 희정당으로 들어갔

---

114) 권기중, 「조선후기 암행어사의 수령 평가-경기 암행어사 서계(書啓)를 중심으로」, 『역사와 담론』 87, 2018, 163~164쪽.

115) 허문행, 앞의 석사학위논문, 30~31쪽.

116) 『정조어찰첩』(탈초·번역본), 성균관대학교출판부, 2009, 353쪽.

117) 『승정원일기』 순조 14년 1월 18일, 순조 22년 윤3월 13일. 박내겸의 생애와 암행어사 활동에 대해서는 박영호, 「조선시대 사환일기 연구: 박래겸의 『서수일기』를 중심으로」, 『동방한문학』 45, 동방한문학회, 2010 및 박동욱, 「박래겸의 암행어사 일기 연구」, 『온지논총』 33, 온지학회, 2013 참조.

다. 순조는 봉서 1통을 건네주면서 “지방으로 내려가 잘 했으면 좋겠다.” 라고 하교하였다. 그가 신문 밖으로 나와 조용한 곳에서 뜯어보니 평안남도의 암행어사로 나가라는 명이었다. 그는 왕명을 받자마자 가족과 작별 인사도 하지 못한 채 급히 출발하였다.

박내겸은 봉서를 받을 때에 ‘사목事目’ 한 권, 마패 하나, 유척鍮尺 두 개를 함께 받았다. 곧 그는 임명장이자 국왕의 지시 사항이 담긴 봉서, 암행어사 행동 강령 및 시행 사항을 적은 사목책, 증명패인 마패, 놋쇠로 만든 자 두 개를 받은 것이었다. 그리고 수행원으로 총 12명을 데리고 갔는데, 곁에서 보필해줄 사람 4명, 아전 1명, 남자종 1명, 마졸 6명이었다. 박내겸은 가난한 선비처럼 해진 옷에 부서진 갓 차림으로 나섰다. 도성을 벗어나 경기 지역에 들어서자 길에서 아는 사람이 많아 부채로 얼굴을 가리고 다녔다.[118)]

그렇다면 국왕들이 봉서로 지시한 내용은 무엇이었을까? 현재 박내겸이 받은 봉서가 없으므로, 1778년에 정조가 충청도 암행어사 박우원朴祐源에게 내린 봉서를 소개하고자 한다.[119)]

- 여러 읍들을 비밀리에 다니면서 은밀히 물정을 살피되, 관리의 현부賢否와 백성의 고락苦樂에 대해 크고 작은 것을 막론하고 모두 다 조사하라.
- 그런 다음에 비로소 출두하되 그중 유난히 어질지 못한 자는 답인한 문서에 근거하여 먼저 창고를 봉한 뒤에 장계로 보고 하라.
- 관찰사와 병마절도사, 수군절도사의 치적도 자세히 염탐하라. 수령의 경우 연로의 여러 읍은 찌를 뽑아 뽑힌 고을을 조사하고, 경유하는 읍 가운데 영장營將, 변장邊將이 있는 곳도 일체 살피도록 하라.
- 진휼 정사의 근태와 민심을 더욱 마땅히 유의하여 살펴보도록 하라.
- 출두한 뒤에는 반드시 고장에 안주하여 생업을 즐기라는 뜻으로써 거듭 위로하고 타일러라. 길에 굶어 죽은 시체가 있으면 해당 고을에 명하여 일일이 묻어 주도록 하라.

---

118) 박내겸, 『서수일기』 1822년 3월 16일, 3월 21일.
119) 正祖, 『홍재전서』 권39, 봉서 1.

- 관찰사, 수령 및 절도사와 변장으로서 형벌을 남용하거나 형장을 남용하는 자와 『흠휼전칙欽恤典則』을 반포한 뒤에 법식을 위반한 자는 일일이 조사하여 오라.
- 인재 및 절행이 있는 사람도 뽑아서 아뢰도록 하라.

정조가 박우원에게 내린 봉서에는 지시 사항이 구체적으로 들어 있다. 열읍의 크고 작은 모든 일을 다 조사하게 한 점, 수령은 물론 관찰사, 절도사, 변장 등 백성과 접촉하는 모든 관리를 염탐하게 한 점, 형벌이나 형장을 남용한 위반 사실을 적발하게 한 점, 진휼 정사가 제대로 이루어지고 있는지 보고하게 한 점, 지역 인재를 추천하게 한 점 등 매우 구체적으로 지시를 하고 있다. 국왕이 지방에 직접 가서 검토하고 싶은 일들과 보고 싶은 일들이다.

봉서의 지시 내용에서 보듯이 봉서를 받들고 가는 암행어사는 국왕의 눈과 귀였다. 그리고 휼민의 마음을 전달하는 국왕의 대리자였다. 국왕이 도성민과 경기 일원의 백성들을 제외하고 사실상 직접 대면하기 쉽지 않은 상황에서 암행어사는 바로 국왕이 대리인을 파견해서 이루어지는 직접 찾아가는 소통의 방식이었다.

2) 국왕을 대신한 소통 활동

1696년(숙종 22) 3월 7일에 황해도 암행어사 박만정朴萬鼎(1648~1717)은 추첨으로 뽑힌 12곳을 염탐하기 위해 길을 나섰다. 황해도로 가는 길에 여러 차례 식량 부족으로 고통을 겪었다. 무엇보다도 지방에 서울 양반이 나타나자 암행어사로 의심하는 사람들도 있었다. 박만정의 경우 행색을 남루하게 꾸미지 않아 사람들이 양반으로 알아보았으며, 갖고 다닌 물건도 양반 행색의 티가 났기 때문이다.

박만정은 주로 민가에 묵으면서 여러 가지 이야기들을 들었다. 1696년 3월 28일에 박만정은 길에서 만난 은율 사람에게 "금년처럼 기근이 극심한 때에 이 근처 수령 중 어느 수령이 구휼을 잘하는가?"[120]하고 직접 묻기도 하였다.

박만정은 암행을 떠난 지 한 달 만인 4월 6일에 처음으로 황해도 신계 관아에서 암행어사 출두를 하였다. 여기까지 오는 도중에 이미 많은 정보를 수집한 박만정은 신계 현령 심릉沈棱의 죄를 다스리기 위해 관아 문서를 모조리 가져 오게 해서 불법 행위를 적발해내었다. 창고를 봉하고 현령의 인신과 병부를 거둔 다음 겸관兼官에게 보내었다. 겸관이란 신계를 당분간 임시로 담당할 인근 고을의 수령을 말한다. 노자로 사용할 곡식을 신계 관아에서 약간 충당한 뒤에 다시 길을 출발하였다.[121)]

4월 8일에는 곡산 관아에서 암행어사 출두를 하였다. 조사결과 곡산 수령은 원성에 비해 하자가 없었으므로 후속 조치를 취하지 않았다. 4월 9일에는 문성진에 가서 첨사 정달도가 올린 공장公狀을 검토하였다. 4월 10일에는 광산진에 당도해 진휼문서를 조사하고 만호 유상만의 공장을 검토하였다. 4월 11일에는 수안 객사로 들어가 진휼 문서를 조사하였다.

4월 12일에는 인근에 이미 암행어사가 출두했다는 소문이 파다하였다. 서흥군의 남한촌에 이른 박만정은 어느 민가에서 말죽을 먹였다. 그 주인은 "들리는 말로 암행어사가 신계, 곡산 등지에 출몰한다는데 혹 그런 이야기를 들은 적이 있습니까?"하고 물었다. 4월 15일에는 배천 관아에 출두하여 민간인들로부터 비난을 받고 있는 군수 이동형을 다스렸다. 문서 조사 결과 불법 비위 사실이 발견되어 인신과 병부를 압수하여 겸관兼官에게 보내고 창고를 봉한 뒤에 다시 길을 나섰다.[122)]

4월 20일 강령의 빈장리에 이르자 이미 이쪽에도 암행어사가 온다는 소문이 파다하였다. 동네사람들은 "듣자하니 암행어사가 금명간 객사에 당도한다고 하여 어제 원두園頭 놈이 와서 채소를 구하는데 그게 다 어사를 대접하기 위함이지 않소."라고 말하였다.

---

120) 이 자료는 박만정 지음, 이봉래 옮김, 『海西暗行日記』, 고려출판사, 1976년 및 박만정 지음, 윤세순 옮김, 『해서암행일기-암행어사, 황해도에 출두하다』, 서해문집, 2015을 이용하였다. 이하 '박만정, 『해서암해일기』'로 전거를 밝혔다.

121) 박만정, 『해서암행일기』 1696년 4월 6일.

122) 박만정, 『해서암행일기』 1696년 4월 15일.

4월 21일에 강령 객사에 들어가 문서를 조사하였다. 4월 23일에는 옹진 객사에 도착해서 청나라 어선들이 자주 침입한다는 현령의 하소연을 들어주었다. 4월 24일에는 장연 객사에 들었다. 4월 25일에는 송화 객사에 들어가 문서를 조사하고 해당 현령의 죄를 다스렸다. 밤에 풍천 객사에 들었다가 4월 27일에 다시 출발하였다.

5월 1일에는 산산진 동헌으로 들어갔다. 당시 첨사가 여러 관졸들과 쌍육희 놀이를 하다가 '어사 출두'라는 말을 듣고 혼비백산하여 도망쳤다. 그는 진휼 관련 문서를 조사한 뒤 다시 출발해 황주 객사에 당도하였다. 이튿날 황주에서 출발하고자 할 때 어느 여성이 억울한 사정을 호소했으며, 이 같은 현상은 어사 출두를 한 다음에 어김없이 나타났다.[123] 그 뒤 5월 3일부터는 암행어사 출두를 하지 않았다. 서흥현부터는 미리 선문先文을 발송하여 행차하였다. 그리고 배천의 경우 이전에 제대로 살펴보지 못한 문서들을 다시 살펴보기 위해 관아를 재방문해 마저 조사하기도 하였다.[124]

박만정은 일기에 첫날만 제외하고 암행어사 출두의 광경을 자세히 기록하지 않았지만 암행어사의 존재가 수령들에게는 두려운 사안이었다. 12곳의 고을을 조사하고 임무를 마치고 서울로 돌아올 때에는 미리 선문을 하여 본인의 존재를 노출시켰다. 암행어사가 가는 곳마다 민인들은 억울한 사정을 하소연하면서 문제를 해결해줄 것을 요청하였다. 이런 문제들은 별단으로 하나하나 써서 올려서 지역의 민심을 그대로 전달하는 매개체가 되었다.

1822년(순조 22)에 평안남도 암행어사로 간 박내겸의 일기에는 암행어사의 등장이 당시 어떤 반향을 일으켰는지 매우 상세하게 기록되어 있다. 박내겸은 총21개 고을을 조사했으며 그 중 어사 출두는 순안, 삼화, 개천, 안주, 강서, 강동, 숙천, 평양 등 8회에 걸쳐 시행하였다.

순안에서 어사 출두를 외치니 사람들이 모두 흩어졌고 온 성안의 불빛

---

123) 박만정, 『해서암행일기』 1696년 5월 2일.
124) 박만정, 『해서암행일기』 1696년 5월 5일.

을 모두 소등한 채 문들을 닫아 걸 정도였다. 용강현에서는 관리들이 미리 낌새를 알고 공연히 놀라 두렵게 여기면서 분주히 다과상을 준비하고 밤새 문밖으로 와서 엿보기를 하였다.[125] 개천에서 암행어사 출두를 할 때에는 관문 밖이 곧 시장이어서 사람들이 모두 크게 놀라 숨어서 길가가 텅 비어 사람이 없을 정도였다.[126] 또 황명조라는 사람은 변방의 장수인데 암행어사가 본인의 종형 황겸조 때문에 본인을 염탐한다고 여겨 종형을 찔러 죽이고 본인도 스스로 자살한 사건도 있었다.[127]

박내겸은 한양으로 돌아와 복명한 뒤에 창덕궁 희정당에 입시하여 국왕을 만났다. 순조가 안렴하는 일을 빠짐 없이 했는지 묻자, 박내겸은 "정성과 힘이 미친 곳에는 감히 빠트린 곳이 있을 수 없습니다."[128]라고 대답하였다.

사실 박만정이나 박내겸의 활동을 살펴보면 엄정하게 암행어사를 시행했다고 보기 어려운 점도 있다. 박만정의 경우 어사 출두를 자주 하지 않았는데 그 이유가 상세하지 않다. 박내겸은 어사 출두를 한 뒤에는 기생과 동침하기도 하였다.[129] 또 민의 편에 서기보다는 조정의 관인으로서 체제 유지를 위한 궤변을 늘어놓을 때도 있었다.[130] 그럼에도 박만정의 서계와 별단을 살펴보면 지역과 민의 조사를 꼼꼼히 시행하고 그 해결책까지 제시하고 있다.

따라서 국왕이 암행어사를 파견하는 목적은 암행어사라는 상징적인 존재를 통해 수령들을 긴장시키고 국왕이 지역민을 늘 잊지 않고 있다는 것을 보여주기 위한 것이었다. 암행어사는 국왕 입장에서 국왕의 권위를 격상시키는 동시에 국왕과 민인들을 연결시켜주는 끈과도 같았으며, 신료들에게는 백성을 늘 고려해야 하는 중요한 존재로 각인시켜주는 역할

125) 박내겸, 『서수일기』 1822년 5월 17일.
126) 박내겸, 『서수일기』 1822년 5월 26일.
127) 박내겸, 『서수일기』 1822년 7월 8일.
128) 박내겸, 『서수일기』 1822년 7월 28일.
129) 박내겸, 『서수일기』 1822년 5월 19일, 7월 9일.
130) 오수창, 「[옛 길을 따라] 암행어사 길-1822년 평안남도 암행어사 박내겸의 성실과 혼돈」, 『역사비평』 겨울호(통권 73호), 2005, 206쪽.

을 했다고 여겨진다.

3. 암행 보고서의 내용

1) 서계의 내용

국왕이 어사를 임명하면 어사에게 봉서와 사목을 내렸다. 어사는 임무를 마치고 돌아오면 국왕에게 서계와 별단이라는 두 가지 보고서를 올렸다.

봉서는 국왕이 종친이나 근신에게 내리는 개인적인 글로서 일종의 임명장이라고도 할 수 있다. 사목은 어사의 직무와 권한을 밝혀놓은 것으로, 1791년(정조 15)에서 1802년(순조 2) 사이에 정리한 〈팔도어사재거사목八道御史齎去事目〉이 있다. 서계는 어사로서의 활동 내역을 보고하는 자료이며, 별단은 도나 군현의 폐단을 적시하여 국왕에게 해결 방안을 제시한 일종의 정책 보고서였다.

1696년(숙종 22)에 황해도 암행어사로 나간 박만정은 총 12곳의 고을을 조사하였다. 여기에 더하여 숙종의 명을 받들어 변장邊將들도 염문하고 연로의 다른 읍폐들도 조사해서 보고하였다. 고을 12곳은 연안 부사 이관주, 곡산 부사 최박, 배천 군수 이동형, 재령 군수 심익창, 안악 군수 이익주, 신천 군수 채정, 신계 현령 심능, 강령 현감 김세형, 장련 현감 이행도, 송화 현감 김해, 은율 현감 한종운, 문화 현령 이진척이었다.

변장은 총 10곳으로 소강 첨사 이용, 산산 첨사 송영기, 허사 첨사 박지병, 문성 첨사 정달도, 동리 첨사 김효흥, 광산 만호 유상만, 문산 만호 안필휘, 신당 만호 이응준, 등산 만호 황상윤, 용매 만호 정영한이었다. 그리고 관찰사 이징명, 병마절도사 홍하명도 조사 대상이었다.

따라서 박만정은 3월 7일에 암행어사 임명에서부터 5월 12일에 복명하기까지 약 60여일에 걸쳐서 24곳을 조사한 것이다. 이 중 봉고파직을 한 배천 군수에 대한 서계의 내용을 소개하도록 하겠다.[131]

---

131) 박만정, 『해서암행일기』, 서계.

- 지난 가을 곡물을 거둬들일 때에 본군 16방의 부민富民 300여명을 가려 뽑아 주연을 베푼 후 이들에게 상납할 곡물 수량을 기재토록 하고, 그 중 기재량이 많은 것을 기준으로 하여 거기에 1섬이라도 모자라면 아예 받지 않겠다고 물리쳤음. 실제 곡물을 수납할 때에는 기재한 곡물 수량의 두 배를 상납시킴
- 시장에서 산 곡물을 관가에 납품할 때에는 정량에 모자라는 부분은 부민들에게 강제로 돈을 지급하여 사오게 하였음.
- 종자의 분급도 빈민이 아닌 부민들에게 함
- 우금牛禁을 칭탁하여 각 방의 백정을 잡아들여 도살한 죄를 묻고 중한 형장을 가하고 속전贖錢 10냥씩을 거두어 16방에서 1백여 냥을 거둠
- 곡물 환곡이나 분급은 불성실하여 보름 동안 지급한 양곡의 경우 장정은 1말 1되 3홉 4작, 노약자는 7되 3홉으로 하여 잡곡을 혼합하여 규정량만 지급해 백성들이 끼니를 이을 수 없음. 환과고독이나 폐질자는 구호대상자 명부에서 누락, 양반으로서 미력이나마 권세가 있으면 부호라도 구호대상에 참여함.
- 구휼로 명성을 얻기 위해서 구휼곡을 타가는 가난한 백성에게 군수의 선정비를 세울 것을 강요함.

수령이나 변장으로 공을 세운 사람이 있으면 사실대로 기재하여 보고하였다. 광산 만호 유상만의 경우 진휼을 잘하고 백성 유망을 막는 데에 공이 크다고 보고하였다. 관찰사 이징명에 대해서는 매우 검약하고 백성의 구제에도 혼신의 힘을 기울였다는 평가를 내렸다.

이후 이조에서는 박만정의 서계 내용대로 조치를 하여 배천 군수 이동형, 신계 현령 심능, 송화 현감 김해 등을 모두 의금부로 잡아들이고, 연안 부사 이관주에게 상을 내릴 것을 건의하였다. 이에 따라 이관주에게 비단을 하사하였다.[132)]

132) 『肅宗實錄』 권30, 肅宗 22년 5월 14일(己巳).

2) 별단의 내용

별단은 암행어사의 의견서다. 국왕은 직접 민정을 살피고 온 암행어사의 경험과 의견을 통해 민의를 수렴한 것이었다. 아마도 암행어사로서 가장 어려운 사항이 별단 작성이었다고 판단된다. 국왕의 눈과 귀를 대신하여 암행을 수행한 뒤에 올리는 별단은 식견과 함께 민의를 알리는 일이었기 때문이다.

1696년(숙종 22) 황해도 암행어사 박만정 역시 암행어사의 임무를 수행하고 난 뒤에 서계와 함께 별단을 올렸다. 박만정은 별단의 앞부분에서 "조석으로 주막집에서 음식을 먹을 때면 젊은이나 노인 할 것이 사방에서 거지들이 모여들어 슬피 울며 가련한 소리로 한 술만 얻기를 애걸하는 모습이 너무 참혹하여 차마 눈 뜨고 볼 수 없어 음식이 목에 넘어가지 않았습니다."라고 하면서 본인이 보고 들은 내용들을 자세히 열거한 뒤에 대책을 내어 놓았다.

진휼에 대해서는 "관찰사로 하여금 열읍에 요량껏 출급하게 해서 보리마저 떨어진 곤궁한 백성들을 구제"해야 한다고 건의하였다. 황해도의 흉년이 심해 여러 읍들의 전세와 군포를 감해주어야 한다고 주장하였다. 사대동법私大同法이 이 도에서 시행되고 있으나 일반 대동미와 규례가 같지 않고 칙사 행차에 별도로 징수하는 일도 있으니 전제상정법田制詳定法에 준하여 손익을 짐작, 일정량을 백성에게서 받아들이고 월초 및 월말에 감영에 보고하도록 해야 한다고 보았다.

또 황해도 각 읍에 군인 수가 매우 많아 백성이 감당하기 어려우므로 둔전의 모민을 혁파하고 나장, 군뢰, 보인 등도 혁파할 것을 요청하였다. 곡산·신계·수안 세 읍에서 매[鷹]를 관에 바치는 것이 큰 폐단이므로 묘당에서 조사하여 임금에게 보고토록 해달라고 하였다. 또 이 세 읍은 감영에서 멀리 떨어져 있어 수령들이 자주 불법을 자행하고 있으므로, 대간이나 시종신 등을 종종 파견하여 폐단을 바로잡으면 좋겠다고 건의하였다.[133)]

박만정은 60여 일 이상을 부지런히 돌아다니면서 탐문하고 조사한 내용들을 서계와 별단으로 정리하였다. 이 가운데 별단의 내용은 현상만을 지적하지 않고 직접 목도하고 민심을 반영하여 문제 해결책을 제시하고 있어 주목된다. 서계가 수령이나 변장들에 대한 평가라고 한다면, 별단에서는 국가 정책이 지방에서 어떻게 반영되어서 실현되고 있는지, 그 과정에서 민인들이 겪는 고통이 무엇인지, 어떤 점들을 가장 많이 힘들어하는지를 낱낱이 자세하게 보고하고 그 해결책을 내놓고 있다.

다음으로 암행어사 파견이 많았던 정조 연간의 별단의 내용도 살펴볼 필요가 있다. 1787년(정조 11)에 정조는 심진현沈晉賢을 호남 암행어사로 파견하였다. 정조는 "아! 저 호남의 백성들이 암행어사의 얼굴을 보지 못한 지가 지금 10년이나 되었으니, 밤낮으로 백성을 걱정하는 나의 마음에 어찌 하루인들 호남의 백성을 잊어서 그런 것이겠는가."[134]하면서 민간을 염탐할 조건 여덟 가지를 내렸다. 정리하면 진정賑政의 잘잘못, 환곡의 허실虛實, 형장刑杖의 남용, 세곡稅穀의 폐단, 수령의 불법, 인재人才 및 절행節行, 백성의 폐막弊瘼이었다.

심진현은 정조의 명을 받들어 임무를 수행한 뒤 서계와 함께 별단을 올렸다. 별단의 내용은 정조가 내린 염탐 조건 여덟 가지 중 서계를 통해 보고한 수령의 불법 사항을 제외한 일곱 조항에 대한 의견이었다. 별단 중 백성이 겪은 어려움에 대한 사항을 일부 소개하면 아래와 같다.

1. (중략) 그중 순창 소재 절에 있는 중들의 종이에 대한 폐단은 사정을 살펴보면 지극히 불쌍하고 사체로 보면 지극히 구차합니다. 작년에 연신筵臣이 진달한 뒤에 군문에서 바로잡은 일이 있었으나, 곧바로 역적 구선복의 포효咆哮로 인하여 중들은 위력에 겁을 먹었고 영읍營邑은 따지기 싫어서 약간의 종이만을 감급減給하여 때우고서 그대로 두어 폐단이 여전합니다. 삼군문에서 종이를 사들이는 법이 어느 때 시작되었는지 모르겠으나, 전에

---

133) 박만정, 『해서암행일기』, 별단.
134) 『일성록』 正祖 11년 4월 2일(己亥).

는 닥나무 값이 비싸지 않아 중들에게 백징白徵한 수량이 많지 않았는데, 근래에는 닥나무의 값이 전에 비해 몇 배나 비싸졌습니다. 따라서 삼군문에서 지급하는 값이 1,400여 냥에 불과하므로 중들이 스스로 값을 보탠 것과 인정人情의 비용까지 합치면 3,250여 냥이나 됩니다. 닥나무 값은 해마다 더 오르고 절의 중들은 날이 갈수록 더 흩어져 장차 큰 사찰이 마침내 텅 빈 뒤에야 그치게 될 것이니, 일의 잔혹하기가 이보다 심할 수는 없습니다. (중략) 신의 생각에는, 순창의 절에서 종이를 사는 규례를 영원히 혁파하고 곧바로 군보전軍保錢으로 상납한 뒤에 군문에서 어느 특정한 곳을 논하지 말고 개인적으로 사서 쓴다면, 사체가 바르게 될 수 있고 백성의 폐막이 제거될 수 있을 것입니다. (하략)

정조는 암행어사의 직무는 수령의 잘잘못을 규찰하고 백성의 괴로움을 살피는 것이라고 보았다. 어사가 비단옷을 입는 것은 그 은총을 드러내는 것이요, 도끼를 지니는 것은 그 권위를 높이려는 것이라고 하였다.

정조는 암행어사들에게 종적을 비밀스럽게 하면서 관부와 시장, 촌락을 드나들면서 세세히 조사해서 조정에 돌아올 때에 일일이 조목별로 나열해 아뢰도록 하라고 명하였다. 인신과 장부를 현장에서 잡은 경우가 아니면 혹시라도 경솔하게 먼저 창고를 봉하지 말며, 황정荒政에 도움이 되지만 미처 시행하지 못한 것들도 탐문하여 아뢰고, 특별히 뽑은 뜻을 저버리지 말고 그 직분에 걸맞게 하도록 하라고 당부하였다.[135)]

조선시대에 국왕들이 암행어사를 파견한 의도는 정조와 크게 다르지 않았을 것이다. 구중궁궐에서 민정을 세세히 살피기 위해서 암행어사를 파견하면서 한 가지도 빠짐없이 적어서 보고하라는 명령은 국왕들이 어사들을 보내 직접 민의를 듣겠다는 의지였다. 백성들이 간절히 바라는 것은 오직 어사라는 지적은 바로 백성이 바라는 소망이란 국왕의 관심이라는 의미로 바꿔 읽을 수 있다. 암행어사들이 보고하는 서계와 별단은 이런 측면에서 국왕들이 암행어사를 통해 읽어낸 지역 사정인 동시에

135) 『正祖實錄』 권41, 正祖 18년 11월 16일(庚子).

민의라 할 수 있다.

3) 공론 정치와 찾아가는 소통

성호 이익李瀷(1681~1763)은 임금의 불통에 대해 이렇게 말하였다. "듣지 못하는 것을 귀머거리, 보지 못하는 것을 소경이라 한다. 이것은 천벌이지만 보아도 보지 못하고 들어도 듣지 못한다면 귀머거리나 소경과 뭐가 다르겠는가?……옛날에 아주 큰 귀머거리와 소경이 있었으니 걸桀과 주紂란 자다."[136)]

조선의 국왕들은 걸·주 같은 임금이라는 평가를 받지 않기 위해 공의를 거론하면서 언로를 틔우라고 주장하는 신료들 앞에서 늘 전전긍긍하였다. 그런데 왕세손으로 어렵게 왕위에 오른 정조는 이전 국왕들과 다른 행보를 보였다. 정조는 왜 지금은 고요할 정도로 간언하는 신하들이 없느냐고 타박하면서, 역대 중국 왕조와 조선의 명신名臣들이 남긴 간언諫言들을 모아 책으로 펴냈다.

그런가하면 영조 시대의 상소문들을 모아 책자로 묶어 냈다. 이뿐만이 아니었다. 본인의 재위 시절에 올라온 상소문들도 빠짐없이 모아 두었다. 대표적인 결과물이 『장차휘편章箚彙編』과 『공거문총公車文叢』이다. 정조는 이 두 종류의 자료집들에 직접 서문을 지어 각별한 의미를 부여하였다.[137)]

『장차휘편』은 1788년(정조 12)에 『승정원일기』에서 영조 재위 53년 동안 신하들이 올린 상소문들을 뽑아 편집한 것이다. 상소문 내용 중 중요한 말은 자세히 쓰고 지엽적인 말은 삭제하는 방식으로 편집하였다.[138)] 이 책의 분량에 대해서는 『홍재전서』「군서표기羣書標記」에는 60권이라 하였다.[139)] 그런데 정조가 "『장차휘편』은 선조께서 보위에 계시던

---

136) 이익, 『성호사설』 권10, 인사문, 諫職.

137) 조선시대 공거문에 대해서는 최승희, 「〈公車文〉類의 소장상황과 그 사료가치」, 『한국문화』 10, 서울대학교 한국문화연구소, 1989 참조.

138) 정조, 『홍재전서』 권9, 序引 2, 章箚彙編序.

53년 동안 신하들이 올린 장주章奏를 모아 엮은 책으로서 모두 128책이나 된다."[140]라고 직접 밝힌 적이 있다. 참고로 오늘날 서울대 규장각한국학연구원에는 『장차휘편』 83책이 남아 있다.

『공거문총』은 정조가 본인 재위 기간 동안 올라온 상소문들을 모아 엮은 것이다. 정조는 "『장차휘편』을 편찬하고 나서 다시 내가 즉위한 이후에 신하들이 올린 차자와 상소를 연도별로 모아 기록했다. 올린대로 기록했기 때문에 요약하지 않고 전문을 실었다."[141]라고 하였다. 그러면서 1776년 즉위한 해부터 1800년까지 총 93권이라 하였다. 그렇다면 정조는 이 책들을 왜 펴냈을까?

> 원(園:사도세자 묘)을 열자, 임금이 옹가甕家로 나아가 사초를 부여잡고 어루만지면서 지나치게 울부짖고 가슴을 쳤다. 이에 약원藥院의 제조와 각신·승지 및 여러 대신들이 번갈아 곡을 멈추기를 청했으나 임금이 듣지 않았다. 이미 시각이 많이 흘렀고 가슴이 답답한 증세가 다시 심해져 곡도 제대로 나오지 않는데다 구토 증세까지 있었다.[142]

위의 내용은 1789년(정조 13) 8월 정조가 아버지 사도세자思悼世子(1735~1762)의 묘를 이장하기 위해 영우원을 여는 의식을 거행할 때의 장면이다.

같은 해 8월 20일에 다시 영우원을 찾았을 때도 마찬가지였다. 정조는 신하들이 가마 앞에서 거둥을 만류하자 "잠시나마 슬픈 마음을 쏟아내고 싶으니 경들은 물러가라."고 하면서 강행하였다. 계속 신하들이 만류하자 "경들에게 시달리다보니 답답한 증세가 다시 치밀어 오르려고 한다."라고 하면서 기어코 옹가에 들어가 곡을 하며 슬픔을 터트렸다. 결국 '정신이 점점 더 혼미해지고 또 구역질을 하려는 증세'를 보이고서야 곡을

139) 정조, 『홍재전서』 권183, 羣書標記 5, 命撰 1, 章箚彙編.
140) 정조, 『홍재전서』 권164, 일득록 4, 문학 4.
141) 정조, 『홍재전서』 권184, 군서표기 6, 명찬 2, 公車文叢.
142) 『正祖實錄』 권28, 正祖 13년 8월 12일(乙丑).

멈추었다.

정조가 영조 시대의 상소문들을 모아 책자로 만든 해가 1788년이다. 그리고 이 이듬해에 영우원을 이장하였다. 역사를 돌이켜보면 역사적인 사건이나 결정에 반드시 원인이나 배경이 있지는 않다. 그럼에도 『장차휘편』을 만든 이듬해에 영우원의 이장이 있었다는 사실은 우연이라 치부하기에는 심상치 않은 뭔가가 느껴진다.

그래서 『장차휘편』을 엮은 1788년을 조금 더 들여다볼 필요가 있다. 정조는 1788년 1월에 외척의 위협 속에서 왕의 호위부대로 출범시킨 장용위(1785년 창설)를 정식 군영인 장용영으로 승격시켰다. 그리고 이듬해인 1789년 7월에 숙원사업 하나를 시행하였다. 당쟁의 와중에 비참하게 죽은 아버지의 묘를 경기 양주에서 수원 화산花山으로 옮기고 '현륭원'이라 한 것이다. 왕위에 오른 지 13년만의 일이었다.

정조가 아버지 묘를 화산으로 옮기기까지 그 과정이 순탄하지 않았다. 묘를 옮기기로 결정한 화산에는 이미 수원의 읍치가 자리하고 있어서 주민들을 다른 곳으로 이주시켜야 했다. 그래서 정조는 기존 읍치에서 북쪽으로 약 5Km 정도 떨어진 지금의 수원 팔달산 아래로 읍치를 옮기고, 여기에 새 도시를 건설하였다. 주민을 이주시키는 과정에서 민폐를 없게 하고 신도시 발전 방안도 모색하였다.

정조의 특별 배려로 신도시에 인구가 늘고 도시의 면모도 갖추어지자 1793년 1월에 고을 명칭을 '화성華城'으로 고쳤다. 행정책임자도 종2품인 유수留守로 승격시켰다. 신도시가 어느 정도 자리를 잡아가자 정조는 1794년 2월 28일부터 도시를 감싸는 성곽을 구축하였다. 이 성곽이 바로 오늘날 세계문화유산 화성華城이다.

참으로 공교롭게도 『장차휘편』의 편찬은 장용영 승격 및 현륭원 조성 그리고 화성 조성과 맞물려 있다. 마치 정조가 해낸 이 모든 일들이 『장차휘편』의 편찬에서부터 시작되는 듯하다. 이런 측면에서 『장차휘편』은 단순히 선왕 영조 대에 올라온 상소문들을 편집한 책자가 아니었다고 생각한다. 아마도 정조는 아버지가 죽임을 당한 영조시대를 되짚어보기 위해 『장차휘편』을 편찬했다고 판단된다.

이를 입증이라도 하듯이 정조는 『장차휘편』의 서문을 이렇게 끝맺었다. "앞으로 억만년 이후에라도 내가 지금 눈물을 삼키면서 이 책을 엮어 우리 후손들에게 보이려고 한 이 슬픈 심정을 알아주는 자가 있다면 나의 이 말 못할 너무나 원통한 처지에 조금이나마 위안이 될 것이다."[143)]

조선 왕조는 우리의 예상과 달리 왕권이 강력하지 못하였다. 조선 왕조는 양반이 지배하는 사회였다. 어떤 양반도 개인적으로 국왕의 권력을 능가할 수 없었다. 하지만 양반 관료들이 뭉치면 이야기가 달라졌다. 국왕을 능가하는 권력을 형성하면서 국왕을 견제하고 감시하였다. 국왕은 이런 신료들을 압박할 수 있는 카드가 필요하였고 지지기반을 닦을 필요가 있었다. 정조는 아마도 이 지점에서 민의를 생각해내지 않았을까 싶다.

조선시대에 신료들이 국왕의 독단을 견제하기 위해 강조한 정치적인 장치가 공론 또는 공의公議였다. 그런데 공론은 뒤집어보면 개인 또는 개인이 속한 집단의 이익을 은연중에 대변하고 있다. 정조는 공론의 이면을 누구보다도 잘 알고 있었다. 정조는 누가 말을 하고 있는가가 아니라, 누가 어떤 이익을 위해 말을 하고 있는가에 주의를 기울였다.

정조는 재위 기간 동안 직언하는 신하들을 찾아볼 수 없다는 불만을 자주 표출하였다. 정조는 『장차휘편』을 엮기 전인 1780년(정조 4)에 『명신주의요략名臣奏議要略』 16권을 편찬하였다. 정조는 자주 바른 말을 구한다는 교서를 내렸지만 말하는 자가 거의 없다고 하면서 그 이유에 대해서 이렇게 추측하였다. "오늘날 임금의 덕이나 조정의 정사가 참으로 말할 만한 것이 없어서일까? 아니면 말할 것은 있지만 꺼려서 숨기고 말하지 않는 것일까? 꺼리는 이유를 내가 듣기 싫어할 것이라 생각해서일까?"[144)] 라고 하면서, 솔직한 간언을 해주기를 바라는 의도에서 이 책을 편찬한다

143) 정조, 『홍재전서』 권9, 서인 2, 장차휘편서.
144) 정조, 『홍재전서』 권9, 名臣奏議要略序.

고 밝혔다.

또 정조는 성균관 유생을 대상으로 한 추시秋試에서 대책對策의 문제로 '언로言路'를 냈다. "어쩌다 근래에는 이 길이 협소해져서 벙어리 노릇이 풍속처럼 되고, 침묵으로 능사를 삼으며, 모두가 입을 꾹 다물어 말 한마디 없이 적적하게 되었는가?"하고 탄식하였다. 그러면서 "어떻게 하면……언로가 뻥 뚫린 듯이 관통하여 해맑은 태평 세대에 오를 수 있게 하겠느냐?"[145]라고 그 대책을 물었다.

이처럼 정조는 집권 초기부터 집요하리만큼 언론 문제를 파고들었다. 『장차휘편』은 정론과 공론을 늘 거론하는 신하들을 향해 같은 방식으로 언론 문제를 거론하면서 펼친 역공과도 같다. 정조는 공론을 앞세워 여론몰이를 하는 관료들을 향해 시위하듯이 수많은 상소문들을 모아 증거로 들이댄 것이었다. 정조 시대에 공론과 정론은 더 이상 국왕을 압박하는 신료들의 전유물이 아닌 것이다. 공론과 정론을 갖고서 신료들을 압박한 정조는 진짜 공론과 정론은 민의에 있다고 보았다. 언론 문제를 집요하게 파고든 정조는 민의에서 정국 돌파의 해답을 찾았다.

정조는 암행어사 파견에 대해 회의적인 시각을 보이는 신료들을 향해 "만약 그들이 직분을 제대로 수행하지 못한다 하여 파견하지 않는다면 내가 구중궁궐에서 어떻게 세세히 살필 수 있겠는가! 더구나 지금 천리나 되는 경기 지방에 흉년이 들었으니 말해 무엇 하겠는가?"라고 하면서 백성들이 간절히 바라는 것은 오직 어사뿐이며, 관리들이 눈짓하며 두려워하는 것도 오직 어사일 뿐이라고 역설하였다.[146]

정조가 조정을 벗어나 대궐 밖으로 나가서 직접 민인들을 찾아가 민의를 듣고, 암행어사를 자주 파견하여 민의를 파악한 이면에는 아마도 더 바른 언론과 공론은 조정이 아니라 민의에 있다고 보았는지 모른다. 그것은 정조가 거친 정치판에서 살아남기 위한 고도의 전략으로 보이며, 왕정 시대에 국왕이 민의를 기반으로 정치를 펼친 사례로 기억될 것이다. 그

---

145) 정조, 『홍재전서』 권48, 策問 1, 言路〈到記儒生秋試〉.
146) 『正祖實錄』 권41, 正祖 18년 11월 16일(庚子).

결과 정조는 "수시로 어사를 보내어 불법 행위를 적발하고 호소할 데 없는 백성의 억울한 사정을 펴게"[147]한 국왕으로 인정받았다.

4. 암행어사의 사례

1) 박문수

한국사에서 암행어사 하면 떠오르는 인물이 바로 박문수朴文秀(1691~1756)다. 조선후기의 문신이자 학자 이유원李裕元은 암행어사로서 그 신분을 잘 감추고 활약한 사람으로서 박문수를 꼽았다. 그는 "선배 중에 이 임무를 맡아 종적을 잘 감춘 사람으로는 오직 오천梧川 이종성李宗城과 영성靈城 박문수 몇몇 뿐이었다."[148]라고 하였다.

하지만 박문수가 암행어사를 역임했는지 여부는 논란이 많다. 어사 파견을 중시한 고종 임금은 박문수에 대해 관심이 많아 신료들에게 박문수에 대해 언급하곤 하였다. 고종과 신료들의 문답을 들어보면 고종 대까지도 논란이 계속되었음을 알 수 있다.[149]

고 종: 박문수가 8년 동안 암행어사로 있었는데, 그의 치적에 대해서 전해 오는 말이 많다고 한다. 과연 그러한가?

이최응: 그것이 정확한 사실인지 모르겠으나, 전해 오는 말이 많기는 합니다.

김병국: 그의 본가 사람들의 말을 들어보면 그런 이야기는 듣지 못했다고 하니 도리어 의아스럽습니다.

고 종: 지난번에 『승정원일기』를 보니 그때 경연 석상에서도 역시 이런 말이 있었다. 그런데 박문수의 집안에서는 본래 그가 암행어사가 된 적이 없다고 말하니, 몹시 의아스럽다.

---

147) 『正祖實錄』 권1, 正祖大王遷陵誌文.
148) 이유원, 『임하필기』 권29, 春明逸史, 繡衣難於秘蹤.
149) 『승정원일기』 高宗 14년 4월 15일.

박문수의 본관은 고령이며, 자는 성보成甫, 호는 기은耆隱이다. 아버지 박항한은 윤증尹拯의 문인이며, 어머니는 공조 참판 이세필李世弼의 딸이다. 1723년(경종 3) 문과에 급제하면서 벼슬을 시작한 박문수는 1728년 이인좌의 난 당시 관군 총책임자인 오명항의 종사관으로 출전해 큰 공을 세웠다. 이를 계기로 영조의 신임을 얻게 된 박문수는 중도에 어려움도 겪었으나 대체로 출세가도를 달렸다.[150]

박문수가 어사로 나간 것은 1727년(영조 3) 영남안집어사嶺南安集御史와 1731년(영조 7) 영남감진어사嶺南監賑御史였다.[151] 영남과 호남지방에 흉년이 극심하자 진휼을 위해 어사를 파견할 때에 박문수가 발탁되어 나간 것이다. 영조는 박문수가 나이가 젊어 경험이 부족하다는 이유로 난색을 표명했으나 조태억과 김동필이 적극적으로 추천하자 허락하게 되었다.[152] 어사로 나간 박문수는 결과를 다음과 같이 보고했다.

> 신이 명을 받들고 재를 넘어 여러 고을을 두루 다녔습니다. 대개 영남은 산에 동철銅鐵이 있고 바다에서는 어염이 생산되며 토양도 비옥합니다. 그러나 오늘날 폐단이 천만 가지가 되니, 더욱 심하기는 여러 궁가宮家의 도장導掌, 여러 상사上司의 차인差人, 각 군문 각 영문의 감관監官보다 더한 것이 없습니다. 전하께서 이미 호남의 절수折受를 혁파하여 열성조에서 행하지 못한 성대한 은전을 거행하셨으니, 이제 영남만이 유독 의심을 가지게 해서는 안 될 것입니다. 양역의 폐단이 오늘날 으뜸이 되고 각궁의 절수가 버금이 되고 있으니, 먼저 절수를 혁파하고, 곧바로 각영·각읍에 명하여 사사로이 모집하여 정군에 옮겨 충당하는 것을 모조리 혁파하게 하소서.[153]

---

150) 박문수의 관료 활동에 대해서는 김백철, 『박문수, 18세기 탕평관료의 이상과 현실』, 한국학중앙연구원출판부, 2014 참조.

151) 심재우, 「역사 속의 박문수와 암행어사로의 전화」, 『역사와 실학』 41, 역사실학회, 2010, 12~14쪽. 심재우는 박문수가 1741년 북도진휼사(北道賑恤使)와 1750년 관동영남균세사(關東嶺南均稅使)로 파견된 사실을 들어 총 네 번 어사로 파견되었다고 보았다. 하지만 뒤의 두 번은 이 글에서 다루는 어사의 범주가 아니라 당상관을 파견한 '사(使)'이어서 제외하였다.

152) 『英祖實錄』 권13, 英祖 3년 9월 25일(戊寅).

153) 『英祖實錄』 권13, 영조 4년 3월 10일(庚申).

1731년에도 영조는 "경기 및 호남은 어사가 방금 돌아왔는데, 경상도와 전라도의 흉년에 대한 보고가 더욱 심함이 있다. 그러니 진휼을 힘쓰도록 신칙하는 일을 조금도 늦출 수 없다. 그리고 또 따로 다른 사람을 보내는 것은 해당 도道의 일을 익숙히 잘 알고 있는 이를 보내는 것만 같지 못하다. 영성군 박문수와 부사직 이광덕李匡德을 양남에 나누어 보내어 백성들을 위유하고 이어서 진휼의 일을 살피게 하되 조속히 갔다 오도록 하라."[154]고 명하였다.

연대기 자료에서는 박문수의 활약상이 흥미롭지 않다. 자료가 많지 않거니와 그나마 실려 있는 내용들도 위에서 보듯이 민정 처리가 대부분이다. 그 대신에 각종 야담집에는 민의 어려움을 호쾌하게 해결해준 일화들이 있다. 대표적으로 18세기 문인 심재沈𨪈(1722~1784)가 저술한 『송천필담松泉筆談』에 실린 〈암행어사 박문수의 호쾌한 처사〉가 눈길을 끈다.[155] 이 일화는 현전하는 박문수의 설화 중 비교적 이른 시기에 속한다. 그 내용을 소개하면 다음과 같다.

> 판서 박문수가 영남에서 암행하다가 어떤 고을에 이르렀다. 어떤 돈 많은 중이 민간에 사채를 놓아 돈을 불렸는데 가난하여 즉시 갚지 못하는 이가 있으면 술을 마시고 와서 독촉하면서 부녀자를 욕보였다. 박문수가 짐짓 꾸짖었더니 중이 눈을 흘기며 말하기를, "이는 지나가는 길손이 알 바 아니오."라고 하고는 화가 난 김에 더욱 욕을 보였다. 박문수가 그 빚을 계산해 곧바로 갚아주고 중에게 돈을 씹어 삼키게 하고는 쌓아놓은 땔감 위에 꿇어앉히고 불을 질러 죽이면서 말했다. "너희네 불법에 따라 다비하는 것이다."

〈암행어사 박문수의 호쾌한 처사〉에는 위의 이야기에 이어서 스무 살이 넘은 남자의 어려움을 해결해준 이야기도 함께 들어있다. 한 남성이 부유한 집 여성과 약혼했으나 아버지가 돌아가신 뒤 가세가 기울자

154) 『英祖實錄』 권30, 영조 7년 11월 18일(丁丑).
155) 신익철·조융희·김종서·한영규 공역, 『교감역주 송천필담 1』, 보고사, 2009, 496~497쪽.

여자 집에서 혼인을 파기하려고 하였다. 이에 박문수가 여자 집에 찾아가 만약 약혼을 파기하면 어사를 두려워해야 할 것이라면서 으름장을 놓았다.

여자의 아버지는 겁을 먹고 마땅히 다시 그쪽 집과 의논해서 혼례를 하겠다고 대답하자 바로 오늘이 길일이라면서 남자를 불러 물만 떠놓고 초례를 치르게 하였다. 행여 본인이 떠난 다음에 혼례를 없던 일로 할까봐 문서를 만들어 좌중의 손님들에게 서명을 하게하고 말미에 '어사 아무개' 및 해당 현의 도장까지 찍었다.

오늘날까지 전하는 박문수의 암행어사 설화는 대부분 경상도가 배경이므로 박문수의 명성은 아마도 두 번의 어사 파견과 관련이 있어 보인다. 현재 박문수의 일화가 여럿 남아 있게 된 배경은 자세하지 않다. 일화의 내용들을 들여다보면 공권력의 혜택을 받지 못하거나 본인 힘으로는 도저히 어찌해볼 수 없는 일들을 슈퍼맨처럼 나타난 박문수가 해결해주고 있다. 이런 측면에서 박문수의 암행어사 활약상은 기댈 곳 없던 민들의 하소연을 경청해주는 소통의 과정에서 증폭된 것이 아닐까 한다.

2) 정약용

다산 정약용丁若鏞(1762~1836)은 1794년(정조 18) 11월에 경기의 적성, 마전, 연천, 삭녕을 감찰하는 어사로 파견되었다. 그의 나이 33세였다. 그가 1789년에 문과에 급제했으므로 급제한 지 5년이 지나서였다.

정약용은 1762년 경기 광주의 마현리(지금의 남양주군 와부면 능내리)에서 아버지 진주 목사 정재원丁載遠과 어머니 윤씨尹氏 사이에서 넷째 아들로 태어났다. 본관은 압해押海(지금의 나주)이며 형제로는 위로 정약현·정약전·정약종 세 형이 있었다. 1776년에 15세의 나이로 홍화보의 딸과 혼인하였다. 암기력이 뛰어나고 총명해 어릴 때부터 많은 일화를 남긴 그는 1789년(정조 13)인 28세에 문과에 급제하였다.

정약용은 정치적으로 실세한 남인에 속했으며 학문적으로는 성호 이익李瀷의 학맥을 잇는 성호학파에 속하였다. 정약용은 아버지 정재원이 1776년(정조 즉위년)에 호조 좌랑으로 복직되어 서울로 이사하자 본인도 혼인 직후에 서울로 셋집을 빌려 이사하였다.

정약용은 서울에서 이가환李家煥과 친교를 맺으면서 그의 권고로 이익의 저서를 접하게 되었다. 이익의 문집을 탐독한 이후 정약용은 "나의 생각이 성호를 따라 사숙하는 동안에 깨달은 것이 많다"[156]라고 할 정도로 이익의 학문에 결정적인 영향을 받았다.

정약용은 정조와 채제공의 신임을 받아 촉망받는 신예 학자의 대열에 속하였다. 당대 최고의 엘리트로서 규장각의 초계문신으로 뽑혔으며 왕실도서관이자 고급 문서 작성을 전담한 홍문관에서 수찬으로 근무하였다. 왕의 직속 비서실인 승정원에서 동부승지 등을 역임했으며 규장각의 편찬 사업에 참가하기도 하였다. 정조의 총애가 두터워 깊은 밤에 독대獨對도 빈번했으며 이 때문에 동료들의 질시를 받을 정도였다.

정약용은 본인이 암행어사로 발탁된 저간의 사정을 〈자찬묘지명〉에서 이렇게 말하였다. "갑인년(1794) 7월에 상喪을 마치자 성균관 직강에 제수되고 8월에 비변사 낭청에 임명되었으며, 10월에 다시 홍문관에 들어가 교리, 수찬이 되었다. 바야흐로 홍문관에 직숙하다가 갑자기 왕지王旨를 받아 노량진 별장 겸 장용영 별아병장別牙兵將으로 좌천되었다. 밤중에 임금의 침전에 아뢰어 뵙기를 요청하니, 사실은 경기 암행어사에 명한 것이었다."[157] 정조가 홍문관 수찬으로 있던 정약용을 느닷없이 노량진 별장으로 좌천시킨 이유는 경기 암행어사로 내보내기 위한 사전 조치였던 것이다.

정약용은 암행어사로 나가는 고초에 대해 "1794년 초겨울에 내가 왕명을 받들어 암행어사가 되어 나갈 때였다. 장현漳縣에서부터 걸어서 북쪽으로 가는데, 험한 산을 넘고 시내를 건너 정오가 지나도록 걸었으나,

---

156) 정규영 지음, 송재소 옮김, 『다산의 한평생 : 사암선생연보』 창비, 2014.
157) 정약용, 『다산시문집』 권16, 墓誌銘, 自撰墓誌銘.

겨우 40리를 갔다. 발은 부르트고 가슴은 숨이 차서 헐떡거렸다. 매우 피곤한데다가 배마저 매우 고팠다."[158]라고 하였다.

정약용이 피곤과 배고픔을 무릅쓰고 암행어사의 임무에 충실하고자 했던 것은 바로 정조가 직접 명을 내렸기 때문이다. 이것은 암행어사를 분석할 때에 대단히 주목할 측면으로서 암행어사는 국왕이 직접 선발하고 직접 명령을 받음으로써 국왕을 대신해서 지방 민정을 살핀다는 책무감이 생기게 되는 것이다.

당시 정약용은 암행어사로 나갔을 때에 군정의 참상을 목도하고는 적성 고을의 어느 촌가에서 시를 지었다.[159] 암행어사의 경험은 정약용에게 큰 영향을 미쳐 이 시는 이후 『목민심서』에 그대로 수록되었다. 시의 일부를 소개하면 다음과 같다.

(상략)
어린애는 적삼이 뚫어져 어깨가 드러나고 / 兒穉穿襦露肩肘
태어난 이래 바지와 버선은 이름도 몰라 / 生來不識袴與韈
다섯 살 난 큰애는 기병에 뽑혀 있고 / 大兒五歲騎兵簽
세 살짜리 작은 애도 벌써 군관에 올랐다네 / 小兒三歲軍官括
두 아이 바치는 돈 일 년에 닷 냥이라 / 兩兒歲貢錢五百
하루 빨리 죽기가 소원이니 옷이야 무엇하랴 / 願渠速死況衣褐
세 마리 강아지가 애기들과 함께 자는데 / 狗生三子兒共宿
호랑이는 밤마다 울 밖에서 으르렁대네 / 豹虎夜夜籬邊喝
남정은 나무하러 가고 아내는 방아 품팔이 가니 / 郎去山樵婦傭舂
대낮에도 사립문 닫혀 보기에도 참혹하다 / 白晝掩扉氣慘怛
낮에는 두 끼나 굶고 밤에 와 밥을 짓고 / 晝闕再食夜還炊
여름엔 갖옷 하나 겨울엔 베옷만 입네 / 夏每一裘冬必葛
(하략)

158) 정약용, 『다산시문집』 권14, 記, 羽化亭記.
159) 정약용, 『목민심서』 兵典六條, 簽丁.

정조는 정약용에게 네 가지 사안을 중점적으로 조사하라고 명을 내렸는데 그 중 하나가 유기아 문제였다. 정조는 "지난번 진휼청 초기에 따라 유기아를 수양하는 일로써 서울과 지방에 엄중히 훈령한다는 명을 내렸다. 수령으로 있는 자가 과연 성의껏 시행하고 있는지, 관아에서 급여하는 곡물도 중간에서 사라져버리는 일은 없는지, 이 점 또한 각별히 엄문하라."고 하였다. 정약용은 유기아 문제에 대해 다음과 같이 조사해 보고하였다.[160]

> 유기아 수양 건은 감영으로부터 과연 그와 같은 훈령이 있었지만, 시골 풍속이 서울과 달라 길가에 유기하는 경우는 원래 드물기 때문에 수령이 애당초 찾아보지도 않고 단지 월말이 되면 상례대로 감영에 보고할 뿐이었고, 삭녕은 실제로 몇 차례 찾아보았으나 끝내 찾지 못했다고 합니다. 그래서 한두 고을 수령에게 타이르고 부탁하여 지금부터는 길가에서 찾지 말고 마을에서 찾되, 혹시 부모가 모두 죽었으나 고모나 할머니·이모·누나 등 수양해 줄 만한 사람이 없어서 이웃 마을에서 불쌍하게 생각하여 기르는 일이 있으면 이 또한 유기아 수양이니, 관가에서 각별히 양식을 보내어 성상의 지극하신 뜻을 저버리지 말도록 하였습니다. 그래서 인접 관아에 전달하여 고하게 하여 그들로 하여금 고아를 구휼하라는 성상의 생각을 함께 잘 받들도록 했습니다.

한편, 정약용은 정조에게 올린 서계나 별단에서는 말하지 않았으나 암행어사로 나가 한 일이 따로 있었다. 당시 정승 서용보徐龍輔의 가인家人으로서 마전에 사는 사람이 있었다. 그는 서용보에게 아부하기 위해서 향교의 땅을 서용보의 집에 바쳐서 묘역으로 만든 다음, 다른 사람들에게는 거짓말을 하여 땅이 좋지 못하다고 속였다. 그리고 향유鄕儒들을 협박해 향교를 옮기게 하고는 명륜당을 뜯어버렸다. 정약용은 미리 염탐을 통해 이 사실을 파악하고는 들이닥쳐서 잡아서 엄히 다스렸다.[161]

---

160) 정약용, 『다산시문집』 권10, 啓, 京畿暗行御史論守令臧否啓.
161) 정약용, 『다산시문집』 권16, 墓誌銘, 自撰墓誌銘.

정약용이 〈자찬묘지명〉에 밝힌 이 사례는 연대기자료에서는 찾아볼 수 없다. 박문수의 일화처럼 정약용도 서계나 별단에서 일일이 밝힐 수 없는 본인의 활약상을 이렇게 남겨놓았다. 암행어사로서의 보람은 서계나 별단에 반드시 올리지 않으나 정의를 실현했다는 자긍심을 갖게 한 일이 본인에게 더 큰 의미가 있었다고 보인다.

3부

민의 개별 소통 방식

I

소원제도의 성립과 변화

국왕은 유교적 정치 이념에 따라 "하정상달下情上達"이란 과업을 수행해야 했다. 유교국가에서 아랫사람의 실정이 윗사람에게 잘 전달되어야 언로가 열리고 소통이 이루어질 수 있다고 믿었다. 국왕이 아랫사람들의 실정에 귀 기울여야 한다는 근거는 중국 상고시대의 성군聖君에게서 찾았다.

황제皇帝시대에는 정사를 펴는 명당明堂에서 정치를 의논하였고, 요임금은 구실衢室에서 백성들의 의견을 물었으며, 순임금은 신료와 백성이 간언하러 나오는 것을 권장하기 위해서 깃발[旌]을 세웠다고 한다. 우임금은 북[鼓]을 설치하여 알리게 하였고, 탕임금은 총가總街의 뜰을 두어 임금의 잘못에 대한 비방을 관찰했으며, 무왕은 영대靈臺에서 이야기를 들었다고 하였다.[1] 여기에서 등장하는 명당·구실·깃발·북·뜰·영대 등은 신료와 백성들이 국왕과 소통할 수 있는 상징적 장소나 도구였다.

남·북조시대 이후로는 등문고登聞鼓를 설치하여 소원訴願을 올리게 하였고, 등문고를 울려 제출된 소원 내용을 관리하는 관서인 등문고원登聞鼓院을 두었다. 당에서는 형조의 폐석肺石 옆에 신원궤伸冤匭를 두어 소원을 적어 넣는 궤와 그 궤의 관리 관서인 궤원匭院을 두기도 하였다.[2] 소원을

1) 鄭道元, 『水經注箋』 권16
昔皇帝立命堂之議 堯有衢室之問 舜有告善之旌 禹有立鼓之訊 湯有總街之誹 武王有靈隊之復 皆所以廣設過誤之備也

피력하는 다른 방법으로는 국왕의 가마 앞에서 소원을 올리는 가전 상언駕前上言이 있었다. 이처럼 언로를 열어서 소원을 받아 처리해주는 제도가 명·청대에까지 계속 유지되었다.

조선 역시 유학적 가치를 추구한 국가로서 유학적 전통에 따라 백성들이 자신의 소원訴願에 대해 피력할 장場을 마련하였다. 태종은 그 소통의 장으로 신문고를 설치하였다. 신문고, 격쟁·가전 격쟁, 가전 상언, 그리고 궁궐 당직자에게 글을 올리는 상언上言 등의 다양한 방법을 포괄하여 '상언'이라 칭하였다.

본고에서는 조선의 소원제도의 성립과 변화 추이, 상언의 내용 분석을 통해서 조선 국왕이 백성과의 소통을 이루는 과정을 살펴서 국왕의 리더십이 어떻게 발현되는지 밝혀보려는 것이다. 하정下情이라 표현되는 백성의 소원이 국왕에게 전달되어 처리되는 일이 유학적 가치 기준에서 국왕의 리더십을 평가할 수 있는 주요항목 중 하나였다. 그러기에 국왕과 관료들 사이에서 소원접수와 처리방식을 수도 없이 논의하였으며, 국왕도 상언이 적체되지 않게 경계하였다. 소통이 상언을 올린 주체자의 뜻대로 처결되는 것만을 의미하는 것은 아니다. 백성의 소원이 국왕에게 전달되고 처리되는 과정이나 소원에 대한 논의가 합리적이고 체계적으로 이루어져야 언로가 열리고 소통이 원활하게 이루어질 수 있다. 이러한 점들에 유의하면서 국왕과 민과의 소통에 대해 살펴보고자 한다.

1. 소원제도의 성립

조선 건국 초 이미 국왕이 거둥할 때 가전 상언을 하거나 대궐에 찾아와서 소원을 올리는 일이 행해졌지만,[3] 이러한 행위에 대해 단계를 거치지 않은 것은 월소越訴라 하여 금지하거나 처벌하였다. 태종은 즉위하자 바로

2) 謝維新, 『事類備要』 후집, 권49, 院轄門, 登聞鼓院.

3) 오세홍, 「조선초기 신문고의 설치와 운영」, 한국교원대학교 교육대학원 석사학위논문, 2002, 7쪽.

가전 상언이나 대궐에 직접 소원하는 행위를 금지하기 보다는 합법적인 소통의 장을 열어주었는데, 신문고의 설치가 그것이었다.

1401년(태종 1) 안성安城 학장 윤조尹慥와 전 좌랑 박전朴甸 등이 태종에게 송나라 태조가 등문고를 설치하여 백성의 실정을 들어서 칭송받았다고 하면서 등문고 설치를 건의하였다.[4] 태종은 이 건의를 받아들여서 원통하고 억울한 일을 품은 백성들은 나와서 등문고를 치게 하라고 명령하였다.

의정부에서 정한 등문고를 치는 절차는 두 단계였다. 우선 백성이 억울한 일이 있으면 서울과 지방 소재지의 관사官司에 고변하여 처리한다. 만약 소재지의 관사에서 이를 해결하지 못하면 등문고를 치게 하였다. 등문고를 쳐서 소원이 접수되면 사헌부에서 그 사안을 밝혀서 국왕에게 보고하여 처결하였다. 또한 등문고를 쳐서 다른 이를 무고誣告한 경우에는 반좌율反坐律로 처결하여 참소를 막게 하였다.[5] 태종은 의정부의 의견을 받아들이면서 등문고를 신문고申聞鼓라고 고쳐 불렀다. 신문고 제도는 백성의 소원 접수 절차와 처리 과정이 중국의 등문고 제도와 같았지만, 소원을 전담하여 처리하는 관서는 따로 두지 않았다는 점에서 중국의 제도와 차별된다.

태종은 1402년(태종 2) 신문고와 관련하여 교서를 내렸다.[6] 교서에 의하면, 청원·상소上訴·고발 등 세 사안으로 신문고를 칠 수 있다.[7] 첫째, 정치의 득실과 민생의 휴척에 관한 청원이다. 정치와 민생에 관한 의견은 일차적으로 의정부에 글을 올려야 한다. 의정부에서 이 문제를 국왕에게 보고하지 않았을 경우에 신문고를 칠 수 있었다. 이 사안은 개인 신상 문제가 아니라 정치와 민생과 관련된 제도 및 폐단 등을 올리는 것이다. 또한 상언의 내용이 채용할 만한 것이면 바로 받아들이고, 채용할 만한

4) 『太宗實錄』 권1, 太宗 1년 7월 18일(乙巳).
5) 『太宗實錄』 권2, 太宗 1년 8월 1일(丁巳).
6) 『太宗實錄』 권3, 太宗 2년 1월 26일(己酉).
7) 한우근, 「신문고의 설치와 그 실제적 효능에 대하여-태종조 청원·상소제도의 성립과 그 실효」, 『이병도박사화갑기념논총』, 1956, 378쪽.

것이 아니더라도 죄를 주지 않는다는 원칙을 세웠다.

둘째, 개인의 억울함을 호소하는 상소는 일차로 서울의 경우 주무관청에게, 지방의 경우 수령·감사에게 올린다. 여기에서 처리되지 않으면, 그 다음으로 사헌부에 올린다. 사헌부에서도 처리되지 않으면 마지막으로 신문고를 친다. 신문고를 친 사안을 따져 1,2차 단계에서 관사가 소홀히 한 것이 밝혀지면 관원에게 죄를 주고, 단계를 거치지 않고 소원을 올린 것이 발각되면 소원을 올린 사람도 법에 따라 죄를 준다. 여기에서 제시된 소원 처리 단계와 절차는 『경국대전』 형전 소원조의 근간이 되었다.

셋째, 반역으로 나라를 위태롭게 하였다거나 종친과 공신을 해하려는 음모에 대한 고발로 바로 신문고를 칠 수 있다. 국가의 안위, 왕실·종친 및 공신의 시해 음모에 대한 고발은 시급한 사안이므로 바로 국왕에게 알리라는 것이다. 고발에는 엄청난 시상이 따랐다. 시상 내역은 토지 200결과 노비 20명을 상으로 주고, 관직자는 세 등급을 올려 탁용하고, 관직이 없는 자는 6품직에 제수하며, 공·사 천인이라면 양민으로 신분을 바꾸어주고 동시에 7품직에 제수하였다. 범인의 집·재물·노비·우마 등이 얼마가 되었든지 모두 고발한 사람에게 주었다.

태종의 교서를 보면, 국왕이 신문고를 설치한 근본적인 이유는 정치의 잘잘못과 민생의 휴척을 살피고자 한 것이었다. 백성과의 소통을 통해 국왕 자신의 통치 행위 득실을 알아 바른 정치를 펴야 한다는 성리학적 이상을 실현하려는 것이었다. 정작 신문고 제도가 실행되자, 현실적으로는 소송의 오결 사안이 폭주하였다. 태종은 보고된 소송의 오결 사안을 대부분 사헌부와 형조에 다시 내리자 관련 부서의 업무가 과도하게 늘어났다. 이러한 부작용으로 신문고를 치는 사람들에 대한 제약과 처벌이 점차 강화되었다.

신문고에 대한 제약이 커지면서 실봉實封한 글을 올리는 사례가 늘어났다. 1416년(태종 16) 태종은 사직의 안위나 민생의 이해에 관련된 사안만 실봉문서를 올리게 하였다. 개인적으로 억울한 문제는 신문고로, 민생과 사직에 관계된 일은 실봉문서로 소원을 올리게 하였다.[8] 태종은 신문고를 백성의 소리를 듣는 통로로 일원화하고, 이전에 행해졌던 가전 상언駕前上言이나 대궐에 직접 소원을 제출하는 일은 허용하지 않았다.[9]

세종은 신문고 제도를 보완하는 한편 백성들이 글로 올리는 상언도 허락하였다. 세종은 신문고를 치는 백성들에 대한 규제와 처벌조항에 관심을 갖기보다는 신문고를 치기 이전에 백성의 소리를 듣는 관원 자세와 신문고를 관리하는 관원에 대한 규정을 마련하였다. 1422년(세종 4) 형조에서 신문고를 치는 주된 이유를 분석하여 세종에게 보고하였다. 형조에서는 관서에서 백성의 소장訴狀을 신중하게 처리하지 않고 물리치기 때문에 신문고를 치는 일이 계속되니, 소송 담당 관원에 대한 규제가 마련되어야 백성들의 원망이 줄고 또한 신문고를 치는 일도 감소 될 것이라는 해결책을 내었다.[10] 또한 신문고는 의금부의 당직청에 설치하고 당직원이 관리하게 하였다. 그런데 1428년(세종 10) 사비私婢 자재自在는 신문고가 아니라 광화문이 종을 울려 억울한 일을 호소한 사건이 있었다. 사비가 광화문의 종을 울린 까닭은 의금부의 당직원이 신문고를 치지 못하게 하였기 때문이었다. 세종은 신문고를 마음대로 칠 수 있게 하여 백성의 사정을 들으려는 것이라고 하면서 소통 기회를 막은 의금부 당직원을 사헌부에 내렸다.[11]

세종은 백성이 신문고를 치는데 제한을 두지 않으려 하였다. 그는 백성이 법을 두려워해서 말하지 못하여 실정을 듣지 못하게 될까 염려하여 신문고를 치는 백성에게 죄주지 않겠다고 선언하였다.[12] 그러나 현실적으로 제한을 두지 않을 수 없었던 것은 신문고를 빙자해서 판결에 계속 불복하여 송사가 지연되었기 때문이었다. 세종은 사리에 맞지 않는 소송 문제로 두 번 신문고를 치는 자에 한하여서 1등을 감하여 죄를 다스리라

8) 『太宗實錄』 권32, 太宗 16년 7월 12일(辛丑).
9) 『太宗實錄』 권28, 太宗 14년 12월 14일(癸未).
10) 『世宗實錄』 권15, 世宗 4년 1월 21일(己卯).
11) 『世宗實錄』 권40, 世宗 10년 5월 24일(乙亥).
12) 『世宗實錄』 권50, 世宗 12년 10월 29일(丙申).

고 하였다.[13]

세조 때에는 신문고를 칠 수 있는 조건을 강화하여 월소越訴하거나 함부로 신문고를 치는 이들은 법에 의거하여 논단하고 같은 사안으로 거듭 신문고를 치는 것은 아예 허용하지 않았다.[14] 세조가 신문고 제도에 심한 제약을 가함으로써 사문화되는 지경에 이르렀으나, 성종은 신문고 제도를 다시 활성화시키고자 하였다. 그래서 성종은 즉위 초에 원상에게 신문고 제도를 논의하게 하였지만,[15] 원상들은 매우 회의적이었다. 성종이 경연석상에서 다시 신문고 제도 부활에 대해 언급함으로써 신료들의 동의를 얻었다.[16] 성종은 신문고 제도를 부활하였으나, 신문고를 치는 사안이 절실하지 않은 것이 많다고 판단하여 다시 신문고를 폐지하겠다는 의사를 밝혔다.[17]

태종은 백성의 소원 전달 수단으로 신문고 이외에 글을 올리는 상언을 허용하였는데, 세종 때부터 상언이 급격히 늘었다. 『세종실록』을 참조하면, 당시 신문고를 친 사안 25건[18]이 수록되었지만 상언[19]을 올린 사례는 47건으로 1.88배나 된다. 신문고에 대해 강경한 입장을 보였던 세조도 상언에 대해서는 해결책을 적극적으로 모색하였다. 성종은 상언의 내용을 조사하여 국왕에게 다시 보고하는 회계回啓의 기한 등을 『경국대전』 형전 소원조의 세주細註에 적시하기에 이르렀다.[20]

---

13) 『世宗實錄』 권54, 世宗 13년 10월 28일(己未).
14) 『世宗實錄』 권6, 世祖 3년 2월 8일(壬寅).
15) 『成宗實錄』 권6, 成宗 1년 6월 24일(辛未).
16) 『成宗實錄』 권13, 成宗 2년 12월 15일(壬午)
17) 『成宗實錄』 권280, 成宗 24년 7월 6일(戊戌).
18) 오세홍의 앞의 책 79~81쪽의 〈부록 5〉 세종대의 격고 사례에서는 26건을 제시하였다. 필자는 세종대 신문고와 상언 사례를 정리하면서 위의 사례들을 참조하였지만, 신문고의 사례는 25건이었다. 위의 책 〈부록 5〉에서 언급한 세종 15년 9월 5일(갑진)의 내용은 이조에서 당시의 사례를 예를 든 것이다. 이조에서 이러한 예를 든 것은 이보다 앞선 윤8월 14일의 사건 때문이었다. 이날의 실록 기사에는 상언을 하였다고 표현하고 있기 때문에 필자는 상언으로 분류하여 신문고 사례는 1건 이 줄어든 25건으로 정리하였다.
19) 연대기 자료를 참조하여 상언의 용례를 살펴보면 크게 두 가지로 나타난다. 첫째는 관원의 상언이 있는데 주로 사직을 청할 때 사용되었으며, 둘째는 개인 혹은 집단의 소원을 국왕에게 올릴 때에 사용되었다.

상언절차는 신문고와 같았다. 1차적으로 서울에서는 해당 관서에, 지방에서는 관찰사에게 소장訴狀을 올려야 한다. 1차 관서에서 소장이 반려되면 다음으로 사헌부에 소장을 올린다. 사헌부에서 소장이 반려된 후에야 마지막으로 의금부 당직청에 상언을 올릴 수 있다. 의금부 당직청에서는 소장이 사헌부에서 반려된 사안 인지를 확인한 후에 국왕에게 상언을 올렸다. 예외적으로 사헌부와 의금부에서 오판한 사건은 소장의 반려 없이도 바로 당직청에 상언을 올릴 수 있었다.

성종은 해당관서와 사헌부에서 소장이 반려된 뒤에야 상언을 올릴 수 있다는 것에 회의적이었다. 1,2차 소장이 반려를 기다리는 사이에 사안이 지체되거나 해당 관서가 중간에서 억제하거나 저지할 수도 있기 때문이었다. 1474년(성종 5) 성종은 사헌부에서 소장을 반려만 하여도 상언을 올리게 하였다. 또한 민원을 신속하게 해결하기 위해서 상언에 대한 관서의 회계回啓는 3일 이내로 제한하였다. 이러한 결정으로 상언 횟수가 2배로 늘어나게 되었으나, 회계 기안이 너무 촉박하여 담당관서의 일이 적체되어갔다.

1479년(성종 10) 성종은 승지와 함께 상언으로 인한 번다한 관서 업무를 줄일 방안에 대해 논의하였다. 승지들은 상언의 절차를 전례대로 환원해야 한다는 의견을 내었다.[21] 즉 상언 횟수를 줄이려면 해당관서의 소장訴狀 반려가 전제되어야 하고, 사헌부에서 사송 시비를 조사하여 해당관서에서의 잘못 여부를 판단할 수 있다. 게다가 사헌부에서도 그 역할을 충실히 이행한다면 상언의 횟수는 줄어들 것이고 관련부서의 업무부담도 줄일 수 있다는 것이었다. 성종은 이 의견을 받아들여 『경국대전』 형전에 그 내용을 명시하였는데, 다만 상언에 대한 회계回啓의 기한을 3일에서 5일로 늘였다.

『경국대전』 형전 소원조訴寃條에는 신문고 혹은 상언을 올릴 수 없는 사안에 대한 처벌 규정도 있다. 종묘사직 혹은 불법 살인에 관한 것이

20) 『경국대전』 권5, 刑典, 訴冤條.
21) 『成宗實錄』 권111, 成宗 10년 11월 16일(丁酉).

아니면 관속이나 복례僕隷가 관원을 고발할 수 없으며, 고발한 지방의 품관·향리·부민은 그 지방에서 내쫓는다고 하였다. 소원한 본인의 원통하다는 호소는 모두 들어주고 심리하지만, 무고한 사람은 장 100대와 3,000리가 되는 곳으로 유배를 보낸다고 하였다.

『경국대전』의 소원제도는 중국의 것을 그대로 받아들였으나 조선의 역사적 상황을 반영한 독특한 부분도 있다. 지방부민의 수령 고소 금지가 그것이다. 이 조항이 들어가게 된 것은 세종의 수령권 강화 정책에 의한 것이다. 세종은 '듣는 정치'의 표본이 되는 군주였지만[22] 중앙집권적 행정 체제 확립을 위해 의도적으로 수령권을 강화하였다. 그러한 정책의 일환으로 부민고소금지법을 시행하였다. 이 법이 '소원조'보다도 우선하였던 것이다. 명의 『대명회전』에도 지방민의 소원을 언급하였으나, 수령에 대한 부민의 고소를 차단하지는 않았다.[23] 조선전기 『경국대전』 형전의 소원조는 태종 때부터 시작된 신문고 제도와 상언 내용을 바탕으로 완성되었다.

2. 소원 제도의 변화 양상

『경국대전』이 반포된 성종 때에 이미 소원 내용이 다른 양상을 띠기 시작하였다. 신문고에 대한 규제가 강화되면서 소원제도는 점차 상언과 궐문 앞에서 징을 울리는 격쟁 등이 주류를 이루게 되었다. 상언이 소원의 주된 수단으로 합법화된 것은 성종 때였다. 상언이라는 문서가 소원 수단으로 사용되기 시작한 것은 세종 때였지만, 당시만하더라도 상언은 관료

22) 김영수, 「세종대의 정치적 의사소통과 그 기제」, 『역사비평』 89, 2009, 53-54쪽.
23) 一凡土官衙門人等 除反逆機密 并地方重事 許差本等頭目 赴京奏告外 其餘戸婚田土等項 俱先申合于上司聽 與分理 若不與分理及阿狗不公 方許差人奏告 給引照回該管上司 從公問斷 若有?越奏告 及已奏告文書 到後三月 不出官聽理 與已問理 不待歸結 復行奏告者 原詞俱立案 不行其妄捏 叛逆重情 全誣十人以上 并教唆受雇替人妄告 與盜空紙用印陳訴者 遞發該官衙門照 依土俗事例發落 若漢人投入土夷地方 冒頂夷人 親屬頭目名色代爲奏告 報讎占騙財產者問發 邊衛充軍(『大明會典』 권161, 刑部 11)

가 국왕에게 올리는 공적 문서로도 사용되었다. 그러므로 문서명만으로는 누구에 의해서 작성되었는지 어떠한 내용을 담고 있는지 확인 할 수 없었다. '상언'이란 뜻 그대로 말을 올린다는 포괄적 의미로만 사용되었기 때문이다.

1492년(성종 23) 승정원에서는 국왕에게 올리는 문서로서 상언의 의미를 거론하였다. 당시 성균관 유생들이 성종에게 학궁에서 문제를 일으킨 생원 황필黃筆의 죄상을 아뢰고 처벌을 요구하는 상소문을 올렸으나 승정원에서 받아들이지 않았다. 사간원 헌납 정탁鄭鐸은 이 문제로 승지를 탄핵하였다. 우부승지 조위曺偉는 유생들이 올린 상소문이 폐단 진달이나 불교 배척 등과 같은 국가 일이면 상소할 수 있으나 자신의 일에 관한 상언이었기에 물리쳤다고 해명하였다.[24] 성종은 문제가 된 유생들의 상소 내용을 보고 개인적인 일로 소란스럽게 하였다고 추국을 명하였지만, 이 문제는 여기에서 끝나지 않았다. 대사헌이 성균관 유생의 상소는 받지 않는다면서 애초에 문제가 된 상소는 왜 받았는지를 따졌다.[25]

이 논란을 기화로, 성종은 상소上疏와 상서上書·상언을 구분하여 『대전속록』 형전의 소원조에 명확하게 실었다.[26] 먼저 공적인 국가일은 상소로, 그 외 개인적인 일은 상서·상언으로 진달하게 하였다. 개인적인 소원이란 첫째 억울하게 죄를 입은 경우, 둘째 시비를 밝히기 어려운 일로 형법에 의해 죽게 된 경우, 셋째 전민田民·재산 그리고 자기 변정辨正 등 송사와 관련된 것이었다. 이 조항에서 주목되는 것은 상언을 올릴 수 있는 계층을 한정한 것으로, 공상工商·복례僕隷·향리 그리고 미천한 사람들은 상언만을 사용할 수 있다고 규정되었다.[27]

『대전속록』 형전의 소원조는 『경국대전』의 그것보다 상세하여 누가

---

24) 『成宗實錄』 권262, 成宗 23년 2월 15일(丙辰).
右副承旨曺偉啓曰 去月二十一日初昏 儒生等빈疏而來 問之則曰 金四知等 以黃筆事被鞫於憲府 我輩亦請就鞫 臣意 如陳弊闢佛 關國家事則可 其餘自己事 可上言不可上疏 令却之

25) 『成宗實錄』 권262, 成宗 23년 2월 17일(戊午).

26) 설석규, 「조선시대 유생의 공론 형성과 상소 경위」, 『조선사연구』 4, 1995, 10쪽.

27) 『대전속록』 권5, 형전, 소원조.

어떠한 문서로 소원을 진달할 수 있는지 명시하였다. 『대전속록』을 보더라도 성종 때에는 이미 신문고 보다 상언이 국왕에게 소원을 진달하는 보편적 방법으로 자리를 잡았다. 『세조실록』에 실린 상언은 56건이며, 『성종실록』에 실린 상언은 168건이나 된다. 『세종실록』에 실린 상언이 47건이었던 것에 비해 1.2배~3.6배에 이르러 시대가 내려갈수록 급격히 늘어났다.[28]

1479년(성종 10) 대사헌 김양경金良璥이 성종에게 상언의 폐해를 논의하면서 하루 100여 명씩 상언을 올린다고 하였다. 그는 국왕에게 올리는 상언이 이처럼 급증한다면 관아를 설치하고 직무를 분장시킨 뜻에 어긋난다고 문제를 제기하였다. 성종은 송사 청단聽斷 문제에 대해서 원임·시임 의정부 대신, 육조, 대간 등을 명소命召하여 널리 의논하였다. 성종은 정창손의 의견을 좇아서 사안이 합당하지 않은 것은 보류하거나 논죄하고 정리情理가 급박한 것은 해당 관서에 회부하여 분간하게 하였다.[29]

성종은 상언이 급증하는 것은 1차적인 소장訴狀 처리가 지체되었기 때문이라고 판단하였다. 그는 사헌부에 전지를 내려서 『경국대전』의 규정대로 큰 사건은 30일, 중간 사건은 20일, 작은 사건은 10일 이내에 옥사 처결이 이루어지는지 조사하여 보고하게 하였다.[30] 이에 앞서 그는 승정원에게 3일 안에 공사公事가 처결되어야 하니 상언은 3일에 1번씩 아뢰게 하였다.[31] 성종은 상언을 진달하는 계층에 대해서도 관대하였다. 성종은 단계를 반드시 밟지 않고 글을 올려도 그 내용이 중요하다면 문제 삼지 않았다. 궁궐 내 여관女官 상언은 바로 승정원으로 올리게 하였다. 여관의 상언은 당상관인 경우는 승정원에 바로 올리고 당하관이라면 반드시 소장을 되돌려 받은 이후에야 승정원에 올릴 수 있었다. 그러나 성종은 이들의 상언조차도 승정원에 바로 올리게 길을 열어주었다.[32]

---

28) 실록에 실린 상언은 조정에서 논의한 것만을 실은 것이어서 실제 올린 상언 건수는 이보다 훨씬 많았을 것으로 추정된다.
29) 『成宗實錄』 권111, 成宗 10년 11월 11일(壬辰), 11월 16일(丁酉).
30) 『成宗實錄』 권144, 成宗 13년 8월 3일(己亥).
31) 『成宗實錄』 권112, 成宗 10년 12월 8일(己未).

성종 때에는 가전 상언이나 격쟁도 늘어났다. 태종은 신문고 제도가 있다는 이유로 기존에 행해지던 가전 상언을 금하였지만,[33] 신문고에 대한 규제가 심해지다가 급기야 신문고를 폐지하자 다시 가전 상언이나 격쟁이 늘어나게 되었다. 문종과 같은 이는 무지한 백성이 가전駕前에서 호소하는 것은 죄를 줄 수 없다고 단언하였다. 오히려 그는 사소한 일로 신문고를 치거나 가전 상언을 방지하기 위해서 소장訴狀을 제대로 처리하라고 관원에게 촉구하였다.[34] 신문고를 규제하였던 세조 연간에도 가전 상언이 증가하였다. 1464년(세조 10) 세조가 순행巡行할 때에 가전 상언을 허용하여 민정이 상달되게 하자 상언하는 사람이 수천에 이르렀다고 하였다.[35]

가전 상언과 마찬가지로 격쟁 역시 월소越訴로서 불법적인 것이었다. 격쟁은 궁궐 문 앞에서 징이나 꽹과리를 쳐서 이목을 집중시켜 소원을 국왕에게 전달하는 것이었다. 1479년(성종 10) 성종은 후원 담장 밖에서 격쟁하여 소원을 호소하는 자가 생겨나게 된 것은 송사를 심리하는 관원들이 신속하게 판결하지 않거나 잘못된 판결을 하였기 때문이라고 여겼다. 성종은 격쟁을 금지하기 보다는 그에 대한 대처 방안을 강구하였다. 격쟁 사안은 다른 관서로 옮겨서 분간하게 하고 판결이 잘못된 흔적이 있으면 심리한 관원에게 중죄를 내리게 하였다.[36] 이러한 처사는 격쟁을 더 증가시키는 결과를 초래해서, 격쟁 장소가 후원 담장 밖만이 아니라 남쪽 담장 혹은 동쪽 담장, 문 밖 등 장소를 불문하고 징을 쳐서 호소하였다. 하지만 성종은 소원을 전달하는 다양한 방법을 용인하고 관대한 처결을 내렸다.

성종은 나이 어린 군주로 왕위에 올라 학자 관료들로부터 유학의 소양을 갖춘 군왕이 되도록 교육 받았다.[37] 그들이 원하였던 성리학 정치

32) 『成宗實錄』 권284, 成宗 24년 22월 23일(甲寅).
33) 『太宗實錄』 권12, 太宗 6년 12월 20일(乙巳), 권 28, 태종 14년 2월 25일(己巳).
34) 『文宗實錄』 권9, 文宗 1년 9월 8일(癸卯).
35) 『世祖實錄』 권32, 世祖 10년 3월 24일(丁丑).
36) 『成宗實錄』 권111, 成宗 10년 11월 7일(戊子).

체제는 경연, 재상제, 그리고 대간제가 균형을 이루는 것이었다. 경연으로 유교적 소양을 갖춘 군주를 만들고 정치는 총재가 주관하며, 대간의 공론정치가 이루어지는 것을 이상적 정치체제로 인식한 것이었다.[38] 성종이 이성적 정치체제 실현을 위해서 많은 노력을 하였는데, 소원의 폭넓은 수렴도 그 중 하나라고 할 수 있다.

성종과는 다른 정치 성향을 갖은 연산군이 왕위에 오르면서 소원제도 축소되었다. 연산군은 즉위 초에 영사전永思殿에서 성종의 오우제五虞祭를 지내고 돌아올 때에 받았던 가전 상언의 내용을 승정원과 원상에게 보이게 하였다. 관원들은 상언의 내용에 대한 논의보다는 가전 상언 자체를 금하는 것이 좋겠다는 의견을 내었다.[39] 연산군은 관료들의 의견에 따라 가전 상언을 금하고, 가전 상언을 한 경우에는 논죄하였다.

뿐만 아니라 연산군은 1505년(연산군 11) 소송을 담당한 관서가 있는데 상언으로 요란스럽게 하지 말라고 하면서 부자父子·처첩妻妾의 분간에 관한 일 이외에는 상언하지 말라는 명을 내렸다.[40] 비공식적인 가전상언, 격쟁은 물론 공식적인 소원의 통로인 상언조차도 부자와 처첩이라는 강상에 관련된 것으로 제한하였다.

성종은 1493년(성종 24) 신문고를 울릴 수 있는 사안으로 첫째 상언한 사람 자신이 형벌로 죽게 되었을 때, 둘째 부자 분간, 셋째 처첩 분간, 넷째 양천 분간 등으로 한정하고자 하였다. 하지만 승정원에서는 이 네 가지 이외에도 소송에 관련된 사안이 있어서 사안을 한정시키기 어렵다고 하여 무산되었다.[41] 연산군은 부친인 성종이 제시하였던 네 가지 사안 중에서 부자와 처첩 분간 두 가지로만 한정하여 소통의 길을 축소시켰다.

그가 이처럼 하정상달의 통로를 최소화한 것은 공론 정치에 회의적이

---

37) 에드워드 와그너, 「정치사적 입장에서 본 조선시대 사화의 성격」, 『조선왕조 사회의 성취와 귀속』, 일조각, 2007, 92쪽.

38) 김영수, 앞의 책, 40-41쪽.

39) 『燕山君日記』 권4, 燕山君 1년 4월 14일(丁卯).

40) 『燕山君日記』 권58, 燕山君 11년 7월 4일(丁亥).

41) 『成宗實錄』 권280, 成宗 24년 7월 6일(戊戌).

기 때문이었다. 1497년(연산군 3) 중시 문과의 대책 시험의 시제試題에서 그의 생각을 내비쳤다. 연산군이 자신이 국왕으로서 진심을 다하여 정치를 펼치는데도 소원을 호소하는 사람이 많고 풍속이 아름답지 못해서 가족 혹은 상전과 하인 사이에 불미스러운 일이 발생하는 이유와 그 대책을 물은 것이다.[42] 이 질문은 공론정치를 표방한 관료들에게 향한 것으로, 공론정치 그것이 진정한 이상적인 정치인지 질문함과 동시에 연산군 자신은 공론정치에 회의적임을 밝힌 것이기도 하다. 사실 연산군은 대간의 강한 발언권에 대해서 '능상凌上'으로 규정하였다.[43] 연산군이 이러한 견해를 갖고 있었기에 소원제에 대해서도 최소한의 통로만을 열어놓게 된 것이다.

연산군으로 인한 소통 부재는 중종이 즉위하게 되므로 어느 정도 해소되었다. 중종 때에는 각종 소원이 상언, 가전 상언, 격쟁 등 다양한 방법으로 표출되었다. 『중종실록』에 수록된 상언, 가전 상언, 격쟁이 186건에 이른다. 중종 때의 소원 건수는 성종 때보다 많았다. 중종은 『경국대전』과 『대전속록』에 의거하여 백성의 소원을 처리하였다.

중종은 가전 상언에 대한 규제를 완화하고 무리 없이 상언할 수 있는 방법을 강구하였다. 가벼운 사안으로 가전 상언을 하여 월소의 법률로 처벌되었던 규제도 완화하여 추문推問하거나 죄를 주지 않게 하였다.[44] 억울함을 호소하려는 사람들이 국왕의 가마 앞으로 뛰어 들 경우 사고가 날 위험이 있고 먼지를 일으켜서 불경죄를 범할 수도 있기 때문에 가전 상언 방식을 마련하였다. 상언할 사람들은 길가에 꿇어 앉아 있다가 바치라고 명령하면 꿇어앉은 채로 소장을 바쳐야 하며, 달려 나와서는 안 된다는 정식을 세웠다.[45] 중종이 동교에 거둥했을 때에 한번에 400여 장의 소장을 받았지만, 유사에게 사소한 일이라도 신원에 힘쓰라고 권면

42) 『燕山君日記』 권27, 燕山君 3년 9월 10일(戊申).
43) 김범, 「조선 연산군대의 왕권과 정국운영」, 『대동문화연구』 53, 2006, 269쪽.
44) 『中宗實錄』 권32, 中宗 13년 3월 4일(癸卯).
45) 『中宗實錄』 권72, 中宗 27년 3월 17일(丙寅).

하였다.[46] 가전 상언 사안은 억울한 내용뿐만 아니라 전토나 노비 소송관련 등의 사안도 있었다. 중종은 가전 상언 사안 중에 중대한 일은 직접 결단하고 기타 사소한 문제는 해당 관서에 내려 처결하게 하였다.[47]

중종은 각종 상언 중에 같은 내용의 소장을 반복적으로 올리는 것을 막기 위해서 몇 가지 원칙을 세웠다. 첫째, 형벌로 자신이 죽게 된 경우, 부자·적첩· 양천 분간 등 중요한 사안은 세 번 정소呈訴할 수 있게 하였다. 둘째, 네 가지 주요 사안 이 외의 사송詞訟은 두 번을 넘지 않게 하였다.[48] 셋째, 가전 상언의 경우 한 달에 두 번 정소하는 사람은 추고推考하여 죄를 판단하였다. 특히 가전 상언을 하는 사람이 윤허를 얻어내기 위해 두세 번 정소하는 일이 있어서 이러한 제한을 두었다.[49]

명종대의 특징은 격쟁이 크게 늘었다는 점이다. 중종은 각종 상언을 관대하게 용납하였으나 격쟁에 대해서는 부정적이었다. 중종은 격쟁을 금지시키고 격쟁한 사람에게 죄를 묻기도 하였는데, 명종 때에는 격쟁이 부쩍 늘었다. 명종은 늘어난 격쟁에 대해서 서울은 육조, 한성부, 장례원이, 지방에서는 각 도의 수령이 송사에 대한 판결을 제대로 하지 못한 때문이라고 진단하였다.[50] 명종은 격쟁만 아니라 각종 상언이 송사가 지연되는 데에서 연유한 것으로 인식하여 즉위 초에 지방의 경우 4~5년 이상 미결된 송사가 있으면 서계하게 하였다.[51]

명종 역시 백성의 실정을 듣는 것에 적극적이었지만, 상언할 수 있는 사안을 명문화하였다. 성종 때 이후로 주요 사안은 형벌로 자신이 죽게 된 경우, 부자·처첩·양천의 분간 네 가지로 분류하였지만 명문화되지 않았다. 실제 소원 내용은 그 이외의 사안도 있었기 때문이었다. 그런데 1557년(명종 12) 명종은 전교를 내려 승문고(신문고)를 칠 수 있는 사안

46) 『中宗實錄』 권40, 中宗 15년 8월 30일(乙酉).
47) 『中宗實錄』 권82, 中宗 31년 10월 28일(庚戌).
48) 『中宗實錄』 권29, 中宗 12년 8월 20일(癸亥).
49) 『中宗實錄」 권44, 中宗 17년 4월 19일(乙未).
50) 『明宗實錄』 권30, 明宗 19년 1월 15일(己丑).
51) 『明宗實錄』 권9, 明宗 4년 10월 8일(甲辰).

을 『수교집록』에 실었다.[52] 이 수교에 신문고라고 표현하였으나, 오히려 격쟁으로 소원하는 일이 많았다.

명종이 이러한 수교를 내린 것은 소송의 지연으로 상언이 증가한 것에 기인한다. 이 수교에는 긴급하게 신문고나 격쟁한 사안은 우선적으로 처결하려는 그의 의지가 담긴 것이었다. 명종의 수교는 후대에 상언의 기본적인 요소로 적용되어서 '사건사四件事'라 하였는데, 상언의 주제를 제한하는 계기가 되었다.

국왕은 상언과 격쟁을 통해서 민정이 상달된다는 유학적인 이상에 대해서 대체로 동의하였다. 특히 16세기 중종 이후로는 상언과 격쟁이 체계적으로 이루어질 수 있는 방안들이 강구되었다. 선조 역시도 상언과 격쟁 자체는 규제하지 않았다. 가전 상언이 행해질 때 소란스러운 것을 막기 위해서 열을 지어 꿇어 앉아 올리게 하라는 지시는 있었지만,[53] 금지하지는 않았다. 선조는 가전 상언의 처리에 대한 관심도 컸다. 각 사안은 관련이 있는 관서에 내리고 모두 회계되었는지의 여부를 확인하였다.[54]

이처럼 상언에 관대했던 선조는 임진왜란 이후로 태도가 변화되었다. 1603년(선조 36) 선조는 성절사가 가져갈 표문에 배표拜表하기 위해서 남별궁에 나갔을 때에 200여장의 상언을 받았다. 그 상언의 내용이 국왕의 가전에서 소원을 올려야 할 만큼 긴급한 사안이 아니었으며, 상언자 본인이 친히 소원을 올리지 않은 것을 확인하고 비망기를 내렸다.[55]

이 비망기의 뜻에 따라서 형전刑典의 소원조에 수교受教가 추가되었다. 그 내용은 첫째, 가전에서 사소한 사안으로 소장을 올리면 월소로 논하여 장 100대를 치는 형률을 적용한다. 둘째, 사안이 중대하여 상언이 받아들여졌더라도 거짓인 경우에는 도徒 3년에 처하며, 사람을 고용하여 대신 상언을 올리는 자도 추고하여 무겁게 다스린다. 셋째, 해당 관서가 회계

52) 『수교집록』 권5, 형전, 고소조.
53) 『宣祖實錄』 권10, 宣祖 9년 7월 11일(壬寅).
54) 『宣祖實錄』 권14, 宣祖 13년 6월 1일(己亥).
55) 『宣祖實錄』 권162, 宣祖 36년 5월 2일(丁巳).

할 때 시행할 수 없는 사안인데도 사적인 정으로 시행한다면 해당 관원을 추고한다는 것이었다. 이것은 가전 상언에 대한 새로운 규정이 만들어질 만큼 가전 상언이 증가되었다는 반증이기도 하다. 가전 상언의 폐단을 줄이기 위해서 선조는 상언자의 처벌만이 아니라 사사롭게 상언을 처리한 관원 역시 철저히 조사하게 하였다.

17세기 이후 크게 문제가 된 것은 격쟁이었다. 숙종이 내린 많은 수교 중에 격쟁에 관한 것이 대부분이었는데, 17세기 이후로 격쟁이 급격히 늘었기 때문이었다. 격쟁은 사실상 도구를 이용하여 주목을 끌어서 소원을 올리는 행위라는 점에서 신문고와 유사하였다. 신문고가 폐지되자 다시 격쟁이 등장하였는데, 17세기에는 격쟁이 상언의 주요 수단이 되었다. 격쟁 사안은 사건사四件事로 명종의 수교를 계속 확인하는 차원에서 이루어졌다.[56] 격쟁에 대한 처벌도 강화되어서 이치에 맞지 않은 송사를 제기하는 사람은 전가사변全家徙邊을, 소송 담당 관원을 무고하는 자는 장 80대를 치고, 그 정도가 심한 사람은 장 100대를 치며 최악의 경우에는 도徒 3년에 처하였다. 특히 송사 담당 관원은 상언자와 피고자를 함께 나오게 해서 그 사실여부를 판단하라고 신칙하였다.[57] 숙종은 급증하는 격쟁의 대처 방안으로 먼저 예형例刑을 가한 다음 소원 내용을 듣게 하였다.[58]

이처럼 격쟁에 대한 처벌이 강화된 것은 격쟁이 사건사四件事에만 한정되지 않고 사회전반의 소송 문제까지 거론하였기 때문이었다. 특히 산송山訟이 주요 사안으로 떠올라 격쟁의 급증 요인으로 작용하였다. 숙종은 수교를 통해 산송 처리 규정을 마련하였다. 산송으로 격쟁하는 자는 한성부로 이송하여 처리하고, 무함하여 소송을 한 것이 확인될 때에는 형조로 이관하여 죄를 정하게 하였다.[59] 그러나 산송은 묘소의 위치가 지방인 경우가 대부분이어서 조사 기간이 길었고, 처결에 대한 불복으로 다시

56) 『수교집록』 권5, 형전 고소조, 1603년(선조 36) 수교.
57) 『신수교집록』 권5, 형전 소원조, 1678년(肅宗 4) 수교.
58) 『신수교집록』 권5, 형전 소원조 1711년(肅宗 37) 수교.
59) 『신수교집록』 권5, 형전, 소원조, 170년(肅宗 30) 수교.

격쟁을 하는 경우도 있었다.

숙종은 기존의 '사건사四件事'와는 다른 상언의 대상을 정하였다. 명종이 상언의 주제를 제한하였다면 숙종은 격쟁을 해도 죄가 되지 않는 대상을 규정하였다. 첫째, 손자가 조부모를 위한 경우, 둘째, 부인이 남편을 위한 경우, 셋째, 동생이 형을 위한 경우, 넷째, 지극히 원통한 일을 당한 당사자 경우에는 엄한 형벌을 가하지 않는다는 규정이었다.[60]

1704년(숙종 30) 3월 주강을 마치고 동지경연사 유득일俞得一이 격쟁 문제를 언급하였다. 강력한 법 적용으로 국왕에게 억울한 일을 아뢰지 못하는 일이 있을까 걱정이 된다고 전제하고는 적어도 손자가 조부모를 위해서, 아내가 남편을 위해서, 동생이 형을 위해서, 그리고 원통한 일을 당한 당사자들에게는 격쟁을 하여도 엄형을 내리지 말아달라는 청을 한 것이 1704년 숙종 수교의 계기가 되었다.[61]

또한 같은 해 4월 주강 때에도 동지경연사 유득일은 문서로 격쟁을 올렸을 때의 문제점을 지적하였다. 당시 유득일은 형조판서를 겸하고 있었기 때문에 상언·격쟁에 관심을 가지고 있었다. 그는 격쟁 문서를 해득할 수 없어 국왕이 예람하기도 어렵고 문자를 가지고 교묘하게 사기를 치는 자들이 있다고 하였다. 그는 해결책으로 격쟁 사안을 문서로 받지 말고 원정을 구술하게 하자는 건의를 하였다.[62] 숙종 역시 그러한 문제를 긍정하고 원정은 구술로 받으라는 수교를 내렸다.[63]

하정상달의 일환으로 다양한 수단의 상언이 허락되었지만 그 폐해도 적지 않았다. 숙종은 수교를 통해 백성의 소원을 접할 기회를 확대하는 한편 규제를 강화하여 무분별한 상언·격쟁을 줄이기 위해 노력하였다. 영조는 소원과 관련된 선왕들과 숙종의 수교를 포괄하여 『속대전』에 반영하였다.

---

60) 『신수교집록』 권5, 형전, 소원조, 1704년(肅宗 30) 수교.
61) 『承政院日記』 222책, 肅宗 30년 3월 9일(戊申).
62) 『承政院日記』 22책, 肅宗 30년 4월 3일(壬申).
63) 『신수교집록』 권5, 형전, 소원조, 1704년(肅宗 30) 수교.

Ⅱ

시기별 소원(訴冤)소원 내용과 그 추이

태종이 신문고를 설치한 이후 합법적으로 국왕과 민인이 소통할 수 있는 길이 열리자, 각계각층에서 다양한 소원들이 국왕에게 올라왔다. 그 때문에 관련 관청인 사헌부나 의금부 등의 업무가 마비될 지경이었다. 그래서 태종, 명종, 숙종 등은 언제 어떻게 무슨 내용을 소원으로 올릴 수 있는지 규정을 만들었지만, 소원의 내용은 규정과는 거리가 있었다.

태종이 제시한 규정은 거주지 관서와 사헌부에서 받아주지 않는 사안(개인적인 일), 국왕의 정치 득실과 민은(공적인 일), 반역과 같이 국가에 위해가 되는 일 등이었다. 그 사안은 너무나 포괄적이었기 때문에, 선별 기준을 세우기가 어려웠다. 그러기에 점차 구체적인 소원 사안을 정하기에 이르렀다. 16세기에 들어서 네 가지 사안으로 압축되었는데, 명종이 수교를 내려 자신이 죽을죄를 지은 경우, 부자분간, 처첩분간, 양천분간 등 사건사四件事로 법제화하였고, 여기에 숙종의 신사건사新四件事를 추가해서 영조가 『속대전』에 실었다.

이 장에서는 실제로 누가 언제 어떻게 무슨 내용을 소원으로 올렸는지를 그리고 시대적 상황에 따른 소원의 변화는 어떠하였는지 살펴보고자 한다. 민民 개개인이 국왕과 소통하고자 한 내용을 확인하는 것은 조선시대 사회상을 이해하는데 도움이 될 것이다. 또한 민의 소원에 대한 국왕의 처분으로 시대적 분위를 파악할 수 있다. 따라서 여기서는 『조선왕조실록』,

『승정원일기』 그리고 선행 연구를 바탕으로 조선 전기와 후기로 시대 구분을 하여 소원의 내용과 주제를 분석하였다. 마지막으로 자료가 부족하기는 하지만, 서울과 지방의 상언 내용을 살펴보았다.

1. 조선 전기(태종~성종)의 소원 내용

조선 초기 태종이 신문고 제도를 정립하면서 형성된 소원제도는 북이나 징·괭가리 등을 이용해서 국왕에게 소원을 호소하는 방법과 문서로 올리는 상언으로 구분될 수 있다. 현재로서는 상언의 내용과 그 처리과정을 확인하기가 쉽지 않아서 여기에서는 실록에 실린 상언 내용과 논의과정 등을 정리하였다.

우선 민이 개인적으로 국왕에게 소원을 올렸던 방식을 보면, 조선 전기부터 신문고, 상언, 가전 상언, 격쟁 등 다양한 소원 방식이 혼재되어 있었다. 실록에는 국왕에 올려졌던 소원 전체가 실린 것이 아니라 주요 사안으로 조정의 논의가 있었던 것을 선별해서 실었기에 실제로 소원이 얼마나 되는지 가늠할 수 없다.

실록에 실린 조선 전기의 소원 650건은 상언 85.5%, 신문고 10.8%, 격쟁 2.2%, 가전 상언 1.5%로 상언이 압도적으로 많았다. 이러한 경향은 조선 전기에 신문고·가전 상언·격쟁에 대한 규제는 강화되고, 글로 올리는 상언을 적극적으로 수용한 결과이다.

〈표 1〉 **실록에 수록된 조선 전기 왕대별 소원 형식**

왕대 \ 형식	신문고	상언	가전상언	격쟁	합계
태종	42[64)				42
세종	25	46	1		72
문종	2	26			28
단종		9			9
세조		56			56

왕대 ＼ 형식	신문고	상언	가전상언	격쟁	합계
성종	1	168		1	170
연산군		45			45
중종		170	8	8	186
명종		25		5	30
선조		11	1		12
합계 %	70 10.8	556 85.5	10 1.5	14 2.2	650 100

상언이 이처럼 압도적으로 많았던 것은 두 가지 정도로 생각해볼 수 있다. 첫째, 〈표 1〉의 통계는 실록에 기재된 소원으로 국왕에게 보고되어 조정에서 논의되었던 사안이어서 상언 사례에만 치우쳤을 가능성이 있다. 둘째, 소원을 올렸던 사람의 신분층과 관련이 있을 수 있다. 상언을 올리려면, 우선은 한자로 문장을 구성하여 자신의 뜻을 전달할 수 있어야 한다. 또한 상언은 국왕에게 올리는 문서이므로 격식과 용어에 주의를 기울여야 한다. 이러한 조건을 만족시키면서 상언을 올리려면 어느 정도 학식이 갖추어져 있어야 한다. 그러므로 상언을 올린 사람의 신분층을 정리하면, 〈표 2〉와 같다.

〈표 2〉을 보면, 여성 26%, 관원 20.9%, 사족 18.6%, 민인 7.2%, 군인 4.6%, 중인·노비 각각 3.7%, 서리 3.4%, 승려 1.5%, 환관 1.1%, 기타 1,8%, 그리고 신분 미확인 7.4% 등이다. 양반 계층은 관원과 사족으로 39.5%이다. 여기서 관건이 되는 것은 여성의 신분층이다. 여성의 신분 분포를 보면, 왕실 여인, 종친·관원·사족의 부녀자가 주류를 이루고 있으며, 조이[召史]·비녀가 각각 1명씩이다. 여성 169명 중 167명이 확실한 양반 계층으로 650명 중 26%에 달하고 있다. 그러므로 관원, 사족 그리

64) 오세홍의 앞의 책 74~77쪽 〈부록 3〉 태종대의 격고 사례 41건을 다시 실록에서 확인하는 작업을 거쳤다. 태종 13년 12월 2일에 430여명이 노비 소송과 관련하여 403여 명이 신문고를 친 기사가 있다. 기사에 의하면 태종 13년 11월 17일에 300여인, 11월 28일에 130여인 신문고를 쳤다고 하여 이것을 나누어 2건으로 계산하여 총 42건이 되었다.

〈표 2〉 실록에 수록된 조선전기 소원자의 계층

신분 / 왕대	관원	사족	중인	서리	군인	환관	민인	노비	여인	승려	기타	?	합계
태종	13	15		1	4	1	1	1	3	1	1	1	42
세종	12	18	1	3	8		7	4	12		4	3	72
문종	3	5	1	1	2		10		3		1	2	28
단종	1	3					1		4				9
세조	11	10	6	5	3		5		4	4	2	6	56
성종	43	32	8	4	6	1	15	5	43	3	3	7	170
연산	11	10	5	3	1			1	7			7	45
중종	37	18	2	4	5	3	7	9	82	1	1	17	186
명종	5	5	1		1	2	1	3	6	1		5	30
선조		5		1				1	5				12
합계	136	121	24	22	30	7	47	24	169	10	12	48	650
%	20.9	18.6	3.7	3.4	4.6	1.1	7.2	3.7	26	1.5	1.8	7.4	100

고 양반 계층의 여성 등을 합하면 총 65.5%이다. 소원을 올린 중인은 기술직 중인과 서얼이었으며, 서리는 각사 서리·녹사·향리 등으로 문서 작성 경험과 능력이 충분한 이들이었다. 이들을 양반 계층에 포함하면 72.6%가 된다.

나머지 27.4% 가운데 7.4%는 신분을 확인하기 어려웠다. 그 외 환관, 군인, 민인, 노비, 승려, 기타 등이다. 민인은 주로 지방민이다. 이들은 사족, 서리, 일반 백성을 포함하고 있어 특정 신분층으로 분류하기는 어렵다. 기타 부류는 맹인, 빙부氷夫, 장인匠人, 향화인 등으로 1.8%에 지나지 않는다. 이들 중에도 글을 알고 문서를 작성할 수 있는 사람이 있을 것이다. 그러나 조선 전기의 상언은 여성, 관원, 사족 등이 주류를 이루고 있으며, 여기에 중인을 포함한 70% 이상이 식자층임을 알 수 있다.

그렇다면 이렇게 다양한 신분 계층에서 올린 소원의 주제를 살펴보자. 조선 전기의 소원 주제를 왕대별로 정리하면 〈표 3〉과 같다. 조선 전기 각 왕대 실록에서 정리한 소원 건수는 총 650건이다. 소원이 가장 많았던

〈표 3〉 **실록에 수록된 조선 전기의 소원 내용**

소원 \ 왕대		태종	세종	문종	단종	세조	성종	연산	중종	명종	선조	합계 %
부자분간			1				1	1				3 0.5
처첩분간							5	1	3			9 1.4
양천분간		3							1			4 0.6
죽을 죄			2			1	2		2			7 1.1
쟁송	노비	13	2		1		1	1	8	1		27 4.2
	재산	1	3		2		8		3			17 2.6
신원		13	16		3	3	36	14	50	6	2	143 22
간은(干恩)		5	28	11	2	19	69	16	90	9	6	255 39.2
공사(公事)		5	18	16	1	28	28	6	18	7		127 19.5
수령			2	1		1	10	3	2	2	1	22 3.4
사찰		1				2	3	1	1	1		9 1.4
신분		1										1 0.2
양자, 제사						1	4		3		3	11 1.7
고발						1	1	2	3	3		10 1.5
이혼, 재가							2			1		3 0.5
내용 미상									2			2 0.3
합계 %		42 6.5	72 11.1	28 4.3	9 1.4	56 8.6	170 26.2	45 6.9	186 28.6	30 4.6	12 1.8	650 100

왕대는 중종으로 28.6%를 점하였다. 왕대 점유율을 보면, 중종, 성종, 세종, 세조 순으로 상언 활동이 활발하였다. 성종·중종 때에 상언이 많았

던 것은 16세기에 성리학적 정치 이념을 현실 정치에서 실현해야 한다는 인식이 조선 초보다 심화되었음을 보여준다. 그러나 조선 초기에도 세종은 소통의 중요성을 인식하고 실천에 옮겼으며, 그의 아들인 문종과 세조도 그의 뜻을 이어 민과의 소통을 중시했음을 알 수 있다.

소원을 주제별로 분류하면, 국왕에게 은전을 구하는 간은干恩이 255건으로 39.2%로 독보적이다. 소원이 활발했던 정조대 간은의 점유율이 41.7%이었던 것 보다는 2.5%가 적다.[65] 간은의 주된 내용을 정리하면 다음과 같다.

첫째, 국왕에게 상전賞典을 요구하였는데, 사례가 다양하였다. 국가에 공을 세운 경우에 상전을 요구하였다. 공신책봉이나 전공戰功자 명단에서 누락된 사람이 공신 책봉이나 관직을 청하거나 공신의 자손들이 관직 서용을 청하기도 하였다. 관료의 직임을 수행하여 특이할 만한 업적이 있는 경우에 본인이나 자손들의 가자加資, 승진 등을 요구하였다. 관료가 아니더라도 효자나 열녀의 자손이 상전을 요구했는데, 이러한 경우의 상전 내용은 정려旌閭나 정문旌門를 세우거나, 복호復戶 등을 요구하였다.

둘째, 직임 교체에 대한 요구이다. 늙은 부모가 있다거나 오랜 기간 동안 외관에 있었던 경우에 외관에서 경관직으로, 혹은 변방에서 서울 인근의 외관으로 옮겨주기를 청하였다. 합법적인 체직 요구는 걸군乞郡이라 하여 노부모를 봉양하기 위해 부모가 있는 고을에서 가까운 지방의 수령을 보내줄 것을 청할 수 있었다. 체직을 요구하는 상언은 관료 본인보다는 부모, 처, 자녀가 올린 경우가 대부분이었다.

셋째, 죄인에 대한 은전을 요구한 것으로, 감형減刑, 배소配所 이동, 사면 등이다. 이러한 경우도 죄인의 부모, 처, 자녀 등이 상언을 올렸다. '효'를 중시하는 조선 사회에서 국왕들은 나이 든 부모가 올린 상언을 가볍게 넘기지 않았는데, 부친보다 모친의 상언이 많았다. 국왕은 반역 죄인이 아니라면 은전을 내려 감형과 사면이 이루어지기도 하고, 고향에서 가까

65) 한상권, 『조선후기 사회와 소원제도-상언·격쟁 연구-』, 1996년, 117쪽 〈표2-8〉 상언·격쟁의 주제별 분포비 참조.

운 곳으로 배소를 옮겨주기도 하였다.

간은干恩 다음으로 점유율이 높은 것은 신원伸冤으로 143건 22%다. 신원의 내용은 관청 등과의 공적인 관계에서 발생하는 억울함과 개인 간의 사적인 관계에서 발생하는 억울함으로 나눌 수 있다. 공적인 관계에서 발생되는 억울함은 포폄 오류, 송사의 오결誤決, 남형濫刑 등과 같은 일이다. 사적인 관계에서 발생하는 억울함은 무함을 당하였거나 실추된 명예를 회복하려는 내용, 처첩 분간이나 계후 등과 같은 집안문제이다.

신원의 사례는 매우 다양하였다. 신원의 대상이 본인, 부모, 자녀, 남편, 주인 등이었다. 주로 나라나 관서에서 얻은 죄의 억울함을 풀거나 명예 회복을 원하였다. 신원의 내용은 아버지가 관직생활 중에 고과를 잘못 받게 된 경우, 무고하게 뇌물을 받았다거나 도둑으로 몰려서 파직된 경우, 정치적 사건에 연루되어서 억울하게 연좌되어 유배를 가게 된 경우 등 다양하였다. 이러한 내용의 신원은 주로 양반 관료 가문에서 청하였는데, 또한 드물기는 하나 모친의 명예 회복을 위한 상언도 있었다. 1520년(중종 15) 4월 종친 문성정文城正 이상李湘은 중종에게 모친의 스캔들로 인해 실추된 명예를 회복시켜줄 것을 청하는 상언을 올렸다. 이상의 모친은 광평대군의 맏아들 남천군南川君 이청李崝의 처였다. 그녀는 연산군 때에 궁궐에 자주 드나들었는데 연산군과의 추문이 파다하였다. 대간이 이를 상소하여, 그녀는 직첩을 회수당하고 도성 밖으로 축출 당했다. 이때 문성정 이상이 모친의 소문은 사실이 아니니 명예를 회복시켜 달라고 청하였다.[66] 중종 때에 연산군의 추문에 연루되었던 여인들의 명예 회복을 청하는 상언이 여러 건 있었다.

민은民隱에 대한 것도 127건으로 점유율 3위를 점하고 있다. 민은은 개인의 일이 아니라, 관서, 군현, 조세 등의 공적인 문제를 제기한 것으로 〈표 3〉에서는 공사公事로 기재하였다. 예를 들면 1440년(세종 22) 경상도와 전라도 양도에 시범적으로 공법公法을 시행하자, 그해 9월 경상도

---

66) 『中宗實錄』 권39, 中宗 15년 4월 12일(己巳).

1000여명이 신문고를 쳐서 공법으로 불편함을 호소하였다.[67] 나라에서 시행하는 법이 현실과 괴리되는 부분이 있어서 경상도 백성들이 실상을 알리고자 신문고를 친 것이다. 이처럼 공적인 사안으로 소원을 올리는 경우가 전체 소원의 19.5%에 이르렀다.

또한 태종대에는 조선의 제도 문물이 덜 갖추어진 상태에서 여러 관서의 관원과 관속 등도 처우개선을 원하였다. 처우개선을 요구한 계층으로는 군인·색장·공신 등 다양하였다. 처우개선에 관한 신문고는 집단 청원도 있다. 응양위의 무관 300명의 청원으로 공해전을 마련해 주었다.[68] 또한 각도의 색장은 139명이 합동으로 신문고를 쳤다.[69] 이들은 각도의 절제사도節制使道 색장으로 서용해주기를 청하였다. 태종은 이 문제를 병조에 내려서 정원과 직품의 고하와 천전의 품차를 상정하게 하였는데, 각도 군영 색장 천전법遷轉法이 그것이었다.

역役과 관련된 소원을 올린 경우도 많았다. 신원이 주로 양반층에서 올린 상언이었다면 역과 관련된 것은 거의 중인 이하 하층민의 상언이었다. 조선 전기에 역과 관련된 내용을 소원으로 올렸던 계층은 역리驛吏·경관 서리·빙부氷夫·광흥창의 종과 고자庫子·군인 등으로, 다양한 계층에서 문제를 제기하였다.

조선의 역참은 왕명 및 공문서의 전달을 통해 중앙과 지방 사이의 정치 및 행정 체계를 공고하게 하였으며, 진상품이나 공물의 운송, 봉명사신을 포함한 사객의 왕래에 따른 영송과 접대를 위한 역마 제공, 통행인의 규찰 및 국경을 지키는 관방關防의 역할까지 수행하였다. 고려 때의 역로는 군사적 의미가 강하였으나, 조선의 그것은 군사적 기능이 약화되었고, 중국과의 왕래 편의성에 따라 역로를 재편하였다. 따라서 중국 명나라와의 통행이 편리한 도로를 사용하게 되었으며, 평안도에 위치한 역은 관館이란 명칭으로 전환되었다. 관館이 된 역들은 성 안쪽의 관아에 위치하면

---

67) 『世宗實錄』 권89, 世宗 22년 5월 8일(己酉) : 권90, 世宗 22년 9월 3일(壬寅).
68) 『太宗實錄』 권21, 太宗 11년 1월 11일(壬申).
69) 『太宗實錄』 권15, 太宗 8년 1월 1일(庚戌).

서 명나라에 오가는 사신 접대가 주요한 역할이 되었다. 따라서 사신접대에 필요한 인력을 확보하기 위하여 평민들을 강제로 모아서 잡역을 면제시켜주고, 입마立馬와 공문을 전달하는 업무를 맡기게 되었다.[70)]

1428년(세종 10) 병조에서는 이에 대한 대책으로 관군館軍에게 입마立馬하는 보충군을 두고 일을 시키려고 하였다. 구분전口分田은 근처의 군자전軍資田을 지급하고, 경작할 전지는 유망인流亡人·절호인絶戶人의 전지와 한전閑田으로 지급하였으며, 또 가까운 곳에 있는 민전民田과 바꾸어 주었다. 보충군으로서 입마한 자가 있으면, 임명하여 포상하고, 또 각 역의 잡역을 면제시키고, 입마한지 만5년이 되면 상으로 관직을 주어 거관去官하게 하였다.[71)] 이러한 계획 속에서 관군館軍·보충군補充軍이 충원되었지만, 이들로는 부족하여 정병正兵까지 동원되었다. 이들은 빈번한 사신단의 왕래로 인한 부담을 견디기 어려워서 소원을 올려 역 면제를 원하였다.

빙부氷夫 역시 고역으로 소원을 올렸다. 중종 때에 이들은 여러 번 가전상언을 올렸기에, 중종도 이들의 역 부담이 과중하다는 것을 알았다. 빙부는 일 자체가 매우 고되어 얼음을 수송하는 때가 되면 재력材力이 모두 소진되어서 백성들이 각처로 흩어져 버리게 된다.[72)] 그런데도 빙부는 다른 역에도 차출되었다. 예를 들면, 서울 근처에 도둑이 성행하면 도둑을 지키는 군사를 대부분 문 밖에 사는 백성들로 정하는데, 빙부도 여기에 차출되었다.[73)] 이렇듯 빙부의 역이 과중하기 때문에 평민들이 빙고가 있는 마을에는 살려고 하지 않아 빙부의 역이 더 과중하게 되고, 인원도 부족할 수밖에는 없었다. 중종은 빙부의 상언에 대해서 다음과 같은 처결을 내렸다. 첫째, 한성부의 각부各部를 시켜 근방에 사는 사람을 찾아서 모자라는 대로 빙부 인원을 늘리도록 하였다. 둘째, 빙고 근방에 사는 사람을 다른 역에 동원할 때에는 반드시 법사法司에 보고하고, 법사에 알

---

70) 정요근, 「조선초기 역로망(驛路網)의 전국적 재편 : 교통로의 측면을 중심으로」, 『조선시대사학보』 46, 2008, 49~50쪽.

71) 『世宗實錄』 권39, 世宗 10년 1월 27일(庚戌).

72) 『明宗實錄』 권4, 明宗 1년 8월 2일(丙戌).

73) 『中宗實錄』 권17, 中宗 8년 2월 4일(癸卯).

리지 않고 헐거운 역에 투속하였다가 발견되면 그 부部 관원의 죄를 다스리는 것을 정식으로 삼게 하였다.[74)]

지방에서 세금 명목으로 운반해오는 곡식을 저장하는 서울의 광흥창·풍저창의 종과 고자庫子 등도 소원을 올렸다. 이들은 호조에서 나와서 곡식을 계산하여 부족분이 발생할 경우 이들에게 그 부족분을 채우게 하였으나, 창고를 지키는 고자 등이 그 많은 부족한 곡식을 채울 수는 없었다. 더욱이 이러한 현상이 빈번하게 발생하여 근본적인 해결책이 필요하였지만, 다른 방법은 없었다. 전례에 따라 창고의 부족분이 생기면, 관원에게는 그 책임을 묻지 않고 고자에게 장杖 80으로 속신하게 하였다.[75)]

〈표 3〉의 소원 주제는 조선 전기의 시대적 상황을 반영하고 있다. 부자분간, 처첩 분간, 양천 분간, 죽을죄, 쟁송은 사실 신원에 포함된다. 여기에서 이 사안들을 따로 분류한 것은 전기적인 특징을 가진 사안이기 때문이다.

양천 분간과 관련 있는 노비 변정은 조선 건국 초에 국가의 조세 수입과 관련된 것이어서 주요한 사안이었다. 태종대 노비 쟁송은 31%로 태종 때의 소원 중에서 점유율이 높다. 고려 말 조선 초기의 가장 큰 사회적 문제는 노비 쟁송이었다. 국초 태조는 1397년(태조 6) 「합행사의合行事宜」를 제정하여 노비문제를 해결하려 하였으나 진척이 없었다. 태종도 1406년(태종 5) 「노비결절조목奴婢決折條目」을 내려서 양·천 신분의 귀속문제, 친족간 노비 소유권 분쟁, 노비 상속 문제, 공노비 판정 문제, 신축년(1361년, 공민왕 10) 노비 쟁송 판결 문제, 노비 불법 소유 문제, 승인僧人 노비와 사사寺社 노비문제, 그리고 이러한 노비 쟁송에서의 오결과 부정을 저지르는 관원에 대해 규제하였다.[76)]

그럼에도 여전히 노비 쟁송의 비중이 높았다. 태종은 1413년(태종 13) 신문고를 친 430 여명을 순금사로 내렸다. 이들 중 300여 명이 노비

---

74) 『中宗實錄』 권65, 中宗 24년 3월 30일(乙丑).
75) 『中宗實錄』 권78, 中宗 29년 10월 2일(乙未).
76) 성봉현, 「조선 태종대 노비결절책과 그 성격」, 『진단학보』 88, 1999.

소송에게 오결을 내렸다고 억울함을 호소하였다.[77] 지나친 노비 결송 관련 소원은 오히려 국왕과 백성사이의 소통을 위축시키는 결과를 가져왔다. 1414년(태종 14) 태종은 인덕궁에 거둥하였다가 환궁하는 길에 노비 결송과 관련된 가전 상언 60여건을 받았다. 이때 태종은 노비 결송에 관한 사안은 신문고나 가전 상언을 금지한다는 명을 내리기에 이르렀다.[78] 그럼에도 신문고를 쳐서 소장訴狀을 올리는 일은 그치지 않았다. 태종은 1414년 9월 이후에 신문고를 친 노비 쟁송 사건은 육조에 내린 것만 사헌부로 보내어 처리하되 형조에 내린 사건은 그대로 변정하게 하였다.[79] 그리고 공·사노비 소송의 한계를 정하여 형조·사헌부 등의 업무를 원활하게 하였다.[80]

양천 분간 이외에 처첩 분간도 분쟁이 많았다. 조선 건국 초에 성리학적 가정윤리에 따라 처와 첩을 명확하게 구분하고, 그에 따른 자녀 역시 적자와 서자로 구분하였다. 또한 신분제 사회에서 적자와 서자가 누릴 수 있었던 사회적 지위 또한 차별을 두었다. 양반의 지위를 유지하기 위해서 과거 응시, 관직 진출이 필수적이었다. 서자는 과거 응시에 제한을 받았고, 설사 음서로 관직에 진출하더라도 승진이 제한적이었다.

이러한 까닭에 처첩 분간의 논란이 많았다. 국가에서는 처첩 분간의 기본적 원칙을 정하지 않을 수 없어서, 1413년(태종 13) 태종은 처첩 분간법을 세우기에 이르렀다. 처첩을 분간하는 가장 중요한 원칙은 육례六禮를 치렀는지의 여부이었다. 유학적인 혼인법에 따라 혼인했는지의 여부가 처와 첩을 가르는 기준이 되었다. 먼저 혼인하였다고 하더라도 육례를 치르지 않았다면 처가 될 수 없었다. 그러나 혼인 당사자가 사망하여서 육례를 치렀는지의 여부를 확인할 수 없는 경우도 있었다. 그러한 경우에는 무조건 먼저 육례를 치른 사람을 처로 인정하였다. 이렇게 되자, 양반

---

77) 『太宗實錄』 권26, 太宗 13년 12월 2일(丁未).
78) 『太宗實錄』 권26, 太宗 14년 11월 12일(辛亥).
79) 『太宗實錄』 권29, 太宗 15년 2월 3일(辛未).
80) 『太宗實錄』 권33, 太宗 17년 1월 25일(壬子).

가의 딸들도 첩이 되는 사례가 생겨나기 시작하자, 당시 대사헌으로 있던 유관柳觀이 해결책을 내었다. 선처가 있더라도 후처가 육례를 치렀다면 둘 다 처로 인정한다. 그러나 남편의 직위에 따른 직첩과 수신전守信田은 남편과의 동거 여부에 따라 정하고, 노비는 똑같이 나눈다는 것이었다.[81] 이것을 기준하여 처첩 분간을 시행하였다.

처첩 분간도 앞에서 언급한 것처럼 태종 때에 법제화되었지만, 국가 차원에서 처첩 분간이 이루어졌던 것은 성종 때였다. 성종 때에 대거 등장한 젊은 사림파 관원들은 성리학적 가정 윤리를 확고하게 하려고 처첩 분간을 문제 삼았던 것이다. 처첩을 거느리고 있는 양반가에서는 염두에 두지 않았던 부분까지 국가가 철두철미하게 개입하여 문제를 제기하고 그 물음에 답을 내리려고 하였다. 실제 『성종실록』에 실린 사례가 26건인데,[82] 상언으로까지 발전된 것은 5건으로 19%에 달하였다. 소송을 통해서 처→첩으로, 혹은 첩→처로 바뀌는 경우들이 많았다. 처첩의 논쟁은 당사자만의 문제가 아니기 때문이었다. 자녀들이 적자→서자로, 서자→적자로 바뀔 수 있어서 쉽게 포기할 수 없었다.

1476년(성종 7) 충의위 이정李楨의 상언에 대해 사헌부에서 성종에게 회계回啓하였다. 사헌부는 이정이 이복형인 이맹李萌을 자신의 아버지 이원우李原祐의 첩자로 삼아 적자 신분을 빼앗으려고 하지만, 1448년(세종 30) 정평부定平府에서 서로 소송하였을 때 이맹은 이원우의 첫째 아내의 아들로 결론지어졌다는 것을 확인하였다. 더욱이 충훈부忠勳府에서는 이미 이맹을 적장자로 삼아 등록하였으며, 직위가 종2품으로 봉군封君까지 된 상황이었다.[83] 따라서 이정의 소원을 해결되지 못하였다. 이러한 문제는 비단 이원후 집안에 국한된 것은 아니었다.

부자 분간이란 말 그대로 생물학적 부자 관계 여부를 밝히는 것이었다. 첩의 아들인 경우 그의 아버지를 밝히는 것이 쉽지 않았다. 특히 기생첩에

81) 배재홍, 「조선전기 처첩분간과 서얼」, 『대구사학』 41, 1991, 5~8쪽.
82) 배재홍, 앞의 책, 14~24쪽 참조.
83) 『成宗實錄』 권73, 成宗 7년 11월 18일(戊午).

게서 난 아들은 아버지가 누구인지 알 수 없다고 여겼다. 성종은 부자 분간을 매우 중요시하여 관련 문서를 고쳐 쓴 부분이 있다면 반드시 인장을 찍도록 신칙하였다.[84]

신분제 사회에서의 양천 분간 역시 매우 중요한 문제였다. 노비가 재산으로 인식되었기 때문에 이들의 신분을 양인으로 전환하기는 쉽지 않았다. 조선 건국 초기 국가에서는 양인이라는 국역國役 담당자를 확보하기 위하여 이들의 부담을 최대한 낮추고 재생산 기반을 안정시키기 위해서 적극적으로 노력하였다. 그러나 국가에서 원하는 만큼의 양인을 확보하게 되자, 그들에 대한 관심이 점차 식어갔다.[85] 16세기에 들어서 양인의 국역 부담은 다시 증가하게 되어 이들의 몰락으로 이어졌지만, 천인들은 양인으로의 신분 상승을 꿈꾸었다. 양천 분간은 고려말기부터 시작되어서 태종대에 이르기까지 정리가 된 것으로 보인다. 노비 관련 소송이나 양천 분간의 비율이 높은 것은 태종대였다. 그 이후로는 크게 양천 분간이 문제가 되지 않았다

죄를 지어서 형벌로 죽게 된 경우에 상언을 받아들이겠다는 국가의 입장은 살인죄에 대한 삼복제를 떠올리게 한다. 조선에서는 살인한 사람의 목숨을 거두어서 죽은 사람의 억울함을 풀어준다는 것이 기본적인 입장이었다. 그러나 사형에 대한 신중한 태도를 갖기 위해서 삼복제가 시행되었다. 삼복제는 의금부 소관의 강상죄나 반역자에 대해서는 시행되지 않았고, 형조에서 담당하는 일반 사형 죄에만 한정된 것이었다.[86] 사건사四件事에 형벌로 죽게 된 경우가 포함된 것은 조선시대에 사형死刑 집행에 대한 신중성을 보여주는 증거가 된다.

수령에 관한 소원 등도 있었다. 세종은 지방에서의 수령 권한을 강화하여서 중앙집권적 행정체제를 만들려고 하였다. 그러므로 지방의 거주민

---

84) 『成宗實錄』 권139, 成宗 13년 3월 9일(丁丑).

85) 김성우, 「16세기 양소천다 현상의 발생과 국가 대응」, 『경제사학』 29, 2000, 6~7쪽.

86) 정순옥, 『조선시대 사죄 심리제도와 심리록』, 전북대학교 박사학위 논문, 2005, 91쪽.

이 자신의 수령을 고소하는 행위는 원천적으로 차단하였다. 그러므로 『경국대전』 형전의 소원조에도 수령을 고소하는 소원은 내지 못하게 하였다. 〈표 3〉에서 보이는 수령에 관한 소원은 수령을 고발하는 소원이 아니라 더 유임시켜달라는 내용이었다. 세종 때에도 그러한 사례가 있었다. 1437년(세종 17) 경원 지방 서득귀徐得貴를 비롯한 472명이 절제사 송희미宋希美와 판관 이백경李伯慶은 외관으로서 손색이 없다고 감싸면서 사형을 면하게 해달라는 소원을 올렸다.[87] 사실 송희미와 이백경은 그해 봄에 적과 전쟁할 때에 적극적으로 전쟁에 임하지 않고 요행을 바랐다는 명목으로 도성에 압송되었다. 세종은 이들이 변장으로서의 자세가 갖추어지지 않은 것에 대해서 크게 책망하고 중형을 내리려고 하자 경원에서 유임시켜 달라는 소원이 올라온 것이었다. 세종은 수령에 대한 이들의 소원에 대해 어떤 조처도 취하지 않았다.

세종은 소원이 올라왔을 때에 관련 관서, 대신과 논의하여서 소원에 대한 처리를 행하였다. 『세종실록』에서 조사된 72건의 소원에 대해서 24건(33.3%)의 긍정적인 답을 내렸으며, 소원의 내용이 설령 잘못된 것을 알았더라도 또 다시 조사하게 하는 세심함을 보였다.[88] 그런데 세종은 유독 수령에 대한 문제에 있어서는 처결을 내리지 않았다. 국왕이 수령에 대한 소원에 대해 반응을 하게 되면 부작용이 생긴다는 것을 알았기 때문이었다. 부민고소금지법으로 인해 국왕들은 수령에 대한 소원에 대해서는 대부분 신중하였으나, 진실로 수령의 선정善政 자취가 뚜렷한 경우에는 상을 주기도 하였다.

조선 전기의 상언 내용을 왕대별로 정리하면서 변화가 뚜렷하게 나타났던 것 중 하나는 계후 문제였다. 계후 문제가 실록에 소원 사안으로

---

87) 『世宗實錄』 권78, 世宗 19년 8월 20일(丁丑).

88) 1424년(세종 6) 지덕천군사 최세온(崔世溫)의 아들 최이기(崔李起)가 신문고(申聞鼓)를 두드려 그의 아버지가 무고함을 호소하였다. 세종은 이미 사헌부로부터 장오죄를 저질렀고, 백성을 굶어 죽게까지 한 것을 알았으나, 그 아들이 원통하다고 호소하니, 분변하기를 요구하는 장물은 우선 제쳐놓고, 딴 장물로써 다시 수효를 계산하게 하였다.(『世宗實錄』 권24, 世宗 6년 6월 13일(丙辰))

등재된 것은 성종 때였다. 조선 초기에는 적자 아들이 없을 경우에 설령 천첩이 낳은 아들이더라도 조상의 제사를 모실 수 있었다. 그러나 처·첩 차별이 엄격해지면서 첩자에게 제사를 맡기지 않고, 친족 중에서 양자를 들여 계후繼後를 삼기 시작하였다. 계후 제도가 보편화되는 데는 시간이 필요하였는데, 성종 때 계후에 대한 상언이 올라오기 시작하였다.

성종 때의 상언에서 언급한 계후 문제는 왕실과 관계된 것이었다. 태종의 4남 성녕대군은 후사가 없이 사망하였다. 단종 때에 안평대군을 성녕대군의 후사로 삼았으나, 안평대군이 역모로 사망하였다. 세조는 그 대신으로 효령대군의 6남인 원천군原川君[89] 이의李宜를 계후로 삼았다. 원천군은 적자가 없이 첩에게서 낳은 아들만 있었는데 장자가 바로 열산수(列山守) 이해李偕이었다. 그가 첩의 아들이어서 성녕대군誠寧大君의 제사를 받들 수 없다는 이론을 내세워서 성녕대군의 계후를 바꾸려고 상언하려 하였다.[90] 성종 때 계후 교체 문제는 정치적인 이해관계가 얽힌 것으로 본격적인 계후 문제를 다룬 것은 아니었다. 성리학적 예학이 연구되기 시작하는 중종 때부터 양반가의 계후 문제가 상언에서 제기되기 시작하였다.

2. 조선 후기(인조~고종)의 소원 내용

조선 후기의 소원 경우 인조~영조까지는 실록과 『승정원일기』를, 정조~고종 연간은 기존의 연구 성과를 참조하여 살펴보았다. 조선 후기 소원은 전기와는 다른 양상을 보인다. 조선 전기에는 상언 85.5%, 가전 상언 1.5% 등으로 87%에 달하고 있어 상언의 비중이 컸지만, 조선후기에는 격쟁의 비중이 컸다. 조선 후기 왕대별 소원 형식을 살펴보면, 다음과 같다.

〈표 4〉를 보면, 상언과 가전 상언이 31%이며, 격쟁과 가전 격쟁은 69%

89) 『世祖實錄』에는 원천경(原川卿)이라고 하나, 조선시대 종친에게는 '경(卿)'을 작호로 내린 적이 없었다.
90) 『成宗實錄』 권91, 成宗 9년 4월 29일(庚申).

〈표 4〉『승정원일기』에 등재된 조선 후기 왕대별 소원

형식 / 왕대	신문고	상언	가전상언	격쟁	가전격쟁	합계
인조		18	1	198	9	226
효종		23		126	2	151
현종		18		119	1	138
숙종	1	101	1	734	1	838
경종		19	3	173		195
영조	1	204	11	1366	5	1,587
정조		3,092		1,335		4,427
순종		1,203		2,563		3,766
헌종		48		1,026		1,074
철조		438		2,277		2,715
고종		398		2,465		2,863
합계	2 0.01%	5,562 30.9%	16 0.08%	12,382 68.9%	18 0.1%	17,980 100%

에 달하고 있다. 조선 전기에는 2.3%에 지나지 않았던 격쟁이 66.7%가 상승되었다. 왕대별로 구분해 보면, 격쟁이 정조 때만 제외하고 85% 이상이며, 현종과 철종 때에는 95% 이상의 점유율을 보인다. 격쟁은 성종 때에 보이기 시작하여 중종·명종 때에는 점유율이 증가하기 시작하다가 인조 이후로 격쟁의 점유율이 가파르게 증가하는 것처럼 보인다.

이러한 통계가 도출된 것은 통계에 사용한 자료의 성격이 다른 데에서 기인한다. 조선 전기 자료는 실록을 참조하였고, 후기 자료는 『승정원일기』를 참조하였다. 두 자료는 성격이 다르기 때문에 기록 내용에도 차이가 있다.

격쟁은 주로 궐문 안에서 불법으로 이루어지는 행위이므로, 누가 어디서 징을 울렸는지 국왕에게 보고해야 할 사안이다. 그러므로 『승정원일기』에는 격쟁한 사건의 보고는 상세하지만, 격쟁의 내용은 거의 실려 있지 않다. 상언은 일단 승정원에서 점검하였다. 승정원에서는 상언의 격식에

어긋나거나 국왕에게 올릴 수 있는 내용이 아니면 외람猥濫하다고 하여 국왕에게 보고하지 않았다. 이처럼 폐기된 상언이 18,894건이니,[91] 〈표 4〉의 상언 수 5,562건의 3.4배나 된다. 그러므로 상언이 격쟁보다 점유율이 낮다고 단언할 수 없다.

격쟁의 점유율이 조선 전기보다 상승된 것은 국왕에게 소원을 올린 신분층이 다양화되었기 때문이다. 조선 전기에 소원을 제기했던 계층 중에 양반을 제외하면 그 이외의 계층이 34.5%이었다. 인조 때 이후 격쟁에 참여했던 신분 계층은 조선 전기와는 다른 특징을 보인다. 〈표 5〉를 보면, 양반은 45%로 18.9%가 감소하였다. 조선 전기의 경우 상언을 올렸던 여인은 모두 왕실·사족 출신이었으나, 조선후기 격쟁을 했던 여인은 사족 출신이 거의 없다. 이처럼 격쟁한 신분 계층은 55%가 중인 이하의 신분 계층이었다. 양반 계층은 숙종대 이후로 증가하는데 주로 산송 사안과 관련 있다. 영조대의 기타 계층 33인 중에 상인喪人이 격쟁한 경우가 20건인데 그중 18건이 산송이었다.

〈표 5〉를 보면, 조선 전기 10% 미만이었던 군인·민인·노비들의 점유율이 신장하였다. 군인의 점유율이 높아진 것은 선조 때부터 건립되기 시작한 군영의 영향이다. 훈련도감, 어영청, 금위영 등 중앙 군영에 소속되었던 군관 이하 군병 등은 적은 급료로 생계를 이어가기 어려웠기에

---

91) 상언의 점유율이 높아진 정조대 이전의 상언 수를 가늠해 보고자 『승정원일기』에서 관련 자료를 정리하였다. 승정원에서 외람된 것과 격식에 맞지 않은 것이라 하여 국왕에게 보고하지 않은 상언을 정리하면 다음과 같다.

왕대	상언 총수	외람	위격	중첩
인조			74	
효종			384	
현종	2,044	37	395	
숙종	8,813	2,103	811	
경종	2,219	483	70	
영조	40,172	1,4172	293	72
합계	53,248	16,795 31.5%	2,027 3.8%	72 0.1%

〈표 5〉 **조선후기 격쟁에 참여한 신분 계층**[92)]

신분 / 왕대	관원	사족	중인	서리	군인	민인	노비	여인	업무	업유	장인	허통	시민	납속	목자	역민	기타	?	합계
인조	28	20	10	5	30	20	67	5		1	1	1	1					18	189
효종	20	25	2	1	22	13	33	3	1									8	120
현종	15	26	1	4	16	20	24										1	13	106
숙종	112	181	4	13	118	81	142	16	8	5	8	2		3	3		6	33	702
경종	22	57	2	7	20	8	37	7	3	1	3				3			3	170
영조	139	543	9	27	184	101	218	46	40	8	9				1		33	13	1,358
정조[93)]	27	437	3		55	182	50	215		13	9		12			14	14		1,031
합계 %	363 9.9	1,289 35.1	31 0.8	57 1.6	445 12.1	425 11.6	571 15.5	292 7.9	52 1.4	28 0.8	30 0.8	3 0.1	13 0.4	3 0.1	7 0.2	14 0.4	54 1.5	88 2.4	3,676 100

합법적 생계 유지 방안 마련을 위한 격쟁이 늘었을 것이다. 또한 조선후기 군정軍政의 혼란으로 병역 문제가 격쟁의 주제로 언급되었다.

민인은 반드시 양인만 아니라 주로 지방 민인으로 격쟁한 이들은 고을의 구성원이란 뜻이므로 특정 신분층으로 규정하기는 어렵다. 민인의 점유율이 높아진 것은 수령, 역役 및 조세와 관련이 있었다. 조선후기에는 수령의 선정善政을 포상해달라는 것보다 수령의 학정을 고발하는 사례가 늘고 있다. 조선 전기에는 부민고소금지법으로 수령에 대한 소원은 많지 않았다. 그러나 조선후기에는 수령에 대한 소원이 증가하고 있으며, 이러한 경향은 상언에서도 반영되어 나타난다. 또한 지방민은 그들에게 부과되었던 과중한 역과 조세문제로 소원하였다.

천역을 포함한 노비의 격쟁이 급격하게 증가한 것은 본인 문제도 있으나, 주인을 위한 격쟁도 포함되어 있다. 노비들이 주인을 위해 격쟁하는

92) 이 표는 인조~영조까지는 『승정원일기』을 참조하였으며, 정조는 『조선후기 사회와 소원제도-상언·격쟁 연구-』(한상권, 일조각, 1996)의 표를 바탕으로 작성하였다. 19세기의 격쟁은 선행연구가 있으나, 상언과 격쟁을 분리해서 다루지 않았으므로 표에 반영하지 못하였다. 그러나 격쟁에 참여한 계층을 살피는 데는 충분하다고 판단된다.

93) 한상권, 『조선후기 사회와 소원제도-상언·격쟁 연구-』, 일조각, 1996, 110~111쪽 〈표 2-5〉 상언·격쟁의 직역별, 형태별 분포비.

것이 '신사건사新四件事'에도 포함되어 있다. 격쟁에 참여한 신분 계층을 보면, 조선후기에 새롭게 등장하는 군인층, 허통·업무·업유, 시민市民, 목자牧者, 역민驛民 등 다양한 하층민들이 그들의 소원을 격쟁으로 국왕에게 호소하였다.

격쟁의 대부분은 궐문 안으로 들어와서 징을 쳤기 때문에, 격쟁한 사람만이 아니라 궐문 안까지 들어오게 허용했다는 명목으로 수문장도 추문을 당하였다. 격쟁하려는 자들은 경희궁의 경우 정문인 흥화문, 동쪽 흥원문, 남쪽 개양문, 북쪽 무덕문 안으로 들어왔다. 창덕궁의 경우는 정문인 돈화문, 서쪽 요금문·금호문·경추문, 동쪽 단봉문, 희정당의 중문인 선화문 등이다. 격쟁하는 사람들이 창덕궁 서쪽 문으로 많이 들어왔던 것은 서쪽에 궐내각사가 위치해 있었고, 궁인들이 드나드는 문이어서 접근하기 용이하였다. 그러나 희정당의 중문인 선화문은 궐내 깊숙이 있었으나 격쟁하는 이들이 접근하기도 하였다. 창경궁의 경우도 정문인 홍화문, 남쪽 선인문, 동쪽 통화문 안으로 들어와 격쟁을 하였다.

가전 격쟁은 국왕이 거둥할 때 국왕을 시위하는 행렬 밖에서 격쟁을 하였는데, 이를 위외격쟁衛外擊錚이라고 한다. 시위 행렬 밖에서 격쟁을 하는 것이 정례이나 19세기에 들어서는 시위 안으로까지 난입하여 격쟁을 하는 경우도 생겨났다. 이것은 국왕 시위가 허술해졌고, 격쟁이 더욱 격렬해졌다는 증거가 될 수 있다.

그렇다면 조선후기에 상언·격쟁의 내용은 어떤 것이었는지 살펴보자. 앞에서도 언급했듯이 격쟁의 구체적 내용이 연대기 자료에 기재되지 않았기 때문에 상언을 중심으로 살펴볼 수밖에 없다. 분류 기준은 간은, 신원, 민은民隱, 수령, 입후, 산송 등으로 분류하였다.

〈표 6〉을 참조하면, 정조대 이후의 소원 수가 급격하게 늘어난 것으로 보이나, 이것은 자료상의 문제이다. 정조가 편찬하기 시작한 『일성록』에는 소원의 내용이 매우 상세하다. 그러므로 소원 내용의 점유율 중심으로 살펴보려고 한다.

조선후기 소원의 분포는 간은, 신원, 민은 순으로 점유율이 높다. 이러한

〈표 6〉 조선후기 소원의 주제

왕대 / 소원		인조	효종	현종	숙종	경종	영조	정조[94]	순조[95]	합계
양천 분간		1			2	1	2	66		72 0.1%
쟁송	노비	2	1	2	6		1			12 0.2%
	재산	1	2		3	1	5			12 0.2%
신원		13	2	11	57	4	52	485	1,399	2,023 28%
간은(干恩)		5	3	6	44	5	87	1,703	898	2,751 38%
민은(民隱)		3	3		31	14	53	695	261	1,060 14.7%
수령			1				12	11	3	27 0.4%
양자, 제사				2	1		9	419		431 6%
고발		3			4		4			11 0.2%
이혼, 재가			1							1
산송				1	9		44	508	255	817 11.3%
합계		28	13	22	157	25	269	3,887	2,816	7,217

경향은 조선 전기와 거의 같으나 점유율에 있어서 약간의 변화가 나타난다. 신원은 양천 분간과 쟁송을 포함하면 28.5%가 되어 간은과의 격차가 9,5%로 조선 전기의 19.4%보다 약 10% 정도 격차가 줄어들었다. 또한 신원의 점유율은 상승하고, 민은의 점유율은 줄어들어 조선전기와는 다

94) 한상권, 앞의 책, 120쪽의 〈표 2-9〉 상언·격쟁의 직역별, 주제별 분포비와 179쪽의 〈표 3-4〉 민은을 호소한 상언·격쟁의 신분별, 내용별 분포비를 참조하여 구성하였음

95) 한상권, 「19세기 민소民訴의 양상과 추이-순조대 상언·격쟁의 분석을 중심으로」, 『한일공동연구총서』, 2002, 99~114쪽 참조하여 구성하였다.

른 양상을 보였다. 조선 전기에는 신원과 민은의 차가 0.6%였으나, 조선 후기에는 13.3%의 차를 보이고 있다.

소원의 주제도 달라졌다. 조선전기 명종이 정한 사건사四件事는 부자 분간, 처첩 분간, 양천 분간, 죽을 죄 등이었으나, 양천 분간만 남고, 나머지는 소원의 주제에서 탈락되었다. 대신 산송이 소원의 주제로 삽입되었다. 이러한 경향은 조선 사회의 변화와 궤를 같이 한 것이다. 건국 초에 처첩제가 제도화하는 과정에서 발생하였던 처첩 문제와 부자 문제 등이 후기에는 더 이상 거론될 필요가 없었다.

반면 성리학적 친족 의식이 정착되면서 조선후기에는 계후나 산송 문제로 소원이 발생되는 빈도가 높아졌다. 조선 전기 1.8%에 지나지 않았던 계후문제가 6%로 높아졌다. 특히 숙종대 이후로 계후와 관련된 소원이 늘어갔다. 또한 17세기 이후 부계 중심의 친족 질서가 형성되고, 문중 중심의 활동이 강화되었다. 각 문중에서는 조상을 현양하는 위선 사업에 관심을 기울였는데, 그 중 하나가 분산의 확보와 수호이다. 산송은 기본적으로 분산의 수호 과정에서 발생되는 갈등이다. 산송이 그 이전에 전혀 없었던 것은 아니지만, 17세기에는 소원의 주제로 등장하고, 18세기 이후에는 사족들의 주요한 논쟁거리가 되었다. 영조 때에 산송에 대한 소원이 격심해져서, 영조가 소원의 열에 아홉은 산송이라고 할 정도였다. 산송은 19세기에 선조의 묘역인 선영을 수호하는데서 그치지 않고, 묘역의 산림에 대한 권리에 더 관심을 기울였다. 그러한 사회 변화가 상언이나 격쟁에 그대로 반영되어 소원의 11.3%를 점유하게 되었다.

상언과 격쟁으로 가장 많은 소원의 주제가 되었던 간은의 내용은 상전賞典과 은전恩典이다. 상전과 은전의 내용 중에서 조선전기의 것과 유사한 것은 제외하고, 조선후기의 특징적인 것만을 정리하면 다음과 같다. 첫째 상전賞典에 관한 것은 왜란·호란 및 심하深河 전투 등지에서 나라를 위해 전사한 인물, 자신의 업무에서 탁월한 실적이 있을 경우, 난파된 배에서 인명을 구조한 경우 등 다양한 사례를 들어서 본인이나 자손이 시상을 청한 것이다. 1734년(영조 10) 서울 남부에 사는 유태실庾太實이 자신의 아비인 유태석庾太石은 상의원의 시인矢人으로 다년간 성실하게 근무하였으니 상을 내려달라는 상언을 올렸다. 상의원에서는 20~30년간 근속한 시인矢人에게 가자한 전례가 있었다. 이조판서인 김재로金在魯는 영조에게 유태석이 40년간 근속하였으므로 통정첩通政帖을 하사하자고 청하자, 영조가 허락하였다.[96] 상전을 요구한 것은 조선 전기에도 있었지만, 상전을 요구한 계층이 사족층만이 아니라 중인 이하까지 확대되었다는 점에 주목할 필요가 있다.

둘째 은전恩典에 관한 것은 군병 등이 중일시사나 관무재 등의 각종 무예 시재에서 몰기沒技로 만점을 받은 경우의 전시 직부, 노직老職 제수, 효행·열녀·충신·학행, 왕실 후손의 면천 등이다. 은전의 내용은 조선 전기와는 사뭇 달랐다. 군인들이 중일시재, 관무제, 금군 녹시사 등의 무예 시험에서 만점을 받았을 경우에 당당하게 직부전시의 은전을 요구하였다. 군인이 무예시험에서 만점으로 우등을 하였을 경우에는 마첩馬帖을 지급하는데, 마첩 대신 직부전시의 은전을 요구하였다. 1722년(경종 2) 금군 녹시사에서 만점을 받은 김두표金斗杓·구붕서具鵬瑞 등이 마첩 대신 직부전시를 요구한 것이 그러한 예이다.[97] 국왕은 이들에게 지급하였던 마첩을 환수하고, 대신 직부전시를 하사하였다. 조선후기에는 부모의 나이가 80세 이상이면 은전을 청하였다. 영조는 나이든 이들에게 정기적으로 노직을 제수하기까지 하였다. 그러므로 나이든 부친이나 조부를 위해서 노직을 청하는 상언이 많았다.

또한 효자·열녀·충신·학행이 있는 자에 대한 은전을 청하는 일이 많았다. 당시 민간에서 많이 사용하는 문서식을 적은 『유서필지』를 보면, 첫머리에 이러한 상언의 양식이 기재되어 있다.[98] 효자·열녀·충신·학행이 있는 자들에게 주어지는 은전은 증직, 정려, 정문 등이었다. 절의를 지킨 부녀자의 예를 들어보면 다음과 같다. 1681년(숙종 7) 함평인 정함

96) 『承政院日記』, 英祖 10년 1월 19일(丙申).
97) 『承政院日記』, 景宗 2년 11월 1일(壬午).
98) 『유서필지』(국립중앙도서관 소장) 목록.

일鄭咸一의 처 이씨, 정함일의 장자 정경득鄭慶得의 처 박씨, 차자 정희득鄭希得의 처 이씨, 정함일의 딸 정씨, 정운길鄭雲吉의 처 오씨, 정주일鄭主一의 처 이씨, 정주일의 아들 정절鄭惝의 처 김씨, 정절의 아들 정호인鄭好仁의 처 이씨, 서울 사람 심해沈諧의 처 정씨, 권척權陟의 처 정씨, 무장인 오굉吳宏의 처 변씨, 김한국金翰國의 처 오씨 등 온 족친이 함께 배를 타고 난리를 피해 영광靈光의 바다 가운데 있는데, 적선이 뒤쫓아 오자 12절부가 동시에 바다에 뛰어들어 죽었다. 처음에 모두 정문하게 하고, 일을 『동국신속삼강행실』에 실었다. 그러나 자손이 쇠잔하여 정문이 거행되지 못하였기 때문에 후손들이 연명으로 상언하여 정문을 세우게 되었다.[99)]

왕실 후손이 면천을 청하는 사례들이 인조 때부터 나타나고 있다. 16, 17세기가 되면서 종친의 대수는 다하고 친진親盡되어, 국왕의 6, 7대손 이하의 대수가 등장하기 시작하였다. 왕실 천첩의 후손들이 왕실 후손임을 내세워 면천되기를 원하였다. 그러므로 종친과 그의 후손임을 지속적으로 상언을 올려 면천이라는 은전을 내려주기를 청하였다.

신원의 경우는 원정을 풀기 위한 것이다. 첫째 옥사獄事와 관련된 것은 오형이나 남형으로 죽음에 이르게 된 사연들이 주류를 이루고 있다. 1634년(인조 12) 11월 사노私奴 양천복梁天福이 창경궁 남문인 선인문 안에 들어와 격쟁하였다가 수금되었다. 양천복은 1635년 1월에 다시 창덕궁 서쪽문인 금호문 안에 들어와 격쟁하여 수금되었으나, 그의 격쟁 사연이 인조에게 보고되었다.[100)] 양천복은 그의 아들이 수령에게 죄를 받아 죽었기 때문에 여러 차례 격쟁을 하였다. 처음에 양천복의 아들 양옥梁玉의 죽음을 밝히기 위해서 현감 허후許厚를 사헌부로 잡아다가 국문하고, 형리와 사령은 감영에 가두고 추문하였으며 검시 차사원인 이돈오李惇五도 파직의 죄를 입었다. 그런데도 양옥의 죽음에 대한 결말이 나지 않자, 그의 아버지 양천복은 계속 격쟁을 하였다.[101)]

---

99) 『肅宗實錄』 권11, 肅宗 7년 6월 30일(辛亥).
100) 『承政院日記』, 仁祖 12년 11월 10일(壬戌) : 13년 1월 16일(丁卯).
101) 『承政院日記』, 仁祖 13년 1월 23일(甲戌).

둘째 실추된 명예를 회복하기 위한 신원을 올렸다. 1675년(숙종 1) 진사 홍적洪覿의 딸로 송기준宋耆俊과 혼인하였다. 그러나 남편이 사망하자, 시댁에서는 홍적 부녀가 상간相奸하여 아이를 낳았다고 하므로, 홍적이 송기준의 형 송기영宋耆英과 그 처가 재물을 다투어 이러한 말을 지어낸 것이라고 상언하였다.[102] 숙종은 이 사안을 형조에 내려 추문하게 하였다. 형조에서는 추문의 당사자인 홍기옥洪己玉을 여러 달 수금하였는데, 그녀는 감옥에서 스스로 목숨을 끊었다. 이 사건은 상언을 받아 조사하는 과정에서 과부 홍기옥이 사망한 것이다. 명예 회복에 대한 사례는 주로 관원이나 사족 가문의 남성을 위주로 이루어졌지만, 여인에게도 예외는 아니었다.

셋째 역과 세금에 대한 원정이 있었다. 역役과 관련해서는 군역에 대한 원정이 여러 건 있었다. 1687년(숙종 13) 창덕궁 돈화문 밖에서 13명이 백의를 입고 격쟁을 하고 대성통곡을 하였다. 그들이 격쟁한 사연은 그들이 충의위에 모록했다고 트집을 잡아서 충의위에서 나오게 되었기 때문이다.[103] 공신과 왕실 자손으로 관직에 나가지 못한 이들을 예우하기 위해서 충의위에 입속시켜 군역을 면제해주고 서반직으로 진출할 수 있는 길을 열어주었다. 그러므로 충의위를 비롯하여 족친위 등의 특수병종에 모록하는 일이 많았다. 이러한 일은 결국 군역 담당자의 부족으로 이어지기 때문에 매우 경계하였다.

민은은 개인적인 것이 아니라 국가 구조적인 문제로 인해서 생기는 폐단을 상언한 것이다. 민은은 격쟁을 통해서가 아니라 거의가 상언으로 국왕에게 올려졌다. 민은 관련 상언이 늘어나는 시기는 숙종 때부터이다. 특히 이때부터 공인, 장인, 민인이 경제적 문제로 상언을 올리기 시작하였다. 이 시기에 민은을 상언으로 올린 신분 계층은 매우 다양하였다. 관원 2명(1.9%), 사족 7명(6.6%), 중인 5명(4.7%), 군인 6명(5.7%), 민인 20명(18.9%), 공인 20명(18.9%), 상인 5명(4.7%), 선인船人 5명(5.7%),

---

102) 『肅宗實錄』 권4권, 肅宗 1년 9월 21일(丙午).
103) 『承政院日記』, 肅宗 13년 6월 3일(己酉).

서리 5명(5.7%), 숙수熟手 등 잡직 6명(5.7%), 장인 14명(13.2%), 능 수호군 4명(3.8%), 경주인 1명(0.9%), 노비 3명(2.8%), 직역 미상 3명(2.8%) 등이다. 사족과 관원은 8.5%에 지나지 않고, 중인 이하의 신분계층이 91.5%이다. 특히 장인·공인·상인 등이 36.8%을 점유하고 있어서 주목된다. 중인 이하의 91.5%의 신분 계층이 올린 민은은 세금, 역, 공물가 등의 경제적인 문제가 대부분이다.

민은에 대한 상언 격쟁의 내용이 조선 전기와는 판이하게 달랐다. 조선 후기에 경제적인 문제로 중인 이하의 신분 계층이 자신의 경제적 이익을 추구하기 위해서 상언·격쟁을 하였다. 이러한 경향을 보이는 것은 상품화폐 경제가 발전하면서 농업에 기반을 둔 공동체 질서가 와해되어가고 있었기 때문이다. 전통적인 지배와 피지배의 관계가 점차 약화되어, 피지배층의 욕구가 분출되기 시작하였다. 이러한 사회 변화가 민은에 대한 상언·격쟁에서 그대로 나타나고 있다.

가장 점유율이 높은 것은 지방민과 공인貢人이었다. 지방민은 경상도의 영양·기장·진도·거창, 경기의 양주·남양, 송도, 강원도의 양구·인제, 충청도의 홍천, 전라도의 옥구·운봉, 서울 방민坊民 등이 올린 민은이다. 이들의 올린 민은의 내용은 불리한 군현 통폐합, 세금·역의 경감, 세금 운송, 황장 혁파 등에 관한 것이었다. 세금과 역을 경감하거나 세금을 먼 곳까지 운반하지 않고 가까운 창고로 옮기게 해달라는 상언들에 대해 숙종은 해당 도의 관찰사와 비변사 등과 의논하여 해결 방안을 모색해서 가능한 일이면 상언의 내용을 수용하였다.

민인들의 상언 사례를 살펴보면, 다음과 같다. 불리한 군현 통폐합문제는 경상도의 영양을 영해의 속현으로 환속시키는 문제와 기장의 일부를 울진에 떼어준 것이었다. 1676년(숙종 2) 영양의 민인 70여인이 올라와서 영해의 속현으로 환속시키지 말아 달라고 격쟁을 하였다. 숙종은 이에 대한 대책을 논의하였으나, 딱히 해결책이 없었다.[104] 1681년(숙종 7)

---

104) 『承政院日記』, 肅宗 2년 4월 21일(癸酉).

기장현 민인이 기장의 하미면을 울진에 떼어주어 역이 더 무거워졌다고 상언하였다. 숙종은 경상도 관찰사에게 조사하여 보고하게 하니 경상도 관찰사는 하미면을 울진에 떼어주지 않는 것이 좋겠다고 하였다.[105)]

황장목黃腸木은 국왕의 관을 만들기에 좋은 나무였다. 그러므로 황장목이 자라는 산에는 누구도 들어가서 벌목하거나 그곳을 경작지로 활용할 수 없었다. 황장목 산지는 주로 강원도에 정하여 두었다. 경종·영조 때에 황장목 산지로 지정된 양구와 인제 지역 민인들이 그곳 소나무가 황장목으로 사용하기에는 적합하지 않으니 경작지로 활용할 수 있게 해달라는 상언이 3차례나 올라갔다. 경종과 영조는 목재를 주로 필요로 하는 장생전에 상언을 내려 검토하게 하였다. 장생전에서는 이러한 상언을 용인할 수 없다는 의견을 내었으므로 무산되었다.

공인은 공조·내섬시·의영고·봉상시·선공감·사도시·상의원·광흥창 등의 서울 각사에 물건을 납품하는 사람들이었다. 이들은 미수된 공물 값의 요구, 고가 물품 값 인상, 추가 물품 납입 불가, 진상 물품의 공물貢物 지정 등을 청하였다. 예를 들면, 내섬시에 참기름을 대는 공인은 공물값 지불을 요구하거나, 의영고 공물주인은 원래 정해지 수량 이외의 법유法油와 황밀黃蜜을 제공하였는데 값을 지불하지 않는다고 상언하였다.[106)] 이처럼 이미 공물로 지정된 물품에 대한 것만이 아니라, 새로운 공물 지정을 요구하기도 하였다. 경상도와 전라도에서 선공감에 진상하는 청대죽, 채화석, 만화석 등을 공물로 지정해주기를 청하기도 하였다. 이것은 공인들이 사업 영역을 확대하여 이익을 얻기 위한 것이었다.[107)]

장인들의 상언·격쟁 역시도 경제적인 어려움을 호소하는 내용이다. 공조의 장인 필공筆工인 임종백 등은 청淸에 진상하는 붓을 만들었다. 붓의 재료로 사용되는 황모黃毛는 모두 수입품이므로 재료값이 너무 비싸서 진상하기 어렵다고 가전상언까지 하였다. 수철水鐵을 생산하는 장인들은

---

105) 『肅宗實錄』 권11, 肅宗 7년 6월 23일(甲辰).
106) 『承政院日記』, 景宗 2년 5월 18일(壬寅) : 英祖 2년 9월 5일(甲午).
107) 『承政院日記』, 英祖 18년 9월 18일(甲戌).

관아나 군계軍契의 침탈을 고소하기도 하고, 서울 상사上司의 솥을 만들지 않게 해달라고 요구하였다. 즉 자신들의 능력 이상의 것을 부당하게 요구하는 관을 고발하는 상언이었다.

이들 이외의 상인, 숙수 등 잡직에 종사하는 사람들 대부분이 관의 부당한 대우를 고발하면서 자신들의 경제적 문제의 해결을 요구하였다. 또한 이들은 왕실의 경제를 담당하는 내수사나 궁방 등이 권력으로 침탈하는 행위를 더 이상 간과하지 않고 상언·격쟁을 통해서 스스로를 지키고자 하였다.

Ⅲ

경외(京外)의 소원 내용

'사람은 나면 서울로 보내고 말은 나면 제주로 보내라.'는 말이 조선시대에도 회자되었다. 조선 후기에 서울은 단지 수도의 성격만 가지고 있는 것이 아니라, 상공업의 중심지이면서 문화가 집약된 도시로서 성장하였다. 그러므로 다양한 계층의 사람들이 서울로 유입되었다. 현재도 교육, 사회, 문화, 경제 등 다방면에서 서울과 지방은 현격한 차이를 보이고 있다. 정부에서 인구 분산 정책을 세우고 시행하여 성과가 있는 것 같지만, 몇몇 분야에서는 여전히 서울 집중 현상을 막을 수 없다.

이 단원에서는 조선시대 서울과 지방의 소원 내용은 어떠한 차이가 있었는지 살펴보고자 한다. 앞에서 다루었던 소원 중에서 거주지 파악이 가능한 것을 선별하였다. 조선 전기의 소원에서는 거주지 파악이 쉽지 않았으며, 조선 후기는 그나마 확인 가능한 것이 있었다. 그래서 서울 거주자의 소원 222건과 지방 365건을 대상으로 소원 방식, 소원을 올린 신분층, 소원 내용 등을 분석하였다.

1. 서울의 소원 내용

실록과 『승정원일기』에서 소원의 자료를 정리하였으므로 소원을 낸 사람이 서울 거주자인지 밝히기가 쉽지 않았다. 자료에서 서울 거주자임을 밝힌 경우가 드물다. 상언·격쟁 원본문서는 거의 남아있지 않으며, 남아있는 것은 사본문서이다. 상언·격쟁 원본문서가 남아있지 않은 것은 국왕에게 제출한 문서를 되돌려 받지 못했기 때문이라고 추정된다. 소지所志와 같은 경우는 문서 작성자가 문서를 거주 지역의 관아에 제출하면 그 문서에 관장官長의 처분을 적어 돌려주었다. 또한 관장의 처분이 적힌 소지는 법적 효력을 가지기 때문에, 개인들이 그 문서를 보관해 왔다. 그래서 그 문서가 지금까지 전해지고 있는 것이다. 그러나 상언·격쟁문서는 처분이 적힌 문서를 아직 보지 못하였기에, 문서의 유통과정을 확인할 수가 없다. 특히 격쟁은 징을 울린 후에 문서를 제출하기도 하지만, 많은 경우는 문서가 아니라 구두로 전달하면, 관서에서 내용을 요약하여 올렸다.

여기서는 거주지를 밝힌 상언·격쟁, 그리고 서울에 거주하는 것이 확실하다고 판단되는 경우를 추렸다. 서울 거주자로 판단한 근거는 첫째, 왕실 친인척이다. 종친은 반드시 서울에 거주해야 한다는 원칙이 있기 때문에, 종친과 왕실 여성들은 서울 거주자로 정하였다. 둘째, 현임 관원이나 서울에서 근무하는 직임이 확실한 경우는 서울 거주자로 보았다. 셋째 상언·격쟁의 내용에서 서울 거주자로 파악할 수 있는 단서가 있을 때에 서울 거주자에 포함시켰다. 이렇게 선별된 상언·격쟁은 태종~영조 때까지 222건으로 본 연구에서 다룬 상언·격쟁의 6.8%에 지나지 않는다. 하지만 222건의 상언·격쟁을 분석함으로써 서울 거주자의 상언·격쟁의 경향성을 엿볼 수 있는 것으로 추측된다.

222건의 상언·격쟁은 신문고 3건(1.4%), 상언·가전상언 186건(83.8%), 격정 33건(14.9%) 등으로 상언이 압도적이다. 이러한 결과는 상언·격쟁을 올린 신분 계층의 특성에서 비롯한 것이다. 신분적 분포를 보면, 왕실 친척 50명(22.5%), 여성 46명(20.7%), 문관·무관 관원 42명(18.9%), 사족 19명(8.6%), 서리 12명(5.4%), 중인 11명(5%), 노비 11명(5%), 군인 9명(4.1%), 신분 미상 9명(4.1%), 민인 6명(2.7%), 환관 5명(2.3%), 장인匠人 1명(0.5%), 빙부 1명(0.5%) 등이다.

상언·격쟁을 올린 신분 계층 중에서 왕실 친척이 22.5%로 가장 높았다. 왕실 친척은 종친과 부마이다. 왕실 친척이 올린 상언 50건 중 종친이 올린 것이 45건이고, 부마가 올린 것은 5건이다. 상언을 올렸던 부마 두 사람은 풍천위 임광재任光載와 연성위 김희金禧였다.

풍천위 임광재는 임사홍의 아들로, 예종의 딸 현숙공주의 부마이다. 1478년(성종 9) 성종은 흙비가 내리자, 구언求言 전교를 내렸다. 이 구언 전교에 대해서 홍문관 부제학 유진俞鎭과 예문관 봉교 표연말表沿沫이 올린 글에서 흙비라는 자연재해는 어진 이를 등용하지 않고, 불초한 사람이 녹을 먹는 것에 대한 응보라고 전제하고는 임사홍의 잘못에 대해서 논열하였다.[108] 이 구언 상소를 기화로 홍문관과 예문관에서 임사홍을 탄핵하는 글들이 이어졌다. 임사홍의 부친인 임원준은 임사홍에 대한 탄핵이 부당하다면서 사직을 청하였다. 성종은 임사홍이 언로를 방해했다는 이유로 그의 고신을 거두고, 예문관과 홍문관 관원은 임사홍의 잘못을 알면서도 논계하지 않아 국왕을 제대로 보좌하지 못했다는 명목으로 파직시켰다.[109] 이 일에 대해서 며느리인 현숙공주와 임사홍의 처 이씨가 각각 상언을 올렸다.[110] 임사홍은 이때 유배를 갔다가 3년 만에 특은으로 방면되었다. 그후 1484년(성종 15) 12월 성종은 강상과 관계된 죄, 장오죄, 간도奸盜 죄 이외의 죄를 범한 죄인에게 박탈당한 직첩을 돌려주었는데, 여기에 임사홍의 이름은 없었다. 이때 풍천위 임광재가 부친인 임사홍의 직첩을 돌려달라고 청하는 상언을 올렸다.[111]

연성위 김희는 김안로의 아들로, 중종과 장경왕후 사이에 난 효혜공주의 부마이다. 1524년(중종 19) 삼정승은 중종에게 김안로가 대간들을 조정하여 그의 뜻에 따라 일을 논하게 하여 조정에 이론異論을 일으킨다고 아뢰었다.[112] 기묘사화 이후로 정권을 잡은 대신이 언관을 조정하여 공론을 일으켰다. 김안로는 왕세자 누이의 시부로서 권력을 농단하기 시작하

108) 『成宗實錄』 권91, 成宗 9년 4월 27일(戊午).
109) 『成宗實錄』 권91, 成宗 9년 4월 28일(己未)
110) 『成宗實錄』 권92, 成宗 9년 5월 6일(丁卯) : 5월 7일(戊辰)
111) 『成宗實錄』 권173, 成宗 15년 12월 7일(庚申).
112) 『中宗實錄』 권52, 中宗 19년 11월 3일(癸亥).

였다. 이때 조정에서는 김안로의 이러한 행위가 붕당을 번성하게 할 것이라고 경계하면서 그를 유배 보내야 한다는 상소가 이어졌다. 중종은 김안로를 파직시키고, 고신을 박탈하는 선에서 마무리 짓고자 하였으나, 계속되는 상소로 최종적으로 풍덕군으로 유배를 보냈다.[113] 이에 대해서 연성위가 부친의 방면을 청하는 상언을 올렸지만,[114] 이때는 받아들여지지 않았다.

종친의 상언·격쟁 45건 중에 32건이 조선전기에, 나머지 13건은 조선후기에 올린 것이다. 조선 전기의 32건은 모두 상언이지만 조선후기의 13건은 11건이 격쟁이며 단지 2건만이 상언이었다. 조선 전기에 올린 상언은 간은 50%, 신원 25%, 나머지 25%가 계후·노비·민은·고발 등이다.

간은의 내용은 공정대왕恭靖大王의 묘호를 청한 일, 실직 승진, 왕실 보첩에 이름을 올려주는 일, 관작 회복, 재산 환수 등의 문제였다. 종친들이 개인적인 문제로 국왕의 은전을 청하였다. 이러한 은전의 대부분은 왕실보첩에 이름을 올려달라는 것이었다. 종친은 왕실보첩인 『선원록』에 이름을 올려야 종친으로서 지위를 인정받고 대우를 받을 수 있다. 상언을 올린 사람은 금성대군錦城大君의 첩자인 가질동加叱同과 한남군漢南君 이선李璇의 손자 옥근玉根이다. 가질동은 충주에 정속되었는데, 그 고을의 관비에게 장가들어 아들 금질정金叱丁·철정鐵丁·은정銀丁 등 3명을 낳았다. 그래서 가질동이 세명의 아들을 『선원록』에 올라달라고 상언을 올렸다. 중종은 이 사안을 종부시에게 조사하게 했다. 종부시는 우선 가질동의 처가 낳은 아들이 다 가질동의 아들인지의 여부를 가려서 은정만이 아들로 인정할 수 있다고 중종에게 보고하였다. 그러나 종부시에서는 금성대군이 세조에게 죄를 받아 보첩에서도 삭제된 종친이므로 그의 자손을 『선원록』에 기록할 수 없으니 대신에게 의논해야 한다고 하였다. 또한 옥근도 한남군의 손자인 것이 확실하지만 한남군도 선왕에게 죄를 얻었으니 경솔하게

113) 『中宗實錄』 권52, 中宗 19년 11월 18일(戊寅).
114) 『中宗實錄』 권60, 中宗 23년 1월 21일(甲午).

정할 수 없다고 하였다. 다만 한성군이 금성대군과 다른 것은 선원 보첩에 그대로 기재되어 있다는 것이라고 하였다. 중종은 대신들과 의논하였지만 반대에 부딪혔다. 하지만 중종은 이들을 모두 『선원록』에 올리라고 명하였다.[115)]

국왕은 종친의 상언에 대해서 긍정적으로 처리해주려 하지만, 국법이나 선왕이 내린 처분을 바꾸는 것이 쉽지 않았다. 공정대왕의 묘호를 올리는 일이 그러한 사안 중 하나였다. 공정대왕은 정종이다. 그가 사망했을 때에 태종은 묘호를 올리지 않고, 시호만을 올렸다. 당시 신료들은 시호를 의논하면서 치적이 없는 국왕에게 묘호를 올릴 필요는 없다고 하였다. 그러나 정종의 후손 중에서 묘호를 내려줄 것을 청한 것이다. 사실 1469년(예종 1) 예종은 공정대왕의 묘호를 정하고자 하였으나, 신료들은 부정적이었다. 신료들은 선왕대에 묘호를 올리지 않은 데에는 뜻이 있었을 것이기 때문에 함부로 묘호를 정하기 어렵다고 하였다.[116)] 그 후 1481년(성종 12) 정종의 후손인 신종군新宗君 이효백李孝伯이 공정대왕의 묘호를 요청하는 상언을 올렸다.[117)] 그러나 여전히 선왕 때에 거론하지 않은 문제라고 하여 받아들여지지 않았다.

신원 문제는 종친으로서의 임무나 명예를 실추시켜서 죄를 받은 것에 대한 소명의 성격이 강하였다. 종친들이 올렸던 민은民隱도 종반직의 승진 문제, 과거 응시를 청하는 등으로 종친의 지위와 관련된 것이었다. 종반직의 승진 규정은 명문화되어 있지 않았다. 성종이 종친시예를 설행하여 종친에게 승진할 기회를 주었지만, 이것도 규정화된 것은 아니었다. 종친의 승진은 국왕의 임의적인 일이었으므로 종친들이 문관이나 무관의 예에 따라 승진시켜 달라고 청하였다. 이것은 구조적인 문제이므로 국왕이 임의로 결정할 수 없었다.

종친의 과거 응시는 허락하지 않는다고 『경국대전』에 규정되어 있지

115) 『中宗實錄』 권41, 中宗 15년 11월 13일(丁卯).
116) 『睿宗實錄』 권7, 睿宗 1년 9월 25일(乙巳).
117) 『成宗實錄』 권132, 成宗 12년 8월 13일(乙卯).

만, 세조는 이 원칙을 무시하였다. 세조는 종친에게 중시重試와 무과를 응시할 수 있게 허락하였다. 이러한 전례가 있었기에 종친이 중시와 무과 응시를 청하였으나, 받아들여지지 않았다. 그럼에도 이들이 올린 45건의 상언에 대해서 국왕이 논의에 붙여 소원을 들어준 것은 16건으로 35.6%이다. 종친이 올린 상언이라 하여도 윤허 받기는 쉽지 않았던 것 같다. 조선 후기에 종친이 올린 상언·격쟁 13건은 내용이 상세하지 않으나, 산송, 전답 쟁송, 원정怨情이 포함되어 있다.

서울의 소원에는 여성의 상언·격쟁이 많았다. 여성이 올린 상언·격쟁 총46건 중 상언이 45건이고, 격쟁은 1건이었다. 서울의 소원에 여성이 많고, 조선 전기에 치우쳐 있는 것은 서울 소원의 특징일 뿐만 아니라 조선시대 상언·격쟁의 특징이다.

조선 전기의 여성 상언은 43건이고, 조선 후기에는 상언 2건과 격쟁 1건이었다. 신분적으로 보면, 조선 전기는 왕실의 공주·후궁·왕자의 처, 종친의 처, 관료나 사족의 처이다. 43건 중 비婢의 상언이 1건이 있으나 이 역시도 종실녀宗室女로서 면천을 요구한 것이다. 조선 후기의 3건은 1건은 종친의 처이며, 1건은 조이[召史]로서 신분이 분불명하지만 양인 이상의 신분인 것으로 추정된다. 여기서는 자료가 부족하여 언급하기 어렵지만, 정조 때의 조이[召史]의 상언 격쟁이 7.55%이며, 씨氏로 표현된 사족 부녀가 3.33%인 것으로 보아 조선후기에는 사족보다는 양인 부녀의 상언·격쟁이 많았음을 짐작할 수 있다.[118)]

상언을 올린 왕실 여성은 자세히 살펴보면, 후궁 3명, 공주·옹주 3명, 왕자·종친 부인 10명 등 16명으로 34.8%에 달하고 있다. 후궁은 문종의 후궁 문씨, 중종의 후궁 숙의 홍씨 그리고 온빈溫嬪 등이다. 공주·옹주는 예종의 딸 현숙공주, 태종의 딸 숙정옹주, 성종의 딸 공신옹주 등이다. 왕자 부인은 영흥대군 부인, 노산군 부인, 복성군 부인 등이다. 외명부로 연산군의 보모인 봉모부인도 있었다. 여성이 올린 46건의 소원은 간은

---

118) 한상권, 『조선후기 사회와 소원제도-상언·격쟁 연구-』, 1996, 120~121쪽, 〈표 2-9〉 상언·격쟁의 직역별, 주제별 분포비.

47.8%, 재산·노비쟁송 21.7%, 신원 13%, 계후·고발·사찰·수령 등에 관한 것이 17,6%이다.

간은의 내용은 대개가 남편이나 아들의 죄를 감면해 달라는 것이 주류를 이루고 있다. 간은으로 분류된 후궁 문씨가 올린 소원은 유배 간 손자를 보고 싶다는 내용이었다. 문종의 후궁 문씨는 중종에게 김공저의 옥사로 유배 간 정미수를 보고 싶다고 상언하였다.[119] 정미수는 문종과 현덕왕후의 소생 경혜공주의 아들이다. 문씨는 정미수를 자신의 손자처럼 여겨왔다. 그래서 문씨는 생전에 유배 간 정미수를 보고 싶다는 상언을 하였다. 중종은 공신들과 논의하여 배소를 서울과 가까운 곳으로 옮기라고 처분하였다.

공주·옹주 이외의 부마 부인이 올린 2건의 상언 내용은 왕실 혼인법과 관련된 것이었다. 부마는 공주·옹주가 먼저 사망하면 다시 혼인할 수 없다는 규정이 있었다. 그런데 국왕이 특별히 허락하여 부마가 재혼한 경우에 재혼한 부인이 처로 인정받지 못하였다. 그러므로 부마와 재혼한 부인의 사이에서 태어난 자녀들이 첩자녀가 되어 관직에 나가는데 장애가 되었기에 아들의 사로仕路를 열어달라는 모친의 상언이었다.

세조의 딸인 의숙공주는 정인지의 아들 정현조와 혼인하였다. 의숙공주가 죽자 하성위 정현조는 사족인 이씨李氏와 혼인하여 자녀들을 출산하였다. 그러나 이씨의 자녀들이 첩자가 되어 관직에 나가기가 어려웠다. 이씨의 상언을 받은 중종은 대신들에게 논의하게 하였다. 대신들은 성종이 부마는 재가할 수 없다는 법을 확정하였기 때문에 이씨를 처로 인정할 수 없다고 하자, 중종도 대신의 의견을 따를 수밖에 없었다.[120]

여성 상언의 특징은 재산과 노비 쟁송의 점유율이 신원보다도 높다는 것이다. 하사받았던 전답, 어업권, 토지 그리고 노비 등에 관련된 쟁송이다. 권람의 처는 임진 둔전을 되돌려 달라고 상언하였으며,[121] 박원종의

---

119) 『中宗實錄』 권3, 中宗 2년 5월 1일(癸卯).
120) 『中宗實錄』 권10, 中宗 5년 3월 21일(丙子).
121) 『成宗實錄』 권32, 成宗 4년 7월 6일(乙未).

처는 난지포 어업권을 주장하였다.[122] 국가에서 관리하는 전답이나 어업권까지도 권리를 주장하며 상언하였다. 어업권과 관련된 사안을 보면, 박원종의 처 윤씨 부인은 사옹원에서 난지포 어업권을 금하자, 중종에게 상언을 올렸다. 난지포 어업권은 월산대군이 입안 받아 사용하였고, 그가 죽은 뒤에는 대군 부인과 박원종의 처가 다시 입안을 받아서 고기를 잡고 있었다. 월산대군 부인 박씨는 박원종의 누이였다. 그러므로 월산대군이 죽은 후에 자신의 올케인 윤씨와 입안을 받았던 것이다. 중종은 이 사실을 인정하고, 사옹원이 진상을 핑계로 난지포의 어업을 막는 것은 부당하니 사옹원 관원을 추고하라고 명하였다. 승정원에서는 월산대군이 생존해 있을 때에 성종이 내려주었으나, 이미 박원종도 죽었으니 어업권을 환수해도 하자가 없다고 하였다. 중종은 박원종의 처 윤씨의 생전에만 난지포 어업권을 허락한다고 재결하였다. 여성이 올렸던 상언에 대한 국왕의 긍정적인 윤허는 약 35%에 달하고 있어 앞에서 살펴본 종친과 부마에게 올렸던 상언에 대한 것보다 5% 정도 점유율이 높다.

관원과 사족 등 지배층의 상언 내용은 간은 42.6%, 민은民隱 14.8%, 신원 11.5%, 산송 6.6%, 처첩 분간 4.9%, 혼인·재산분쟁이 각각 1.6%, 내용 미상 9.8% 등이다. 내용 미상은 모두 조선 후기 격쟁이었다. 신원의 점유율이 공사公事 보다도 낮은 것도 지배층에서 나타나는 특징이다.

사족 이상의 지배층 상언은 간은의 점유율이 독보적이며, 신원의 점유율이 낮다. 산송은 조선후기에만 등장하는 상언 주제이므로 전체적으로 6.6%이나 조선후기로 한정한다면 점유율이 높다. 간은의 내용은 상전賞典과 은전恩典으로 나눌 수 있는데, 시상은 청하는 상전은 간은의 19%에 지나지 않으며, 은전이 81%로 높다. 은전은 죄에 대한 감면이나 유배지 이동이 주류를 이룬다. 상언을 올린 이들이 지배층임을 감안할 때 관직 생활 중에 죄를 받게 된 경우가 더러 있어서 본인, 자녀, 부친 등이 상언을 올려 국왕의 은전을 청하는 일이 많았음을 확인할 수 있다.

---

122) 『중종실록』 권25, 중종 11년 6월 4일 갑인.

2. 지방의 소원 내용

지방의 소원은 서울의 소원보다 조사 건수가 많아서 366건으로 서울의 1.6배에 달하고 있다. 소원 방식은 신문고 7건(1.9%), 상언·가전상언 213건(58.2%), 격쟁 146건(39.9%)이다. 서울의 경우와 비교하면, 지방은 상언의 점유율이 25.6%가 낮은 반면 지방의 격쟁 점유율은 서울 보다 25%가 높았다. 격쟁의 점유율이 높다는 것은 소원을 올린 신분 계층이 매우 다양했다는 것을 반증하는 것이기도 하다.

지방에서 소원을 올린 신분 계층을 보면, 사족 85건(23.2%), 민인 76건(20.8%), 군인 44건(12%), 노비 26건(7.1%), 관원 17건(4.6%), 여인 14건(3.8%), 서리 13건(3.6%), 업무業武 6건(1.6%), 중인 5건(1.4%), 중 3건(0.8%), 토관土官·공인·수호군 각 2건(0.5%), 경주인·색장·뱃사람 각 1건(0.3%), 신분 미상 64건(17.5%) 등이다. 관원과 사족의 점유율이 27.8%이며, 민인 이하의 계층이 72.3%에 달하고 있다. 서울에서 소원을 올린 신분 계층에는 왕실 친인척이 포함되어 있었다. 그러므로 서울의 소원은 왕실 친인척, 관원 그리고 사족층 등을 합한다면 70.7%가 지배층이었고 지방의 경우에는 소원을 올린 사람의 72.3%가 피지배층이었다. 이 점이 지방 소원의 가장 큰 특징이다. 소원을 올린 신분층이 서울과는 다르기 때문에 소원 주제의 점유율도 다를 수밖에 없다.

지방 소원의 주제는 간은 52건(14.2%), 신원 42건(11.5%), 민은民隱 109건(29.8%), 수령 33건(9%), 산송 8건(2.2%), 재산 및 노비 쟁송 7건(1.9%), 고발 6건(1.6%), 양천 분간 1건(0.3%), 주제 미상 103건(28.1%) 등이다. 28.1%인 주제 미상은 94건이 격쟁이었으며, 나머지 9건만이 상언이었다. 연대기 자료에서 격쟁의 내용이 확인되지 않는 경우가 대부분이기 때문에 초래된 결과이다. 자료의 한계성을 감안하더라도 지방 소원의 주제 특징을 정리하면 다음과 같다.

첫째, 민은民隱이 29.8%로 점유율이 매우 높았다. 지배층의 소원은 국왕에게 상전이나 은전을 청하는 간은의 점유율이 높지만, 피지배층에서는 감당하기 버거운 갖가지 부세를 줄이고자 하였다. 민이 담당해야 하는 전세·특산물 진상·군역·역 등의 조세 관련 상언이 56건으로 51.4%에 달하였다. 56건은 역 15건, 전세 13건, 특산물 진상 17건, 군역 11건 등으로 민이 제일 고되게 여기는 것이 특산물 진상이었다.

특산물 진상으로 민폐가 커서 후기에 대동법으로 바뀌게 되긴 했으나, 민에게 많은 폐단을 끼쳤다. 폐단의 내용은 각 지역에 배당된 진상 물종이다. 1450년(문종 즉위년) 진도에서는 노루·사슴의 포脯를 감해달라고 청하였고,[123] 1553년(명종 8) 제주에서는 다리[首髢] 진상을 감면해 줄 것을 청하였다.[124] 특산물종의 문제만이 아니라 수합한 공물을 수송하는데도 문제점이 많았다. 공물을 수합하는 창고와 지역의 거리가 문제가 되기도 하고, 운반비용을 민인에게 부담시키는 것에 대해서도 호소하였다. 이러한 문제점을 보완하여 대동법으로 전환했지만 문제는 여전히 발생하였다.

1703년(숙종 29) 경상도 각 지역 사찰에서는 대·소호지大小好紙를 바치는 일에 대해 상언하였다. 종이의 진상은 대동법 시행에 따라 쌀이나 목면으로 바꾸어 납부해야 했다. 1703년은 특히나 연이은 흉년으로 농사가 어려웠던 때였다. 대호지는 백미 1섬, 소호지는 백미 8말로 쳐서 계산해야 되고, 공목貢木으로 계산하면 대호지는 공목 1필, 소호지는 공목 반필이었다. 그러나 흉년이므로 백미가는 공목가와 상응할 수 없을 정도로 비쌌다. 그러니 종이를 만드는 지승紙僧이 조세 부담으로 흩어져서 조세를 감당할 수 없는 지경에 이르게 된 것이다. 이것은 한 사례에 지나지 않는다. 지승만이 아니라 진상물품을 쌀과 목면 등으로 바꾸어 내는 일도 물품 가격의 등락폭이 커서 조세를 마련하는 일이 쉽지 않았기 때문이다.

대동법으로 전환되면서 세견선의 운영권을 요구하기도 했다. 선혜청에서는 경상도가 너무 멀어서 대동세를 운반할 배를 모집하여 운반하였다. 1726년(영조 2) 어부들이 김해·진주·창원·의령·밀양 등 5고을의 대동미

---

123) 『文宗實錄』 권4, 文宗 즉위년 10월 20일(庚寅).
124) 『明宗實錄』 권14, 明宗 8년 5월 29일(甲戌).

를 자신들이 운반하게 해달고 상언하였지만,[125] 선혜청에서는 어선의 선체가 작아서 세견선으로 합당하지 않다고 반대하였다.

조세 이외에 군현의 통폐합과 분리 그리고 읍치나 감영의 이설, 거주지 치안 문제 등을 상언한 것도 27건이 되어 24.8%에 달하고 있다. 우선 통폐합 되었던 군현의 분리를 요청하는 경우가 많았다. 군현의 통폐합으로 속현으로 전락한 군현이 다시 본 현으로 분리될 수 있기를 청한 것이다. 상언을 올린 지역을 보면 경기 천녕, 경상도 영양·진보·여수, 전라도 창평·순천 등지 올렸다. 속현에서 주현으로의 전환을 원하는 것은 아무래도 수령이 파견된 지역보다는 낙후하게 되기 마련이고, 조세 부담도 공평치 않았기 때문이다. 거주지 치안 문제로 올린 상언은 우마牛馬를 훔친 도적들을 잡아서 진도·거제·남해 등지로 보낸 것이 문제가 되었다. 1456년(세조 2) 진도에서 우마를 훔쳐서 진도로 들어온 도적들은 100여 가나 되어 무뢰배들이 밤에 모여서 도적질만 하므로 백성들이 그 피해를 입게 되므로 들여보내지 말아 달라는 것이었다. 형조에서는 이 상언에 대한 해결책으로 우마를 훔친 도적의 전 가족을 평안도 박천 이북 지역으로 옮기자고 하였다.[126] 이외에도 지방의 아전 직임과 처우, 지방에서 근무하는 군인 처우, 역참 설치, 과거·취재 응시 자격, 관아에 갚아야 할 채무 등 다양한 내용의 상언이 있다.

둘째 지방 소원의 특징은 수령에 관한 상언·격쟁이 있다. 수령에 대한 소원은 9%의 점유율에 지나지 않는다. 그러나 조선 전기와 후기의 상언 내용이 다르다. 조선 전기에는 수령의 선정을 알리고 유임을 청하는 내용이었던 반면 후기에는 수령의 고발이 이어졌다. 소원 방식도 차이가 확연하다. 조선 전기에는 상언이 20건이고, 격쟁이 3건이지만, 후기에는 상언이 2건이고, 격쟁이 10건이다.

조선전기에 세종이 부민고소금지법을 강력하게 시행하였다. 세종은 부민들이 수령을 고발하는 것은 존비尊卑의 명분에 어긋난다고 하였으나,

---

125) 『承政院日記』, 英祖 2년 2월 19일(壬午).
126) 『世祖實錄』 권3, 세조 2년 2월 22일(辛酉).

사실은 수령의 권한을 강화하고자 하는 의도에서였다.[127] 부민고소금지가 법으로 제정되자, 부민이 수령을 고소하는 소원은 받아들이지 않는 것이 원칙이었다. 이러한 상황에서 수령에 대한 상언은 대개 그의 업적을 칭송하거나 비호하는 것이었다.

1445년(세종 27) 경기의 수원·안산 등에 사는 지방민 1,034인이 경기 관찰사 허후許詡의 교체를 반대하였다. 그는 경기 관찰사로 재임하는 동안 진휼을 부지런히 하면서 민생을 돌보아 왔기에 그의 교체를 늦추어 줄 것을 청하였다.[128] 조선 전기 소원의 23건 중에서 유임을 청하는 것은 12건으로 52%에 달하고 있다. 유임 이외에도 선정을 칭송하거나 변호하는 상언은 6건으로 26.1%이다. 1471년(성종 2) 교하 현감 박근朴瑾이 근무성적 점수 '하'를 받아서 파직되기에 이르렀다. 고을 사람들이 박근이 선정을 펼쳤으나, 관찰사가 참언을 듣고 점수를 잘못 주었다고 하면서 유임을 청하였다.[129] 이처럼 고을 수령이 죄를 받게 되었을 때에 지방민이 적극적으로 나서서 수령을 위해 변호하거나 선정의 실적을 알리기도 하였다.

지방민이 수령의 연임, 변호, 선정 등으로 올렸던 18건 중에서 국왕이 긍정적으로 윤허한 것은 4건으로 22.2%이다. 문종 같은 국왕은 지방민이 연임을 청할 정도로 수령이 선정을 베푸는 것은 그가 마땅히 해야 할 일이라고 단언하였다. 소원에 의해서 상전을 시행하고 경관직에 제수하거나 포상하여 유임시킨 것은 2건이었다. 국왕이 수령의 선정에 대한 상전에 소극적이었던 것은 이러한 일이 전례가 되어 수령이 지방민에게 소원을 올리도록 강요하는 폐단을 낳게 되기 때문이었다.

강력한 부민고소금지법이 시행되었지만 성종 때 이후로 수령을 고발하는 상언이 올라와서 논의에 붙였다. 그 건수는 5건으로 23.8%나 되었다. 그 내용은 고을의 군자곡을 남용하거나, 진휼에 힘쓰지 않는다거나, 쓸데

127) 『世宗實錄』 권21, 世宗 5년 7월 3일(辛巳).
128) 『世宗實錄』 권21, 世宗 5년 7월 3일(辛巳).
129) 『世宗實錄』 권2, 世祖 2년 6월 27일(戊辰).

없는 잡역에 지방민을 동원하는 등이었다. 5건 중 2건은 부민고소금지법을 적용해서 소원을 올린 지방민이 처벌을 받았고, 지방민의 수령 고소를 받아왔던 행대감찰은 추고를 당하였다. 다만 진휼문제를 거론한 소원에 대해서는 관료를 파견하여 사실 관계를 확인하게 하였다. 수령을 고발한 소원은 국왕이 한 건만 긍정적으로 윤허를 내렸으니, 25%의 성공이었다.

조선 후기에는 12건의 수령 관련 소원은 2건만이 유임을 청하는 것이었고, 나머지10건은 수령을 고소한 것이다. 조선 후기의 수령 고발 건수는 전기보다 2배로 늘어났다. 그러나 실제로는 그 이상일 것으로 추정된다. 수령의 각종 비리가 시대가 내려갈수록 더욱 늘어갔기 때문에 국왕은 암행어사를 통해서 수령을 감찰하였다. 국왕이 암행어사를 파견할 때 특정 업무가 부여되지만, 공통적으로는 관내의 수령 치적을 조사하게 하였다.

고소의 내용은 남형·오형, 살인, 압량역천 등이다. 남형은 법에 정해진 것보다 심하게 형을 집행하는 경우로 사람이 죽임에 이르게도 하고, 여성에게 중곤重棍을 친 경우도 있었다. 사례를 살펴보면 다음과 같다. 효종 때에는 남형으로 사람이 죽어서 올린 소원이 있다. 1654년(효종 5) 길주에 사는 최칠남崔七男이 격쟁한 사연은 전임 길주 목사 민응건閔應騫이 자신의 형 철남과 아우 팔남을 잡아다 대장大丈 100대를 때려서 죽었다고 하며, 그러한 방법으로 죽은 사람이 100여명이라고 하였다. 이 사안은 형조를 거쳐 의금부에서 사실을 조사하였는데, 민응건의 죄는 사실로 밝혀졌다. 의금부에서는 민응건을 처벌하야 하지만 최철남도 수령을 고발한 죄를 물어야 한다고 하였다.[130)]

1748년(영조 24) 평안도 안주에 사는 전조이[全召史]가 경희궁 무덕문 안으로 들어와 격쟁을 하였다. 그 이유는 안주목사가 그녀에게 중곤中棍을 치는 가혹행위를 하였기 때문이었다. 이 사안은 형조를 거쳐 의금부에 내려졌고, 의금부에서 조사한 결과 사실로 밝혀져 해당 수령은 의금부에

---

130) 『承政院日記』, 孝宗 5년 6월 11일(己巳).

잡아다 가두었다.[131]

조선 후기 수령 관련 소원 12건 중에서 국왕에게 긍정적인 윤허를 받은 것은 4건으로 33.3%이다. 조선 전기의 경우 국왕의 긍정적 윤허는 21.7%인데, 후기에는 33,3%로 국왕으로부터 긍정적으로 윤허를 받은 것이 11.6% 상승하였다. 조선 후기에도 부민고소금지법이 여전히 적용되고 있었지만 국왕이 소원을 올린 지방민을 죄 주기보다 그들의 소원에 귀를 기울이고 수령을 처벌하는 사례가 높아지고 있다. 이러한 결과는 조선후기로 갈수록 중앙에서의 지방 통제력이 약화되고 있음을 반증하는 것이기도 하다.

셋째 여성의 소원이 서울의 경우보다 적다. 서울 경우에는 여성 소원이 20.7%이었으나, 지방은 여성 소원이 3.8%로 점유율의 격차가 매우 심하다. 여성의 신분은 양인 이상이지만, 사족과 평민의 비율이 확실하지 않으나, 사족 3명, 중인 1명 나머지 11명이 양인 여성으로 보인다. 14건의 소원 중 8건이 격쟁이며, 6건이 상언이다. 사족 부녀의 소원은 유배지를 옮겨줄 것을 청하는 간은, 노비쟁송, 계후에 관한 것이었다. 중인 부녀자 1명은 아들을 위해서 올린 것이다. 아들이 향리로서 관비를 첩으로 삼은 것이 발각되어 전가가 변방으로 옮겨진 것을 풀어주기를 원하였다.[132] 나머지 양인 부녀자는 상언보다는 격쟁을 주로 활용하였기 때문에 소원 내용을 파악하기 어렵다. 내용을 확인할 수 있는 2건은 수령의 남형을 고발하는 것이었다. 추측컨대, 지방 여성의 소원은 간은보다는 신원 쪽에 비중이 컸을 것으로 판단된다.

지방의 소원을 지역별로 분류하면 〈표 7〉과 같다. 지방의 소원을 지역별로 보면 경기, 전라, 충청, 경상, 함경, 평안, 황해, 강원 순이다. 경기가 많은 것은 충분히 납득할 수 있다. 서울과 가까우니 소원을 올리기가 수월하였을 것이라고 짐작된다. 그런데 전라도의 소원이 18.8%로 2위인 것은 의외이다. 북부지역도 서울에서 먼 함경, 평안, 황해 순으로 점유율

131) 『承政院日記』, 英祖 24년 4월 20일(癸酉) : 4월 24일(丁丑).
132) 『中宗實錄』 권94, 中宗 35년 10월 23일(辛巳).

이 낮아지고 있어 함경도의 소원이 그 중 가장 많았다. 강원도는 8도 중에서 가장 소원 점유율이 낮았다.

각 지역의 소원 주제 점유율을 살펴보면, 각 지역의 특징을 알 수 있다. 각 지방의 각종 폐단은 가늠할 수 있는 주제는 민은, 수령, 신원 등이다.[133] 각종 조세문제, 군현의 통폐합과 분리 등의 민은이 50% 이상인 지역은 경상, 황해, 평안, 함경 등이다. 민은의 점유율이 낮은 편에 속하는 것은 경기, 충청이며, 전라와 강원은 50% 미만이긴 하나 점유율이 낮지는 않다. 경상도의 민은은 잡세·잡역·대동포 등의 조세와 군현 분리가 주류였다. 황해도는 군정軍政과 관련된 내용으로 조세 및 역에 대한 소원을 올렸다. 평안도는 전세와 군현 문제를, 함경도는 군정軍政과 군현 읍치 문제를 문제 삼았다.

〈표 7〉 **지역별 소원 분포**

지역	신문고	상언	격쟁	합계	비고
경기		40	36	76(20.8%)	충청, 경상, 전라 삼남에서 올린 것 1건 있음
충청도		20	36	56(15.3%)	
경상도	3	30	22	55(15.1%)	
전라도	2	35	29	66(18.1%)	
강원도		12		12(3.4%)	
황해도		22	9	31(8.5%)	
평안도		27	7	34(9.3%)	
함경도	2	27	6	35(9.6%)	
합계	7	213	145	365(100%)	

133) 지역별 특정 주제(민원, 수령, 신원) 분포를 정리하면 다음과 같다.

지역	민은	수령	신원	합계
경 기	23.1%	13.4%	21.2%	57.7%
충청도	25.8%	9.7%	19.4%	54.9%
경상도	52.5%	12.5%	10%	75%
전라도	41.5%	31.7%	12.2%	85.4%
강원도	41.7%	8.3%	41.7%	91.7%
황해도	50%	28.6%		78.6%
평안도	51.7%	10.3%	3.4%	65.4%
함경도	56.3%	9.4%	3.1%	68.8%

수령과 관련된 폐단을 보면, 전라도가 가장 높고 그 뒤를 이은 것은 황해도이다. 민은이 50%가 넘어도 경상, 평안, 함경은 수령과 관련된 문제가 20% 미만이다. 평안도와 함경도는 변경지방에 속하여 행정 담당 수령보다는 변장들이 파견되기 때문에 수령에 대한 문제가 적을 수 있으나, 경상도 역시 수령 문제가 적었다. 경기, 충청 지역도 수령 관련 문제가 적었다. 수령의 점유율이 가장 높은 전라도는 수령의 연임과 선정에 대해서 올린 소원은 39.6%인 반면, 수령 고발이 61.5%에 달하고 있다. 황해도 역시 수령 고발이 62,5%에 달하고 있었다.

신원은 대개 개인적인 문제로 소원을 올린 경우가 많다. 강원, 경기, 충청, 전라, 경상, 평안, 함경 순이다. 강원도의 점유율이 매우 높게 나타나고 있다. 황해, 평안, 함경 등지에서는 개인적인 신원이 적은 것도 특징적이다. 신원과 함께 살펴보아야 하는 것이 간은이다. 간은도 개인적인 문제인 경우가 대부분이기 때문이다. 간은의 점유율을 보면, 함경 28%, 경기 23.1% 충청 22.6%, 황해 21.4%, 평안 20.5%, 경상 12.5%, 강원 8.3% 그리고 전라도는 전혀 없다. 경기와 충청은 개인적인 문제로 간은과 신원에 대한 소원을 많이 올리고 있으나, 북부지방의 경우는 신원은 적으나 간은을 많이 구하였다.

각 지역의 소원에 대해서 국왕의 긍정적인 처결 점유율은 함경 40.6%, 평안 38.2%, 경상 29%, 경기 26.3%, 강원 16.7%, 황해도 16.1% 전라 15%, 충청 12.5% 등이다. 이것은 함경과 평안 등이 변방 지역이고, 소외된 지역이라고 여겨서 국왕들이 깊은 관심을 가졌던 것 같다. 조선후기 청淸이 중국을 차지함으로써 이들 지역에 관심을 더욱 기울이게 되었다. 함경도와 평안도에는 도과道科를 설치하여 문과와 무과를 별도로 실시하기도 하고, 숙종은 서북지역 인사의 사로仕路를 열어주는데 주의를 기울였다. 이러한 일련의 흐름들이 소원에도 적용되어 다른 지역에 비해 국왕의 윤허를 받을 확률이 높았다. 남쪽 지방에서는 경상도 소원에 대한 국왕의 처결이 비교적 긍정적이었지만, 전라도나 충청도 등은 소원 처리가 저조하였다.

이러한 모든 결과를 종합한다면, 전라도는 간은과 관련된 소원이 전혀 없다는 것은 국왕에게 상전이나 은전을 요구하기 보다는 힘겨운 직역을 담당해야 했고, 수령으로부터도 시달렸다. 게다가 국왕에게 올렸던 소원에 대한 긍정적 처분도 적었음을 알 수 있다. 이러한 경험들이 계속 쌓이면 무력적으로 자신들의 의견을 표출하게 되는데, 19세기 말 전라도에서 있었던 동학혁명과 무관하지 않다고 판단된다.

4부

민의 집단 소통 방식

I

소극적 소통 방식

유언과 괘서는 소통의 희화화戱畫化 과정이면서 리더십이 의심받기 시작하는 현상이라고 생각한다. 역사적으로 신뢰를 받지 못하는 리더는 통치만을 하는 지배자[authority]로 평가된다. 군사사의 사례를 든다면, 리더는 전쟁터에서 앞서 나아가는 가장 위험한 위치에 서 있을 수 있는 사람을 말한다. 즉 타인을 위해 자신을 희생할 줄 아는 사람이 리더인 것이다. 미국 해병대에서 장교는 전투시에 병사들이 식사를 마친 뒤 남은 것을 먹는 것이 전통이라고 한다. 해병대 병사들은 음식을 남기지 않고 자신들의 것을 나누어 장교들에게 준다. 해병대 장교와 병사 간에 끊임없는 신뢰와 소통의 구도가 있음을 보여주는 사례이다. 무엇이 리더를 따르게 하는 사람들에게 신뢰감을 주는 것인가?

리더십에서 소통은 타인의 호소를 듣고 배우는 것에서 이루어진다. 리더라는 말 자체에 소통이 담겨져 있다. 리더는 앞장서는 위치에 있으면서 listen-learn-lead로 이어지는 리더십과 소통의 관계를 유지해야 하는 자리이다. 어느 한 방향의 일방적인 의지의 지시가 아니라 소통을 이룬 이후에 리더십을 발휘하는 것이 진정한 리더임을 보여주는 말의 구성일 것이다. 그런데 이러한 소통 구조가 왜곡되거나 깨어지면 어떤 현상이 나타날까?

조선 왕조 국가에서 민인民人은 양인, 농민, 천인 등의 신분제적 입장에서 보는 시각이 아닌 관료층을 제외한 모든 사회 구성원을 의미하는 존재였다. 국왕이 천하를 주재한다는 전제에서 주장된 민유본방民惟本邦[1]은 왕조 국가의 기본 정치 방향이었다. 그런데 왜란과 호란을 겪으면서 정치 주도층 사이의 대립과 도태는 왕조 국가 체제의 한계를 노출시켰다. 특히 19세기가 되면 민유본방이라는 정치적 아젠다가 무색하리만큼 통치 체제의 이완을 가져왔다. 심지어 지배층 내에서도 한정된 집단에게만 권력이 집중되어 시대적 문제를 극복하고 국가 체제를 안정시키는 새로운 관료군이 양성되기 어려운 사태가 벌어졌다.

이런 상황에서 시대적 문제점을 해결하기에 필요한 정체政體의 분열은 당연한 귀결이었다. 왕조의 위기는 그 근간인 민인들의 민심 이반에서부터 그 조짐이 나타났다. 민심이 이완되는 요인이 된 것은 신분제에 근원을 둔 문제로서 부세賦稅가 대표적이었다. 그 중에서도 군역軍役이 대표적인 부세 부과의 신분적 불평등이었다. 조선 왕조의 법전에 양인은 누구나 군역을 담당해야 했으나, 문무 관료군의 명칭인 양반이 신분적인 계층화가 되면서 군역은 비양반만이 부담해야 하는 부세성 역役이 되었다. 군역 문제는 숙종대부터 중앙 정치 무대에서 본격적으로 논란이 되었으며, 이후 역대 국왕마다 언급하지 않은 적이 없을 정도로 국가의 중대사였다. 영조가 동포론同胞論을 내세우며 민인들에게 순문詢問하면서까지 균역법을 만들어낸 것도 시대적 위기감의 발로라고 본다.[2]

그럼에도 무엇보다 문제가 된 것은 정조대에 민인들의 격쟁과 상언을 받아들이면서까지 유지되던 소통구조가 19세기에 이른바 세도정권기에 접어들면서 왜곡되고 분란되는 조짐이 발생하기 시작했다는 점이다. 소수의 권력 주도층이 왕조 국가의 정권을 독점하면서 정치적 소통 채널이 왜곡되자 민인들이 직접 자신들의 의사를 표현하기 시작했다. 민인들에게 남은 것은 보다 적극적으로 소통을 시도하는 방식인 유언과 괘서,

---

1) 『書經』, 「夏書」, 五子之歌.
2) 송양섭, 「18세기 比摠制의 적용과 齊民政策의 추진」, 『한국사학보』 53, 2013, 339~346쪽.

참언이었다.

1. 유언(流言, 유언비어)-와언(訛言)-요언(妖言)

1) 새로운 소통 방식의 등장

1728년(영조 4) 무신난으로 집권 최대의 위기를 맞았던 영조는 유언流言이 발생하는 원인을 경제적 문제로 보았다. 민인에게 항산恒産이 있으면 유언비어가 발생하지 않는다고 파악했다.[3] 한편으로는 유언비어가 근거 없이 발생하는 것으로 별반 대응을 하지 않으면 저절로 사라지는 현상으로도 보았다.[4] 조선 왕조 국가가 여론을 무시하면서까지 정치를 강행한 '봉건적 왕조 국가'가 아니라고 상정할 때, 조금은 의아한 인식이다. 국정의 향방에 대한 민인들의 인식을 '적자赤子'들의 일시적 시각 내지는 몽매한 자들의 부질없는 항변으로 곡해한 것이라고 생각된다. 이런 배경에서 본다면 19세기에 접어들어 왕조 국가의 전반적인 통치구조가 이완된 것은 오히려 필연적인 결과일 것이다.

1800년, 정조의 사후 본격적으로 시작된 19세기는 조선 왕조 국가에서 위기의 시대라고 평가되는 시기이다. 무엇보다 '세도정치기'가 본격적으로 시작되면서, 국가 권력이 소수의 가문에 집중되어 폐쇄적으로 정국이 운영되자 사회적 공적 기구들이 사적 기구로 전락하는 상황이 발생하였다. 예컨대 조선 왕조는 과거를 통해 지방의 인재들을 등용하여 전국의 여론을 수렴하여 국정에 반영하는 시스템을 지향하였다. 그런데 19세기

3) 『承政院日記』 894책, 英祖 15년 7월 11일(乙卯).
(전략)典籍魏昌祖 進讀詩正月章 上曰 民之訛言 亦孔之張 何謂也 昌祖曰 世入亂世民失其所 故多作奸僞之言 以惑君聽也 寅明曰 何以興訛言耶 昌祖曰 以無恒心故耳 上曰 何以則可使之無訛言耶 昌祖曰 若使之有恒産而有恒心 則自可無矣 上曰 周旣爲秦所滅 則此所謂赫赫宗周 褒姒滅之者 何也 昌祖曰 其時褒姒作亂 已成滅亡之勢故云耳(후략).

4) 『承政院日記』 1113책, 英祖 30년 11월 20일(乙未).
(전략)夫訛言 從古或有 而畢竟知其爲訛者 以其無實形 而虛影自露 不待辨而自滅故也(후략).

에는 향촌의 지배층이면서 여론 주도층이 중앙으로 진출하지 못하여 경향을 연결하는 완충적 역할의 고리마저 사라져가는 사태가 일어났다.

사실 19세기는 연대기적 사건들을 살펴보아도 기존 시대보다 격랑의 시기였다. 국외적으로는 양요洋擾와 개항開港, 국내적으로는 천주교 박해와 홍경래난을 시작으로 임술민란, 동학농민전쟁에 이르기까지 100여년 사이 왕조 국가의 전국토를 흔든 대형 변란이 연속적으로 발생하던 시기였다. 국내적으로 대형 사건들의 발생 배경에는 소통의 부재가 큰 이유였다. 민인들은 삼정의 문란을 해소하고자 상언이나 격쟁을 통해 알렸으나 국정에 더 이상 민의는 반영되지 않았다. 민인들은 현실을 개선하려는 노력이 좌절되자, 이들이 선택한 것은 새로운 세상을 추구하는 비전을 적극적인 물리력을 행사하는 과정에서 드러내는 것이었다. 본격적인 저항이 시작되기 전에 시도한 것은 유언비어라는 소극적 방식이었다. 민인들의 소망이 유언비어로 여론을 조장해 나간 것이다.

대체로 유언비어는 예측하지 못한 일이 발생한 사회에서 긴장감이 임계점에 도달하는 과정 속에 언제든지 나타난다. 예컨대 영조 무신난 직전 도성에서 괘서 사건이 일어나 조정이 긴장을 하고, 민심이 동요될 때 와언이 발생하였다. 도성에는 풍문이 날로 흉흉하여 사람들이 모두 짐을 꾸려 놓은 채였고, 가족을 이끌고 도망가는 사부士夫들이 많아서 나루터에 길이 막히는 등 인심이 놀라고 두려워하는 것이 끝을 헤아릴 수 없다고 하였다. 무신난시 파급된 유언비어의 여파는 다음과 같다.

> "(전략)우리 나라의 소란은 본래 근거가 없어서 사람들이 모두 믿지 않으나, 수일 사이에 양반의 내행內行이 나루터를 메워 사람들이 많이 괴이하게 여기고 있습니다. 이른바 장흠張欽은 송전松田에 사는데 안박과 함께 흉역凶逆을 같이 모의하여 13일에 군사를 모으고 14일에 소사素沙로 가서 15일에 거사를 한다고 하여 원로대신이 급히 올라온 것이니, 이는 근거 없는 소란과는 다름이 있습니다. 소사는 거리가 멀지 않으니, 조가朝家에서 환란을 방지하는 것을 늦추어서는 안될 것입니다.(중략) 궐내闕內의 각 문 이외에 8개의

문에도 군사를 더 보내어 파수하고, 경외京外에도 군교軍校를 보내 형찰詗察을 비상하게 하면서 꼼짝 않고 움직이지 않는다면 간사한 무리들이 스스로 움츠러들고 민심이 더욱 굳건해질 것입니다." 라고 하고는, 이 논의에 따라 훈국에 명하여 대궐문과 성문에 군사를 더 보태 파수하고, 어영청과 금위영은 각 나루를 파수하게 하였다.(중략) "괘서의 한 맥락이 이 적도와 한 꿰미로 연관되어 경외에 흩어져 있음을 미루어 알 수 있다. 수어청과 총융청으로 하여금 군교를 보내서 기찰하게 하라."(중략) "정월 초이튿날, 경중京中에 소란이 갑자기 일어났고 연달아 괘서의 변이 있었습니다. 듣자오니 4~5일 전에는 진위振威에 사는 백성들이 서로 경동驚動하여 산 위로 피난했다고 하니, 이는 형적이 없는 일이 아닙니다."[5]

무신난의 여파에 따라 민심이 동요된 것은 당연한 일이었다. 왜란과 호란을 경험한 도성의 민인들은 물론 왕조 국가의 신민들이 난이 발생했다고 하는 소문에 민감한 것은 당연한 일이었다. 도성에서 외부로 탈출하는 행렬이 이어지고 궁궐과 도성의 수비 병력이 증가하는 위기 상황이 연출되는 와중에서 발생하던 필연적 결과가 유언 및 와언이었다. 이런 상황은 조선 왕조의 중흥기라고 말하는 정조대에도 발생했다.

1787년(정조 11)에 경기도와 충청도에 와언이 급속히 퍼져서 인심이 동요되었다. 당시 경기도와 충청도에 와언이 갑자기 퍼졌는데 하루 만에 전해지며 인심이 동요하였다. 이때에도 민인들에게 퍼진 와언은 북쪽의 오랑캐가 내려온다거나, 바다에서 해적이 온다는 말이었다. 왜란과 호란의 트라우마가 민인들의 기억속에서 작동된 모습이다. 이에 따라 남녀노소가 사방으로 도망을 가서 향촌이 비워지는 사태가 발생하였다. 당시 정조에게 보고된 사건의 내용은 다음과 같다.

(전략) 이때 기호畿湖 사이에 갑자기 와언訛言이 떠돌았는데 하루 사이에 전해지며 인심이 동요하였다. 혹 '오랑캐의 기병騎兵이 갑자기 이르렀다.'고 말하기도 하고, '해적이 가까운 곳에 정박하였다.'라고 하기도 하여 거민居民

---

5) 『英祖實錄』, 권16, 英祖 4년 3월 14일(甲子).

들이 노인은 부축하고 어린애는 끌고서 도망하여 마을이 거의 비게 되었는데, 하룻밤을 자고 나서야 비로소 진정되었다. 충청도 관찰사 김광묵金光默이 아뢰기를, "이달 14일에 길에서 전하는 말을 듣건대 수원과 평택의 경계가 접한 곳에서 갑자기 와언이 퍼져 주민들이 소요하여 온양·아산·천안·직산 등의 고을에까지 전해진 말이 낭자하였습니다. 신이 진실로 한때의 근거 없는 말이므로 놀라거나 의심할 것이 없는 줄 알고 있었지만 이와 같은 농사철을 당해서 민간이 동요하는 것이 또한 매우 민망스러워 한편으로는 부근의 여덟 고을에 공문을 보내 효유曉諭하여 진안鎭安하게 하고, 한편으로는 믿을 수 있는 심부름꾼을 파견하여 수령의 조치를 채탐採探하게 하였더니, 평택 현감 이형필李衡弼이 갑자기 겁을 내어 이노吏奴들로 부대를 만들고 각角을 불어 소집한 일이 있기까지 하였습니다. 무지하고 어리석은 백성들은 비록 바람 소리와 학鶴의 울음소리에도 미혹됨이 있게 마련이니 관장官長인 자는 마땅히 진중하게 단속하여 진안시킬 방도를 생각해야 하는 것입니다. 그런데 도리어 이런 조치를 취하여 더욱 인심을 경동케 하였으니 아주 망령되고 경솔합니다. 청컨대 해당 현감을 파직하소서."라고 하였다(후략).[6]

이 사건은 경기도 수원·평택 경계에서 유언비어가 퍼지자, 민인들이 동요하면서 삽시간에 충청도 온양·아산·천안·직산으로 퍼져 나가는 소동이 발생한 것이다. 물론 이 사건은 단순한 유언비어가 아니었다. 제천에 거주하던 김동익金東翼 등이 동해에 위치한다고 하는 해도의 기병설을 이인좌의 난에 연루시켜 일으킨 모반 중에 유포한 유언이었다.[7] 충주와 제천은 이인좌가 거병하였을 때 난의 소용돌이에 휩싸였던 곳으로 유언에 쉽사리 동요할 여지가 충분한 지역이었다. 모반자들은 이러한 지역의 심리를 십분 활용한 것이며, 지역을 관리하던 지방관도 이런 모반의 역사적 배경으로 인해 위협을 감지하고는 군병을 동원하여 유언의 파장을 더욱 자극한 것이다. 그럼에도 도성에까지 이 와언이 전해진 것은 물론 심지어 지역의 민인이 국왕에게 직접 보고하는 사태까지 발생하였다.

6) 『正祖實錄』, 권23, 正祖 11년 4월 19일(丙辰).
7) 『正祖實錄』, 권23, 正祖 11년 6월 14일(庚戌).

당시 지역민이 정조에게 보고한 사건의 전말은 다음과 같다.

> (전략)병조에서 아뢰기를, "대궐문에 자물쇠를 잠글 때에 한 사나이가 군복을 입고 돈화문敦化門 밖에서 달려왔는데 거조擧措가 황급한데다가 하는 말이 망령되고 황당하였기 때문에 잡아다가 캐어물었더니, 과천果川 주암리注巖里에 사는 백성 임말동이林末同伊였습니다. 그런데 스스로 말하기를, '오늘 남문 안에서 땔나무를 팔고 집으로 돌아왔더니, 6~7호에 불과한 동네인데 남녀노소가 이미 모조리 도망해 피하고 그의 어미와 아내만이 그가 돌아오기를 기다리고 있다가 함께 피하자고 재촉하기에 그 까닭을 물었더니, 「우만리牛萬里에 사는 정대득鄭大得 · 김복금金福金 등이 땔나무를 팔기 위해 의일촌義日村에 갔더니 오랑캐의 기병騎兵이 갑자기 의일촌 앞 들판에 이르렀기 때문에 깜짝 놀라서 지레 돌아왔다고 하여 온 동네의 주민들이 서로 알려 도망했다」라고 하였습니다. 의일촌은 바로 광주廣州 땅으로 과천현과의 거리가 10여 리인데, 어미와 아내가 만류하여 붙잡는 것을 돌아보지 않고 야윈 말을 타고 와서 알리는 것입니다.'라고 하였습니다. 그가 말한 것이 비록 매우 놀랍고 망령되나 그가 만들어 낸 말과는 다름이 있기 때문에 우선 본영에 엄중히 가두어 두었습니다."(후략)[8]

위의 기사는 와언에 동요된 과천 거주 백성이 창덕궁에 찾아와 궁궐문을 두들기며 자신의 동리 민인들이 와언에 따라 사방으로 도망가고 있다고 알리는 내용이다. 왕조 국가에서 변란이 발생하면 관에 고변하는 것이 일상이었던 사회에서 국왕이 거처하는 궁궐에 까지 찾아와서 고변하는 것은 와언이 미친 영향이 그만큼 심각했다는 반증이기도 하다.

이와 같이 유언비어가 사회에 퍼져나가고 왕조 정부에서도 대응하는 상황이 발생하는 경우는 곧 상식[good sense]의 상실 시대가 도래한 것이라고 파악할 수 있다. 반대로는 유언비어를 통해 민지民智가 확산 및 전파되었다는 말이기도 하다. 동시에 왕조 정부에서 유언비어에 대응한다는 것은 새로운 소통 방식에 맞추어 국정이 운영되기 시작되었다는

---

8) 『正祖實錄』, 권23, 正祖 11년 4월 20일(丁巳).

것도 의미한다. 왕조 정부에 소외되거나 제외되었던 민의가 유언비어라는 형태로 접수되고 소통되었다는 것이다. 다만 국정의 책임자와 운영자들이 민의를 정상적으로 접수하지 않은 것이기는 하지만, 폭력적이거나 파국적이지도 않은 소극적 스펙트럼의 소통구조 상태를 보여주는 사례라고 하겠다.

특히 유언비어의 주체들을 보면 이것이 새로운 소통 구조의 시도라고 해석할 수 있다. 유언비어의 유포 주체에 체제 저항 인물이 주류를 이루고 있었기 때문이다. 유포 주체는 정치 권력에서 탈락하거나 배제되어 오랫동안 정치권에 재진입하지 못한 사람들이 다수를 차지하였다. 이른바 한유寒儒나 빈사貧士라고 할 수 있으며, 유랑 지식인라고 볼 수도 있다. 한유와 빈사는 유학 소양을 지닌 양반이면서 경제적으로 몰락한 자들이었다. 이들은 향촌의 훈장이나 지사地師, 의원醫員 등을 생업으로 삼고서 민인들과 직접 접촉하면서 그들의 여론을 선도하는 역할을 하였다. 이들은 현실 정치의 모순을 비판하고 민인들의 처지를 대변하기도 하였다. 무엇보다 이들의 사회·경제적 처지가 향촌의 민인들과 차이가 없었다. 따라서 민인들의 처지와 이익을 실제적으로 대변할 수 있었고, 이들이 유포한 유언비어는 빠르게 지방 사회에 전파될 수 있었다.[9] 이런 배경에서 유언은 정치권에서 배제된 이들이 소극적으로 자신들의 의견을 피력하고자 한 소통구조라고 해석할 수 있다.

2) 위에서 유언을 바라보는 시선

동서고금을 막론하고 정치적 객체인 민인은 정치에 참여할 수 있는 권리가 없었다. 조선 왕조에서도 정치의 주체는 언제나 양반이라고 하는 지배층에 국한되었다. 영조와 정조대에 주창되던 민국民國은 물론 조선 왕조의 통치철학이었던 민본주의의 한계치가 피지배층은 결코 지배층과

9) 고성훈, 「조선 후기 유언비어 사건의 추이와 성격」, 『정신문화연구』 129, 2012, 75쪽.

동질의 정치적 결정권을 지니지 못한다는 것이다. 왕조 국가의 폐쇄적 신분제 질서에서 당연한 일이다. 그럼에도 유교적 가치를 이해하고 있던 민인들은 끊임없이 지배층의 덕치를 바랬으며 이것은 곧 신분제의 이완을 요구하는 것이기도 하였다. 따라서 왕조 국가의 지배층은 유언비어를 민인들이 새롭게 구사하는 소극적인 소통구조로 인식하기보다는 통치체제를 위협하는 위해요소로 취급하였다. 그러므로 유언비어는 와언訛言 내지는 요언妖言으로 비하되어 불린 것이다.

정약용도 유언비어에 대해 “유언비어가 일어나는 것은 근거 없이 생기기도 하고 혹은 기미가 있어서 생기기도 하는 것이니, 수령은 이에 대응함에 있어서 조용히 진압하기도 하고 묵묵히 관찰하기도 해야 할 것이다”라고 하였다. 그런데 정약용은 유언비어가 발생하는 배경을 정확히 지적하였다. 그는 부세가 무겁고 관리가 탐학하여 민인들이 편안히 살 수 없어서 모두가 난리나기를 바라고 있기 때문에 요망스러운 말들이 동쪽에서 부르짖고 서쪽에서 화답하니 이들을 법률에 따라 죽인다면, 민인으로서 살아남을 자가 한 사람도 없을 것이라고 하였다. 또한 민인들이 농사일로 바빠지면 서로 왕래하지 못하고 유언비어는 스스로 가라앉는다고 하면서 유언비어의 발생과 현상을 정확하게 보았다. 따라서 유언비어는 들어도 못들은 척해서 조용히 잠재우는 것이 좋다고 평가했다.[10]

---

10) 『牧民心書』, 권8, 禮典 6조 應變.
訛言之作 或無根而自起 或有機而將發 牧之應之也 或靜而鎭之 或默而察之 近年以來 賦役煩重 官吏肆虐 民不聊生 擧皆思亂 妖言妄說 東唱西和 照法誅之 民無一生 然諺曰 收訛言入麥根 謂麥熟而農事日急 則民不相往來 訛言自息也 若是者 聽而不聞 靜以鎭之 可也 其或兇種逆孼 失志怨國 陰謀作亂者 必先動訛言 以亂民志 雍正戊申 逆賊李麟佐等 陰謀作亂 而丙午丁未之際 訛言大起 嘉慶壬申 土賊洪景來等 陰謀作亂 而庚午辛未之際 訛言大起 此皆已試之明驗也 若是者 牧褎如充耳 不以爲意 其不爲淸州之殺兵使 嘉山之殺郡守鮮矣 凡遇如此之時 牧宜於子姪親賓之中 擇其機警縝密者 使之周行近邑 尋其苗脈 窺窩藪以圖應變之方 斯可曰不溺其職 若變起之日 坐受鋒刃 雖節烈無玷 而溺職之失 固自如也 朝廷每以成美之意 褒其節烈 略其愆尤 而食君之祿者 不可但以節烈爲報答 必於節烈之外 炳幾察變 先事設備 以之消亂萌而絶禍根 方可曰盡其職也 張詠知益州 民間訛言云 有白頭老翁午後食人男女 郡縣譊譊 至暮路無行人 公召犀浦知縣 謂曰 汝歸縣 訪市肆中歸明人 謂棄暗投明 尙爲鄕里患者 必大言其事 但立證解來 明日果得之 送上州 公戮于市 卽日帖然 夜市如故 公曰 妖訛之興 沴氣乘之 妖則有形 訛則有聲 止訛之術 在

그렇지만 신분제 사회 동요라는 사회적 변화와 불안감은 여러 형태로 민인의 정서를 동요시켰으며, 그 산물이 유언비어로 확장되어 나타난 것도 사실이다. 또한 유언비어는 그 발설 주체가 불분명하기도 했으나 이른바 요언은 그 주체가 명확하였다.[11] 조선 후기 사회는 정치·경제·사회·문화 제 분야에서 큰 변화를 가져왔으며, 기존 체제로 새로운 변화를 담지하기에는 한계가 있었다. 당시의 유언비어는 크게 두 가지 형태를 지니고 있었다. 첫째는 대개 하나의 사건이 모의되거나 전개되는 과정에서 일어났다. 이때 유언비어는 와언訛言, 요언妖言, 익명서匿名書, 괘서掛書의 형태로 나타났다. 둘째 유언비어를 유포시킨 이들은 정감록과 같은 비기秘記와 참언讖言을 이용하여 민심을 선동하거나 동의를 구했다.[12]

그럼에도 왕조 정부의 지배층에서는 유언비어 등에 대해 철저히 무시하거나 우매한 민인들을 선동하는 우발적인 사건으로 치부하였다. 무엇보다 사회적 기강이 무너져서 발생하는 사건으로 생각하였다. 예컨대 천주교 사건은 대부분 요언이나 요서妖書의 영향이라고 취급하였다.[13] 정치권이 바라보는 민인들의 유언비어나 요언에 대한 시각은 천주교 만에 국한된 것이 아니었다. 조정을 기롱한다고 여기는 가요까지도 그 탄생의 배경을 조사하기 보다는 기강이 문란해서 발생한 사건으로 치부하는 것이 대부분이었다. 1692(숙종 18) 숙종대 도성에서 조정 관료를 기롱하던 가요에 대한 정치권의 대처를 통해 그 사례를 알 수 있다.

> 사간원에서 아뢰기를, "조정의 기강이 날로 무너져가고 사람들의 마음이 더욱 돌아보고 거리끼는 바가 없게 되어, 길거리에서 말하고 항간巷間에서 논평하는 것도 오히려 또한 부족하게 여겨 언문諺文으로 노래를 짓기까지

乎識斷 不在乎厭勝 杜紘知鄆州 嘗有揭幟城隅 著妖言其上 期爲變 州民皆震 俄而草場白晝火 蓋所揭一事也 民益恐 或請大索城中 紘笑曰 奸計正在是冀 因吾膠擾而發 奈何墮其術中 彼無能爲也 居無何獲盜 乃奸民爲妖 遂誅之.

11) 하원호, 「조선후기 변란과 민중의식의 성장」, 『사학연구』 75, 2004, 190~191쪽.

12) 고성훈, 「조선 후기 유언비어 사건의 추이와 성격」, 『정신문화연구』 129, 2012, 56쪽.

13) 『純祖實錄』 권2, 純祖 1년 2월 26일(壬申).

하였으니, 마음을 씀이 지극히 교묘한 일입니다. 처음에는 도성 안의 초부樵夫들이 노래 부르게 되다가 어느새 관서關西 기녀들의 노래가 되어 먼 데나 가까운 데나 전파하게 되었으니, 듣기에 놀랍고도 의혹이 생깁니다. 온 조정의 진신搢紳들이 기롱을 받게 되고 한때의 우매한 민중들이 멋대로 비웃는 짓을 하여 조정을 경멸하고 당세當世를 모욕함이 심하니, 자세하게 핵실覈實하여 세밀하게 죄를 다스리지 않을 수 없습니다. 그들에게서 듣게 된 사람인 심표沈杓를 유사攸司로 하여금 엄중하게 심문하여 적발해 내어서 율律대로 죄를 부과하게 하시기 바랍니다."하니, 윤허했다. 조금 있다가 심표가 연좌된 바는 전해들은 것에 지나지 않아서 핵실해 내기 어렵다 하여 놓아 주도록 명하고, 일도 드디어 정지되었다.[14)]

위의 사건에 이어서 정식으로 조정의 문제점을 지적하는 상소가 숙종에게 올려졌다. 중앙관료들이 자신의 권력을 이용하여 치부하고 도덕적으로 문란한 생활을 한다는 것이 주요 내용이었다. 상소의 내용은 정제된 것으로 민인들의 눈에는 언필칭 성리학적 생활을 주장하던 지배층들의 모습이 이해되지 않아서 발생한 비난이라고 주장 하였다. 상소의 내용을 요약하면 다음과 같다.

(전략) 김일진金日晋은 고부古阜 사람인데, 그의 상소에 이르기를,(중략) "시험 삼아 항간에서 비웃고 있고 온 조정에서 다 알고 있는 것을 가지고 말씀드리겠습니다. 혹자는 한 번의 잔치를 열흘이 넘도록 하면서 노랫소리가 하늘에까지 시끄럽게 되고 사등롱紗燈籠을 길에까지 걸고서 밤을 낮삼아 하고 있으며, 혹자는 그전 명상名相의 집을 강압하여 사 놓고는 이쪽 저쪽으로 증축하되 한없이 높고 사치스럽게 하고 있고, 혹자는 한 해 동안에 갑제甲第를 두 채씩이나 마련하기도 하는데 한 채의 값이 다같이 천금千金이나 들게 되고, 큰 벼슬아치나 작은 벼슬아치나 집 짓기와 수리하기를 되도록 웅장하고 화려하게 해 놓고서 방탕하게 멋대로 잔치놀이를 하여 하지 않는 바가 없이 하는 것을 이루 다 꼽을 수가 없습니다."(중략) 얼마 뒤에 소대召對한 옥당玉堂의 강관講官과 승지 목임일睦林一 등이 김일진은 평소에 행동이

14) 『承政院日記』 350책, 肅宗 18년 11월 16일(辛酉).

무뢰無賴했고 그의 마음과 태도가 가증스러운 실상을 극력 진달함에 따라, 임금이 드디어 비망기를 내려 멀리 귀양보내게 했었다. 대개 김일진의 뜻이 기회를 노린 것인데다가 기휘忌諱에 저촉되는 말이 많았기 때문에, 당시의 재상들이 크게 미워하여 기필코 죄를 받게 하고야 만 것이다.[15]

김일진이 어떤 정치적 배경에서 위의 내용을 상소한 것인지는 알 수 없다. 그가 공박한 인물은 병조판서 민종도閔宗道로 그가 이완의 첩 자손의 집을 마련한 과정을 지적한 것이다. 민종도가 김일진의 상소에 대해 숙종에게 해명한 소장에서도 확인된 내용이다.[16] 유언비어의 범위를 넘어 해당 인물과 사실 관계를 의심할 만한 정황이 알려진 사건이었다.

김일진이 전한 정부 관료들의 행태가 사실이라고 추정할 수 있는 것은 그가 귀양을 가게 된 것에서 확인된다. 관료들이 부패했다고 주장하며 유교적인 도덕적 삶을 살아야 한다고 주장하는 상소에 대해 조정이 귀양으로 대처했다는 것은 정치적인 문제로 비화되기 전에 차단하는 것으로 보이기 때문이다.

특히 왕조 정부에서 유언, 와언, 요언을 평가하는 기준은 시경의 내용을 비교하며 처리하는 경우가 많았다. 시경에 '백성의 와언을 어찌 막는 이가 없을까.'라는 내용을 자주 인용하였다. 이때 와언은 사설邪說과 이단異端으로 해석하였다.[17] 또한 와언이 자주 일어나면 인심이 위구危懼하는 것으로 국가의 큰 변고라고 여겼다. 그것에 대처하는 것은 허망한 일을 발설한 자를 대죄大罪로 다스려 사람들에게 그것이 허망한 일임을 알게 해서 인심을 진정시키는 것이 제일이라고 생각하였다.[18]

이런 배경에서 조선 후기로 갈수록 와언을 대처하는 정부의 방안은 강하게 제어하는 방식이었다. 와언이 발생하기 전에 그 조짐이 보이면

---

15) 『肅宗實錄』 권24, 肅宗 18년 11월 28일(癸酉).
16) 『肅宗實錄』 권24, 肅宗 18년 12월 1일(乙亥).
17) 『中宗實錄』 권29, 中宗 12년 8월 20일(癸亥).
(전략)詩曰 民之訛言 寧莫之懲 訛言 乃邪說異端也 異端不能興 而將絶者 自廢朝爲然 然邪說根株(후략).
18) 『中宗實錄』 권59, 中宗 22년 6월 26일(辛未).

포도청에서 널리 기찰하여 발원자를 체포하도록 하였다.[19] 왕조 정부의 태도는 근대기인 갑오 개혁기에도 동일하였다. 개항 이후 근대 공법체제가 도입되었음에도 미련한 민인들이 와언에 동요되지 않도록 법을 강화하는 방향으로 대처하고자 하였다.[20] 결국 와언은 신빙성이 없고 왕조의 지배체제를 위협 할만한 존재로 여겼으며, 그것이 발생한 원인이나 문제에 대해서는 별다른 논의가 없었다고 보아도 과언이 아닐 것이다.

한편 왕조 정부에서 논하던 정책에 대해 상대방의 비난을 극복하는 방법으로 와언을 이용하는 경우도 있었다. 1683년(숙종 9) 송시열은 자신이 연루된 공물 변통 논의에 대해 반대파에서 지적한 말들을 와언으로 몰아 자신의 입장을 고수하고자 하였다. 당시의 주장을 요약하면 다음과 같다.

> 영부사領府事 송시열이 상소를 올려 근래에 와언이 일어난 폐단을 논하고, 또 인책引責하였는데, 대략 이르기를, "지금 사람들의 마음이 괴벽乖僻하고 어긋나서 와언이 떠들썩하게 여항으로부터 일어나서 중외에까지 퍼져서 사람들로 하여금 이쪽저쪽으로 돌아보고 생각하면서 손을 움츠리고 말을 못하게 하고 있습니다.(중략) 오늘날의 와언이 어찌 그리 심합니까?" 【이 아래에 또 공물의 변통을 말하고, 끝에 또 원망하고 비방하는 말이 전적으로 자신에게 집중되었다고 하는 말이 있었다.】 (후략)[21]

위의 기사에서 송시열은 자신의 정책에 대해 비방하는 반대 세력의 발언을 와언으로 몰아 논란에서 빠져나가려는 모습을 보이고 있다. 이 부분에서도 와언은 거짓말이고 허무맹랑한 신뢰할 수 없는 말로만 치부되는 것을 알 수 있다. 물론 와언의 발원 주체와 내용 및 종류에 따라 근거 없이 지어낸 맹랑한 말인 경우도 있을 수 있다. 그러나 조선 왕조의 정부 관료들이 민본을 강조하고 민의를 천심으로 여긴다는 유교적 생각

19) 『英祖實錄』 권59, 英祖 20년 3월 5일(癸未).
20) 『高宗實錄』 권33, 高宗 32년 윤5월 6일(丙午).
21) 『肅宗實錄』 권14, 肅宗 9년 2월 27일(己亥).

을 소지하고 있으면서 와언은 조금의 분석도 필요 없는 허무맹랑한 유언비어로 취급했다는 것은 정치적 문제이기도 하다. 왕조 국가에서 정부의 통치자들은 일반 인민들이 생활 속에서 체험한 것이 무엇인가를 지속해서 살피는 것이 중요하다. 자연재해와 외란 및 정변으로 언제든지 유언이나 와언이 창출할 수 있는 요인이 존재했음에도, 민인들이 쉽게 동조되고 유통되던 말들의 근원을 살피려고 하지 않은 것은 소통구조를 다양화시키지 못한 지배 권력의 한계를 드러낸 사례이기 때문이다.

3) 인민의 소극적 의사표현과 민심의 동요

조선 왕조 국가는 엄격한 반상의 구조, 즉 신분제를 기초로 한 사회였으므로 자신의 처지를 넘어서는 일을 할 경우 사안의 중요성보다는 경계를 벗어난 책임을 우선적으로 처벌하는 것이 통상적이었다. 민인들에게 억울한 원청願請이나 소원所願을 해결할 방법은 관에 호소하는 적극적인 방법도 있으나 신분의 노출을 삼가면서도 의사 표현이 가능한 수단이 자주 활용되었다. 그 중의 하나가 가사歌詞와 가요歌謠등의 시였다.

왕조 정부에서도 민인들의 민심을 파악하기 위해 시를 수집하였다. 1764년(영조 40) 영조가 백성들의 생활상을 알기 위해 양도와 팔도의 수령들에게 민은시民隱詩를 지어 올리게 했다. 영조는 8도의 관찰사와 수령들이 올린 민은시에 대해 직접 소서小序를 지어 첩帖의 첫머리에 실었는데, 곧 가색稼穡을 중히 여기고 영명永命을 기원하는 뜻이었다.[22] 당시 민은은 백성의 괴로움을 돌보는 것[恤民隱]을 의미하는 어의를 지니고 있었다.[23]

민은시에 수록된 내용은 경기도와 충청도의 염전, 고기잡이, 누에치기, 밭농사의 과정을 소개하였고, 강원도는 화전, 황해도는 부녀자의 방직 등으로 민인의 생활상이 주요 주제였다. 1764년은 전국적으로 자연재해

22) 『英祖實錄』 권105, 英祖 41년 윤2월 16일(辛酉).
23) 『中宗實錄』 권3, 中宗 2년 6월 10일(壬午).

와 흉년이 휩쓸던 해이다. 당시의 민은시에는 민인들의 생업만이 아닌 지방 토호와 향리들에게 시달리고 고통 받는 민인들의 모습을 사실적으로 보여주고 있는 것이 주목된다. 물론 시를 작성한 자는 목민관이었지만 지역마다 존재하던 향리들의 횡포를 묘사하여 향촌 사회 민인들의 소리를 대변하였다.

다음에 소개하는 수원부사 홍지해洪趾海가 지은 향리의 억압[鄕强]을 보면 토호들이 향촌에서 민인들에게 어떤 존재였는지 알 수 있다.[24)]

지금의 토호들은 옛부터 향강鄕綱이라 불렀는데
惟今土豪 古號鄕綱
아전의 권한을 행하면서 호적에는 유자의 이름이네
或攬吏權 或籍儒名
마을의 첩지와 의논을 마음대로 주무르네
里牒巷議 恣意低昂
움직일 땐 명분을 말 하고, 백성들 부려 힘들게 하네
動稱名分 役使疲氓
근래 조정의 금지에 힘입어 조금은 전의 습성이 줄었지만
近賴朝禁 稍戢前習
강제로 하던 풍습은 남아 여전히 잘못된 인습이 많구나
武斷餘風 尙多謬襲
어떤 세력을 믿고 있는지 어찌나 얻으려는 것도 많은지
何勢之怙 何求之繁
흐르는 강물에 바위가 서있는 듯, 다들 그렇다고 하네
江流石存 常談則然
관에 고변하고 싶어도 쌓이는 그 두려움에 어쩌겠는가
欲告之官 奈積威約
생각을 억누르고 허물도 참고 큰 책망에 응하기에 힘쓰네
抑志忍尤 勉應誅責
누가 약자를 도와준다 했나? 끝내 또 어떻게 도와주리?

---

24) 한국학중앙연구원 장서각, 『兩都八道民隱詩』, K4-0152.

雖蒙扶弱 卒亦何補

좋은 풍속을 잘 다듬어주고 오직 땅주인을 믿을 수밖에 없네

裁抑頹俗 惟恃地主[25)]

위의 민은시에는 수원 지역 민인들이 향촌 사회의 권력 구조를 바라보는 시선과 원망이 담겨져 있다. 시의 주요 내용은 지역 토호가 아전의 권력을 휘두르면서 호적에는 유학으로 기재되어 특권을 유지하고 있다고 하였다. 양반이라는 배경으로 입으로는 명분을 이야기 하면서 민인들을 부리는 것은 과거와 같이 인습에 따라 함부로 하고 있음을 보여준다. 이들이 향촌의 부세와 호적을 관리하고 있어서 자신들의 이해에 따라 움직일 수 있는 것은 물론 관에 고변하려고 해도 그들의 권세에 눌려 어찌할 수 없다는 체념도 담겨져 있다. 수원 이외의 경기 지역 민인들의 고충은 다음의 경기도 관찰사 이경호李景祜가 지은 민은시에서도 잘 나타난다.

관의 세금 독촉을 받는 병든 나는 가난한 일흔여섯 노인네

官有催科 病我窮蔀

내가 노력하지 않는 게 아닌데도 나는 정말 가난하구나

非我不力 我實貧窶

올 해 풀칠하던 밭을 팔고 작년엔 송아지도 팔았네

今歲鬻田 去歲賣犢

이서가 쫓아와 불러대더니 끝내 옥에 가두었네

吏胥追呼 終速于獄

편히 살 길 찾아 주어야 하나 어질지 못하니 어찌 구제되리오

其究安堵 匪仁曷濟

작은 빛이 겨우 생기니 오히려 이 은혜를 받들어 올리네

一陽纔復 尙推斯惠[26)]

25) 어강석, 「兩都八道民隱詩의 書誌와 조선후기 民隱의 양상」, 『장서각』 23, 2010, 74쪽.

26) 어강석, 위의 논문, 75쪽.

이경호의 민은시에서는 부세에 고통 받아 가산을 팔아도 갚지 못하고 끝내 감옥에 갇힌 신세를 한탄하는 농민의 모습을 묘사하였다. 더욱이 병든 노인이 평생 열심히 일했으나 결국에는 정상적인 삶도 이루지 못하고 감옥 신세가 되는 모습을 한탄하고 있다.

민은시들이 국왕인 영조에게 올려진 시였으므로 약간의 가감이 있었을 것으로 짐작할 수 있다. 그럼에도 향촌의 향리들이 민인들을 가렴주구하고 있음을 알리는 내용이라는 것은 이것보다 더 한 지방관들의 탐학도 충분히 예측할 수 있다. 또한 민인들이 직접 이 시들을 작성한 것은 아니지만 자신들의 신세를 간접적으로 지방관을 통해 알렸다고 생각되는 부분을 고려할 수 있다. 이러한 민은시가 최소한의 소통구조를 만들려고 한 국왕과 지방관, 민인들의 노력이었다고 평가할 수 있으며, 사회 통합이건 지배체제 강화이건 간에 소통을 통해 왕조 국가의 운영을 원할히 하려던 왕조 사회의 구조적 패러다임이라고까지 평가할 수 있다.

2. 괘서(掛書)

1) 민인의 적극적 의사표현

괘서는 익명서匿名書의 기능을 하는 벽서壁書와 유사한 민인의 의사 표현 방식이었다. 왕조실록에는 괘서가 명종대 1회, 선조대 2회, 그리고 숙종대부터 본격적으로 나타나다가 영조대에 100여건이 나온 뒤 고종대까지 간간이 등장하였다. 실록상으로는 조선 전기에 괘서가 나타나지 않는다. 다른 자료에는 혹 나타날 수도 있겠으나 조선 왕조의 대표적 연대기 자료인 실록에는 명종 이후에야 등장하는 용어가 괘서이다. 승정원일기에서도 유사한 양상이 나타나며, 그 수치는 훨씬 많다. 숙종 64, 경종 7, 영조 223, 정조 21, 순조 108, 헌종 7, 철종 8, 고종 9 등으로 검색된다.[27]

27) 국사편찬위원회 사이트에서 조선왕조실록과 승정원일기에 나오는 괘서의 수치를 검색하였다.

승정원일기에서도 실록의 양상과 같이 영조대가 가장 많이 등장하고 있다. 또한 숙종, 영조, 순조 등의 집권기에 환국, 변란, 민란이 발생한 국왕대에 괘서가 많이 나타나고 있다. 따라서 괘서는 국정이 불안하거나 정국에 이상 징후가 나타날 때 동반해서 나타나던 정치적 현상으로 국왕대별 정치적 상황에 따라 발생하였음을 알 수 있다.

일반적으로 조선시대 괘서란 민인들이 자신의 의사를 표현하거나 유리한 여론을 형성하기 위한 방편으로 사람들의 왕래가 많은 궁궐과 도성 및 관청 등의 문과 벽, 장시場市와 주막 등의 장소에 익명으로 게시하던 것을 말한다. 그렇다면 적어도 조선 초기에는 괘서가 걸릴 만한 사건이 없다는 해석이 가능하다. 연구사적으로도 조선 전기 괘서를 설명한 사례는 보이지 않는다. 다만 연산군대와 명종대에 괘서와 유사한 벽서壁書 사건들이 발생하기는 하였다. 그러나 벽서는 명종대인 1547년(명종 2)의 양재역 벽서사건에서 보이듯 중앙 정치 세력 사이에서 발생한 일시적인 일로서 괘서와는 궤를 달리한다고 볼 수 있다.

조선 후기에 나타난 괘서들은 주로 숙종과 영조대에 몰려있다. 대표적인 사건들을 시기별로 나열하면 17세기 3건, 18세기 20건, 19세기 19건이다. 국왕별로 많은 수치가 나온 순서는 영조 15회, 순조 12회, 숙종 6회 등이다. 지역별로는 한성부 22회, 전라도 7회, 충청도와 경상도가 6회씩이다.[28] 숙종대는 대표적인 환국시기였으며, 영조대는 무신난, 순조대는 세도정치기의 시작이며 천주교도 박해와 홍경래난이 발생한 시기이다. 세 국왕대는 외침이 없었지만 국내적으로 정치세력간의 알력과 처단, 내란에 가까운 난이 난무하던 위기의 시기였다. 괘서는 그런 혼란한 시기에 나타났고 집중되고 있었다.

그렇다면 괘서는 기본적으로 정치적 박해를 받거나 내란의 조짐이 발생하던 시기에 나타나던 현상이라고 해석된다. 또한 문자를 사용하여 대중에게 알린다는 점을 감안한다면 그 대상이 농민을 비롯한 일반 민인

28) 이상배, 「조선후기 한성부 괘서에 관한 연구」, 『향토서울』 53, 1993, 155~158쪽.

의 범위까지만 포함하는 것이 아닌 정치에서 소외된 지식인들이 가담했다는 것도 파악된다. 영조대에 가장 많은 괘서 사건이 발생했다는 것은 무신난의 영향이라고 밖에는 생각할 수 없으며, 실제로 무신난 초기에 난을 확산시키려는 의도에서 괘서를 활용하거나, 처벌된 자들의 후손이나 연관자들이 괘서를 사용하였다. 따라서 괘서의 작성 및 사용범위가 재야 지식인에서 민인에 이르기까지 다양한 층위를 형성한다는 것을 볼 수 있다.[29)]

이런 배경에서 괘서는 시대성을 지니고 발생한 역사적 산물이라고 볼 수 있으며, 소통이 절박한 민인들이 적극적으로 자신들의 의사를 표현한 것으로 보아야 한다. 또한 왕대별 사건과 괘서의 내용을 보면, 숙종대는 국정에서 내쳐진 관료층, 영조대는 권력에서 소외된 양반층, 순조대는 경제적으로 몰락한 유학층과 하층민들이 괘서를 사용하였다. 숙종과 영조대는 기본적으로 정국을 장악하려는 정치 집단 간의 갈등이 주요 배경이었다. 숙종대는 서인과 남인, 영조대는 노론과 소론이 자신들의 불리한 정치적 조건을 극복하기 위해 정치적 여론 조성을 위한 방편으로 괘서를 이용하였다. 반면 순조대부터는 정치 경제적으로 소외되었던 사회적 약자인 일반 민인들이 자신들의 처지를 개선하고 요구를 관철시키는 방안으로 괘서를 사용하게 되었다. 나아가 사회의 하부 계층에서도 괘서라는 새로운 언로를 확대시켜 소통구조를 확대해 나갔다.

예컨대 19세기에 이르면 중앙과 지방의 관료 및 지식인 중에서 지배층 중심의 민본주의를 기반으로 하여 국가 권력의 민에 대한 수탈구조를 전면적으로 개혁하려는 의도가 거의 나타나지 않았다. 이에 대한 민의 저항은 기존의 소극적 내지는 국지적인 반응에서 국가와 민이라는 길항구조인 적극적 양상으로 발전해 갔다. 홍경래 난에서도 보이듯이 난에 앞서서 중앙과 지방의 번화가에 괘서를 살포하여 민심을 동요시킨 것을 통해 확인할 수 있다.[30)]

29) 『英祖實錄』 권15, 英祖 4년 1월 17일(戊辰); 『英祖實錄』 권35, 英祖 9년 8월 29일(丁丑); 『承政院日記』 661책, 英祖 4년 5월 5일(乙卯).

이와 함께 민인들이 괘서를 작성했던 언어의 형태도 주목된다. 언문 괘서가 대표적인 사례이다. 조선 왕조의 공식 언어는 한문이다. 국가시험인 과거에서부터 각종 공문서는 한문 일색이었다. 어려서부터 한문의 소양을 양성하지 않은 일반 민인들은 이해할 수 없는 언어 세계였다. 그러므로 언문 괘서가 등장한다는 것은 한문 해독이 미숙한 대상을 주요 타깃으로 해서 작성한 것임을 알 수 있다. 왕조 정부가 정부 정책을 공포할 때 민인들이 한문을 이해할 수 없음을 알고 한문과 언문의 두가지 형태의 고시문을 게시하던 것도 동일한 이유였다.[31]

민인들이 언문 괘서를 게시한다는 것은 보다 적극적으로 소통구조를 확대해 나간다고 해석할 부분이다. 왕조 국가의 민인들이 신분제의 구조 속에서 자신들의 의사를 기존 사회체제에서 벗어나 구사한다는 것은 분명 새로운 형태의 소통구조를 만드는 시작인 셈이다. 예컨대 영조대 부세에 항거하여 언문 괘서를 붙인 사건을 대표적 사례로 설명할 수 있다. 1768년(영조 44) 영조 집권 후반기에 경희궁 건명문建明門에 언문 괘서가 붙은 사건이 발생했다. 이 언문 괘서는 금위영 상번군上番軍이 붙은 것이다. 그는 기총旗總이 수렴收斂하는 사연을 언문으로 기재한 작은 종이를 건명문에 붙였다. 영조는 그에게 곤장 50도度를 치게 했으며, 직속 상관인 금위영대장도 추고하게 하였다.[32]

영조의 사례에서 알 수 있듯이 국왕과 왕조 정부가 괘서에 대응하는 방식은 대체로 발본색원하는 형식의 처벌이었다. 사안에 따라 차이는 있겠지만, 괘서를 필사하여 전달하는 것조차 일절 금지하였다.[33] 괘서 작성자나 연루된 자를 고발하는 것도 적극 장려하였다. 심지어 괘서죄인掛書罪人을 체포하기 위해 고발자가 공사천公私賤일 경우 그 소생所生도 면천해 주는 파격적 대우도 제시 하였다.[34] 반면 괘서자를 알고도 고발하지

---

30) 오수창, 「조선후기 체제인식과 민중운동 試論」, 『한국문화』 60, 2012, 265~267쪽.

31) 『正祖實錄』 권32, 正祖 15년 2월 6일(辛亥).

32) 『英祖實錄』 권111, 英祖 44년 7월 21일(丙午).

33) 『承政院日記』 460책, 肅宗 37년 4월 30일(戊子).

않은 경우에는 처벌하였다.[35] 특히 영조는 집권 초기 무신난을 주도한 자들이 괘서를 통해 인심을 동요시키려고 했던 것을 염두에 두고 괘서의 발생을 부정적인 시각으로만 바라보았다.[36]

2) 대중이 수용하는 공간과 장소성

숙종대 왕실이 주 무대가 되어 발생하였던 환국은 도성 내에서까지 거론되고 웃음거리가 되던 정치적 사건이었다. 국왕이 주체가 되어 전횡하던 정치적 혼란은 급기야 도성 내 민인들이 중앙관료들을 비난하는 노래로 희화화하였다. 예컨대 1692년(숙종 18) 사간원에서는 조정의 기강이 날로 무너져가고 사람들의 마음이 거리끼는 바가 없게 되어, 길거리에서 말하고 항간에서 논평하는 것도 오히려 부족하게 여겨 언문으로 노래를 짓기까지 한다고 하였다. 또한 이런 언문 노래를 도성 안의 초부樵夫들이 부르다가 지방까지 퍼져서 관서關西 기녀들까지 부르는 노래가 되어 원근에 관계없이 전파되었다고 하면서, 그 내용이 조정의 진신搢紳들을 기롱하고 멋대로 비웃는다고 지적하였다. 특히 왕조 조정을 경멸하고 당세當世를 모욕하는 것이 심하다면서 전면적인 조사를 요구하였다.[37]

조선 왕조 국가는 근대라고 하는 시기와 비교해서 교통과 운송 체제 및 방법이 상대적으로 낙후되어 있었다. 왕조 국가의 수도인 도성에 있어서도 국왕의 행행로幸行路나 종로 대로라고 해도 매번 수리를 해야 할 정도로 그 유지가 어려웠다. 그 중에서 청계천을 건너는 교량은 준천과 함께 늘 수리해야하는 실정이었다. 지방의 경우는 수레를 이용하지 못할 정도로 정비되지 않았으므로 많은 인원과 물류가 이동되는 곳은 해로海路와 수로水路, 국가가 관리하던 기간 도로가 지나가던 역참驛站이었다. 시장과 점포, 숙박소와 창고가 즐비하게 있던 공간이기도 하다.

---

34) 『承政院日記』 461책, 肅宗 37년 5월 27일(乙卯).
35) 『承政院日記』 461책, 肅宗 37년 7월 15일(壬寅).
36) 『承政院日記』 1117책, 英祖 31년 3월 3일(丙子)
37) 『肅宗實錄』 권24, 肅宗 18년 11월 16일(辛酉).

이런 사회적 배경에서 민인들이 이용하던 소통로는 역참과 시장 등 기존 교통과 통신 체제였다. 예컨대 무신난이 발발하기 직전 괘서가 걸렸던 지역을 보면 민인의 왕래가 잦던 곳이다. 전주 감영에서 열리던 시장에 걸린 괘서가 대표적이다. 조정에서도 전주의 개시에 걸린 괘서가 민인이 많이 왕래하는 번화가라는 것을 파악하고 그 여파를 우려하였다. 괘서가 걸린 장소가 영주인의 집이었다는 것도 유통에 관련된 민인들이 다수 머물거나 방문하던 곳임을 감안할 때 처음부터 괘서를 대중에게 널리 알리려던 의도에서 작성했음을 알 수 있다.[38)]

전주 시장에 괘서가 걸린 것이 12일, 그 후 2일 만에 남원 시장에 다시 동일한 괘서가 게시되었다. 왕조 정부에서는 필적과 형태를 조사한 뒤 동일 인물이 기도한 일로 인식하였다. 특히 전주의 대로상, 남원의 시장에 걸려 그곳을 왕래하는 모든 사람들이 목도했다는 점을 가장 크게 우려하였다.[39)] 왕조 정부에서 우려한 것은 무신난을 준비하던 세력들이

---

38) 『承政院日記』 652책, 英祖 3년 12월 16일(丁酉).
(전략)上曰 匿名書 投諸水火 載在於法文乎 錫三曰 明有法文矣 鄭思孝 亦豈不知有此法例 而事係重大 故似有此馳啓矣 上曰 狀聞 亦謂之不忍見不忍聞 毛骨俱竦而觀此封書 人心世道 更無可言者矣 錫三曰 封書則雖未見 而以狀聞中辭意觀之已不勝驚駭矣 上曰 此與向來延恩門掛榜之類 一般矣 京城咫尺之地 尙有此事 皆由於世道之陷溺 而一種怪異之輩 作如此事矣 不然則雖自謂有識之類 有意而爲之此當付之水火 不必追捕者也 重觀曰 全州營市 臣嘗見之矣 今觀道臣狀啓 則掛書於開市邊金溝營主人家云 全州邑居櫛比 人戶甚盛 無一屋單居而獨處者 則此必是閭閻大村中衆人往來之處也 其無忌憚 誠可寒心矣 上曰 所謂金溝營主人 在營底乎重觀曰 營主人之在營底 猶京主人之在京中 各邑有事於本營 則營主人 多有接濟周旋之事矣 凶書旣發於營底 若欲跟捕 則豈有不捕之理乎(후략).

39) 『承政院日記』 652책, 英祖 3년 12월 21일(壬寅).
○ 丁未十二月二十一日初更 上御熙政堂 諸承旨請對入侍時 行都承旨鄭錫三 左承旨李仁復 右承旨李重觀 假注書尹宗夏 記注官李大源 編修官金獻之 諸臣竝進伏 上曰 纔聞湖南狀啓入來 而夜深請對 或有邊報耶 鄭錫三曰 全羅監司狀啓入來 而又有如前封書 臣等不敢柝見 以狀啓措語觀之 則此亦凶書也 今月十四日南原場市懸書 而南原 乃是空官 故留鄕所報于兼官谷城縣監李東苾 東苾牒報送之於監營 監司又此狀聞封來 雖未知其書辭緣之如何 而今至屢次 臣等不勝驚痛 不敢以循例啓辭捧入 而欲有稟定之事 敢此請對矣 上曰 狀啓與封書入之 錫三 自袖中出狀啓封書使內侍傳達 上旣覽狀啓 親柝封書 下覽後下敎曰 向日全州掛書 旣令燒火 而未滿數日 又有掛書之變 道臣狀聞 如是頻數 極爲驚駭 不知藏得何樣凶計 而締觀筆跡文脈 與前相似 決出一人之手 此將不止於全州南原矣 錫三曰 末世人心 驚怪之事無所不至 而大邑場市 掛此凶書 必欲使萬目俱覩者 豈不切痛乎 全州與南原 不過二

영조의 종통을 비난한 것이 민인들에게 여과 없이 그대로 알려지는 사태였다. 즉 이때의 괘서는 무신난을 준비하던 세력이 작성한 것으로 정권에게서 민심을 이반시키려는 의도에서 작성한 것으로 볼 수 있다.

이와 같이 괘서나 익명서를 많은 민인이 왕래하는 장시 등의 번화가에 게시하는 것은 무신난 이후에도 지속되었다. 무신난이 5년 지난 1733년(영조 9) 호남의 연해읍 장시에 무신난의 여당들이 민심을 선동하고자

日程 而十二日掛於全州 十四日又掛南原 似是一人所爲矣 李重觀曰 伏承下敎 此必是一人所爲矣 上曰 措語相近 而筆跡亦同矣 錫三曰 匿名書 父子不相傳之法 旣載律文 而外方道臣 以此凶書 再度狀聞 若此不已 則又未知有何變怪 故臣等求對 欲有稟定之事矣 上曰 其措語 承宣何以知之耶 錫三曰 頃日狀啓上來時 伏聞聖敎 有所推知者 而下懷驚痛 尙今不釋 伊時處分 出尋常萬萬 有非群下所及 故諸臣 莫不有欽仰之意矣 掛書之變 又至再次 雖未知措語之如何 而其爲驚隕痛迫 當復何達 上曰 此豈他意耶 與前日掛書之意一樣矣 先朝賓天之後 世道乖裂 一倍特甚 而豈料至此耶 雖有黨論 而豈至於不敢言之地耶 此非奸民所爲 頃年僞批事 亦見網打之計 而雖或積憤所致 豈有如此變怪耶 因予而有此驚痛之擧 更何言乎 錫三曰 臣等伏聞此敎 痛迫欲死 變怪雖多 而豈知有如此事耶 上曰 向來掛書辭意 自存形迹 今番辭意 又無形迹 有若非時世之人所爲者然 其措語 尤極陰慘矣 錫三曰 向時全羅監司鄭思孝之封進凶書 與匿名書 不相傳之意有異 故問備道臣 遞罷守令 而伊時處分時 臣等亦嘗暴白道臣之心事矣 今番掛書之變 又出於數日之內 則道臣豈敢不狀聞耶 上曰 觀其掛書之意 將不止於全州南原矣 錫三曰 此而置之 其變不止 臣等請對 欲爲稟定矣 李仁復曰 事極驚痛矣 未知處分 將何爲之耶 上曰 入侍承宣 不見其書 何以知之 此非包藏深機而然也 但以辱說 加於吾身 文脈筆跡 前後一般 則必是一人之事矣 錫三曰 凡如此等事 或出於死中求生者 或出於嫁禍國家者 而未聞有如許之變矣 上曰 事雖痛心 其言無意義 無着落矣 故曰 非包藏深機矣 但極口肆辱 掛之於十目所覩之地矣 錫三曰 其言至及於不敢言不忍聞之地乎 上曰 猶未揣知耶 無他語矣 錫三曰 雖有賤民 戴天履地 而豈敢爲此乎 今番道臣狀啓中 無譏捕之語 此未知有何意 而旣至屢次 則譏捕之擧 斷不可已矣 上曰 此若捕風捉影 何爲譏捕耶 曾在先朝 有延恩門掛榜之變 而終不捕得 今雖譏捕 安保其見捉乎 此雖匿名書之類 而如果捕得 則不可置之 如不可捕得 則因此譏捕 而未知至於何境矣 朝廷若令譏捕 而難保其必捉 徒有弊端而 以延恩掛榜事見之 鄕曲無知之人 因其睚眦之怨 構誣良民 極其紛紜 今若譏捕 恐有如此之患矣 予意則不欲譏捕 承宣之意 如何 錫三曰 下敎至當 而第其掛書 旣至再次 則其縱恣無忌之狀 可推而知矣 初則掛之於全州大街之上 今則懸之於南原場市之中 一道之人 無不見之 寧不萬萬切痛乎 臣等非不知聖意之所在 而其變不止一番 則又不譏捕 未知如何矣 仁復曰 聖敎至當 今若譏捕 得之則好矣 如或不捕 則延恩掛榜之事 足爲監戒 恐有無辜橫罹之患 臣謂聖敎至當矣 重觀曰 十八日以勿爲譏捕事 出於朝報 人皆知之 而今又有掛書之變 極爲驚痛 譏捕之擧 烏可已乎 第勿張皇其事 而令捕廳及道臣 愼密譏捕 則豈有不捕得之理耶 昨日懸榜 今日又懸榜 如此而豈可仍置乎 上曰 其書措語 不見則不知之矣 欲問大臣而處之 恐其爲重大 而第大臣 乃國之股肱 亦不可不問矣 夜深命招 則內外騷動 易搖人心 待明朝 三公竝爲命招 左相雖引情勢 而如此之時 豈可引嫌耶(후략).

익명의 괘서를 가로에 게시하였다.[40] 무신난의 가담자들은 초기부터 계속 민심을 이용하는 방법으로 괘서를 사용하였으며, 그 사용 공간으로 장시를 비롯한 민인들이 다수가 자주 활동하는 곳을 활용하였다. 이점은 곧 당시에 민인들의 소통 공간이 장시 등의 유통 공간이었음을 역으로 설명해주는 것이다.

3. 참언(讖言), 비기(祕記)

조선 후기에 나타나던 참언과 비기에서 무엇보다 대표적인 것은 정감록鄭鑑錄이다. 정감록은 조선 후기 정치 사회의 이데올로기적 성향을 보이던 주자 성리학에 대치되어 나타난 결과라고 생각한다. 조선 왕조의 지배층이 자신들의 안위를 위해 주장하던 이데올로기를 거부하며 변혁 지향적인 새로운 대안으로 제시한 것이 정감록과 같은 비기祕記이다. 조선 왕조 국가의 문화가 채워주고 만족시켜주지 못하던 사회적 요구를 충족해주던 요소들이었다. 왕조의 사회적 불평등을 해소하고 치유하는 예언을 담지하던 정감록이 사회의 한 문화로 정착되던 것은 오히려 자연스런 사회적 현상으로 해석될 수 있을 것이다.

예컨대 무신난 때에도 호남과 영남 사이에 정팔룡鄭八龍이라고 일컫기도 하고 정도령鄭都令이라고 불려지던 자가 있었다.[41] 또한 1869년(고종 6) 이필제가 주도한 진주의 변란에서도 정감록류의 비기와 진인설을 매개로 이용하였다. 난을 주도하던 이들은 동조자 중에 정씨 성을 지닌 자를 이용하여 그를 진인으로 추앙하였다. 정씨로 지칭된 인물도 자신이 만민을 구제하는 방안으로 울릉도나 제주도로 가서 경영하겠다고 모의를

---

40) 『承政院日記』 756책, 英祖 9년 2월 12일(甲子)
○ 文廟酌獻禮後還宮時 駕前入侍時 同副承旨黃晸啓曰 昨日副校理韓顯謩上疏 以齋戒留院矣 因特罷之命 還給其疏 而其疏上款 陳情勢難安之狀 下款有曰湖南沿海邑 場市之街 有匿名之掛書 煽動妖言 誑惑民心 村閭之間 騷說藉藉云 此必戊申餘孽漏網之類 乘此歲飢民困之時 欲售動撓人心之計 此不可看作小事 而置之尋常 請令道臣及捕廳 密行詗捕 鋤誅根柢云云(후략).

41) 『英祖實錄』 권22, 英祖 5년 4월 9일(癸未).

발전시켰다.[42)]

정감록이라는 이름은 영조 때부터 나타났다. 정감록은 특정한 서책이나 논리로만 이해하기보다는 전래의 비기秘記와 도참圖讖의 논리 중에서 현실과 결부해 예언한 사상의 총체로 이해하는 것이 합리적이다. 정감록은 이씨가 망하고 정씨가 일어난다는 '이망정흥李亡鄭興'의 논리를 기초로 한다. '이망정흥'은 '해도海島에서 진인이 나와 새 왕조를 건설한다.'는 정감록의 '해도기병설海島起兵說'과 결합하면서 더욱 강력하게 현실을 부정하고 새로운 세계를 염원하는 논리를 담게 되었다. 다음은 정감록의 세부사항이다.

첫째, 정감록에는 왕조 교체의 논리가 있다. 정감록에 따르면, 조선 왕조 존속기간이 보통 300~500년 사이로 기록되어 있어서 18세기는 조선 왕조가 망하고 새 왕조가 탄생하는 시기에 해당한다. '이망정흥'과 '정씨가 계룡산에 도읍한다.'라는 내용은 정감록 사상의 기본 줄기이다. 둘째, 왕조 교체 주역은 '진인眞人'이고, 구체적 방법은 '해도기병설'에 의해서 이루어진다고 한다. 해도기병설은 진인이 해도에서 군사를 이끌고 나와 새 왕조를 세운다는 논리이다. 진인은 도를 닦아 높은 경지에 이르러 용력이나 무술이 뛰어나며, 나라를 차지하거나 세상을 구하는 성스러운 과업을 맡은 존재로 이해할 수 있다. 그러므로 해도기병설과 관련된 진인의 존재는 해도의 군사를 이끌 군사지도자로서의 의미와 함께 민중의 현실적 고통을 구제할 수 있는 메시아적 인물로서 의미가 있다. 셋째, 정감록은 불평등한 사회경제 구조가 해소되길 희망하고 있다. 부자에 대한 적대감을 드러내며 경제적 불평등을 비판하고 있다. 또 "말세에 이르면 아전이 태수를 죽이고도 조금의 거리낌이 없고, 상하의 분별이 없어지고 강상綱常의 변이 잇따라 일어난다", "사대부 집안은 인삼으로 망하고 벼슬아치 집안은 탐욕으로 망할 것이다."라고 하는 등, 신분제에 대해 적대감을 표현하고, 그 차별의 해소를 바라고 있다. 정감록이 현실

42) 윤대원, 「19세기 변란 참가층의 사회적 관계망과 존재양태」, 『한국문화』 60, 2012, 229쪽.

사회의 구조를 철저히 부정한 것은 당시 신분제에 따른 사회적 불평등과 빈부격차의 심화에 따른 경제적 불평등을 직접 겪고 있던 민인들의 정서를 반영한 것으로 볼 수 있다.[43]

따라서 정감록은 현 왕조를 부정하고 새 왕조를 지향하는 논리를 제공하고 있기 때문에, 정감록을 유포하는 주역은 체제 저항 인물이 주류이다. 그러므로 변란 주역, 즉 정감록 유포의 주역은 정치 권력에서 탈락하거나 오랫동안 배제되어 정상적인 방식으로는 정치 권력에 재진입할 수 없는 사람들이 주류를 이룬다. 이들은 흔히 '몰락 양반'이라고 하며, '한유寒儒'나 '빈사貧士'로도 불린다. '한유'나 '빈사'는 어느 정도 성리학적 소양을 갖추고 있었지만, 정치와 경제적으로 거의 재기할 수 없을 정도로 몰락한 자들이다. 이들은 삶을 위한 방편으로, 훈장이나 지관地官, 의원 등을 생업으로 삼아 민중과 접촉하면서 그들의 여론을 이끄는 역할을 하였다. 이들은 생업을 위해 한곳에 정착하기보다는 이곳저곳을 떠돌며 민인들과 교류한다는 점에서 '유랑지식인'이라고 할 수 있다. 또한 적극적 의미로 본다면, 그들이 지닌 '지식'을 바탕으로 지배 체제와 사회 모순에 저항한다는 의미에서 '저항 지식인'으로 부를 수도 있다.

정감록과 함께 민인들이 신봉한 개혁사상에 한반도 전래의 대표 종교인 불교에서 나온 미륵신앙이 있다. 미륵신앙을 설파한 자는 미래불이라는 개념 하에 생불生佛이나 미륵불임을 자처하며 현세를 구제하는 자임을 설포하였다. 왕조 정부의 입장에서는 왕조가 지향한 주자학적 사회질서를 부정하는, 즉 현세 부정적인 미륵신앙을 용인할 수 없었다.

예컨대 1688년(숙종 14) 숙종이 중앙의 금오랑金吾郎을 파견하여 양주와 삭녕에서 여환 등 30여명을 긴급 체포하는 사건이 발생하였다. 여환은 본래 통천通川의 승려로 수중노인水中老人과 미륵삼존彌勒三尊에게 3년간 공부한 뒤 영평永平의 지사地師 황회黃繪와 상한常漢 정원태鄭元泰와 더불어 석가釋迦의 운수가 다하고 미륵彌勒이 세상을 주관한다는 말을 주창主唱하면서

43) 고성훈, 「조선 후기 민중사상과 鄭鑑錄의 기능」, 『역사민속학』 47, 2015, 117~118쪽.

작당하던 인물이었다. 여환은 경기도와 황해도 사이에 출몰하면서 천불산 선인仙人이라 일컬었고, '영盈과 측昃' 두 글자를 암석 위에 새긴 뒤, '이 세상은 장구長久할 수가 없으니, 지금부터 앞으로는 마땅히 계승할 자가 있어야 할 것인데, 용龍이 곧 아들을 낳아서 나라를 주관할 것이다.' 라고 하였다. 미륵이 용으로 화신하여 세상을 구한다는 전형적인 민중의 미륵신앙을 이용한 것이다. 그는 양주의 여자 무당 정계화鄭戒化 집에 머물면서, 처인 원향元香을 용녀 부인龍女夫人이라 하고, 계화는 정성인鄭聖人이라 호칭 하였다. 그리고 제자들에게 장검長劍과 관대冠帶를 준비하도록 하면서 '7월에 큰 비가 퍼붓듯 내리면 산악山岳이 무너지고 국도國都도 탕진蕩盡될 것이니, 8월이나 10월에 군사를 일으켜 도성으로 들어가면 대궐 가운데 앉을 수 있다.'고 설교 하였다. 그런데 무리들이 군장軍裝과 장검 등의 물건을 준비하고, 원향이 성중城中에서 비오기를 기다렸다가 대궐을 침범하기로 약속하였는데, 끝내 비가 오지 않았으며, 그들의 행적이 사방에 소문이 나서 검거된 것이다. 숙종은 역모라고 볼 단서가 없다면서 요술을 숭상하여 민은 죄로만 처단하게 했으나, 적당賊黨을 수색하여 체포하는 까닭으로 경기도와 황해도의 민인들이 농사를 폐지하고 도망치는 사태도 잇달을 정도로 사회 문제로 확산되었다.[44]

---

44) 『肅宗實錄』 권19, 肅宗 14년 8월 1일(辛丑).
妖僧呂還等十一人 謀不軌伏誅 初楊州牧使崔奎瑞 以本州青松面 有一妖人 往來民間 自稱神靈 聚黨會徒 誑誘愚氓 此言傳播京外者久矣 自本州窺捕按治 得其凶謀狀 以封書走報政府 左議政趙師錫詣闕啓 請拿致鞫問 上可之 於是分遣金吾郎 悉收在楊州獄者呂還等凡十四人 又因朔寧郡守李世弼密狀 拿李有先等六人 又因諸賊辭連 相繼被逮者 亦二十餘人 竝設鞫金吾 覈其情節 呂還者本以通川僧 自言曾於金化千佛山 七星隆臨 贈以三麴 麴與國音相同也 且有水中老人 彌勒三尊語 渠以崇佛傳國三年工夫等說 遂與永平地師黃繪常漢鄭元泰 唱爲釋迦盡而彌勒主世之言締結 出沒於畿輔海西之間 而呂還又稱千佛山仙人 嘗刻盈昃二字於巖石上曰 世間不可長久 從今以往 當有繼之者 而龍乃出子主國 遂娶殷栗良家女元香爲名人 而謂有異徵 能興雲起雨 變化不測 來住於楊州 鄭姓女巫戒化家 號其妻爲龍女夫人 戒化則名曰鄭聖人 仍作怪文曰 雖有聖人 必有長劒冠帶 爲弟子者 當備此物 相與播示誘惑人心 一村之人 多從之 又託以七月大雨如注, 山岳崩頽 國都亦當蕩盡 八月十月 起軍入城 可坐闕中之說 亦在怪書中 乃於七月十五日 呂還黃繪鄭元泰 與楊州人金時同崔永吉李元明永平人鄭好明李末立鄭萬一等 各備軍裝長劒等物 元香換着男服 潛入城中 約以待雨犯闕 其日竟不雨 仰視天色而歎曰 工夫未成 天姑不應也

민간의 불교 신앙을 이용한 또 다른 사례로는 1676년(숙종 2) 11월에 생불로 불리던 승려 처경處瓊이 소현세자의 유복자임을 자처하다가 체포되어 처형된 사건이다. 이 사건은 신앙적인 요소에 민간에 유포되던 정치적 사건까지 윤색되어 발생한 것이다. 당시 처경은 20대의 청년 승려로 곡기를 끊은 채 경문을 잘 풀이해주는 생불이라고 추앙을 받고 있었다. 특히 그의 준수한 외모 때문에 여성 제자들이 많았다. 묘향妙香이라는 제자는 처경의 외모를 "앞모습은 생불 같고 뒷모습은 왕자 같다 "라고 흠모하였다. 준수한 외모와 신이한 능력의 소유자로 알려지면서 많은 제자들을 거느리게 된 처경은 생불의 이미지에 만족하지 않았다. 그는 소현세자의 유복자를 자처했다. 그는 조작한 증거를 제시하면서 소현세자의 조카이자 인평대군의 아들 복창군과 접촉하고 영의정과의 만남을 꾀하면서 소현세자의 후사임을 내세우다가 관에 붙잡혀 처형되었다. 이처럼 처경은 생불로 추앙받았지만, 출생의 비밀을 간직한 채 버려진 왕족의 이야기로 자신의 삶을 새로이 만들려다가 실패하여 요서妖書와 요언을 퍼뜨린 죄로 처형되었다.[45)]

원래 처경은 왕실과 관련이 있던 인물이다. 처경은 평해군平海郡의 아전 손도孫燾의 아들이다. 경기도를 떠돌아다니면서 활동을 하여 많은 민인들만이 아니라 여러 궁宮의 내인內人들이 공불供佛하기 위해 사찰에 왕래하는 자들조차 존신尊信하지 않는 자가 없을 정도로 이름이 높았다. 그를 추종하던 여거사인 묘향은 경성京城 사대부 집의 여종이었다. 묘향이 소현세자의 유복자가 물에 던져졌다는 말을 듣고는 처경에게, '소현세자의 유복자

遂登三角山 誦經禱天 願成大事 其凶謀逆節 不翅狼藉 或屢杖而輸情 或不杖而自服 呂還卽其魁也 繪元泰元香戒化 終始和應 密與陰謀者也 時同永吉元明好明末立萬一六人 俱以愚蠢賤隷 惑於妖言 同惡相濟者也 竝將諸賊處斬 孥籍如律 楊州乞僧法皓 以知情不告官杖流 其餘三十餘人 按驗無實 上下敎于按獄諸臣曰 無識愚氓雖或崇信妖術 旣無參涉逆謀之端 而終陷重辟 予甚惻然 故當初議啓之敎 蓋出於恐有冤濫 多傳生議之意也 在囚諸人 其令秋曹 只斷以崇信妖術之罪 於是李有先等十七人 移付秋曹 餘皆疏釋之 又以賊黨搜捕之 故京畿黃海兩道數三邑民人 廢農逃散 上下別諭于兩道監司 使之開諭還集.

45) 고성훈, 「조선 후기 유언비어 사건의 추이와 성격」, 『정신문화연구』 129, 2012, 61쪽.

가 물에 던져졌다고도 하고, 혹은 생존해 있다고도 말하는데, 이제 스승님의 얼굴이 매우 청수하여 왕자·군君의 얼굴 모습과 비슷하니, 혹시 그렇지 않습니까?' 하였다. 처경이 이를 듣고 복창군의 집안의 사람으로 공불오는 사람에게서 그 때의 일을 자세히 들은 뒤 왜능화지倭菱花紙를 일부러 더럽히고 언문으로 '소현 유복자, 을유 4월 초 9일생'이라 하고, 그 아래에 또 '강빈姜嬪'이라는 두 글자를 표식하여 위조 문건을 작성했다. 그 다음에 영의정 허적許積에게 가서 울며 그 종이를 보이고 말하기를, '이는 곧 강빈의 수적手迹입니다. 매양 외구畏懼하는 생각을 품고 감히 내어놓지 못하였는데, 지금 성대聖代를 만나서 감히 와서 뵙니다.' 하였다. 허적이 병중이라 이 사실은 좌의정 권대운權大運이 숙종에게 보고하였다. 그런데 허적과 여러 재신宰臣이 조사한 결과에는, 소현세자의 상喪이 4월 26일에 있었는데, 여기에는 4월 초 9일에 낳았다 하고 유복이라고 일컬었으니, 이미 크게 틀렸고, 또 강빈이라는 칭호도 그 당시에 일컬었던 바가 아니며, 그 글씨의 자획도 분명히 상한常漢이 쓴 것인 데다가 그 음音을 따라 오서誤書한 것이 많아서 더욱 의심스럽다는 결론으로 숙종에게 보고하였다. 그럼에도 숙종은 시험 삼아 추문하기로 하고 전현직 대신과 육경六卿·삼사三司에게 훈련도감 북영北營에서 회동하여 추핵推覈하도록 했다. 처경은 끝까지 자신이 소현세자의 유복자임을 주장했다. 그런데 판의금判義禁 유혁연柳赫然이 포청 군관捕廳軍官으로 하여금 그의 바랑 속을 뒤져서 그의 친척과 서로 통한 편지에서 성명을 상고할 수 있는 것을 얻어내고, 또 능화지에 위서僞書할 때의 초본草本들을 얻어내어 사실을 자백하도록 만들었다. 결국 처경은 목이 베였고, 묘향은 형신刑訊받다 죽었으며, 처경과 더불어 교결交結하고 용접容接한 자는 모두 유배되는 것으로 사건은 종결되었다.[46]

---

46) 『肅宗實錄』 권5, 肅宗 2년 11월 1일(己卯).
妖僧處瓊伏誅 處瓊平海郡吏孫壽之子也 容貌頗似淸秀 性奸巧邪慝 歲辛亥 棄其師雲遊畿甸 自稱神僧 詭云絶粒 而夜入巖穴 潛啗餠肉 又誘女居士年少者 託以教誨佛經 恣行奸淫 又持小玉佛宣言 凡有禱求 無不獲遂 以此愚氓奔波 稱之以生佛 諸宮內人 以供佛往來寺刹者 莫不尊信 或與之有私 有女居士妙香 乃京城士夫家婢也

그런데 생불과 관련 유언비어는 1691년(숙종 17)에도 일어났다. 황해도의 차충걸車忠傑과 조이달曹以達이 국왕을 모함한 죄로 참형斬刑을 당한 사건이다. 차충걸은 해주에 살고, 조이달은 재령에 거처했는데, 모두 양민으로 무격巫覡을 업으로 삼았다. 당시의 사건을 보면 다음과 같다. 조이달의 아내인 애진愛珍은 천기天機에 대한 공부가 있다고 일컬으며 범자梵字도 아니고 언자諺字도 아닌 알 수 없는 글을 쓰고, '한양은 장차 다하고 전읍奠邑이 일어날 것이다.'라고 창언倡言하며 늘 전물奠物을 갖추어 산에 들어가 하늘에 제사하였고, 또 '수양산首陽山 상봉上峯에 있는 의상암義相菴에 정필석鄭弼錫이라는 생불이 있다고 하였다. 또한 고故 통제사統制使 정익鄭榏의 아내가 아들을 낳았는데 일곱 살 때에 간 곳을 모르니, 그 아이가 정필석이라고 주장하였다. 차충걸이 이 말을 정익의 손자 정태창鄭泰昌에게 가서 물었는데, 정태창이 관가에 고발하게 되어 국청鞫廳이 열렸던 것이다.[47]

중앙 정부에서는 정필석을 체포하기 위해 여러 곳을 수색하였으나 그의 종적을 찾는 데 실패하였다. 이에 정필석을 가공인물로 판단하여 더 이상의 수색을 중지하고 사건을 마무리하였다. 결국 중앙 정부에서는 이

嘗聞昭顯世子遺腹子投水之說 乃謂瓊曰 昭顯遺腹子 或言投水或言生存 今師貌甚清秀 似王子君貌樣 無乃是耶 瓊聞之 遂萠奸心 後因福昌君家內人供佛者 細聞其時事 且挾妖術 得小民迷惑 意謂國家亦可欺 遂取故汚倭菱花紙 以諺書書曰 昭顯遺腹子 乙酉四月初九日生 其下又書姜嬪二字 往于領議政許積家 泣示其紙曰 此乃姜嬪手迹也 每懷畏懼不敢出 今逢聖代 敢來謁 時積呈病 左議政權大運請對白上曰 昨日領相與諸宰觀其書 詰其人 皆以爲 昭顯之喪 在四月二十六日 此云四月初九日生 而稱遺腹 已大謬 且姜嬪之號 非其時所稱 且其書字畫 分明是常漢所寫 而從其音誤書者 多尤可疑也 上命會二品及三司諸臣 問處置之道 皆請試爲驗問 乃令時任原任六卿三司 會同推覈於訓鍊都監北營 蓋欲使外人 皆得聞知也 瓊納供曰 當初詐爲投水 而只投所盛之櫃 潛拔我身 使宮人丁氏 出給妙香 隱置養育 年十餘 妙香使之剃髮云 妙香供辭則曰 初見處瓊時 瓊已削髮爲僧 而聞其神異 以師事之 名以妙香 亦瓊之所命云 使與面質 瓊語塞 猶不服 判義禁柳赫然使捕廳軍官 搜其橐中 得渠親戚相通書 姓名可考 又得僞書菱花紙 時草本數件 奸情畢露 始乃吐實 遂捉致其親戚通書者 問知其爲孫燾之子 而生年則壬辰也 時燾及其妻皆已死 乃得瓊母舅及其師智膺 使瓊見之 瓊合眼不視 使人批開其目而問之 瓊乃應之曰 果師也 果外叔也 遂誅之 妙香斃於刑訊 與瓊交結容接者皆流配 捕盜軍官之搜得橐中書者 論賞.

47) 『肅宗實錄』 권23, 肅宗 17년 11월 25일(乙亥).

사건을 실체가 없는 유언비어로 판단한 것이다. 다만 중앙 정부에서는 이 사건이 유언비어에 불과하지만 그 내용이 임금을 범하고 체제를 부정하고 있다고 판단하여 추국을 열어 관련자들을 역모에 준하여 처리하였다.

이와 같은 민간의 사건들을 정리해본다면, 19세기 왕조 정부에서 참언이라고 본 대상 중에서 가장 큰 비중을 차지한 것은 정감록과 미륵신앙이 대표적일 것이다. 그런데 이 두 참언은 민인들을 조직하고 새로운 사회체제를 지향하는 신사상으로 정립되기에는 한계가 있었다. 특히 19세기에 민인들이 주체가 되는 민란에 혁명적 성격이 있었다고는 하지만 사상적 비약 내지는 세계관의 대전환이 있었다고 보기에는 한계점이 많다. 민인에게는 지배층과 구별되는 독자적인 문화 영역이나 의식 세계가 있었으며 그들에게 행동의 맥락을 제공하는 독특한 관습이 있었다. 그렇다고 그 의식 구조가 바로 혁명으로 연결되는 것은 아니었다. 그들의 저항도 체제로부터 자유롭지 않았다.

이런 배경에서 19세기말 등장한 동학은 참언이 새로운 구도로 발전한 형태를 보여주는 좋은 사례이다. 동학에는 왕조 체제의 한계를 대신하고자 하는 이념이 있었다. '하늘을 대신하여 세상을 다스린다'라는 표현에서 조선 왕조의 체제 운영 원리를 부정하는 의미를 볼 수 있다. 왕조 정부에서도 동학과 동학교도들에 대해 인심을 현혹시키는 서양의 술수를 전습全襲한 것으로 황건적黃巾賊이나 백련교白蓮敎처럼 난을 일으킬 가능성이 있는 위험한 집단으로 받아들였다. 유학자들도 "천주라는 것은 서양에 의부한 것이고, 부적과 물로 병을 치료하는 것은 황건적의 행위를 도습蹈襲한 것이다"라고 인식하였다.[48]

동학의 등장은 당시 왕조국가에서 민인들을 선동하고 유혹하는 참언 정도의 수준으로는 더 이상 사회적으로 적체된 소통문제를 해결할 차원이 아닌 상태임을 보여주는 것이다. 민인들에게 남겨진 수단은 보다 적극적인 소통 방식이라고 할 수 있는 무력을 동반한 의사표현 방식이었다.

---

48) 배항섭, 「1880~90년대 동학의 확산과 동학에 대한 민중의 인식-유교 이념과의 관련을 중심으로」, 『조선시대사학보』, 77, 2016, 234~237쪽.

Ⅱ

적극적 소통 방식

19세기는 '세도정치기'라는 정치적 시각이 있는 반면, 사회적으로는 '민란의 시대'라고 할 만큼 민인들의 저항이 왕조사회 표층 위로 노출되던 시기이다. 순조 집권 전반기의 홍경래 난에서부터 철종대의 임술민란, 고종대의 동학농민전쟁에 이르기까지 대규모 민란과 변란이 연속적으로 전국에서 발생하였다. 통치구조상에서 기존 정치체제를 통한 민인들과의 연결고리인 소통이 파탄된 결과이다. 또한 사회정치적 의식의 성장이 기존 소통방법으로는 수용되지 않자 적극적이거나 폭력적인 소통방법인 난으로 변질되었다.

소통구조의 파탄은 유민을 양산하였고 이들 유민이 집단화를 이루는 것이 곧 군도, 조직화한 것이 민란의 양상으로 발전하였다. 전통적인 농업 국가에서 겉으로 무력해 보이는 민인들이라도 그들의 근심과 원망을 충돌질하고 부추긴다면 어느 세력보다도 무서운 저항세력이 된다. 그렇다고 그들이 정치적 혁명사상을 가졌다고 보기에도 한계가 많았다.

조선 왕조의 민인들이 주로 거주하던 촌락사회 공동체는 그 나름의 도덕 원리와 행동양식을 가졌다. 공동체적 삶에서의 상호관계는 신분이나 경제적 관계만으로 이해할 수 없는 구조를 지니고 있다.[49] 물론 군역

---

49) 정진영, 「사족과 농민-대립과 갈등, 그리고 상호 의존적 호혜관계」, 『조선시대사학보』 73, 2015, 155쪽.

편중과 가렴주구 등은 민인들의 공분을 살만한 일이다. 그러나 그들이 토지의 재분배나 부세 납부 자체를 반대한 것이 아니라 약속된, 혹은 합의된 액수를 넘어선 지대나 부세 수탈에 반대한 것이다. 또한 국가로부터 감세 조치가 이루어질 때 소작인이라고 하는 하부 민인들에게까지 그 혜택이 가지 않도록 한 행위자인 지주를 공격한 것이다.[50] 그런데 더 이상 민인들의 의견이 수렴될 수 있는 소통 구조가 작동되지 않자 난의 형식을 띤 집단 움직임이 나타나게 되었다. 바야흐로 19세기 '민중의 민란'의 시대가 도래한 것이다.

1. 변란

1) 통치 구조의 폐쇄적 운영

조선 왕조 국가에서 장기적 지배를 유지하도록 한 유교적 통치 체제가 파탄을 맞게 된 주요 원인은 관료기구를 병들게 하는 편중된 인사와 합의체의 무력화, 지배층을 분열시키는 당색과 지역 차별, 명분을 상실한 편파적 정책과 과중한 요역 및 부세 등이 대표적이다. 이에 대해 정국에서 소외된 지식층과 민인들이 지속적으로 상언과 상소 및 괘서와 와언 등을 통해 정상적인 체제의 운영과 소통을 바라는 의견이 수렴되기를 피력했으나 결국 왕조 국가의 소통 통로는 대부분 형해화 혹은 폐쇄되었고 상호의존적이었던 공동체는 분열의 조짐이 아닌 파국으로 치닫게 되었다. 이것이 19세기로 접어들면서 전면적으로 나타나던 왕조 국가의 리더십 부재의 불소통 사회의 모습이었다.

동서고금을 막론하고 인간사회는 생존유지를 제일로 생각한 지역적 공동체와 상호부조의 약속이 침해되었을 때 그 회복을 위해 투쟁으로 나섰다. 근대 자본주의적 체제에서 고려하는 이윤 창출과 상품 유통이

---

50) 배항섭, 「임술민란의 민중상에 대한 검토-근대지향성에 대한 동아시아적 시각의 모색」, 『역사와 담론』 66, 2013, 256쪽.

주목적이 아닌 사회 구성원간의 호혜적 관계를 통해 사회를 안정화시키려는 노력이 우선이었던 전근대 왕조 국가를 말하는 것이다. 이런 현상을 모럴 이코노미[moral economy]라고도 한다.

예컨대 농촌에서 지주제를 전면 반대한 것이 아니라 지주가 당연히 부담해야 하는 의무를 민인들에게 책임이라는 명목으로 전가하려는 의도에 반대한 것이다. 민인들은 공동체적 관행과 관습을 무시한 가혹한 이해 추구에만 극렬히 저항했다.[51] 그들에게 중앙 정책 무대에서 벌어지는 국가 단위의 인사나 제도는 바로 실생활에 와 닿지 않는 비교적 거리감 있는 이야기로 생각하였기 때문이다.

반면 19세기의 왕조 정부에서는 중앙의 정치권력이 특정한 소수 가문에 집중되며 극소수의 권세가들이 국왕을 능가하는 권한을 행사하였다. 이들을 중심으로 하여 중앙 정부의 비변사에는 유력 성관들의 인물들만이 주요 의사 결정에 참여하면서 정국의 동향이 공적 시스템이 아닌 사적 시스템으로 운영되는 기형적 현상을 만들어냈다. 이른바 세도정권이 그것이다.

19세기초 순조대에 정국을 장악한 안동 김씨, 반남 박씨, 풍양 조씨의 세 성씨가 왕비 가문이라는 외척이 되면서 연합적 정치 연맹 모습을 띠게 된 것이 세도가문들의 기본적인 모습이었다. 이들은 순조 집권 초반에 영조의 계비인 정순왕후 가문인 경주 김씨를 정계에서 도태시키고 이후 국정을 좌우했다. 이들이 왕대별로 중앙정계에서 차지하는 비중에 차이는 있었으나, 대체적으로 안동 김씨가 주도하는 모습이었다.[52]

안동 김씨가 독주하던 권력 집중 현상은, 중앙정계에서조차 왕조 국가의 체제를 유지하기 위한 정책의 유연한 변화와 대책이 마련될 여지가 없게 만드는 문제를 야기하였다. 19세기 중반 이후 급증하던 서양 제국주의 국가들의 침략에 대비하는 것은 물론 국내적으로 팽배해지던 삼정三政

51) 배항섭, 「조선후기 민중운동 연구의 몇가지 문제-임술민란을 중심으로」, 『역사문제연구』 19, 2008, 235~236쪽.

52) 임혜련, 「철종대 정국과 권력 집중 양상」, 『한국사학보』 49, 2012, 130~136쪽.

의 파국적 문란에 대해서도 어떠한 개선책을 마련하지 못하던 것이 이른 바 세도정권이었다.

그런데 19세기에 소수 정치세력이 국정을 장악하는 구도는 영조대에 이미 그 조짐을 보이고 있었다. 영조 집권 초기 정치적으로 소외되었던 소론이 중심이 되어 무신난을 일으킨 것을 보면 충분히 알 수 있다. 1724년 영조가 즉위한 후 을사환국으로 노론계가 국정을 장악하자 소론을 중심으로 한 반대파는 변란을 모의한다. 반대파의 당색은 소론과 남인이 중심이었다. 남인은 민관효閔觀孝, 소북은 양명하梁命夏, 소론은 박필현朴弼顯 등이 주관하였다. 이들은 지방에서 난을 일으키면 도성을 중심으로 경중에서 내응한다는 외기내응外起內應의 전략을 세웠다.[53]

이인좌(1695~1728)는 청주에서 이웅좌李熊佐, 이준좌李駿佐, 이기좌李驥佐 등의 4형제와 살았다. 본명은 이현좌李玄佐이며 본관은 전주이다. 동고 이준경의 후손이며 조부는 갑술환국에서 노론에 의해 실각한 이운징李雲徵이다. 갑술환국에서는 백조부인 이의징李義徵도 사사되었다. 조모는 남인으로 영의정을 지낸 권대운權大運의 딸이다. 또한 이인좌는 경신환국에서 사사된 윤휴의 손자 사위이기도 하였다. 따라서 이인좌의 가문은 대표적인 사대부 집안이면서 중앙관료를 배출하던 명문가였다. 따라서 변란을 조직하고 주도하기에는 잃을 것이 많은 권력층에 가까운 양반이었다. 그럼에도 그가 난을 일으켰다는 것은 그만큼 중앙정치 무대와 소통할 수 있는 연결선을 상실했다고 볼 수 있다.

물론 정조대 중앙정치권에서 소외되었던 세력에 대한 소통 및 융화를 위한 노력이 있었다. 따라서 영조대 발생한 무신난은 일회적 성격을 지닌 변란이었다고 해석할 수 있다. 예컨대 정조 재위기 고착된 신분제를 해빙시킨 사건 중에 서얼허통을 예로 들 수 있다. 1771년(정조 1) 정조는 재위 초기부터 서류庶類들을 소통시킬 방도를 강구하여 절목을 마련하고자 하였다. 정조는 서류들도 신자臣子라면서 그들의 능력에 맞추어 문무관

53) 고수연, 「청주지역 영조 무신난의 동향」, 『조선시대사학보』 42, 2012, 164~169쪽

에 오를 수 있는 시스템을 구축하고자 하였다.[54] 관직에 오른 서얼들이 정조의 정치구상에 맞게 정국에 적극 참여한 것은 잘 알려진 사실이다. 그럼에도 정조 사후에 그들은 정국에서 제외되었고 서얼이 중앙정치무대에서 활약하는 일이 반복되지 않았다. 오히려 정조대 서얼 허통과 같은 적극적인 정치 소통 구조는 매우 특이한 사례였다고 보아야 할 것이다. 정조가 왕권을 안정시키고 자신의 정국 구상을 실현하기 위한 방안으로 일시 채택한 수준으로 해석하는 것이 좋을 것이다.

따라서 영조대 발생한 무신난은 19세기 이후 전면적으로 발생하던 민란의 전조였다고 보는 것이 정확할 것이다. 무신난에서 실패한 세력들

---

54) 『正祖實錄』 권3, 正祖 1년 3월 21일(丁亥).

命兩銓講究疏通庶類之方 著成節目 敎曰 昔我宣祖大王之敎曰 葵藿傾陽 不擇旁枝 人臣願忠 豈必正嫡 大哉聖人之言也 然我國立國規模 重名分尙地閥 許要不許淸 已有古人酌定之論 頃年臺閣通淸 實出於先大王之苦心 而以其事多掣礙 反歸於有名無實 半上落下 噫匹夫含冤 足傷天和 況許多庶流 其麗不啻幾億 則其間豈無才俊之士 可以爲國需用 而銓曹旣不以通淸侍從待之 又不以奉常校書處之 進退俱難 疏滯無路 枯項黃馘 其將騈死於牖下 嗟彼庶流亦我臣子 使不能得其所 亦無以展其抱 則是亦寡人之過也 其令兩銓之臣 就議大臣 所以疏通 所以奬拔之方 另加講究 文而至於某官 蔭而至於某官 武而至於某官 酌定其階梯 以存等威 消詳其節目 以廣仕路.

吏曹進節目 庶孽枳塞 卽我東獨有之法也 始因一人之建議 終成百年之痼弊 雖有才學拔萃之士 率皆廢棄不用 此豈上天生才之意 王者立賢之道哉 玆故先正臣趙光祖陳分庶孽之弊 先正臣李珥立通仕路之論 其他名碩之章奏筵白可按而徵 若夫許要不許淸 卽仁祖朝啓下節目 行之未久 仍復廢閣 俗習之難變 積弊之難祛 誠末如之何矣 惟我殿下追列祖欲行之志 採名臣已定之論 誕降德音 纖悉懇惻 用人才正國綱之道兩行不悖 猗歟盛哉 考稽已往 郎署州牧不一其數 雖因其地閥才學 俱非常調 而中間廢塞 非設法而禁之 特有司格而不行 仍循成習之致 今此成命 非創無前之法 實遵修舊章之意也 玆與禮兵曹長官商議槪加酌定 條列于左 一 文之分館武之始薦 依前以校書館守部薦施行 一 許要卽文參上 戶刑工三曹之謂也 蔭武自當勿論 該司判官以下之窠 雖蔭武亦當無礙 而如陵殿廟社宗簿五上司郎官監察禁都等窠 在所勿論 一 文武堂下官限府使 堂上官限牧使 蔭之生進者許郡守 有治績者許府使 未生進及引儀出身者限縣令 有治績者許郡守 一 文臣分館 雖限芸閣 直講以下窠并無礙 武臣之都摠府訓副雖不當擧論 中樞府無礙 一 五衛將則文蔭武堂上并無礙 武臣之虞候例許之 一 今玆條列 只帶常例恒規之謂 若其文識行誼卓異者 才器政績著顯者 宜有拔例甄用之道 必待乎一世公議所許然後 廟堂銓曹稟旨施行 一 我國用人旣尙門閥 謂之均是庶類 無所分別 非愼惜之意 隨其本宗家世以爲差等之地 一 庶孽稍進仕路之後 或因嫡派之孱弱 有壞亂名分之罪 繩以以孽凌嫡之律 一 外方鄕任 則首任外諸般等任 擇其可堪者 許其參用 如有無知犯分之類 藉此紛拏之弊 自該道隨現 重繩斷不饒貸.

이 지방 향촌의 지식층 내지는 '유랑지식인'으로 존재하며 왕조 정부에 저항하는 이념적 토대를 제공하는 계층으로 성장했다고 보아야 하기 때문이다.

이점은 무신난의 주도층들이 참가 인원을 선발하거나 운영하는 방법으로 향촌 사회에 발달하고 있던 계 조직을 이용했던 것에서도 확인된다. 또한 읍장邑場 등의 장터와 주막 등 사람들의 왕래가 빈번한 번화가를 주요 활동무대로 선택하였다. 주요 거점이 될 수 있는 주막의 주인은 포섭하여 연락 동지로 삼기도 하였다. 이곳에서 동지의 포섭과 정보 수집 등의 거사를 준비하는 공간으로 활용하였다.[55] 무신난에서 이런 경험을 축적한 이들은 19세기 민란의 주역자이거나 배후자로 활약하게 된 것이다. 정치무대에서 사용하던 소통구도를 향촌 지역민에게 대입하여 주입시킨 것이다.

19세기 변란에서 종실의 후손을 이용하는 등의 보다 현실적인 방안이 동원되었던 것에서도 확인된다. 예컨대 철종이 등극한 이후 소현세자의 후손도 보위에 오를 수 있다는 모의 내용을 설계한 것에서 알 수 있다.[56] 1851년 고성욱高成旭 고변사건, 1853년 신석범申錫範 고변사건, 1877년 김치호金致浩·이기집李奇執 고변사건을 말한다. 이 세 사건은 발생시기와 지역이 다르지만 변란의 주도층은 서로 연관성이 있다. 공간적으로는 한성, 황해도, 충청도, 경상도, 전라도 등 양계와 강원도를 제외한 전국적 규모의 변란이었다. 시기적으로 1851년부터 1877년까지 30여년 가까이 이어진 사건이다. 변란의 기초적인 배경은 황해도 지역의 삼정문란이었다. 변란 주도층이 삼정의 폐단을 상언하고자 상경했다가 체포된 후 왕실 후손을 이용하여 변란을 기도했다. 변란 주도층은 소현세자의 후손인 이명섭을 이용하고자 했다. 변란 주도자들은 이명섭에게 천리 인심이

---

55) 윤대원, 「19세기 변란 참가층의 사회적 관계망과 존재양태」, 『한국문화』 60, 2012, 222~232쪽.

56) 김우철, 「철종 2년(1851) 李明燮 모반 사건의 성격」, 『한국사학보』 40, 2010, 206~207쪽.

소현세자의 신원에 있으며 태조의 창업을 이어야 한다는 명분으로 변란의 참여를 유도했다.[57)]

2) 변란의 진행과 영향

무신난의 경우, 지역에 따라 주모자가 달랐다. 영남에서는 정희량鄭希亮, 호남은 박필현朴弼顯, 호서는 이인좌, 경기는 권서린權瑞麟이 주도하여 군병을 동원하였고, 평안병사 이사성李思晟은 관서에서 내려오기로 했으며 총융사 김중기金重器와 금군별장 남태징南泰徵, 전라감사 정사효鄭思孝, 충청감사 권첨權詹, 담양부사 심유현沈維賢이 호응하여 난을 일으키고 소현세자의 증손인 밀풍군密豊君 탄坦을 왕으로 추대한다는 계획이었다.

그 중에서 대표적인 충청 지역의 무신난은 특별히 이인좌의 난, 혹은 신천영申天永의 난이라고도 불렸다. 신천영은 본명이 고령 신씨로 남인 신식申湜의 5대손이다. 신천영의 아버지, 숙부, 동생 등 일가 대부분 무신난에 가담하였다. 이인좌나 신천영은 당시 대표적인 남인 집안이었고 노론에 의한 정국 운영에 따라 큰 타격을 입은 가문이었다.

무신난은 소론인 최규서가 고발하여 정부군의 대응이 이루어졌고 경상도 쪽 반란군의 지원이 연결되지 못한 채 전라도에서 반란군간의 신호가 어긋나 청주에서 집결한다는 계획이 무산되면서 실패로 돌아갔다. 영남에서는 안음에서 반란을 일으켜 거창, 합천까지 점령했고 이인좌 군대와 합세하기 위해 북진했으나 관군의 압박 속에서 거창으로 철수했다가 결국 토벌되어 정희량 등의 주모자가 처형되었다. 전라도의 경우, 감사 정사효는 조정에서 눈치 챘다는 것을 알고 성문을 열어 주지 않았다. 박필현의 군사들은 전주까지 이르렀다가 도주함으로써 반란은 막을 내렸다. 이인좌의 군대는 부대를 나누어 죽산과 안성을 향해 출발했는데, 이것을 정부군에서 미리 탐지하고 야간 전투에서 매복을 하여 대승을 거두었다. 이후 이인좌를 비롯한 반란에 참여한 인물들이 압송되거나 죽임을 당하

---

57) 윤대원, 앞의 논문, 217~219쪽.

면서 난은 정리되었다.

그런데 무신난이 진압되었다고는 하나 무신난의 근원이었던 반영조, 반노론에 대한 감정은 살아남았다. 청주 지역에서는 무신난 이후에도 영조 치세 동안에 지속적으로 모반이 일어났다. 무신난을 비롯한 그 이후의 반역 사건에서 내건 기치는 여러 가지였으나 그 속에 일관되고 있는 것은 영조와 그를 지지하고 있었던 노론에 대한 부정이었다. 호서만이 아니라 영남과, 호남에서도 양반들이 무신난에 가담한 것은 남인, 소론들이 관직에 오르지 못한 이유가 컸다. 무신난이 일어난 원인은 남인, 소론 중 준소峻少 계열이 관직에서 소외되었다는 점이 가장 일차적이었으나 이면적으로는 영조의 태생과 정통성에 대한 부정이 깔려 있었다.

그런데 무신난과 같은 변란이 사회 전반의 민인들에게 확산되지 못한 것은 변란 주도층이 지닌 한계 때문이다. 변란 주도층이 시세를 논하면서 민생의 도탄을 지적하고 제세안민濟世安民을 주장했지만 당시 민인들의 고통이 왕조사회의 모순 즉 신분제적 부세제도와 그로부터 발생한 사회경제적 모순에서 기인한다는 사실을 인식하는데 한계를 지니고 있었다. 그들은 구체적으로 제시할 개혁 방안이나 현실에 대한 대안이 없었다. 변란 주도층이 조선 후기 사회에 만연한 사회적 모순을 직시하였지만 민인의 현실적 고통을 함께하고 관계망을 조성하기보다는 단순한 동원 대상으로 여긴 것이 가장 큰 한계였다. 그럼에도 불구하고 변란 주도층은 조선 후기 사회의 새로운 소통구조를 변란에 적극 활용한 것은 주목할 만하다. 이들은 향촌사회의 공개적인 계 조직을 적극적으로 활용하였으며, 유통경제의 발달로 확대된 장시와 그 주변의 주막을 이용하였다. 정보 수집 및 동조자 확보 등의 변란을 모의하고 위장하는 소통의 거점으로 만들어 활용하고자 했다.[58] 이를 통해 그들은 변화하던 왕조 사회의 네트워크를 이용하여 민인들과 소통하고자 했던 것을 알 수 있기 때문이다.

한편 무신난을 진압한 뒤에 보여진 영조의 분노는 더 이상 정치적 파트

58) 윤대원, 앞의 논문, 243~244쪽.

너로서 소통은커녕 대화 상대로도 인정하지 않겠다는 의지를 보였다. 그 의지가 드러난 것이 헌괵의獻馘儀였다. 이후 국왕의 의사에 반하는 정치 세력과의 소통은 사라졌다고해도 과언이 아니었다.

영조는 이인좌난을 진압한 오항명의 개선을 기리기 위하여 1728년(영조 4) 4월 19일에 헌괵의를 숭례문에서 거행하였다. 이후 1755년(영조 31)에도 무신난에 연루된 자들의 후손이 역모를 꾀했다는 이유로 윤혜尹惠를 숭례문에서 효수梟首한 뒤 헌괵하게 하였다. 영조는 갑주를 입고 숭례문에 친림하여 윤혜를 국문한 뒤 처형하였다. 영조는 국문에 임하면서 대취타大吹打를 하도록 했다.[59] 헌괵의는, 우선 오명항이 황금 투구에 붉은 갑옷을 입고 꿇어앉아서 적괴賊魁인 이웅보李熊輔·정희량鄭希亮·나숭곤羅崇坤의 수급首級을 단하壇下에서 올렸다. 판의금 김흥경金興慶이 이를 받아 단상에 진열하였고, 이광좌가 수급을 받은 뒤 문루로 올라가 복명하니, 영조가 "어느 쪽이 위인가. 동쪽 끝에 있는 것이 이웅보인가?" 물었다. 이에 이광좌가 "동쪽이 이웅보이고 가운데가 나숭곤이며 서쪽이 정희량입니다. 역적의 수급이 오래되어 썩고 이지러져서 모두 형상이 없습니다. 정희량의 수급은 형상이 조금 남아있고 머리카락은 다 떨어져서 장대에 매달 수가 없으니, 가는 그물[細網]로 둘러서 매다는 것이 어떻겠습니까?"하니 영조는 그렇게 하여 모두 장대에 매어달라고 명하였다.[60] 그런

59) 『英祖實錄』 권84, 英祖 31년, 5월 6일(己卯).
60) 『承政院日記』 660책, 英祖 4년 4월 19일(己亥).
上曰 右副奉信箭出往 受露布而來 都巡撫使吳命恒進露布於肅靜牌下 右副承旨鄭錫五受來進於上前 上曰 授內侍 可也 上曰 領兵曹下去受馘 宜矣 領兵曹李光佐承命下去 立於肅靜牌外 都巡撫使吳命恒親捧賊魁三人首級函 跪進於壇下 判義禁金興慶受而陳於壇上 領兵曹上來復命 上曰 何方爲上乎 東邊熊輔乎 光佐曰 東熊輔也 中崇袞也 西熙亮也 又曰 逆賊首級 日久腐傷 皆無形狀 熙亮首級則稍有形樣 而頭髮盡落 無以懸竿 以細網 絡而懸之何如 上曰 依爲之 而宣傳官下去 懸揭首級 都巡撫則仍爲入侍事 分付 光佐曰 使訓將下去 號令懸首何如 上曰 依爲之 都巡撫則卽爲入來事 分付 可也 都巡撫使吳命恒入侍 上曰 進來 執其手曰 卿之慷慨請行也 予甚嘉之 而但未知兵力之如何 卿果掃蕩湖·嶺凶醜 不負托重之意 使宗社再安 兩東朝喜悅 此莫非卿之功也 今日臨門受馘 此實曠世之事 予心喜忭 何以勝言 命恒曰 王靈所及 凶孽授首 此正由於聖上威德 國祚靈長之致 顧臣何力之有 猥以無似蒙此不世之殊渥 惶感涕泣 不知所達 上曰 卿無事入來 軍兵無一死傷者 此尤多幸矣 光佐曰 今則兵判已入來 臣則領兵曹之任 減下之意 敢達 上曰 何如是汲汲減下

데 이광좌가 숭례문에 이르는 어로는 반드시 철물교鐵物橋를 지나가야 하는데 근일에 적의 머리를 많이 매달아놓아 더러운 기운이 끊이지 않고, 연이어 창출蒼朮을 태워서 냄새가 심하여 가마가 지나가기에는 방해가 된다고 하였다. 반면 영조는 수삼일이면 깨끗해질 수 있을 것이니 상관이 없고, 금후로는 죄인들의 머리를 서소문 밖에 매달도록 명하였다.[61] 국왕 영조는 자신의 종통을 부정한 반란 주모자들의 처벌을 해골이 될 때까지 대중에게 각인시킨 것이며, 정치적 반대 세력에게 더 이상의 소통은 없다는 것을 강하게 보여준 것이다.

2. 민란

1) 무력을 동반한 외침

민란은 관료의 행정적 법치의 부정임과 동시에 왕조 국가의 인정仁政이 통용되지 않는 불통 사회임을 전면적으로 보여주는 사건이다. 순조가 묘호廟號를 조祖로 얻게 된 것은 그가 치세동안 세운 공로에 대한 추숭이었다. 조종법祖宗法에 따라 덕화德化가 있으면 종宗이라 일컫고 공로功勞가 있으면 조祖라고 하였다. 순조는 이단異端을 배척하여 올바른 도의를 호위하였

乎 然依爲之 命恒曰 逗遛之罪 臣實自知 其何敢徒恃寵靈 仍據職次乎 乞命自此斥退 以謝人言 以全終始之恩 千萬幸甚 上曰 設如言者之言 功過足以相準 況伊時事勢之如此 非但予知之 擧國皆知之 豈以一人過當之言爲嫌乎 決知其太過也 光佐曰 非但此也 頃日辭疏中 以思晟事 過自引嫌 逆賊之心 非平人所可揣 而命恒以此引咎 豈非過乎 上曰 知人聖人難之 況凡人乎 弼顯之逆心 吾亦不知 以末望拜泰仁 況卿何由知思晟乎 此一端 萬無可嫌矣 命恒曰 當時事勢 自爾如此 而至使賊鋒 進薄畿甸 此則臣之罪也 臣思之欲死 言者之言 何可免乎 上曰 王師下去之路與賊兵上來之路不同 則賊鋒之及於畿甸 勢固然矣 然徑赴安城一款 可謂奇矣 伊時事 雖使三尺童言之 當易知矣 卿勿過辭 依傳敎隨駕 宜當 光佐曰 命恒之進去安城也 不謀於衆 引軍馳赴 開陣之後 一軍始覺賊兵之在前 其臨機應變之才 豈不善乎 上曰 卿言是矣 光佐曰 使都巡撫以戎服隨駕 何如 上曰 予有意下敎矣 光佐曰 然則不參侍衛乎 上曰 以甲冑侍衛 亦無妨矣 命恒曰 臣與出征諸將領兵隨駕 何如 上曰 使千摠領兵而來 卿則與中軍別將 侍衛入去 可也 大駕還宮時 住玉轎於仁政殿東門 下敎曰 都巡撫使及兩局大將·摠戎使·出征中軍別將 入侍于宣政殿事 分付.

61) 『承政院日記』 659책, 英祖 4년 4월 15일(乙未).

고 서란西亂(홍경래난) 을 평정하여 큰 기반을 공고하게 한 공렬功烈이 높았던 이유로 종이 아닌 조가 된 것이다.[62]

사실 순조 재위기간 중에 천주교 박해보다는 홍경래 난이 국정 운영에 막대한 영향을 주었다. 천주교도는 종교적인 문제였고, 당시까지 조선왕조 민인들의 일반적인 성향과는 괴리가 있던 일로 국내적 문제로 비화되기에는 한계가 있었다. 반면 홍경래 난은 주모지인 평안도만이 아니라 사실상 전국이 동요된 국가 규모의 민란이었다. 중앙정부에서 파견한 정부군이 기존의 변란처럼 단시일에 진압하지 못한 강력한 지방 세력이 홍경래 난의 주도세력들이었다.

무엇보다 왕조 정부에서 우려한 것은 홍경래 난에 대해 사전에 고변한 인물이 거의 없었던 점이었다. 물론 홍경래 난 초기에 해서海西의 수신帥臣 조계趙啓는 본주의 난민亂民으로서 적賊을 따르는 자를 조사해 내어 그들의 친속親屬을 가두었다고 급히 보고하였다. 당시 비변사에서 복계覆啓하여 경중을 분간하고 작처酌處했는데, 그 가운데 홍경래를 추종한 신덕관申德寬의 형 신덕점申德漸은 그의 아우가 적과 흉서凶書로 통하는 것을 보고는 크게 놀라 곧바로 그의 종제從弟 신기량申琦良과 함께 관청에 고발하였다. 이때 순조는 "이번 관서의 변란은 그 도당의 규결糾結함이 천백 명 뿐만이 아니며, 긴밀한 흉모가 창졸간에 있었던 것도 아닌데, 급변을 고한 자가 한 사람도 없었고 오직 신덕점 형제만이 변을 듣고 즉시 고하였다. 그가 분수와 의리를 조금 아는 자가 아니고서야 어찌 이렇게 할 수 있겠는가? 죄를 용서하는 데 그쳐서는 안 되니, 묘당에서는 특별히 포상褒賞을 가하여 후일에 격려 권장하는 터전으로 삼으라"라고 하였다.[63]

왕조 정부에서는 지역민과의 적극적인 소통 구조 개선보다는 왕조사회의 신분적 위치를 안전하게 보장받으려던 이른바 '의병' 내지는 정부 진압군 편에 섰던 자들에 대해서만 상급을 주려고 하였다. 비변사에서 주장한 내용은 다음과 같다.

---

62) 『哲宗實錄』 권9, 哲宗 8년 8월 10일(戊午).
63) 『純祖實錄』 권16, 純祖 12년 6월 29일(庚午).

비변사에서 아뢰기를, "서란西亂 때 죽음으로 절개를 지킨 자에 대하여 모두 그 자손을 녹용錄用하는 은전을 베풀어야 하는데, 혹은 상제喪制가 끝나지 않았거나 또는 연기年紀가 어려서 아직까지 한 사람도 수록하지 못하고 있습니다. 그중에 증 통제사 제경욱諸景彧의 아들은 이미 나이가 들었고 사람도 분명하다고 하니, 천거가 있고 없고를 따질 것 없이 이번 도목정사에서 초사初仕에 조용하라는 뜻으로 병조에 분부하소서. 고 충신 증 병사 최영원崔永元은 심하深河에서 세운 높은 충절로 증직과 정려를 받기까지 하였는데, 듣건대 그의 후손이 겨우 한 사람이 있으나 가난하여 스스로 보전할 수 없다고 합니다. 부료付料에 가설加設하였다가 자리가 나기를 기다려서 실직實職에 승서陞敍하라는 뜻을 청컨대 삼군문三軍門에 분부하소서."하니, 윤허하였다.[64)]

특히 중앙 정부에서는 의병장에 대해서 적극적으로 그 공덕을 대내외에 알리고자 하였다. 의병 중에서 정주성 공방전에서 큰 활약을 한 의주 출신의 허항許沆 등의 후손들에게 관직을 내려주는 특혜를 주었다. 예컨대 비변사에서는 다음과 같이 말했다.

비변사에서 아뢰기를, "청천강 북쪽의 칠의사七義士는 서토西土의 군인으로서 대의大義를 천하 후세에 밝히어 그 남긴 영향이 백세百世 후의 사람을 울릴 만합니다. 그래서 함께 제향祭享하라는 명이 있었는데, 연전의 서란西亂 때에 서도의 사람들이 의리를 숭상하여 싸움에 뛰어 든 것은 실로 칠의사가 앞장선 데 연유합니다. 듣건대 그 후손들 중에는 벼슬한 집안이 많아 각각 관서의 거족巨族이 된다고 하니, 나라의 숭보崇報하는 행정에 있어서 마땅히 발례拔例하여 수용收用하여야 할 것입니다. 이번 도목정사에서는 널리 수방搜訪해서 별도로 검의檢擬하도록 하소서."하고, 또 아뢰기를, "임신년에 싸우다 죽은 허항許沆과 김대택金大宅의 아들을 이번 도목정사에서 초사初仕에 수용하소서."하니, 모두 그대로 따랐다.[65)]

64) 『純祖實錄』 권17, 純祖 14년 6월 20일(己卯).
65) 『純祖實錄』 권17, 純祖 14년 12월 22일(戊寅).

홍경래 난의 진압에 큰 공로를 보인 의병장의 후손들을 관서 지역의 명문대가로 인정함과 동시에 관료로 진출하게 하여 왕조 정부를 지지하는 세력으로 육성하고자 하는 모습이다. 이에 반해서 민란과 무고한 사람들을 죽이는 일이 많아 지역민의 소통은 요원한 일이 되었다. 홍경래 난이 진압된 후 4년여가 경과된 이후에도 평안도는 지역적으로 여전히 그 여파가 남아 있었다. 예컨대 태천泰川은 궁벽한 지역의 작은 고을로 홍경래 군대가 진출하지 못한 곳이다. 그럼에도 당해 수령인 유정양은 소문만 듣고 기겁을 하여, 처음에는 고을을 버리고 한성으로 가려다가 백성들에게 저지당하자 결국 혼자 말을 타고 숨어서 달아나 영변으로 도망가 버리자 이에 온 고을이 놀라서 난장판이 되어버렸고, 고을에 관장이 없게 되자 인심을 안정시킬 수 없었다. 이에 일부 지역민이 직접 가서 홍경래 무리를 맞아들이고 창감倉監을 거짓 수령으로 차출하였다. 그래서 영변 부사가 부병府兵을 보내어 차출된 수령과 홍경래 군대를 맞아들인 자들을 잡아서 죽였다. 그러자 해당 수령은 비로소 다시 고을로 돌아와서 아전과 군교軍校들을 불러 모아 놓고는 책망하기를, '관장이 가는데도 따르지 않고 역적이 들어오자 모두 붙어버렸으니 너희들의 죄는 사형감이다' 하고는 그들을 시켜 행동거지가 수상한 자들을 찾아내어 바치도록 함으로써 공로를 조작해서 속죄하려는 방법으로 삼았다. 이에 따라 아전과 군교들이 홍경래 군에 대한 가담의 여부를 따져 묻지도 않고 다만 많이 잡는 것만을 위주로 하였다. 그래서 다른 지방에서 온 낯선 사람이나 길거리의 거지들을 수상하다고 여겨 역적이라고 무함하였다. 심지어 몸에 화약 냄새가 나거나 옷에 군복을 입었던 흔적이 있는 사람은 모두 체포하였으며, 말이 황당하면 곧바로 사나운 곤장을 쳐서 즉시 악형惡刑에 처하여 죽인 자가 수십명이었다. 특히 죄인으로 처형할 때 그들을 전쟁포로로 간주하여 잡는 대로 목을 베고 마음대로 죽였다. 왕조 정부에서는 유정양의 행위를 조사한 뒤 장흥부長興府에 유배하는 조치를 내렸다.[66)]

---

66) 『純祖實錄』 권21, 純祖 18년 6월 5일(辛未).

신민을 민유방본이라는 왕조 국가의 근간이라 부르면서 부세를 담당하게 해놓다가 이처럼 대우하는 것은 당시 왕조 국가 관원과 그 수하들이 어떤 시각으로 민인들을 다루었는지를 가늠할 수 있는 일이기도 하다. 봉건적 시스템인 신분제를 공고히 하던 왕조 국가에서 당연한 일로 해석되는 부분이기는 하지만, 수천의 민인들이 무엇 때문에 반란을 일으켰는가를 밝히기 위한 조사보다는 진압을 우선시 한다는 인상이 깊은 사건처리이다. 당연히 지역의 이반된 민심을 추스르기에는 미흡한 조처였다. 그러면 홍경래난의 성격을 살펴 지속적으로 지역에 영향을 미친 배경을 보고자 한다. 홍경래난 진행과정을 보면 다음과 같다.

홍경래의 핵심 동지인 다섯 의형제는 모두 장재將才가 있었는데, 두 사람은 선천宣川에서, 두 사람은 북도北道에서 기병起兵한다면 안주安州와 평양을 차례로 공격해 취할 수 있을 것이고, 또 호서湖西에서 기병하여 응하는 사람이 있을 것이라는 전략이었다. 지역민에 대한 민심책도 효과를 보았다. 홍경래군 토벌을 맡았던 중앙군 지휘자 유효원은 "이향吏鄕과 백성들은 천대받아 버려진 데 대해 원한을 쌓아왔고, 가렴주구에 오랫동안 시달려왔으므로 한 번 소리치매 메아리처럼 응하지 않음이 없었으니, 외로운 성에 겨우 숨만 쉬고 있게 된 이후에도 오히려 또 완강하게 버티며 미혹하게 변할 줄을 알지 못했던 것이다. 그래서 오랫동안 왕사王師를 폭로暴露시켜서야 겨우 이에 평정할 수 있었으니, 아! 개탄스런 일이다"라고 하였다. 이런 이유로 주변 지역 민인들은 물론 하급 관원들도 홍경래 무리에 합류하였다.[67)]

---

67) 『純祖實錄』 권15, 純祖 12년 4월 21일(癸亥).
巡撫營啓言 臣營中軍柳孝源馳報以爲 距闉與掘土爲攻城之要法 自本月初三日爲始 築闉於東城 掘土於北城 至十八日告訖 爲先團東各將領 暗令進陣於城外四面 當日四更 藏藥數千斤於地道 從傍穴燃火 少頃火發 勢迅聲震 體城十餘間 并與臺石鋪樓 片片崩碎 北城埋伏之賊 盡爲壓死 列堞守直之卒 亦皆奔潰 官軍之在城北者 一時驅入 則城內之賊 鳥駭獸竄 都聚西南隅 是時 東方欲明 遂建旗督戰 東西南諸陣 梯城而登 無不爭先 四圍搜捕 一無漏失 而妄殺之戒 非不申嚴約束 積憤所激 士皆手刃殺戮 自致夥多 如賊魁之洪景來 一軍之必欲生擒者 而竟致中丸而斃 故斬首上送 以備獻馘 自稱副帥之金士用 前已創死埋置 先鋒將之洪總角及定州假倅之金履大 嘉山假倅之尹彦涉 自稱副帥之楊時緯等 竝爲生擒 檻車載送 禹君則李禧著

예컨대 가산嘉山의 장교·아전과 추도楸島의 읍속邑屬들은 나루의 사람들과 더불어 무수히 정주定州에 들어갔었다. 무기는 태천과 박천에 실어다 놓았고 군량은 갈마창渴馬倉과 고성진古城鎭에서 가져다 이용하였다.[68] 전략 전술적으로 홍경래 군이 조직되고 성장하여 지역을 장악할 준비가 되어 있었던 것이다. 실제로 군대 조직도 강건하였다. 정주성에 농성하면서도 홍경래군은 수시로 진압군을 공격하여 큰 성과를 올렸다. 공성전이 한창이던 3월의 전과를 보면 다음과 같다.

> (전략) 감사가 아뢰기를, "순무 중군巡撫中軍의 첩보에 '이 달 8일 밤 4경에 적들이 서북문으로부터 몰래 나와 함종 부사咸從府使 윤욱렬尹郁烈과 의병장 허항許沆의 진을 습격하여 불을 놓고 포장鋪裝한 것을 태우며 어지러이 찌르고 쳤는데, 때가 마침 캄캄한 밤인지라 서로 유린蹂躪하였습니다. 새벽녘이 되어 순천 부사順天府使의 진에서 군사를 출동시켜 와서 구원하자 적들이

遍索一城 姑未捕捉 或是壓死於城頹時 今方詳覈 追于登聞計料 而本州今旣收復 該牧使林栽洙使之入處衙舍 整頓凡務 中軍還留本陣 道內軍兵 將於今二十日乾犒饋後 仍卽放還 命巡撫中軍班師 巡撫營開府撤罷 關西守令所兼名募使之銜 竝減下 從備局啓也 先是上久違豫 朝野震懼 而適慧星出尾數丈 其光燭地 慧或稱蚩尤旗兵象也 民心驛騷 都內士夫 往往有携室下鄕者 而關西饑 流亡甚多 於是群不逞 乘機闖肆 戕殺命吏 開倉廩噏聚徒黨 淸川以北六七邑 皆陷賊藪 分符佩印之類 慌怯失守 或逃命或乞降 而吏鄕民人 稔怨於賤棄 積困於誅求 莫不一呼響應 至孤城假息之後 尙且頑拒 迷不知變 久暴王師 僅乃得勦吁 可慨也 如李晩秀 以崇品重望 出按蕃維 踈於事 始失其撫御 盜鑄謀反 起於省內 亦不能緝察 而節度使李海愚宿將也 聞賊變 茫然不知所爲 惟安州牧使趙鏞永 倉卒誓衆 爲死守計 斬亂民之欲逃者以鎭之 賊覘其有備 不敢犯 凶鋒稍沮 而松林郭山之戰 次第告捷 灣府將士 倡義協力 宣鐵旣復賊始蹙 論者謂鏞永有蔽遮江淮之功 蓋安州不守則全道糜亂 無復着手處也 巡撫中軍朴基豐 藉屢勝之勢 仗初至之銳 以順討逆 庶可一鼓登堞 而性柔懦 威令不振 京營軍恣行刦掠 平民騷然 戰則使土兵居前 而廩賜又不均 是以數敗 及新中軍柳孝源至 紀律頗嚴 諸軍始克用命 以訖于破城 廟堂乃以破城後 盡誅所捕之賊論其失罪之 凡脅從罔治云者 卽爲一時詿誤 不能自拔者設耳 此乃相聚造反 元無首從之可分 則雖殄滅之未爲過也 況可以此爲咎 使三軍解體哉 且賞不稱功 而歿身後贈諡 不足爲激勸也 巡撫使李堯憲 籍其地望 遙領而已 觀察使鄭晩錫 受任於搶攘之際 廉而勤 約已裕民 懷保得宜 西土賴之 將領則咸從府使尹郁烈 最以勇果著 義兵將許沆 以灣人志欲滅賊 賊尤所忌也 故郁沆之師 屢嬰其鋒 而沆竟殉焉 守令則義州府尹趙興鎭之激厲士氣 寧邊府使吳淵常之捕斬內應 皆有可紀之績 而其餘蔑蔑無足稱云.

68) 『純祖實錄』 卷15, 純祖 12년 1월 3일(丁丑).

> 비로소 퇴각해 흩어졌는데, 혹은 성 안으로 들어가기도 하고 혹은 사방으로 흩어지기도 했습니다. 함종 부사의 군사 중에 죽은 자는 70명이고, 다친 자는 137명이었으며, 적도로서 아군에 죽은 자는 46명이었습니다.(후략)[69]

위의 전과는 홍경래 군대가 야간에 정부군의 취약한 곳을 찾아 기습한 결과이기도 하지만, 당시까지 민란 수준에서 조직된 반란군이라고 하기에는 잘 훈련된 군대였다는 인상이 남는 전과였다. 홍경래 군대의 용맹함과 처절함은 정주성 공방전이 끝나면서 진압되는 과정에서도 여실히 드러난다.

당시 홍경래 진압을 위해 파견된 중군中軍 유효원柳孝源이 치보馳報한 내용은 다음과 같다.

> 순무영에서 중군 유효원이 홍경래 란을 진압한 치계를 아뢰다 순무영巡撫營에서 아뢰기를, 신의 영營의 중군 유효원이 치보馳報하기를, '거인距闉과 굴토掘土는 성을 공격하는 요법要法입니다. 그런데 이 달 3일부터 시작하여 동성東城에 거인을 쌓고 북성北城에 흙을 파기 시작해서 18일에 끝을 냈습니다. 그래서 우선 각 장령將領을 단속하고 몰래 성 밖의 사면四面으로 나아가 진을 치게 하였습니다. 당일 4경에 화약 수천 근을 지하도에 감추고, 곁의 구멍으로부터 불을 붙이자, 조금 있다가 화약이 폭발했는데, 형세는 신속하고 소리는 우레 같아 체성體城 10여 간이 대석臺石 · 포루鋪樓와 함께 조각조각 부서져 무너졌습니다. 북성에 매복하고 있던 적들은 모두 깔려 죽었고, 성가퀴에 늘어서서 지키던 졸개들 또한 모두 달아나 흩어졌습니다.(중략) 사방에서 포위하여 뒤지고 수색해 잡아내어 한 사람도 빠져나간 자가 없었는데, 함부로 죽이지 말라는 경계를 거듭 엄하게 약속하지 않은 것은 아니지만, 오랫동안 쌓인 분에 격발되어 군사들이 모두 손에 칼을 들고 살륙하여 절로 아주 많은 사람을 죽인 결과에 이르렀습니다.(중략) 이로 인해 경영京營의 군졸들이 겁략劫掠을 자행하여 평민들을 소동하였다. 그리고 전투 때에는 토병土兵을 앞세웠으며, 늠사廩賜가 고르지 않아 이 때문에 여러 번 패하였다. 새 중군 유효원이 이르러 기율紀律이 자못 엄하니, 여러 군사들이 비로소

69) 『純祖實錄』 권15, 純祖 12년 3월 13일(乙酉).

명을 받들어 성을 깨뜨렸던 것이다.(후략)[70] 순무영에서 아뢰기를, (중략) 각 진과 영에 엄하게 신칙하여 여러 방면으로 정탐하고 있습니다. 생포한 남녀 2,983명 안에서 여자는 842명이고, 남자는 10세 이하가 224명이니, 다스리지 않는 데 부쳐 모두 풀어 주었습니다. 그 외 1,917명은 모두 적 중에서 이른바 친기親騎 · 장초壯抄 · 총수銃手 · 창수槍手 등으로서 적의 혈당血黨이 되었던 자들인데, 은유恩諭를 여러 번 반포했음에도 끝내 감격해 뉘우치지 않고 더욱 사납고 완고하여 왕사王師에 감심甘心했던 자들이니, 결코 한 시각이라도 천지간에 살려 둘 수 없는지라, 모두 진 앞에서 효수하였습니다(후략).[71]

홍경래 난의 핵심은 정주성 전투였다. 송림 전투가 홍경래 군이 전세가 무너져서 수세로 몰린 전환점이 된 전투였기는 하지만 난의 성격과 홍경래 군 구성원들의 의지는 정주성 농성 기간에 잘 나타난다. 홍경래가 "홍의도紅衣島에서 태어난 성인이 철기 십만으로 동국東國을 숙청할 뜻을 가졌다."라고 해도기병설을 이용한 것도 사기를 올리는 배경이 되었다. 반면 막강한 화력과 병력을 갖추고 사방을 포위해서 공격하던 정부군이 공성전에서 최후의 방법인 화약을 이용한 성벽의 폭파를 선택했다는 것이 성을 지키던 홍경래 군의 전투력이 높았음을 반증하는 증거이다. 더욱이 성을 점령한 진압군이 항복한 사람 중에 10세 이상의 남자 1,917명은 모두 효수시킨 것을 보면 홍경래 군과 정부군 사이의 감정의 폭과 덕치를 주장하던 조선 왕조의 기본 정치 철학이 완전히 무너졌음을 시사해 주는 사건이었다.

일반적으로 군사사에서는 장기 농성전에서 상대방과 대화를 하며 작은 소통 구조를 만들어 파국으로 치닫지 않는 것이 동서고금의 전투 양상이다. 농성은 공격이나 방어, 어느 쪽에게도 장점이 없는 장기적 소모전이기 때문이다. 더욱이 정주성 전투는 겨울철이었으므로 양측의 인명 피해는 소계조차 되지 않을 정도였다. 그럼에도 홍경래 군에서 전투요원 전원

70) 『純祖實錄』 권15, 純祖 12년 4월 21일(癸亥).
71) 『純祖實錄』 권15, 純祖 12년 4월 27일(己巳).

이 전사하거나 생포 후 죽임을 당했다는 것은 이미 민란의 수준이 이성적인 해결이 아닌 물리적인 해결책 밖에는 작동하지 않는다는 것을 역설적으로 보여주는 사례일 것이다.

홍경래 군을 대부분 척결한 뒤 순조는 창덕궁 인정전에서 대내외에 왕조 정부의 권위와 토벌의 정당성을 다음과 같이 교문으로 발표하였다.

> (전략)역적 홍경래는 본디 벌레 같은 미물로 오랫동안 효경梟獍의 악을 쌓아왔으며, 간활奸猾한 향리 · 장교와 체결하지 않음이 없었으니, 영 아래의 보잘것없는 아전부터 강도나 유민으로 협종脅從이 된 자들까지 심지어 평서원수平西元帥라 일컬었던 것이다. 하늘의 법을 무시하고, 땅에 금을 그어 참위讖緯의 요언妖言을 선창先倡하였고, 고을 수령을 죽이고 인부印符를 빼앗았으니, 단지 빼앗아 웅거할 흉계로 횡산橫山 · 발해渤海에 무뢰배들을 불리고자 했을 뿐만이 아니라, 녹림綠林과 황건黃巾이 다시 도道가 있는 세상에 일어나게 만들었던 것이다. 이희저李禧著 · 김창시金昌始 · 우군칙禹君則 · 이제초李齊初 · 김사용金士用 등은 혹 토호土豪와 시골의 부자들에게 의탁하여 오랫동안 이도異圖를 몰래 꾸며왔다. 혹은 술사術士니 군사軍師니 하며 어느덧 같이 악을 함께 하는 무리들을 도와주자, 소와 양과 같은 힘을 믿는 자들은 달갑게 조아爪牙가 되었고, 굼실굼실 하는 승냥이나 범과 같은 무리들은 의탁해 심복이 되었다. 정경행鄭敬行 · 정성한鄭聖翰은 숙질 사이로 아비도 임금도 없는 것처럼 굴었다. 동수銅綬를 매고 큰 고을을 맡아 다스린 것이 일찍이 부족하지 않았건만, 잠영簪纓을 버리고 적의 소굴로 뛰어들었으니, 도리어 유독 무슨 마음이었던가?(중략) 저 미친 듯한 적의 선봉을 박천博川에서 꺾자 여러 고을의 원들이 군사를 일으켰고, 궁한 도적을 정주성으로 쫓아 넣자 삼군三軍이 용력을 과시했다. 바야흐로 적병이 동쪽으로 내달리자 기전畿甸의 백성들이 물결처럼 달아났지만, 천과天戈가 서쪽을 휩쓸매 만부灣府의 의병이 구름처럼 모여들었다.(중략) 그래도 저 무지하고 완악한 무리들이 변할 줄을 알 것을 기대해 잠시 솥 안에 든 물고기의 신세를 용서했던 것이다.(중략) 생각건대 난적亂賊이 일어난 것은 대개 해마다 굶주렸던 데 연유한 것이거늘, 전쟁의 상처가 다 낫기도 전에 대정大庭에서 축하하는 것을 어찌 편안히 여기겠는가마는, 뭇 신료들이 일제히 기뻐하는

정성을 애써 따라 팔도에 널리 알리는 소리를 펼치게 된 것이다.(후략)[72]

순조가 민심을 위무하기 위한 교서에서 홍경래 난에 대한 평가는 오로지 교활한 몇몇의 주동자에 의해 난이 일어났고 왕조 정부를 옹위하는 관료들과 의병들에 의해 난이 진압되었음을 말하고 있다. 난이 일어난 배경도 자연재해에만 국한해서 언급하였다. 단지 굶주림 때문에 그렇게 많은 인명들이 조직적으로 난을 일으켰다고 생각한 것이다. 당시 왕조 국가의 정치적 모순관계나 직면한 사회경제적 문제에 대한 언급이 전혀 없는 것이 순조 교서의 특징이기도 하다. 무엇보다 지역의 문제를 해결하거나, 전쟁의 참화를 입은 지역민에 대한 안주책이 언급되지 않았다. 오히려 홍경래 무리와 관련된 지역을 강등하고 처벌하는 것을 대책으로 삼았다. 예컨대 안주·정주·가산·곽산을 강등시켜 현으로 삼았다. 안주는 양시위楊時緯, 정주는 김이대金履大와 최이륜崔爾崙, 가산은 우군칙禹君則과 윤언섭尹彦涉, 곽산은 홍총각洪總角이 태어난 곳이기 때문이라는 것이 이유였다. 또 개천·용강을 강호降號하여 현감이 다스리게 했고, 태천은 여러 현의 끝에 끼이게 하였는데, 죄인 이제초·홍경래·김사용 등이 살았던 곳이기 때문이었다.[73]

이러한 왕조 정부의 시각은 1년 이후에도 동일하였다. 순조는 다음과 같이 교서를 내렸다.

(전략) "작년의 이달 19일은 서적西賊을 평정한 날이다. 왕사王事로 죽은 자에 대해서는 각 지방관으로 하여금 치제致祭하게 하라. 전후로 군공을 수용하라는 칙교飭教가 한두 번에 그치지 않는 것은 그들이 적에 대항하여 의리를 세운 공로를 생각하기 때문이다. 반드시 아직 수용하지 못한 자가 있을 것이니, 또한 두 전조銓曹에서는 빠진 자를 있는 대로 수용하여 나라에서 잊지 않는 뜻을 보이도록 하라"하였다. 예조에서 아뢰기를, "영묘조英廟朝의 무신년의 등록을 상고하여 보니, 억울하게 죽은 자에 대하여 사제賜祭할

72) 『純祖實錄』 권15, 純祖 12년 4월 28일(庚午).
73) 『純祖實錄』 권15, 純祖 12년 5월 15일(丙戌).

때 단을 설치하고 설행하였습니다. 그리고 제문과 향은 각사各司에서 내려 보냈습니다. 이번에 사제할 때 왕사王師가 출전한 곳과 관군이 접전한 장소에 각각 지방관으로 하여금 단을 설치하고 날을 받아 설행토록 하되, 설행할 고을은 본도에서 지정하여 계문한 뒤 예문관에서 지은 제문과 함께 향을 내려 보내도록 하고, 전물奠物은 여제厲祭의 예에 따라 조비措備하도록 도신에게 분부하소서"라고 하니, 그대로 따랐다.[74]

여전히 전란으로 피폐한 지역의 안정보다는 왕조 정부를 위해 죽은 자들에 대한 기념비적 행사를 주최하는 것에 더 역점을 두고 있다. 해당 지역에서 재기되는 문제점이나 피해에 대해 보고를 받거나 위무하는 것에는 소홀히 하였다. 오히려 사대국인 청국에 대한 '외교적' 염려에 따라 청나라에도 홍경래 난의 경과에 대해 보고하고 있었다. 평안감사를 통해 만주에 파견된 청국 정부의 관료와 연락을 취하였다. 혹 홍경래의 군대가 만주로 진출하거나, 만주의 병력이 합류할 것을 우려한 결과였다. 또한 무엇보다도 조선의 사건이 청국에 보고되어 자칫 내정을 간섭받을 수 있는 사단이 될 수 있었기 때문이라고 생각한다. 당시 조선 정부가 청나라에 보낸 자문은 다음과 같다.

(전략) 주문에 이르기를, "조선 국왕은 삼가 아뢥니다. 곧 소방小邦이 불행하여 흉역凶逆이 난리를 일으키매 주토誅討한 전말을 두루 진달하고 우러러 황람皇覽을 번독煩瀆하는 일입니다. 의정부의 장계에 '지난해 12월 22일 평안도 병마 절도사 이해우李海愚의 비보飛報에 의거하건대, 그곳 가산군의 토적 홍경래 · 이희저 · 우군칙 · 김사용 · 김창시 · 이제초 · 정경행 · 홍이팔 등이 광비鑛匪를 불러모아 몰래 불궤不軌를 도모하고는, 이달 18일 밤에 본군에 틈입闖入하여 쉬신倅臣 정시鄭蓍를 죽이고, 흉봉凶鋒을 마구 펼쳐 사방으로 나가서 겁략을 하면서 잇달아 정주 · 박천 · 태천 · 곽산 · 선천 · 철산 · 용천 등의 고을을 함락시키고 있는데, 그 세력이 심히 성합니다.'라고 하였기에 놀라움을 견디지 못하여, 이에 의거해 즉시 그 절도사가 도내의 병변兵弁을

74) 『純祖實錄』 권17, 純祖 13년 4월 14일(辛亥).

전파하여 빠른 시일 내에 나아가 토벌하게 하였습니다. 그리고 곧 원임 대장 이요헌을 차임하여 양서兩西 · 개부開府 · 왕성王城을 순무하게 하고, 선봉 유효원을 보내어 군대를 거느리고 앞으로 나아가 적들을 토멸하게 하였습니다. 이달 29일에는 안주 병우후 이해승 등이 박천 지경으로 진박進薄하여 적병을 대파하니, 적들이 마침내 밤에 달아나 정주성으로 들어가 웅거하였습니다. 그러자 유효원 등은 경외의 군사를 나누어 보내 본성本城을 에워싸고 있고, 곽산 군수 이영식 등을 조발해 보내어, 의주 영병장領兵將 김견신金見臣과 허항 등과 회합해 선천과 철산 등의 지방에 주둔한 적들을 초격剿擊하게 했던 바, 적장 김창시와 이제초 등을 참하고 정경행 등을 생포하여 함거檻車로 왕성에 보냈습니다. 함락되었던 열군列郡도 모두 수복되었는데, 오로지 정주 한 성만이 함락되지 않아 도적들이 험한 지형을 믿고 흉악한 짓을 할까 염려하였습니다. 그래서 만약 독전督戰하면 안행顔行을 손상시킬까 두려워하였기 때문에 여러 장령將領들에게 신칙하여 목책을 세우고 매복을 설치해 함부로 진격하지 못하게 하고, 흉추凶醜들이 향화向化하여 잘못을 고쳐 변할 줄을 알게 만들려고 했습니다만, 단지 저 적이 악을 쌓은 지 이미 오래되었기 때문에 어리석고 사나와 뉘우치지 않는지라 몇 달 동안 계속 포위하여 사졸들이 폭로하게 되었습니다. 신이 이것을 걱정하고 고민하여 밤낮으로 안절부절하던 차에 성명聖明께서 소방을 굽어 보호하시는 은혜를 입게 되었으니, 특별히 도통都統에게 하유하여 변문邊門과 강 연안의 험한 곳에 진거鎭據하여 순사巡査 · 방수防守토록 하셨던 것입니다. 천위天威가 미치는 바에 흉도들의 간담이 떨어졌고, 황령皇靈이 도우시는 바에 장사壯士들이 더욱 용감해져, 이에 이해 4월 19일에 그 성을 공파攻破하고, 적괴 홍경래 등은 잡아서 참하고, 적의 선봉 홍이팔 등은 생포하여 칼을 씌워 왕성으로 보냈으며, 적의 소굴을 소탕하여 남은 흉추들이 없게 하였습니다. 이번에 흉적들이 성을 차지함이 본디 굳어 오랫동안 관병에 항거하였으니, 만약 천조天朝에서 굽어 자휼字恤하시어 성무聖武를 혁연赫然히 펼치지 않았더라면, 소방의 미약한 힘으로 어떻게 제때에 초멸剿滅할 수 있었겠습니까? 신은 대소 배신陪臣과 함께 승첩의 소식을 듣자마자 더욱 황은皇恩을 찬송하고 감격해 마음에 새겼습니다만, 보답할 길이 없습니다. 이제 의정 대신이 조사해서 아뢴 데 의거하건대, '이번의 역변逆變은 평소 쌓아온 별다른 모의가 아니라 모두 불령不逞한 추류醜類들이 처음에는 산골짜기의 잠채潛採하는 무리들을 꾀고, 마침내는 흉년의 유개流丐가 된 백성들과 체결해 기회를 타서 절발竊發하고 갑자기 창궐하게 된 것이었습니다. 그러나 봉채蜂蠆의 독에 쏘여 여러 군郡이 분궤奔潰하여 마침내 성조聖朝에 근심을 끼쳐 동쪽을 돌아보게 만들었으니, 말이 이에 미치매 두려움을 견딜 수 없나이다. 이제 수모首謀한 역적 이희저 · 우군칙 · 정경행 · 김사용 · 홍이팔 등과 지당支黨인 정성한鄭聖翰 · 정복일鄭復一 · 최봉관崔鳳寬 · 김이대金履大 · 윤언섭尹彦涉 · 양시위楊時緯 등에 대해 전형典刑을 밝게 바르게 하고, 그 밖의 한 번이라도 관련된 자 및 연좌된 지속支屬은 그 경중에 따라 의의議擬하여 허물을 단죄하였습니다. 그리고 지속으로서 법망을 빠져 나간 자들에 대해서는 따로 집포緝捕하는 것 외에 위에서 말한 전말을 천청天聽에 아뢰는 것이 실로 편익便益하겠습니다'라고 하였기에 이에 의거해 갖추어 아뢰는 것입니다. 이제 저윽이 찬찬하게 생각하건대, 신은 선조의 서업緖業을 이어 지키면서 이런 역란을 만났으니, 신의 부덕이 환란을 방지하는 데서 실수한 소치가 아님이 없는지라, 제자신을 돌이켜 스스로 허물하건대 마음을 잡지 못하겠습니다. 소방의 변고는 진실로 감히 진독塵瀆할 수 없는 것임을 알고 있으나, 신이 용렬함에도 능히 흉추를 섬멸한 것은 실로 황상皇上의 위덕威德이 멀리까지 입혀져 이미 내복內服과 같은 데 힘입은 것이며, 또 전례가 있어 크고 작은 사정에 관계된 것을 상문上聞하는 것이 합당할 것으로 생각되었기에 전후의 사장事狀을 감히 이렇게 진주陳奏하는 것입니다. 신이 지극히 긍황兢惶 하고 병영屛營 하는 것은, 소방이 불행하여 흉역이 난을 일으킨 나머지 주토誅討한 전말을 두루 진달하여 황람皇覽을 더럽히는 것입니다. 사리가 이러한지라, 삼가 갖추어 주문奏聞합니다"하였다.[75]

이러한 자문을 보고한 이후에도 평안감사가 지속적으로 청국의 대응을 보고하였다. 홍경래군이 청국과 연결되는 의주대로상에서 활동을 하여 자칫 만주로 그 영향력을 미칠 우려가 있었기 때문이다. 실제로 홍경래군의 수뇌부는 군대를 남군과 북군으로 나누어 도성으로의 진격만이 아니라 의주를 점령한다는 계획도 세웠었으므로 만주와의 연계도 충분히 가능한 일이었다. 당시 평안감사가 청국의 홍경래난에 대한 동향을 보고한

---

75) 『純祖實錄』 권15, 純祖 12년 4월 21일(癸亥).

내용은 다음과 같다.

(전략) 이어 묻기를, "그대들이 지나온 길이 정주성을 거쳤으니, 적세賊勢의 강약과 양초粮草의 다소를 생각건대 반드시 알 것입니다. 그리고 지난 달 27일 적도들이 목책을 겁략했을 때 도망해 흩어진 자들이 많이 있어, 의주부에서 공문을 써서 보냈으므로, 사유를 갖추어 황상皇上께 급히 아뢰었고, 이른바 도망해 흩어진 무리들은 과연 즉시에 모두 잡았습니다. 그런데 당초 황유皇諭에 정주성의 흉적들이 평정된 뒤에 철수하라고 하교하셨으니, 저의 떠나고 머무름은 전적으로 적도들을 격파하는 것의 빠르고 늦음에 달려 있습니다"라고 하였으므로, "이번의 토적은 날이 갈수록 점차 궁박하여 위축되고 있습니다. 적도 중에서 귀순하는 자가 심히 많이 있고 또 양초粮草가 점차 떨어지고 있으니, 형세상 지탱하지 못할 것입니다. 요컨대 오래지 않아 마땅히 사로잡힐 것입니다"라고 하였습니다. 도통이 또 "어찌하여 즉시 격파하지 않아 군민軍民으로 하여금 날이 갈수록 점차 피곤하게 합니까?"라고 묻기에, "이는 우리 백성이 우리 백성을 공격하는 것입니다. 그래서 우리 임금께서 특별히 호생지덕好生之德을 베푸시어 거괴巨魁로서 반드시 죽일 자를 제외하고 협력하여 따른 무리들은 함부로 죽이지 말라고 경계하셨으므로 여러 장수들이 또한 전승全勝하고자 감히 지나치게 살륙을 행하지 아니하는지라 시일이 조금 지연되게 되었습니다. 목책을 겁략할 때 도망해 흩어진 부류들은 이미 모두 뒤쫓아 잡아 그 정절情節을 조사한 뒤 혹은 참斬하기도 하고 혹은 용서하기도 했습니다"라고 했더니, 답하기를, "그렇다면 다행이다"라고 했습니다. 또 묻기를, "홍경래를 어찌하여 효유曉諭하여 초안招安하지 않는가?"라고 하길래, "홍경래는 범한 바를 용서할 수 없어 반드시 죽을 것이고 귀순할 길이 없음을 알고 있을 것이기 때문에 초안하지 않고 있습니다. 그리고 그 형세를 헤아려 보건대 오래지 않아 평정될 것입니다"라고 하였습니다(후략).[76]

청나라에서도 홍경래 군대의 득세를 염려하여 중앙에서 만주로 관원을 보내 상황을 주시하고 있었다. 실제로 홍경래 군에서는 만주에서 군대가

76) 『純祖實錄』 권15, 純祖 12년 4월 15일(丁巳).

와서 정주성의 고립을 구원한다고 선전하였으므로 청국 정부에서도 사건의 경과를 주시할 필요가 있었다.

그런데 왕조 정부가 민란의 흔적을 지우려고 다양한 방면으로 사업을 진행했음에도 홍경래는 민인들이 기억 속에서 죽지 않고 계속 유령처럼 남았다. 난이 진압된 지 10여년 이상이 지난 1826년(순조 26)에도 홍경래는 죽지 않았고 언젠가 외국에서 민인들을 구호하려고 많은 군대가 도래할 것이라는 '해도기병설海島起兵說' 같은 이야기가 회자되었다.[77)]

2) 권력구도의 왜곡과 소통의 전환

철종은 세도정권기의 왕위 계승의 어려움 속에 순원왕후의 결정으로 즉위하였지만 왕으로서의 자질과 수업이 이루어지지 않은 상황에서 순조 때 사사된 은언군의 후손이며 조카의 뒤를 이어 즉위했다는 왕실 가계상의 문제점을 가지고 있었다. 이러한 철종 즉위의 특수성은 이후 철종대 정국에서 중요한 배경으로 작용한다. 특히 철종대는 선왕의 유촉을 기반으로 세도를 유지하던 순조와 헌종과는 달리 순원왕후가 왕실의 권위를 이용하여 입후시킨 국왕이었다. 종통에서부터 취약한 약점을 지니고 등극한 왕이었다. 당연히 순원왕후의 가문인 안동김씨가 득세할 수 밖에 없고 정국이 왜곡되고 소통구조가 작동하지 않는 파국적인 정치 구조가 탄생할 수 밖에 없었던 시기였다.

철종은 안동 김씨의 대표적 인물인 김창흡, 김원행, 김이안을 석실서원에 제배하도록 하였고 김창집도 추배하도록 하였다. 순원왕후가 승하하자 김조순 내외의 사판에 치제하도록 한 후 김조순도 석실서원에 추배하도록 하였다. 헌종과 철종대 정계에서 활동하였던 김수근이 사망하자 그에게 시호를 내리고 재상에 추증하도록 하였다. 안동 김씨들이 연이어 석실서원에 추배되어 존숭된 것은 철종이 순원왕후의 가문을 특별히 생각했던 것에 관련된다. 그러나 철종이 순원왕후에게 아들의 도리를 다하

---

77) 『純祖實錄』 권28, 純祖 26년 10월 27일(乙亥).

고 고마워하는 마음을 가졌던 것에 편승하여 안동 김씨를 대표로 하는 노론의 의리를 강화하기 위한 것이기도 하였다. 국구나 재상도 아니었던 김수근에 대해 추모의 뜻을 다한 것은 즉위 후 정치의 주도권을 차지하였던 안동 김씨의 행보를 철종이 인정해주는 조처이기도 하였다.[78] 철종대 안동김씨에 대한 예우는 정국이 일당에 의해 좌우되고 있었음을 보여주는 사례이다.

이러한 안동김씨에 의한 정국의 전횡과 함께 왕실의 비대해진 전례의식의 거행도 국정을 파국으로 만드는 요인이 되었다. 철종대 국가 재정이 부족했던 것은 연이은 자연재해와 백성들의 경제적 피폐의 영향도 있었으나 철종의 정통성 확보를 위한 왕실 전례 행사가 증가한 것이 문제였다. 왕실 행사의 증가는 영조대부터 본격적으로 시작되었다. 국왕의 적장자로 보위에 오르지 못한 사왕嗣王들이 자신의 생부나 생모를 추숭하기 위해 사묘私廟와 원소園所를 수축한 뒤 그곳의 제사와 관리를 국가의례에 포함시켰기 때문이다. 영조가 생모 숙빈최씨, 정조가 생부 사도세자, 순조가 생모 수빈박씨 등을 추숭한 것이 대표적인 사례이다. 영조는 숙빈최씨의 사묘인 육상궁을 조성한 뒤 종묘와 유사한 의례를 거행하면서 수백 번의 행행을 거행하여 왕실의 대표적 행사로 만들었다.[79]

왕실 행사와 전례의 지속된 시행은 국가 재정을 불안하게 만드는 장애요인이었다. 국왕이 중심이 되어 거행되던 의례 행사는 재생산되는 것이 없는 소모적인 일이었다. 물론 왕조의 영속성을 기념비적으로 내세우고 국왕의 권위를 확인하는 일이기는 하였지만, 유사한 의례를 중복해서 시행하는 것은 왕조 재정의 부담으로 작용될 수 있었다. 더욱이 국왕이 의례를 집행하는 동안은 국정이 정지되었으므로 이중적인 문제를 양산하였다.

왕실의 문제 이외에도 민인들에 대한 문제도 있었다. 무엇보다 전정, 군정, 환정이라는 삼정의 문란이었다. 모두 국가의 부세 관리의 허점을

---

78) 임혜련, 「철종대 정국과 권력 집중 양상」, 『한국사학보』 49, 2012, 130~136쪽.
79) 이왕무, 「영조의 私親 宮園 조성과 행행」, 『장서각』 15, 2006.

드러내는 것이었으며, 문제의 근본적인 것을 개혁하기보다는 늘 미봉책으로 진행한 결과이기도 하였다. 결국 삼정으로 인한 폐단은 해결되지 못하고 관리들의 탐학이 백성들의 고통을 가중시키는 가운데 국가 재정도 궁핍하였던 경제적인 문제는 결국 철종 치세 말기가 되면서 전국적인 민란을 발생시켰다.

1862년(철종 13) 단성과 진주에서 시작된 민란은 삼남 전역으로 퍼져나갔다 미증유의 농민 봉기에 직면한 왕조 정부는 사태의 심각성을 깨닫고 이에 대한 수습책을 마련하기 위해 삼정이정청三政釐正廳을 설치하여 민란의 가장 중요한 요인으로 지목되었던 삼정문제에 대한 해결 방안을 찾고자 했다. 삼정문란의 진단과 수습책에 대해 다양한 견해가 개진되었는데 당시 삼정의 구조와 운영 실태를 감안하여 세가지 정도로 요약할 수 있다.

첫째는 정규수취액과는 별도로 부과되는 잡다한 명목의 부가세나 과외 징수로 인해 나타나는 과중한 부담의 문제였다. 민인들은 정규세액을 크게 웃도는 부담을 강요받았고 이는 향촌사회의 존립을 위협하는 중대한 요인으로 작용했다. 둘째는 부세운영이 통일적 원칙 없이 군현별로 상이하게 운영되고 이에 따라 수령과 이서들의 자의성이 노골적으로 드러나는 점이었다. 첫째가 수취액의 문제였다면 둘째는 수취 과정과 관련된 문제였다 지방차원의 부세 재정 문제가 부각되는 것은 19세기 이래 꾸준히 추진된 부세 재정 정책의 흐름이 가져온 필연적인 결과였다. 셋째는 삼정의 제도적 취지와 현실의 운영 사이에 나타나는 괴리의 문제이다. 바로 군역과 환곡의 문제였다 군사제도로서 군정과 진휼제도로서 환곡은 그 자체로 부세 재정을 목적으로 하는 것은 아니었다. 그럼에도 불구하고 군역과 환곡은 각각 삼정체제의 일각을 차지하면서 부세 재정의 주요부문으로 확고히 자리 잡았고 그 운영과정에서 많은 문제를 드러냈다[80] 영조대 이와 유사한 문제를 인식하여 균역을 국가의 운명과 연결시켜

80) 송양섭, 「임술민란기 부세문제 인식과 三政改革의 방향」, 『한국사학보』 49, 2012, 10~24쪽.

바라본 것은 민인이 부세를 감당할 수 없게 만든 법제도의 모순을 해결하지 않으면 민인을 범법자로 양산하고 국가 재정이 파탄된다는 위기의식의 발로였다. 이런 위기감에서 등장한 것이 신민臣民을 동일하게 간주하려던 국왕의 시각이었다.[81]

삼정과 관련된 사안들은 임술민란 이후에도 지방 관청과 향촌민 사이에서 자체적으로 운영되고 있었다. 지방재정의 구조적 모순에 대한 전면적인 조치가 취해지지 않는 한 지방 차원에서 다양하게 나타난 각종 납세 응역 조직은 온존될 수 밖에 없었다. 이러한 형태의 부세운영은 향촌사회 자체의 자구책으로 불가피한 것이었음에도 운영과정에서 심각한 수탈적 양상을 드러냈다. 지방재정의 문제는 갑오개혁에 의해 재정의 전면적인 중앙 흡수와 이의 지방 배정이라는 형태로 나타났다.

다만 임술민란 이후의 추이에서 국가의 지방 통치에 민인의 참여가 중요한 문제로 부각되었다는 점이 주목된다. 당시 삼정의 개혁을 주장한 논자들은 민인의 협력과 동의를 통해 공정성과 효율성을 높이는 방향으로 삼정을 운영하자고 하였다. 민란이라는 형태의 강력한 저항은 국가로 하여금 종래와 같은 일방적인 방식으로는 더 이상 안정적인 통치를 보장하기 힘들다는 인식을 갖게 하기에 충분했다. 향촌사회의 결속력이 크게 강화된 데에는 장구한 기간 내려온 향촌조직이 그 바탕이 되었을 것이지만 국가적 차원에서 가해지는 전면적인 부세 압력이 자신들의 존립 기반조차 흔들 정도로 심각했던 점이 결정적으로 작용했던 것이다. 민인들은 공동체적 유대를 바탕으로 관과 타협하거나 갈등하면서 자신들의 삶이 가진 존립 근거를 유지하고자 했다.

국가는 민인들의 요구를 인정하고 이들을 적극적으로 삼정운영에 참여시키고자 했을 뿐 아니라 통치의 말단기구로 포섭하려는 방향으로 나아가고 있었다. 향회의 대두와 법제화 과정은 이러한 사회변화의 산물이라고 보아야 할 것이다.

81) 김백철, 「조선 후기 영조대 백성관의 변화와 '民國'」, 『한국사연구』 138, 129쪽.

결론적으로 국가의 지방 통치와 부세 운영에 민인의 참여가 적극적으로 용인되었다는 점은 이 시기 사회 변화의 산물로서 또 다른 역사적 소통이었다는 적극적인 해석이 가능하다. 이같이 삼정의 문제는 임술민란을 계기로 사회적 여론 수렴과 이를 토대로 한 정책의 입안이라는 과정을 거치면서 개혁의 중심 과제로 부상하였다. 임술민란은 이후 갑오개혁에 이르는 근대적 부세제도 개혁의 방향에서 삼정 문제를 중요한 의제로 설정하게 하였던 결정적인 역사적 계기가 되었기 때문이다. 역설적으로 민인의 적극적 소통 의지가 관철된 역사적 전환점이기도 하였다.

참고문헌

1. 자료

『書經』『周禮』

『三國史記』

『高麗史』

『朝鮮王朝實錄』

『承政院日記』

『日省錄』

『三國史記』

『經國大典』

『大明會典』

『大典通編』

『大典續錄』

『大典會通』

『六典條例』

『聖學輯要』

『銀臺便攷』

『春官通考』

『燃藜室記述』

『增補文獻備考』

『新增東國輿地勝覽』

『推案及鞫案』

『朱子家禮』

『水經注箋』

『事類備要』

『受敎輯錄』

『新受教輯錄』
『兩都八道民隱詩』(장서각 도서분류 K4-0152)
『黙齋日記』
『盧尙樞日記』
『星湖塞說』
『牧民心書』
『茶山詩文集』
『弘齋全書』,
『寄齋史草』
『懲毖錄』
『關北日記』
『藥圃集』
『畿京監營啓錄』
『咸京監營啓錄』
『國朝功臣錄』(장서각 도서분류 2-622)
『錄勳都監儀軌』(장서각 도서분류 2-2857)
『頤齋亂藁』
《서궐도안》

2. 저서

고동환, 『조선시대 서울도시사』, 태학사, 2007.
고석규·설성경·심희기·육재용·최래옥·최운식, 『암행어사란 무엇인가』, 박이정, 1999.
고성훈, 『영조의 정통성을 묻다-무신란과 모반사건-』, 한국학중앙연구원출판부, 2013.
김백철, 『두 얼굴의 영조 : 18세기 탕평군주상의 재검토』, 태학사, 2014.

______, 『조선후기 영조의 탕평정치-『속대전』의 편찬과 백성의 재인식』, 태학사, 2010.
______, 『박문수, 18세기 탕평관료의 이상과 현실』, 한국학중앙연구원출판부, 2014.
김지영, 『조선후기 국왕 행차에 대한 연구-儀軌班次圖와 擧動記錄을 중심으로』, 서울대 박사학위논문, 2005
김자현_JaHyun Kim Haboush 지음, 김백철·김기연 옮김, 『왕이라는 유산』, 너머북스, 2017.
문보미, 『正祖의 御製統治文書 硏究』, 한국학대학원 박사학위논문, 2017
박래겸 지음, 조남권·박동욱 옮김, 『서수일기(西繡日記)-126일간의 평안도 암행어사 기록』, 푸른역사, 2013.
박내겸, 오수창 옮김, 『『서수일기』-200년 전 암행어사가 밟은 5천리 평안도 길』, 아카넷, 2015.
박만정 지음, 윤세순 옮김, 『해서암행일기-암행어사, 황해도에 출두하다』, 서해문집, 2015.
박만정 지음, 이봉래 옮김, 『海西暗行日記』, 고려출판사, 1976년.
배항섭, 『조선후기 민중운동과 동학농민전쟁의 발발』, 경인문화사, 2002.
백승호 외, 『정조어찰첩(正祖御札帖)』(탈초·번역본), 성균관대학교출판부, 2009.
백영자, 『조선시대 어가행렬』, 한국방송통신대학교 출판부, 1994.
신명호, 『조선 왕실의 의례와 생활, 궁중문화』, 돌베개, 2002.
______, 『조선의 공신들』, 가람기획, 2003.
에드워드 와그너, 「정치사적 입장에서 본 조선시대 사화의 성격」, 『조선왕조 사회의 성취와 귀속』, 일조각, 2007.
오수창, 「조선후기 평안도민에 대한 인사정책과 도민의 정치적 동향」, 서울대학교 박사학위논문, 1996.

이근호, 『조선후기 탕평파와 국정운영』, 민속원, 2016.
李範稷, 『韓國中世禮思想研究』, 一朝閣, 1991.
李善宰, 『儒敎思想과 儀禮服』, 아세아문화사, 1992.
이성무, 『조선왕조사』, 동방미디어, 1998.
_____, 『조선시대 당쟁사』 2, 동방미디어. 2000.
_____, 『조선은 어떻게 부정부패를 막았을까』, 청아출판사, 2009.
이왕무, 『조선후기 국왕의 능행 연구』, 민속원, 2016.
이 욱, 『조선시대 재난과 국가의례』, 창비, 2009.
李熙德, 『高麗儒教政治思想의 研究 -高麗時代 天文·五行說과 孝思想을 中心으로』, 一潮閣, 1984.
임민혁, 『조선의 禮治와 왕권』, 민속원, 2012.
_____, 『英祖의 정치와 禮』, 민속원, 2012.
전봉덕, 『韓國法制史研究(暗行御史研究其他)』, 서울대학교출판부, 1968.
정두희, 『조선초기 정치지배세력연구』, 일조각, 1983.
정석종, 『조선후기 사회변동연구』, 일조각, 1983.
정순옥, 『조선시대 사죄 심리제도와 심리록』, 전북대학교 박사학위논문, 2005.
정연식, 『일상으로본 조선시대 이야기 1』, 청년사, 2001.
정재훈, 『조선전기 유교정치사상 연구』, 태학사, 2005.
_____, 『조선의 국왕과 의례』, 지식산업사, 2010.
池斗煥, 『朝鮮前期 儀禮研究』, 서울대 출판부, 1994.
최승희, 『한국고문서연구』, 한국정신문화연구원, 1981.
최진옥 외, 『장서각 소장 왕실 보첩자료와 왕실구성원』, 민속원, 2010.
풍우 저·김갑수 역, 『천인관계론』, 신지서원, 1993.
한국역사연구회, 『조선정치사』 상, 청년사, 1990.
한국정신문화연구원, 『장서각소장의궤해제』, 2002.
________________, 『장서각소장등록해제』, 2002.
한상권, 『조선후기 사회와 소원제도-상언·격쟁 연구』, 일조각, 1996.

한영우, 『정조의 화성행차, 그 8일』, 효형출판, 1998.

3. 논문

고성훈, 「조선후기 변란연구」, 동국대학교 박사학위논문, 1993.
_____, 「조선후기 '해도기병설' 관련 변란의 추이와 성격」, 『조선시대사학보』 3, 1997.
_____, 「1877년 장혁진의 추자도 공략 모의의 추이와 성격」, 『실학사상연구』 30, 2006.
_____, 「1869년 광양란 연구」, 『사학연구』 85, 2007.
_____, 「정조년간 삼수부 역모사건의 추이와 성격」, 『사학연구』 90, 2008.
_____, 「조선후기 유언비어 사건의 추이와 성격-정감록 관련 사건을 중심으로-」, 『정신문화연구』129, 2012.
_____, 「조선 후기 민중사상과 鄭鑑錄의 기능」, 『역사민속학』 47, 2015.
고수연, 「영조대 무신난 연구의 현황과 과제」, 『호서사학』 39, 2004.
_____, 「청주지역 영조 무신난의 동향」. 『조선시대사학보』 42, 2007.
권기중, 「조선후기 암행어사의 수령 평가-경기 암행어사 서계(書啓)를 중심으로」, 『역사와 담론』 87, 호서사학회, 2018.
김광수, 「고려태조의 三韓功臣」, 『사학지』 7, 1973.
김명숙, 「조선후기 암행어사제도의 一硏究-고종 5년(1868)의 書啓·別單을 중심으로」, 『역사학보』 115, 역사학회, 1987.
_____, 「《서수일기》를 통해 본 19세기 평안도 지방의 사회상」, 『동아시아문화연구』 35, 한양대 동아시아문화연구소, 2001.
김백철, 「조선 후기 영조대 백성관의 변화와 '民國'」, 『한국사연구』 138, 2007.

_____, 「영조의 綸音과 王政傳統 만들기」, 『장서각』 26, 한국학중앙연구원, 2011.
김 범, 「조선 연산군대의 왕권과 정국운영」, 『대동문화연구』 53, 2006.
김성우, 「16세기 양소천다 현상의 발생과 국가 대응」, 『경제사학』 29, 2000.
김순남, 「조선 성종대 어사의 파견과 지방 통제」, 『역사학보』 192, 역사학회, 2006.
_____, 「조선 세조의 지방 巡幸의 정치성」, 『한국사학보』 69, 고려사학회, 2017.
김영수, 「세종대의 정치적 의사소통과 그 기제」, 『역사비평』 89, 2009.
김우철, 「조선후기 변란에서의 정씨 진인 수용 과정-『정감록』 탄생의 역사적 배경」, 『조선시대사학보』 60, 2012.
_____, 「헌종 10년 회평군 인원경 모반 사건과 그 의미」, 『역사와 담론』 55, 2010.
_____, 「철종 2년(1851) 李明燮 모반 사건의 성격」, 『한국사학보』 40, 2010.
김지영, 「조선후기 국왕 행차와 거둥길」, 『서울학연구』 30, 서울시립대학교 서울학연구소, 2008.
김현영, 「이헌영의 「嶠繡集略」을 통해 본 암행어사의 실상과 경상도 지방관」, 『영남학』 16, 경북대학교 영남문화연구원, 2009.
남지대, 「조선초기 예우아문의 성립과 배경」, 『동양학』 24, 1994.
노영구, 「임진왜란 초기 양상에 대한 기존 인식의 재검토」, 『한국문화』 31, 2003.
노명호, 「고려후기의 공신녹권과 공신교서」, 『고문서연구』 13, 1998.
류주희, 「임진왜란을 전후한 尹卓然의 활동」, 『한국사상과 문화』 28, 한국사상사학회, 2005.

박동욱, 「休休子 具康의 암행어사 일기 연구」, 『民族文化』 51, 한국고전번역원, 2018.
박정규, 「조선시대 敎書, 綸音에 관한 연구」, 『조선시대 커뮤니케이션 연구』, 한국학중앙연구원, 1995.
박천식, 「개국원종공신의 검토」, 『사학연구』 38, 1984.
배재홍, 「조선전기 처첩분간과 서얼」, 『대구사학』 41, 1991.
배항섭, 「19세기 후반 '변란'의 추이와 성격」, 『1894년 농민전쟁연구 2』, 역사비평사, 1992.
_____, 「조선후기 민중운동 연구의 몇가지 문제-임술민란을 중심으로」, 『역사문제연구』 19, 2008.
_____, 「임술민란의 민중상에 대한 검토-근대지향성에 대한 동아시아적 시각의 모색」, 『역사와 담론』 66, 2013.
_____, 「1880~90년대 동학의 확산과 동학에 대한 민중의 인식-유교 이념과의 관련을 중심으로」, 『조선시대사학보』, 77, 2016.
백두헌, 「훈민정음을 활용한 조선시대의 인민 통치」, 『진단학보』 108, 2009.
성봉현, 「조선 태종대 노비결절책과 그 성격」, 『진단학보』 88, 1999.
설석규, 「조선시대 유생의 공론 형성과 상소 경위」, 『조선사연구』 4, 1995.
손종성, 「壬辰倭亂 時 分朝에 관한 小考」, 『溪村閔丙河敎授 停年紀念 史學論叢』, 1988.
송양섭, 「18세기 比摠制의 적용과 齊民政策의 추진」, 『한국사학보』 53, 2013.
_____, 「임술민란기 부세문제 인식과 三政改革의 방향」, 『한국사학보』 49, 2012.
신명호, 「조선시대 공신회맹제」, 『조선시대의 정치와 제도』, 집문당, 2003.

신형식, 「순행을 통해 본 삼국시대의 왕」, 『한국학보』 21, 1981, 27쪽; 노용필, 『신라 진흥왕 순수비 연구』. 1996.
심영환, 「조선시대 教書의 淵源과 分類」, 『한문학논총』 34, 2012.
심재우, 「19세기 전반 충청도 지역 지방통치와 사회문제 연구 -1833년 암행어사 황협의 『繡行紀事』분석을 중심으로」, 『역사민속학』 26, 역사민속학회, 2008.
_____, 「역사 속의 박문수와 암행어사로의 형상화」, 『역사와실학』 41, 역사실학회, 2010.
어강석, 「兩都八道民隱詩의 書誌와 조선후기 民隱의 양상」, 『장서각』 23, 2010.
오수창, 「[옛 길을 따라] 암행어사 길 - 1822년 평안남도 암행어사 박내겸의 성실과 혼돈」, 『역사비평』 겨울호(통권 73호), 역사비평사, 2005.
_____, 「조선후기 체제인식과 민중운동 試論」, 『한국문화』 60, 2012.
오종록, 「임진왜란-병자호란 시기 軍事史 연구의 현황과 과제」, 『군사』 38, 1999.
_____, 「조선시대 정치·사회의 성격과 의사소통」, 『역사비평』 2009년 겨울호(통권 89호).
윤대원, 「19세기 변란 참가층의 사회적 관계망과 존재양태」, 『한국문화』 60, 2012.
윤혜영, 「조선시대 윤음 언해본에 나타난 인용구조 연구」, 『한말연구』 29호, 2011.
이상배, 「조선후기 한성부 괘서에 관한 연구」, 『향토서울』 53, 1993.
_____, 「순조조 괘서사건의 추이와 성격에 관한 연구」, 『사학연구』 49, 1995.
이상옥, 「영조 무신난의 연구」, 『우석사학』 2, 1969.
이영춘, 「철종 초의 신해조천예송」, 『조선시대사학보』 1, 1997.
이왕무, 「영조의 私親 宮園 조성과 행행」. 『장서각』 15, 2006.

이왕무, 「조선후기 국왕의 도성내 행행의 추세와 변화」, 『조선시대사학보』 43, 조선시대사학회, 2007.
이원균, 「영조 무신난에 대하여-영남의 정희량 난을 중심으로-」, 『부대사학』 2, 1971.
이헌창, 「조선시대 서울에서의 상업정책과 시전(市廛)」, 『경제사학』 60, 경제사학회, 2016.
오갑균, 「영조 무신난에 관한 고찰」, 『역사교육』 21, 1977.
이종범, 「1728년 무신난의 성격」, 『조선시대 정치사의 재조명』, 1985.
이재철, 「18세기 경상우도 사림과 정희량난」, 『대구사학』 31, 1986.
이희권, 「조선후기 암행어사제를 통한 중앙정부의 지방통제정책」, 『전북사학』 17, 전북대학교사학회, 1994.
임병준, 「암행어사제도의 운영성과와 한계」, 『법사학연구』 24, 한국법사학회, 2001.
임혜련, 「19세기 垂簾聽政의 특징-제도적 측면을 중심으로」, 『조선시대사학보』 48, 2009.
______, 「철종대 정국과 권력 집중 양상」. 『한국사학보』 49, 2012.
우 윤, 「19세기 민중운동과 민중사상」, 『역사비평』 2, 1988.
장영민, 「유랑지식인과 사회변혁운동」, 『정신문화연구』 69, 1997.
정순우, 「조선 후기 유랑지식인의 형성의 사회문화적 배경」, 『정신문화연구』 69, 1997.
정요근, 「조선초기 역로망(驛路網)의 전국적 재편 : 교통로의 측면을 중심으로」, 『조선시대사학보』 46, 2008.
정일동, 「과천 행궁지에 대하여」, 『경기사학』 2, 경기사학회, 1998.
정진영, 「사족과 농민-대립과 갈등, 그리고 상호 의존적 호혜관계」, 『조선시대사학보』 73, 2015.
조동일, 『한국설화와 민중의식』, 정음사, 1985.
조원래, 「임진왜란사 연구의 추이와 과제」, 『조선후기사 연구의 현황과 과제』, 창작과 비평사, 2000.

조윤선, 「영조 6년(庚戌年) 모반 사건의 내용과 그 성격」, 『조선시대사학보』 42, 2007.

최성환, 「정조의 수원 화성 행차시 활동과 그 의미」, 『조선시대사학보』 76, 조선시대사학회, 2016.

최승희, 「〈公車文〉類의 所藏狀況과 그 史料價値」, 『한국문화』 10, 서울대학교 한국문화연구소, 1989.

하원호, 「조선후기 변란과 민중의식의 성장」, 『사학연구』 75, 2004.

한상권, 「역사 연구의 심화와 사료 이용의 확대-암행어사 관련자료의 종류와 사료적 가치」, 『역사와 현실』 6, 역사비평사, 1991.

한승훈, 「미륵·용·성인-조선후기 종교적 반란 사례연구-」, 『역사민속학』 33, 2010.

한우근, 「신문고의 설치와 그 실제적 효능에 대하여-태종조 청원·상소제도의 성립과 그 실효」, 『이병도박사화갑기념논총』, 1956.

허문행, 「숙종대 암행어사제도의 정비와 운영」, 한국학중앙연구원 한국학대학원 석사학위논문, 2018.

홍순민, 「19세기 왕위의 승계과정과 정통성」, 『국사관논총』 40, 1992.

색인

(ㅇ)

(ㅈ)

■ 자료 제공 및 소장처

문화재청

한국학중앙연구원 장서각

* 이 책에 쓰인 모든 도판은 출처 및 저작권을 찾고 정상적인 절차를 밟아 사용하기 위해 최선을 다했습니다. 일부 빠진 것이 있거나 착오가 있다면 정식으로 게재 허가를 받고, 다음 쇄를 찍을 때 수정하도록 하겠습니다.

조선 국왕의 리더십과 소통 ❸
국왕과 민의 소통 방식

지 은 이 원창애·신명호·이왕무·정해은
초판 1쇄 발행 2019년 7월 30일

발 행 인 박종서
발 행 처 도서출판 역사산책
출판등록 2018년 4월 2일 제25100-2018-000060호
주 소 (10477) 경기도 고양시 덕양구 은빛로 39, 401호(화정동, 세은빌딩)
전 화 031-969-2004
팩 스 031-969-2070
이 메 일 historywalk2018@daum.net
페이스북 https://www.facebook.com/historywalkpub/

ISBN 979-11-964076-7-4 94900
979-11-964076-3-6 (세트)

값 23,000원

이 저서는 2014년 대한민국 교육부와 한국학중앙연구원(한국학진흥사업단)을 통해 한국학 총서사업의 지원을 받아 수행된 연구임(AKS-2014-KSS-1230005)

이 도서의 국립중앙도서관 출판예정도서목록(CIP)은 서지정보유통지원시스템 홈페이지(http://seoji.nl.go.kr)와 국가자료종합목록 구축시스템(http://kolis-net.nl.go.kr)에서 이용하실 수 있습니다. (CIP제어번호 : CIP2019025835)